NIEUWE ZIJDE
Pages 70-85

OUDE ZIJDE
Pages 56-69

Nieuwe Zijde

Oude Zijde

Le quartier de Plantage

De l'Amstelveld au Singelgracht

DE L'AMSTELVELD AU SINGELGRACHT
Pages 114-123

LE QUARTIER DE PLANTAGE
Pages 138-147

0   500 m

GUIDES ◉ VOIR

AMSTERDAM

GUIDES  VOIR

AMSTERDAM

Libre Expression

Une compagnie de Quebecor Media

Libre Expression

Une compagnie de Quebecor Media

DIRECTION
Nathalie Pujo

DIRECTION ÉDITORIALE
Cécile Petiau

RESPONSABLE DE COLLECTION
Catherine Laussucq

ÉDITION
Émilie Lézénès et Adam Stambul

MISE EN PAGES (PAO)
Maogani

TRADUIT ET ADAPTÉ DE L'ANGLAIS PAR
Dominique Brotot, Anthony Moinet
et Catherine Pierre Bon,
avec la collaboration de Caroline Bon

CE GUIDE VOIR A ÉTÉ ÉTABLI PAR
Robin Pascoe et Christopher Catling

Publié pour la première fois en Grande-Bretagne
en 1995 sous le titre *Eyewitness Travel Guides : Amsterdam*
© Dorling Kindersley Limited, Londres 2011
© Hachette Livre (Hachette Tourisme) 2011
pour la traduction et l'adaptation françaises.
Cartographie © Dorling Kindersley 2011

Aussi soigneusement qu'il ait été établi, ce guide
n'est pas à l'abri des changements de dernière heure.
Faites-nous part de vos remarques, informez-nous de vos
découvertes personnelles : nous accordons la plus grande
attention au courrier de nos lecteurs.

IMPRIMÉ ET RELIÉ EN CHINE

Les Éditions Libre Expression
Groupe Librex inc.
Une compagnie de Quebecor Media
La Tourelle
1055, boul. René-Lévesque Est, Bureau 800
Montréal (Québec) H2L 4S5
www.edlibreexpression.com

DÉPÔT LÉGAL : Bibliothèque et Archives nationales du Québec
et Bibliothèque et Archives Canada, 2011

ISBN 978-2-7648-0562-6

SOMMAIRE

PRÉSENTATION D'AMSTERDAM

Maquette au Scheepvaart Museum

AMSTERDAM QUARTIER PAR QUARTIER

Le Magere Brug, emblématique
pont basculant de la ville

◁ Bateaux filant sur Prinsengracht

Enfants en costumes traditionnels devant une église au Zuiderzee Museum

RENSEIGNEMENTS PRATIQUES

Au parc zoologique Artis

LES BONNES ADRESSES

Le Rijksmuseum

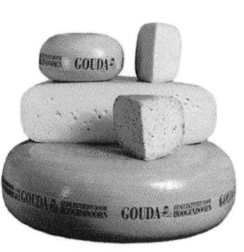
Roues de gouda

Maison de style Renaissance hollandaise et détails de corniches et de pignons

COMMENT UTILISER CE GUIDE

C e guide a pour but de vous aider à profiter au mieux de votre séjour à Amsterdam. L'introduction, *Présentation d'Amsterdam*, situe la ville dans son contexte géographique et historique. Dans *Amsterdam quartier par quartier* – pour la cité elle-même – et dans *Les environs d'Amsterdam* – pour sa périphérie –, plans, textes et illustrations présentent en détail tous les principaux sites et monuments. *Les bonnes adresses* vous fourniront des informations sur les hôtels, les marchés ou les restaurants, et les *Renseignements pratiques* vous donneront des conseils utiles, que ce soit pour téléphoner ou vous déplacer.

AMSTERDAM QUARTIER PAR QUARTIER

Nous avons divisé le centre d'Amsterdam en sept quartiers. Chacun des quartiers fait l'objet d'un chapitre qui débute par une description générale et une liste des monuments présentés. Des numéros les situent clairement sur un plan. Ils correspondent à l'ordre dans lequel les monuments sont décrits dans le corps du chapitre.

Le quartier d'un coup d'œil donne une liste par catégories des centres d'intérêt : églises, musées, rues, canaux et édifices.

Des repères de couleur aident à retrouver le quartier dans le guide.

Une carte de situation précise la localisation du quartier dans la ville.

1 Plan général du quartier
Des numéros désignent sur ce plan les monuments et sites de chaque quartier. Ces numéros apparaissent également sur les plans d'Amsterdam des pages 280-287.

2 Plan du quartier pas à pas
Il offre une vue aérienne détaillée du cœur du quartier.

L'itinéraire de promenade conseillé apparaît en rouge.

Des étoiles signalent les sites à ne pas manquer.

3 Renseignements détaillés
Chaque site est décrit dans une rubrique qui donne en outre toutes les informations pratiques telles qu'adresse, téléphone, heures d'ouverture, accès en fauteuil roulant, etc.

LES ENVIRONS D'AMSTERDAM

L a capitale néerlandaise occupe le cœur du Randstad, zone très urbanisée qui constitue le poumon économique des Pays-Bas, et s'étend au-delà jusqu'à Rotterdam, grand port moderne riche en architecture d'avant-garde. De belles villes anciennes, telles que La Haye et Haarlem, réputées pour leurs musées, ou Leyde et Utrecht, ne se trouvent également qu'à quelques kilomètres d'Amsterdam.

4 Les environs d'Amsterdam
Une carte page 165 offre un aperçu de la région qui entoure Amsterdam, décrite dans cette section du guide. Un texte de présentation introduit à son histoire et à son caractère, ainsi qu'aux principaux centres d'intérêt qu'elle offre aux visiteurs. Ceux-ci comprennent aussi bien de grandes villes comme La Haye que des paysages typiques de la campagne hollandaise.

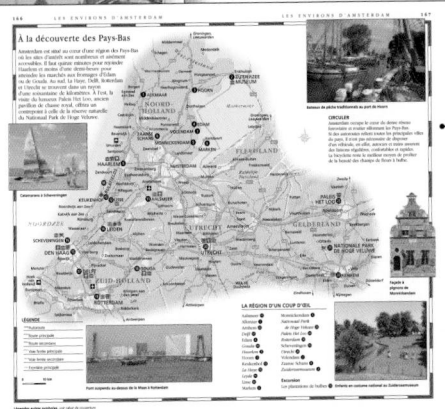

À la découverte des Pays-Bas

5 La carte illustrée
Elle offre une vue de toute la région et de son réseau routier. Les sites principaux sont répertoriés et numérotés. Des informations pour visiter la région en voiture, en train ou en bus sont également fournies.

6 Renseignements détaillés
Les localités et sites importants sont décrits individuellement dans l'ordre de la numérotation sur la carte illustrée. Les sites et monuments les plus intéressants sont présentés en détail et illustrés.

Des étoiles signalent les œuvres ou éléments remarquables.

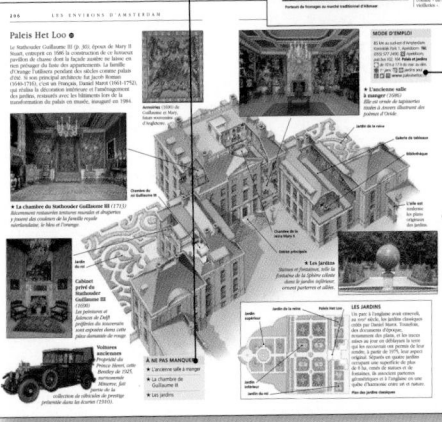

Palais Het Loo

Le mode d'emploi vous aide à organiser votre visite.

7 Les principaux sites
Deux pleines pages, ou plus, leur sont réservées. La représentation des bâtiments historiques en dévoile l'intérieur. Les plans des musées, par étages, vous aident à y localiser les plus belles expositions.

PRÉSENTATION D'AMSTERDAM

QUATRE JOURNÉES À AMSTERDAM

En dépit de sa modeste superficie, Amsterdam est une ville à mille facettes. Elle possède, notamment, certains des plus beaux musées du monde. Outre ses marchés fabuleux, elle offre un vaste choix d'activités pour tous les budgets ainsi que de nombreuses attractions

La statue d'Anne Frank, Westerkerk

pour les enfants. Voici quatre itinéraires d'une journée qui vous permettront de découvrir la ville sous des angles différents. Pour plus d'information, des attractions sont décrites dans le guide. Les indications de prix comprennent les transports, les repas et le coût des entrées.

L'atelier de Rembrandt, Rembrandthuis

DEUX GRANDS PEINTRES

- Chez Rembrandt
- Déjeuner sur le canal
- Les chefs-d'œuvre de Van Gogh

POUR DEUX ADULTES
Prévoir 100 € minimum

Le matin
Parmi tous les grands peintres qui font la fierté d'Amsterdam, Rembrandt et Vincent Van Gogh occupent une place prééminente.
La demeure que Rembrandt habita entre 1639 et 1658, lorsqu'il était au faîte de sa gloire, est devenue aujourd'hui le **Museum Het Rembrandthuis** (p. 62-63). Restauré à son état d'origine, ce musée donne l'impression d'être projeté quatre siècles en arrière. Il abrite une exposition permanente de dessins et de gravures de l'artiste, ainsi que des tableaux de ses contemporains, dont

quelques œuvres de Pieter Lastman. On y trouve également une reconstitution de l'atelier de l'artiste et de son « cabinet de curiosités », une pièce merveilleuse remplie de statues, d'animaux empaillés, d'armes et d'armures qui auraient servi à l'artiste pour réaliser ses portraits et ses natures mortes. Après la visite, on peut déjeuner au café qui se trouve à une minute à pied du **Muziektheater** (p. 248). En été, la terrasse offre une belle vue sur l'Amstel et, en hiver, le restaurant à l'intérieur est très confortable.

L'après-midi
Amsterdam possède la plus grande collection de **Van Gogh** du monde. Trois heures ne seront pas de trop pour vous familiariser avec les quelque 800 tableaux et dessins et la collection d'estampes japonaises de l'artiste que contient le musée Van-Gogh (p. 134-135).

HISTOIRES SECRÈTES

- **Une vie cachée**
- **Une communauté disparue**
- **La renaissance d'une synagogue**
- **Des églises clandestines**

POUR DEUX ADULTES
Prévoir 115 € minimum

Le matin
Il est recommandé d'arriver tôt pour visiter la **maison d'Anne Frank** (p. 90-91). C'est dans ce minuscule appartement, situé au-dessus du magasin d'Otto Frank, que les familles juives Frank et Van Pels vécurent dans le plus grand secret de 1942 à 1944, avant d'être dénoncées, puis déportées. Âgée de 13 ans, Anne Frank y tint un journal qui fut publié en 1947, deux ans après sa mort au camp de concentration de Bergen-Belsen. Une statue à l'effigie d'Anne Frank a été érigée devant la **Westerkerk** (p. 90). Achevé en 1631, son clocher est un

Vue de Prinsengracht, depuis le clocher de la Westerkerk

des plus grands de la ville et offre une belle vue. Le quartier de Waterlooplein abritait autrefois la communauté juive d'Amsterdam, qui s'y installa au XVIIe siècle. Le **Joods Historisch Museum** *(p. 64-65)* occupe quatre synagogues datant des XVIIe et XVIIIe siècles. Il contient des objets de culte et des documents sur l'Holocauste.

L'après-midi

À quelques pas de là se trouve la gigantesque **Portugees-Israëlitische Synagoge** *(p. 66)* avec ses intérieurs éclairés à la bougie. Au XVIIe siècle, seuls les catholiques eurent à se plaindre de l'intolérance des protestants d'Amsterdam. Le **Museum Ons' Lieve Heer op Solder** *(p. 84-85)* est un bel exemple d'église catholique clandestine de l'époque.

EN FAMILLE

- Promenade en pédalo
- Glaces en terrasse et cracheurs de feu
- Découverte des sciences

POUR UNE FAMILLE DE 4
Prévoir 140 € minimum

Le matin

Les pédalos d'Amsterdam *(p. 277)* sont le moyen idéal de partir à la découverte des canaux. En hiver comme en été, on peut embarquer à la **Westerkerk**, faire le tour du pittoresque Keizersgracht et accoster à Leidsestraat, le tout en moins d'une heure. Avec ses nombreuses terrasses de café, la **Leidseplein** *(p. 108)* est l'endroit idéal pour manger une glace en assistant à des spectacles de rue.

L'après-midi

Prenez un tram jusqu'au **Nemo** *(p. 150-151)*, le Musée national de la science et de la découverte. Il est situé dans un bâtiment qui

Animations interactives du Nemo, le Musée national de la science

ressemble à un immense vaisseau futuriste. On y trouve de multiples animations interactives pour les enfants de tous les âges expliquant de façon ludique les phénomènes physiques les plus variés : transformation de l'énergie, instruments high-tech, univers virtuels et psychiques… Prévoyez quelques heures pour faire le tour du musée avant de prendre un café en terrasse au bord de l'eau.

FABULEUX MARCHÉS

- Paradis des collectionneurs
- Denrées exotiques
- Rues animées
- Amsterdam nocturne

POUR DEUX ADULTES
Prévoir 50 € minimum

Le matin

On trouve de tout sur les marchés d'Amsterdam. Celui de la **Waterlooplein** *(p. 63)* se déroule en plein air et n'a rien perdu du charme hippie de sa grande époque. On y trouve encore des statuettes en bois exotique, de vieux manteaux en cuir, des accessoires pour fumeurs, des surplus de l'armée et des tee-shirts psychédéliques. Au cœur du labyrinthe, disques, posters rock and roll et porcelaines anciennes attirent les collectionneurs.

L'**Albert Cuypmarkt** *(p. 122)* se trouve à quelques minutes de là, en tram ou à pied, situé en plein cœur du De Pijp, le quartier le plus cosmopolite d'Amsterdam.

L'après-midi

Il y a plus de 100 magasins et 300 échoppes sur l'Albert Cuypstraat, vendant des fruits, des épices exotiques, des fromages hollandais, des chocolats, des fruits de mer, des fleurs, des objets pour la maison… C'est une des rues les plus fabuleuses d'Amsterdam. On pourra facilement y passer tout un après-midi, puis rejoindre la **Leidseplein** *(p. 108)*, qui se trouve à 10 minutes à pied, et passer la soirée dans une des très nombreuses discothèques.

Les échoppes éclectiques de l'Albert Cuypmarkt

Amsterdam dans son environnement

Grand port de la mer du Nord sur l'IJsselmeer et capitale du
royaume des Pays-Bas – bien que le siège du gouvernement
se trouve à La Haye –, Amsterdam compte environ
750 000 habitants et reçoit chaque année 7,5 millions de
visiteurs. Située au confluent de l'Amstel et de l'IJ, à 550 km
de Paris, elle s'étend, à l'instar de la majorité du pays,
sur un terrain gagné sur l'eau et que des digues protègent
de la mer comme des fleuves. Son emplacement lui vaut
de se trouver au cœur du Randstad, une conurbation
en forme de croissant couvrant la majeure partie des
provinces de Noord Holland, de Zuid Holland et
d'Utrecht et comprenant les villes de Rotterdam,
Den Haag (La Haye), Leiden, Haarlem et Utrecht.

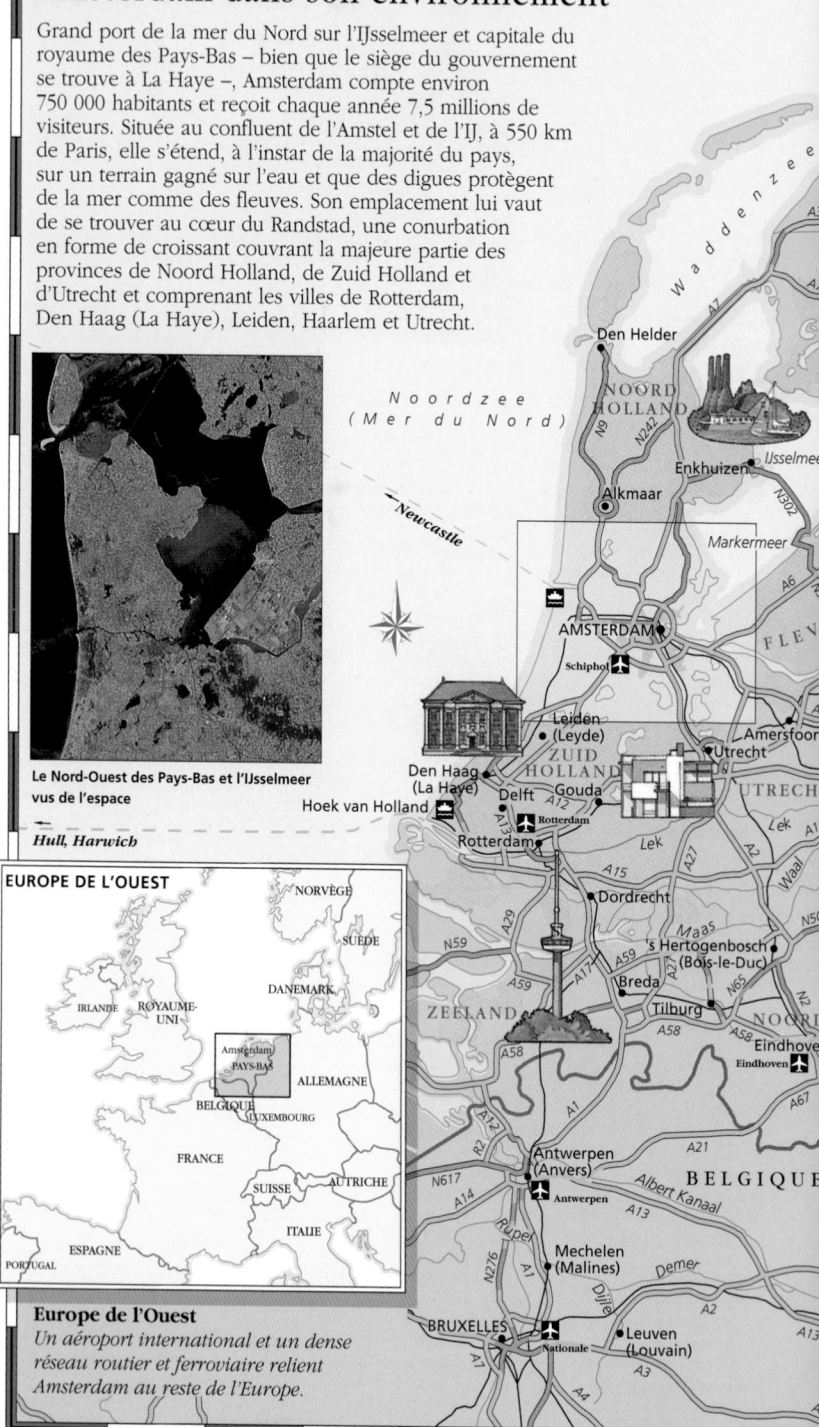

**Le Nord-Ouest des Pays-Bas et l'IJsselmeer
vus de l'espace**

*Noordzee
(Mer du Nord)*

W a d d e n z e e

Den Helder

NOORD
HOLLAND

Enkhuizen · IJsselmee

Alkmaar

Markermeer

AMSTERDAM

Schiphol ✈

FLEV

Leiden
(Leyde)

Amersfoort

Utrecht

ZUID
HOLLAND

Den Haag
(La Haye)   Delft   Gouda   UTRECH

Hoek van Holland

Rotterdam   Lek

Rotterdam

Hull, Harwich

Lek   A15

Waal

A15

Dordrecht

Maas   N50

's Hertogenbosch
(Bois-le-Duc)

Breda   N65   N2

ZEELAND   Tilburg   NOORD

A58   A58   Eindhove

Eindhoven ✈

A58

A1   A21

BELGIQUE

Antwerpen
(Anvers)   Albert Kanaal

✈ Antwerpen   A13

Rupel   Mechelen
(Malines)   Demer

Dijle   A2

BRUXELLES ✈   Leuven
(Louvain)

Nationale   A3

EUROPE DE L'OUEST

NORVÈGE

SUÈDE

DANEMARK

IRLANDE   ROYAUME-
UNI

Amsterdam
PAYS-BAS   ALLEMAGNE

BELGIQUE
LUXEMBOURG

FRANCE

SUISSE   AUTRICHE

ITALIE

ESPAGNE

PORTUGAL

Europe de l'Ouest
*Un aéroport international et un dense
réseau routier et ferroviaire relient
Amsterdam au reste de l'Europe.*

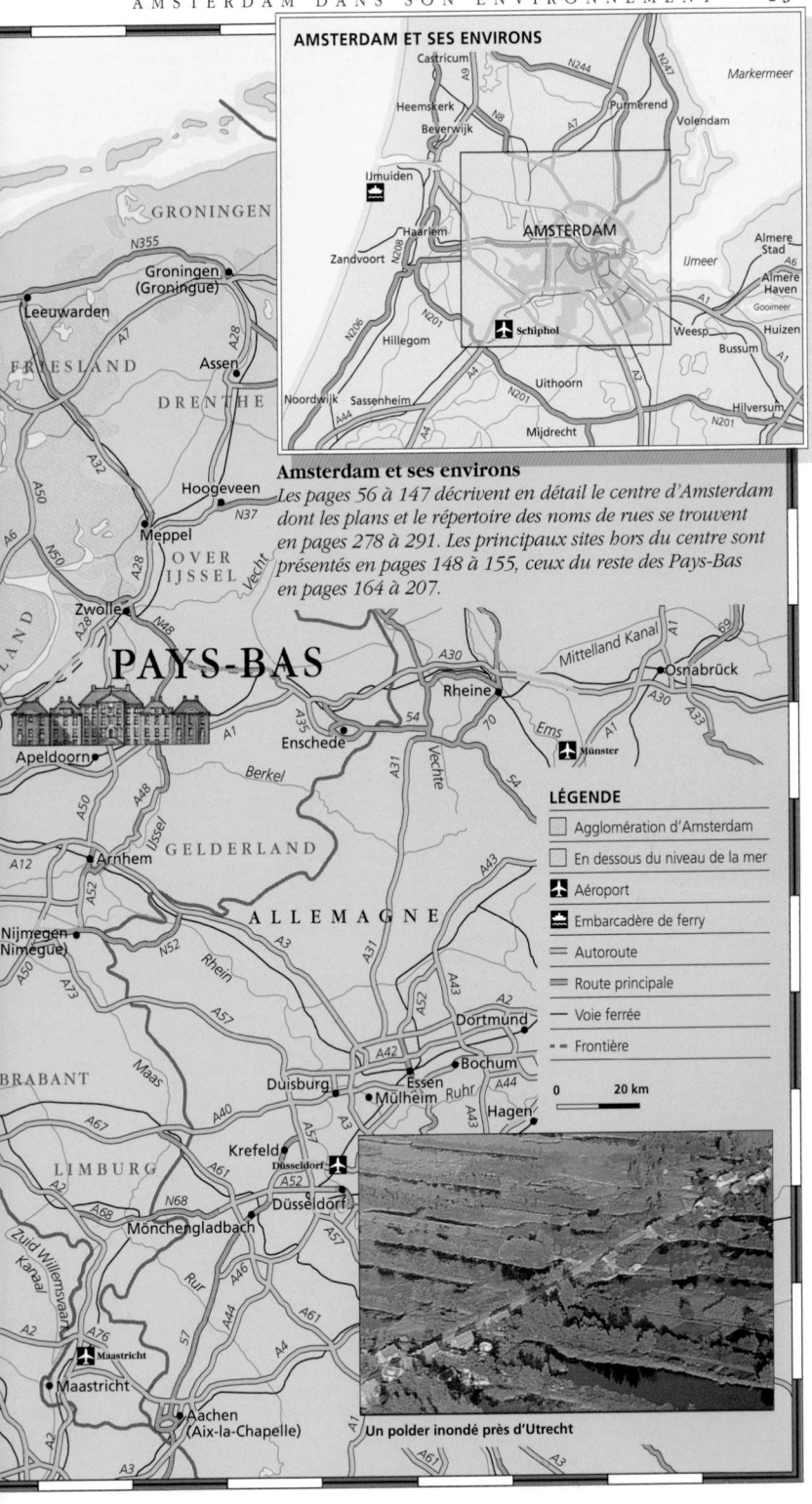

AMSTERDAM ET SES ENVIRONS

Castricum
N244
N247
Markermeer
Heemskerk
Beverwijk
N8
Purmerend
Volendam
IJmuiden
Haarlem
AMSTERDAM
Almere Stad
A6
Zandvoort
N208
IJmeer
Almere Haven
Gooimeer
A1
Hillegom
N201
Schiphol
Weesp
Huizen
Noordwijk
Sassenheim
A44
N201
Uithoorn
Bussum
A1
Mijdrecht
Hilversum
N201

Amsterdam et ses environs

Les pages 56 à 147 décrivent en détail le centre d'Amsterdam dont les plans et le répertoire des noms de rues se trouvent en pages 278 à 291. Les principaux sites hors du centre sont présentés en pages 148 à 155, ceux du reste des Pays-Bas en pages 164 à 207.

GRONINGEN
N355
Groningen (Groningue)
Leeuwarden
A7
A28
FRIESLAND
Assen
DRENTHE
A50
A32
Hoogeveen
N37
Meppel
A28
OVER
A6
N50
IJSSEL
Vecht
Zwolle
A28
N48
PAYS-BAS
Mittelland Kanal
A1
69
A30
Osnabrück
Rheine
A30
A33
Apeldoorn
A50
A1
A35
54
70
Ems
A1
A48
Enschede
A31
Vecht
Münster
Berkel
A50
IJssel
GELDERLAND
A43
54
A12
Arnhem
A52
ALLEMAGNE
A31
Nijmegen (Nimègue)
A52
Rhein
A3
A31
A52
A43
A2
A73
A57
Dortmund
A42
BRABANT
Maas
Duisburg
Essen
Bochum
A44
A67
A40
Mülheim
Ruhr
A43
Hagen
LIMBURG
A2
Krefeld
A57
A3
Düsseldorf
A61
A52
N68
Düsseldorf
Mönchengladbach
A57
Zuid Willemsvaart Kanaal
Rur
A46
A44
A61
A2
A76
57
A4
Maastricht
A44
Maastricht
Aachen (Aix-la-Chapelle)
A3

LÉGENDE

☐ Agglomération d'Amsterdam

☐ En dessous du niveau de la mer

✈ Aéroport

⛴ Embarcadère de ferry

═ Autoroute

═ Route principale

— Voie ferrée

-- Frontière

0   20 km

Un polder inondé près d'Utrecht

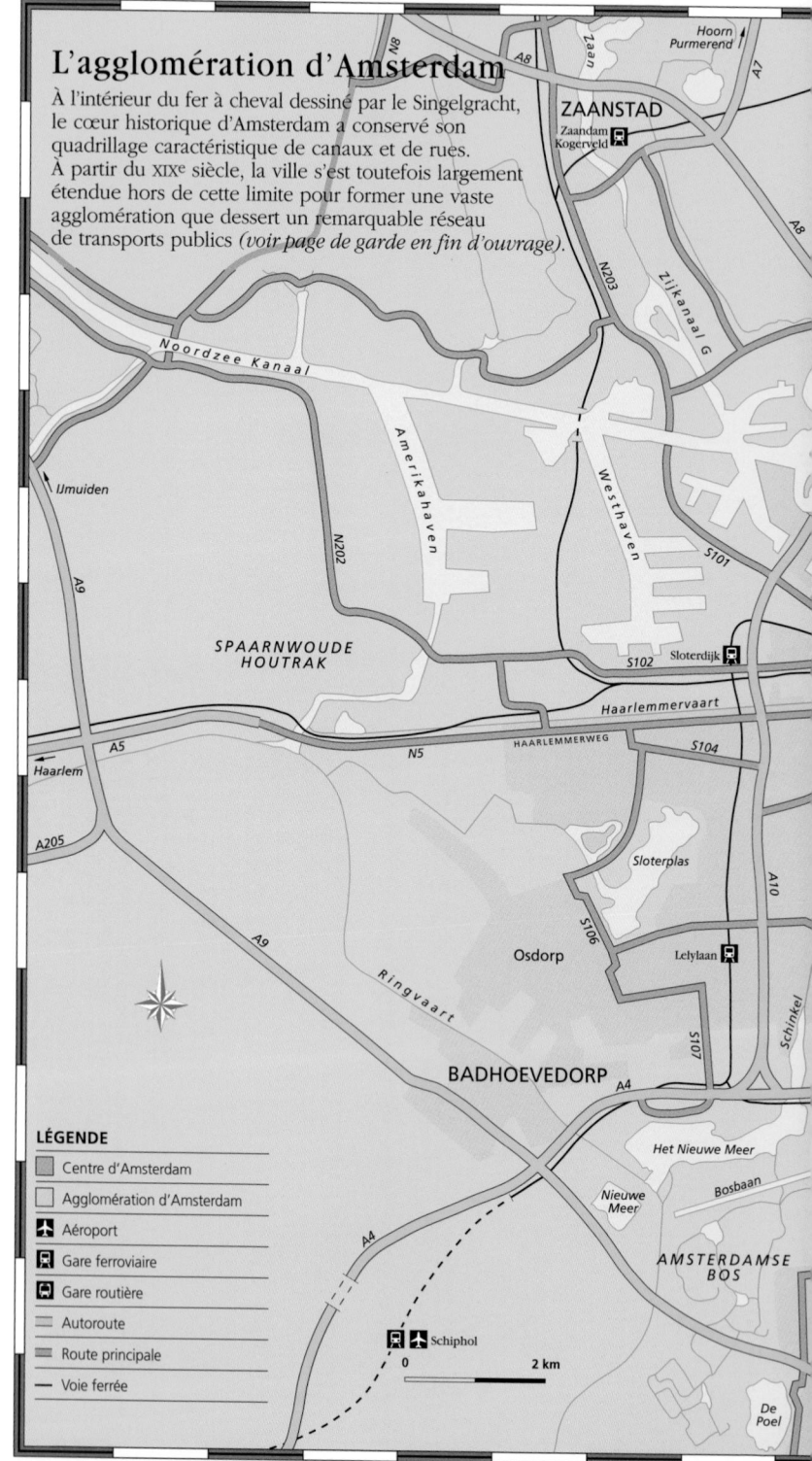

L'agglomération d'Amsterdam

À l'intérieur du fer à cheval dessiné par le Singelgracht,
le cœur historique d'Amsterdam a conservé son
quadrillage caractéristique de canaux et de rues.
À partir du XIXe siècle, la ville s'est toutefois largement
étendue hors de cette limite pour former une vaste
agglomération que dessert un remarquable réseau
de transports publics *(voir page de garde en fin d'ouvrage)*.

Hoorn
Purmerend

ZAANSTAD

Zaandam
Kogerveld

Zaan

A7

A8

N8

N203

Zijkanaal G

A8

Noordzee Kanaal

IJmuiden

Amerikahaven

Westhaven

N202

S101

A9

SPAARNWOUDE
HOUTRAK

S102   Sloterdijk

Haarlemmervaart

A5

N5

HAARLEMMERWEG

S104

Haarlem

A205

Sloterplas

A10

A9

Osdorp

S106

Lelylaan

Ringvaart

S107

Schinkel

BADHOEVEDORP

A4

Het Nieuwe Meer

Nieuwe
Meer

Bosbaan

AMSTERDAMSE
BOS

LÉGENDE

- ▢ Centre d'Amsterdam
- ▢ Agglomération d'Amsterdam
- ✈ Aéroport
- 🚉 Gare ferroviaire
- 🚌 Gare routière
- ═ Autoroute
- ━ Route principale
- ─ Voie ferrée

A4

Schiphol

0   2 km

De
Poel

Le centre d'Amsterdam

Ce guide divise le centre d'Amsterdam, qui renferme la plupart des monuments et sites touristiques de la ville, en sept quartiers décrits chacun dans un chapitre. L'Oude Zijde et le Nieuwe Zijde forment les deux moitiés de la cité médiévale

Musicien de rue sur le Waterlooplein

tandis que le quartier des musées date du XIXe siècle. Entre les deux s'étend la ceinture des canaux où subsistent de nombreux édifices élevés pendant le Siècle d'or d'Amsterdam *(p. 26-27).* Aménagé à la fin du XVIIe siècle et aéré par de nombreux espaces verts, le quartier de Plantage doit sa réputation à son jardin botanique et à son parc zoologique.

Façade d'une maison sur le Singel
Ancien fossé de rempart, le Singel (à ne pas confondre avec le Singelgracht) marque la limite entre la cité médiévale et le centre actuel de la cité et le Jordaan (p. 86-113).

Vondelpark
Ce joli parc du quartier des musées (p. 124-137) offre un cadre paisible où se détendre après la visite d'un des grands musées d'Amsterdam.

0   500 m

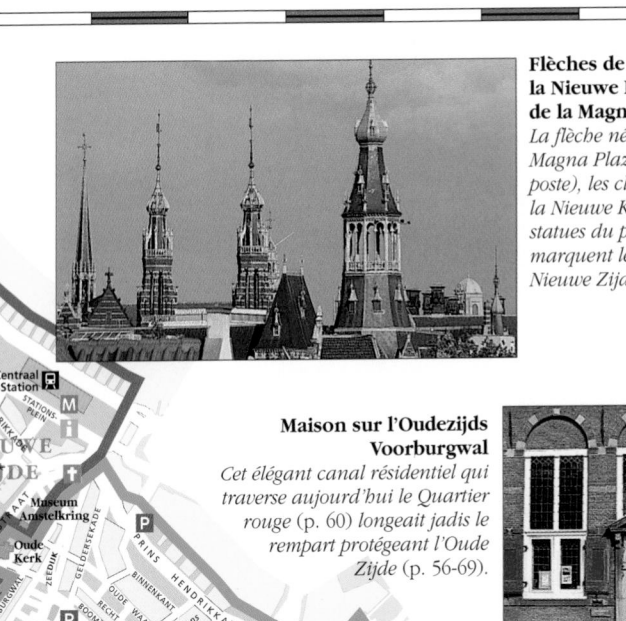

Flèches de la Nieuwe Kerk et de la Magna Plaza
La flèche néogothique de Magna Plaza (l'ancienne poste), les clochers de la Nieuwe Kerk et les statues du palais royal marquent le ciel du Nieuwe Zijde (p. 70-85).

Maison sur l'Oudezijds Voorburgwal
Cet élégant canal résidentiel qui traverse aujourd'hui le Quartier rouge (p. 60) longeait jadis le rempart protégeant l'Oude Zijde (p. 56-69).

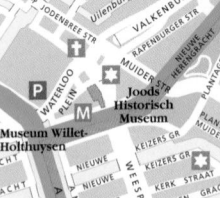

Le Bloemenmarkt
Marché aux fleurs flottant, le Bloemenmarkt se tient près de la Munttoren sur le Singel, en bordure de l'est de la ceinture de canaux (p. 114-123).

LÉGENDE

▣	Site important
🚉	Gare ferroviaire
Ⓜ	Station de métro
🅿	Parc de stationnement
ℹ	Information touristique
🚓	Poste de police
✝	Église
✡	Synagogue
Ⓒ	Mosquée

HISTOIRE D'AMSTERDAM

Il existe dans la capitale des Pays-Bas près de 3 000 maisons flottantes, un nombre qui indique bien le rôle qu'y joue l'eau. Ce rôle ne fut toutefois pas toujours bénéfique, et les pêcheurs qui s'installent au XIIIᵉ siècle à l'embouchure de l'Amstel se voient contraints de construire des digues pour protéger leur village des inondations. Certains des aspects les plus controversés de la ville découlent de sa longue tradition de tolérance politique et religieuse. Liberté de culte et liberté civile furent emportées de haute lutte contre l'occupant espagnol au XVIᵉ siècle. Les Hollandais s'ouvrent à la Réforme alors que le jeu des alliances dynastiques en a fait les sujets des rois d'Espagne. Quatre-vingts ans de guerres d'indépendance et de religions en découlent, période pendant laquelle Amsterdam, à la vocation maritime et cosmopolite, acquiert un esprit de tolérance qui deviendra une tradition et qui fera sa fortune. La cité voit en effet affluer de toute l'Europe

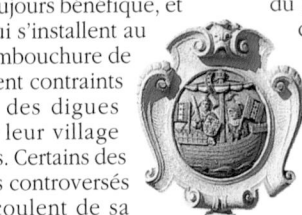

Armoiries d'Amsterdam sur la Munttoren

juifs et protestants fortunés fuyant les persécutions catholiques. Au XVIIᵉ siècle, leurs capitaux l'aideront à se tailler un empire colonial s'étendant du Brésil à l'Indonésie. Au cours de ce « Siècle d'or », la ville se dote de la ceinture de canaux bordés de maisons patriciennes à laquelle elle doit son cachet.

Annexée par Napoléon, Amsterdam connaît ensuite une période de déclin et entre tard dans l'ère industrielle. Les drames et bouleversements qui marquent le XXᵉ siècle ne l'amènent cependant pas à perdre son esprit de tolérance. L'autre trait de caractère qui a forgé la personnalité unique de la capitale est sa passion de l'urbanisme. Ce nouveau millénaire marque pour Amsterdam le commencement d'une période de forte croissance et de projets architecturaux ambitieux, qui ont ramené à la vie des quartiers déshérités. Quant à Zuidas, situé au sud du périphérique, il est devenu le grand quartier des affaires de la ville.

La Grachtengordel et Plantage *(p. 138-147)* sur un plan d'Amsterdam (v. 1725)

◁ *La Vierge d'Amsterdam recevant l'hommage de son peuple* (v. 1685) par Gérard de Lairesse

Les origines d'Amsterdam

Au début du XIIIe siècle, un village de pêcheurs émerge sur la rive droite de l'embouchure de l'Amstel. La digue *(dam)* qui le protège des inondations lui vaut le nom d'Amstellodamme. L'agglomération devient l'enjeu de luttes féodales entre la famille Van Amstel et les comtes de Hollande. Soutenus par les puissants évêques d'Utrecht *(p. 202)*, ces derniers l'emporteront et, en 1275, Floris V accorde à la ville une exemption de taxe. En 1300, elle obtient une charte d'autonomie et s'étend sur la rive gauche, le *Nieuwe Zijde* (« Nouveau Côté »).

Des moulins drainaient les marais

AMSTERDAM

◼ *En 1100*   ☐ *Aujourd'hui*

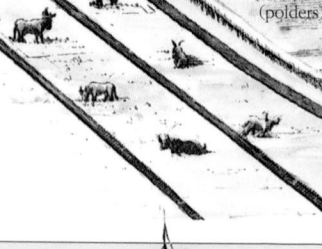

Polders cultivés hors les murs

Dam

Marmite
De rustiques pots de terre servaient au XIIIe siècle à la cuisson des aliments dans les cheminées.

Palissade fortifiée

Gijsbrecht Van Amstel
Cette estampe du XIXe siècle montre Guy de Hainaut ramenant à Utrecht l'assassin de Floris V fait prisonnier en 1298.

Le bétail broutait des marais asséchés (polders).

LE VILLAGE D'AMSTERDAM EN 1300
Cette œuvre d'un artiste du Moyen Âge représente la première colonie installée le long du Damrak qui servait de port aux pêcheurs. Une enceinte en bois protégeait le village et l'on pense que le château des Van Amstel se dressait près de l'emplacement actuel du Dam *(p. 72-73)*.

CHRONOLOGIE

1000 Des pêcheurs descendent le Rhin dans des troncs de pins évidés

Petite barque de pêche

1000	1050	1100

Pirogue préhistorique (6000 av. J.-C.)

1015 Un seigneur féodal repousse des tribus germaniques et se déclare comte de Hollande

v. 1125 Des pêcheurs construisent des huttes à l'embouchure de l'Amstel

Exemption de taxe

C'est dans ce document, où le comte Floris V accorde une exemption des droits de douane à ses habitants, que le nom du village d'Amstellodamme apparaît pour la première fois en 1275.

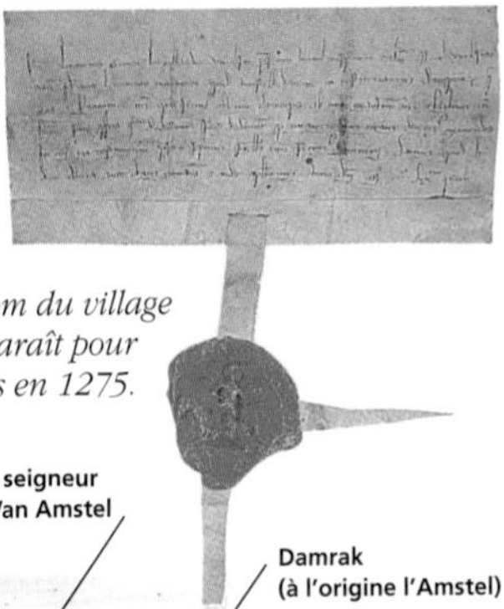

Château du seigneur Gijsbrecht Van Amstel

Damrak (à l'origine l'Amstel)

Nieuwendijk

Tour de défense sur le Damrak

LE COMTE FLORIS V

Le comte de Hollande Floris V, qui accorda en 1275 à Amsterdam une exemption des droits de douane sur ses terres, avait sa cour à La Haye, mais son influence grandissante sur la ville conduisit son rival politique, Gijsbrecht Van Amstel, à l'assassiner en 1296. Ce meurtre ne lui profita pas et il dut s'exiler.

FLORENT V.   XVI. Comte de Holl.

Portrait de Floris V (XIXᵉ siècle)

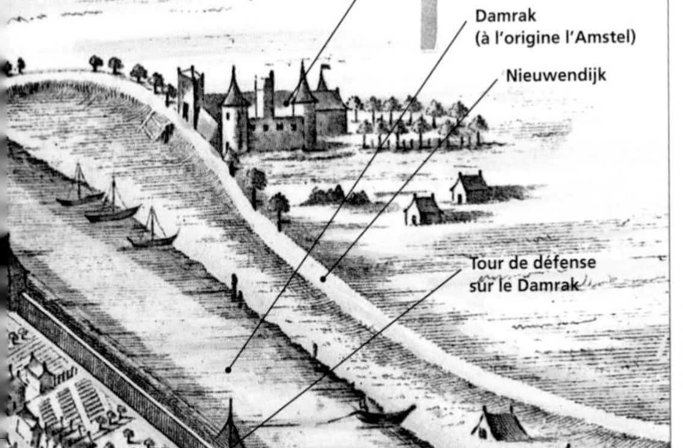

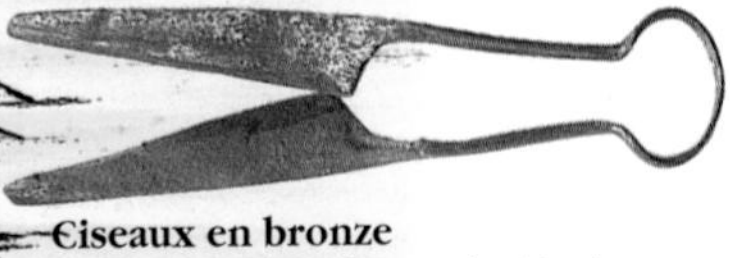

Barque

Pêcheurs sur le Damrak

Ciseaux en bronze

Ils servaient aux villageois à vider les poissons, le plus souvent des harengs, qui constituaient la base de leur nourriture et de leur commerce.

Cette petite chapelle précéda l'Oude Kerk.

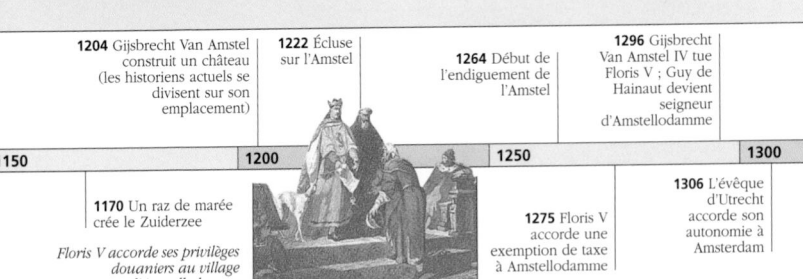

1204 Gijsbrecht Van Amstel construit un château (les historiens actuels se divisent sur son emplacement)

1222 Écluse sur l'Amstel

1264 Début de l'endiguement de l'Amstel

1296 Gijsbrecht Van Amstel IV tue Floris V ; Guy de Hainaut devient seigneur d'Amstellodamme

| 1150 | 1200 | 1250 | 1300 |

1170 Un raz de marée crée le Zuiderzee

Floris V accorde ses privilèges douaniers au village d'Amstellodamme

1275 Floris V accorde une exemption de taxe à Amstellodamme

1306 L'évêque d'Utrecht accorde son autonomie à Amsterdam

L'Amsterdam médiévale

Botte datant d'environ 1500

La petite ville à l'embouchure de l'Amstel se fortifie contre ses ennemis et les colères des eaux qui l'entourent. La découverte en 1385 d'une technique de conservation des harengs lui permet d'en accroître l'exportation et Amsterdam, affiliée à la Ligue hanséatique puis à la Ligue de Cologne, devient un grand port commercial. Entrepôts et habitations s'élèvent sur les quais. Dirigés par les ducs de Bourgogne à partir de 1428, les Pays-Bas passent en 1515 sous la domination des Habsbourg d'Autriche.

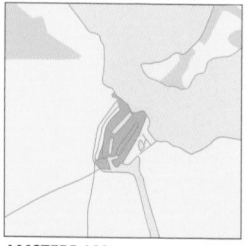

AMSTERDAM

■ En 1300   □ Aujourd'hui

MAISON DE CANAL

À l'origine simples cabanes en bois aux toits de chaume, les maisons de canal deviennent plus élaborées quand le commerce apporte la prospérité…
et l'obligation d'entreposer les marchandises. Celles-ci occupent rez-de-chaussée et combles, le 1er étage servant d'habitation. Comme à Venise, la mobilité des sols impose de construire sur pilotis.

Miracle d'Amsterdam
Cette broderie présente le miracle qui permit à la ville d'attirer des pèlerins. En 1345, une hostie crachée dans le feu par un mourant refusa de brûler.

Les façades en bois
avaient un pignon en pointe (p. 96-97).

Les combles
servaient aussi à entreposer des marchandises.

Philippe de Bourgogne et Isabelle du Portugal
Philippe le Bon régna sur les Pays-Bas à partir de 1428. Son mariage en 1430 avec Isabelle le lia à la dynastie des Habsbourg.

Charpente en bois

CHRONOLOGIE

1304 Exil de Gijsbrecht Van Amstel

1309 L'Oude Kerk (p. 68-69) est entreprise

Miséricorde à l'Oude Kerk

v. **1380** Construction de la Nieuwe Kerk (p. 76-77)

1385 William Beukelszoon découvre une méthode de conservation des harengs

1300	1325	1350	1375	1400

1301 Guy de Hainaut devient évêque d'Utrecht

1323 Le comte de Hollande accorde un droit de péage à Amsterdam

1345 Miracle d'Amsterdam

1350 Amsterdam commercialise bière et grains

Vitrail de la Nieuwe Kerk

Fabrication de la bière

L'introduction du houblon au début du XIVe siècle puis le droit de péage accordé à la ville en 1323 permirent l'essor du commerce de la bière.

Toit de chaume

OÙ VOIR L'AMSTERDAM MÉDIÉVALE

Peu d'édifices subsistent de cette période où le feu détruisit les deux tiers de la ville. L'Oude Kerk *(p. 68-69)* date du début du XIVe siècle et la Nieuwe Kerk *(p. 76-77)* de 1380. Élevée en 1397, l'Agnietenkapel *(p. 61)* est l'un des très rares bâtiments d'Amsterdam à avoir conservé son caractère gothique.

Le grand incendie de 1452

Après ce second incendie dévastateur qui détruisit la Nieuwe Kerk, la loi limita l'utilisation du bois dans la construction.

Le Waag (p. 60)
Ancienne porte de l'enceinte fortifiée, elle date de 1488.

Accès arrière sur un canal

Murs latéraux en pierre

Pilotis enfoncés jusqu'aux premières couches fermes.

Entrepôt

Sceau d'Amsterdam

Il porte la croix de saint André, l'écu des Habsbourg et un bateau, symbole de prospérité due au commerce.

Le n° 34 Begijnhof (p. 75)
Bâtie vers 1420, c'est la plus vieille maison de bois de la ville.

Maximilien épouse Marie de Bourgogne

1477 Marie, fille de Charles, épouse Maximilien de Habsbourg

1452 2e grand incendie d'Amsterdam

1480 Construction de remparts autour d'Amsterdam

1494 Maximilien devient empereur germanique ; le pouvoir passe à son fils, Philippe, qui épouse la fille d'Isabelle d'Espagne

1425   **1450**   **1475**   **1500**

1421 1er grand incendie d'Amsterdam

1419 Philippe le Bon de Bourgogne unit les Pays-Bas

1467 Charles le Chauve succède à Philippe de Bourgogne

Charles le Chauve

1482 La mort de Marie donne les Pays-Bas à Maximilien

1500 Naissance du fils de Philippe, le futur Charles Quint

L'ère de l'intolérance

En 1500, grâce à son port, la cité dépasse par sa richesse toutes les autres villes de Hollande. Comme partout en Europe du Nord, la Réforme s'implante mais elle est réprimée par les Habsbourg. En 1572, Guillaume d'Orange prend la direction de la révolte protestante que rallie Amsterdam en 1578, un événement qui prend le nom d'Altération. En 1585, le pillage d'Anvers, la grande concurrente d'Amsterdam, par les Espagnols, inaugure le Siècle d'or de la cité.

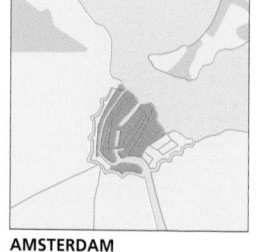

AMSTERDAM ▣ En 1500 ▢ Aujourd'hui

Nieuwe Kerk (1395)
Rokin
Place du Dam
Oudezijds Voorburgwal
Oude Kerk (1309)

Insurrection des anabaptistes *(1535) Nombre de ces protestants extrémistes furent exécutés après s'être emparés du Stadhuis.*

CARTE D'AMSTERDAM

La cartographie est une très ancienne tradition à Amsterdam *(p. 146)*, représentée ici en vue aérienne sur une gravure sur bois réalisée par Cornelis Anthonisz en 1538.

Schreierstoren

Guillaume d'Orange *(1555) Peint ici par Anthonius Mor, il dirigea la lutte contre les Espagnols jusqu'à son assassinat à Delft (p. 195).*

Les terres se trouvent en majeure partie en dessous du niveau de la mer.

CHRONOLOGIE

1502 Amsterdam compte 12 000 habitants
1516 Charles devient roi d'Espagne
1535 Émeute anabaptiste sur le Dam réprimée dans le sang ; début de plus de 40 ans de conflits religieux
1550 L'édit de Sang condamne à mort les hérétiques

1500 — 1510 — 1520 — 1530 — 1540 — 1550

1506 Charles règne sur les 17 provinces des Pays-Bas
1519 Charles devient l'empereur Charles Quint
1543 Unification des Pays-Bas par Charles Quint
Charles Quint, empereur germanique, roi d'Espagne et souverain des Pays-Bas
1551 Amsterdam compte environ 30 000 habitants

La Guilde de Saint-Georges *(1533)*
Cornelis Anthonisz a peint un banquet d'une des corporations de défense de la ville qui se transformèrent après 1578 en gardes civiques (p. 82).

OÙ VOIR L'AMSTERDAM DU XVIe SIÈCLE

Peu d'édifices du début du siècle subsistent, mais l'ancienne auberge de marins du n° 1 Zeedijk *(p. 67)* date d'environ 1550. La galerie des Gardes civiques du Musée historique *(p. 80-83)* abrite une splendide collection de tableaux représentant ces guildes. Les plus anciens remontent aux années 1530.

Montelbaanstoren
Bâtie en 1512, la partie inférieure de cette tour (p. 66) appartenait aux fortifications.

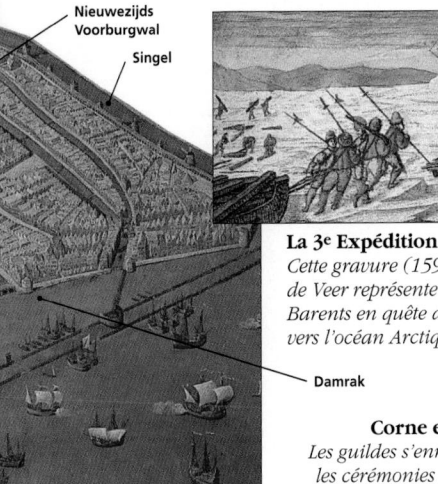

Nieuwezijds Voorburgwal
Singel
Damrak
Pompe
Mer

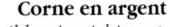

La 3e Expédition
Cette gravure (1597) de Gerrit de Veer représente Willem Barents en quête d'un passage vers l'océan Arctique.

Corne en argent
Les guildes s'enrichissant, les cérémonies devinrent une part de plus en plus importante de leurs activités. Ce gobelet montre saint Georges terrassant le dragon.

Le drainage des polders
Des « paliers » de moulins refoulaient l'eau par étapes jusqu'à ce qu'elle s'écoule dans la mer (p. 173).

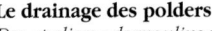

Le duc d'Albe

1555 Charles Quint abdique au profit de Philippe II

1567 Le duc d'Albe impose de lourds impôts à Amsterdam

1576 Amsterdam assiégée par Guillaume d'Orange

1578 Altération : les calvinistes prennent le pouvoir à Amsterdam et chassent les catholiques

1596-1867 L'explorateur Willem Barents trouve un passage vers l'océan Arctique

1598 Mort de Philippe II

1560	1570	1580	1590	1600

1566 Des iconoclastes calvinistes détruisent des œuvres d'art religieuses

v. 1568 Début de la révolte protestante dirigée par Guillaume d'Orange

1579 Union d'Utrecht entre les provinces du Nord

1584 Assassinat à Delft de Guillaume d'Orange

1580 L'Espagne conquiert le Portugal, les Hollandais s'implantent en Orient

Guillaume fut tué sur l'escalier de son quartier général de Delft en 1584 (p. 195)

Le Siècle d'or d'Amsterdam

Fuyant les persécutions, artisans et commerçants flamands et juifs marranes du Portugal et de l'Espagne apportent talents et capitaux à Amsterdam. La ville s'étend et l'on perce trois grands canaux concentriques (p. 44-45) au bord desquels s'élèvent de splendides maisons. Les arts prospèrent et des institutions charitables se créent pour aider les miséreux. La paix est signée avec l'Espagne en 1648, mais des tensions naissent avec la maison d'Orange. La révocation de l'édit de Nantes, en 1685, provoquera l'immigration des riches protestants français.

AMSTERDAM

▨ En 1600   ☐ Aujourd'hui

Marché aux grains et au bétail

Autoportrait en saint Paul
(1661)
Rembrandt (p. 62-63) s'installa à Amsterdam en 1631 et y vécut jusqu'à sa mort en 1669.

Nieuwe Kerk (1395)

Le nouveau Stadhuis (aujourd'hui Koninklijk Paleis) était encore en construction.

La Lettre d'amour
(1666)
La société devenant plus sophistiquée, la peinture de genre, telle cette scène d'intérieur par Jan Vermeer (p. 131), acquit une grande popularité.

LA PLACE DU DAM EN 1656

Au cœur d'une ville cosmopolite et marchande où affluaient les capitaux, la place du Dam, peinte ici par Jan Lingelbach (v. 1624-1674), voyait se presser patriciens et riches négociants.

Carreaux de Delft
Les délicats motifs floraux des carreaux de faïence de Delft (p. 195) ornaient de nombreuses maisons bourgeoises au XVIIᵉ siècle.

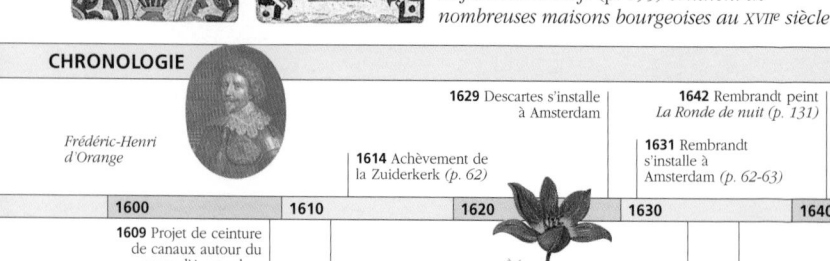

CHRONOLOGIE

Frédéric-Henri d'Orange

1629 Descartes s'installe à Amsterdam

1642 Rembrandt peint *La Ronde de nuit (p. 131)*

1614 Achèvement de la Zuiderkerk *(p. 62)*

1631 Rembrandt s'installe à Amsterdam *(p. 62-63)*

| 1600 | 1610 | 1620 | 1630 | 1640 |

1609 Projet de ceinture de canaux autour du cœur d'Amsterdam *(p. 44-45)*

Dessin de tulipe du XVIIᵉ siècle

1634 Début de la tulipomanie

1636 Le marché de la tulipe s'effondre

1613 Première phase de construction des canaux

Le Char de Flora *(1636)*
La « tulipomanie » suscita de nombreuses allégories. Cette peinture par H. G. Pot raille la sottise de certains investisseurs qui, avant que le marché s'effondre, payèrent des bulbes rares jusqu'à leur poids en or.

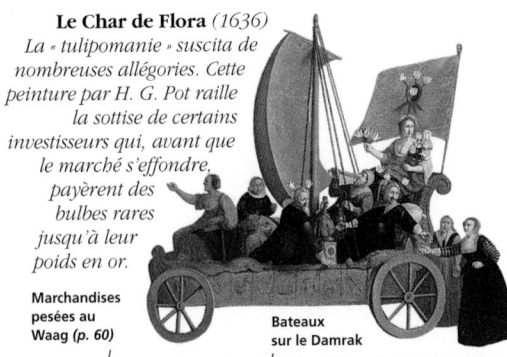

Marchandises pesées au Waag *(p. 60)*

Bateaux sur le Damrak

Déchargement de marchandises

Marchands turcs

L'Aumône du pain
À partir des années 1640, un système rudimentaire d'assistance vint en aide aux miséreux, tels ceux peints ici par Willem Van Valckert.

OÙ VOIR L'AMSTERDAM DU XVIIᵉ SIÈCLE

La prospérité de la cité s'exprima dans son architecture. Hendrick de Keyser construisit la Westerkerk (p. 90) en 1620 et Adriaan Dortsman la Lutherse Kerk (p. 78-79) en 1671. Elias Bouman acheva en 1675 la synagogue portugaise (p. 66) commandée par la communauté juive séfarade (p. 64).

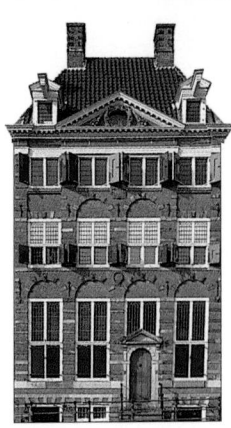

Apollon
(v. 1648)
Cette statue par Artus Quellien orne la galerie sud du palais royal (p. 74).

Maison de Rembrandt *(1606)*
Jacob Van Campen ajouta le fronton en 1633.

Le Stadhuis (palais royal)

1650 Mort du stathouder Guillaume II

1665 Achèvement du nouveau Stadhuis

1672 Guillaume III stathouder ; la foule tue les frères de Witt à La Haye (p. 186)

1685 Des huguenots se réfugient à Amsterdam après la révocation de l'édit de Nantes par Louis XIV

| 1650 | 1660 | 1670 | 1680 | 1690 |

1652 Incendie du Stadhuis

1648 Amsterdam affirme sa suprématie maritime sur Anvers

1669 Mort de Rembrandt

1663 Deuxième phase de construction des canaux

1677 Guillaume III épouse Marie II Stuart, héritière du trône d'Angleterre

Guillaume et Marie

L'ère de la puissance maritime

Après la création en 1602 de la Compagnie des Indes orientales (VOC), Amsterdam constitue un puissant empire colonial. Il lui assure une remarquable prospérité ; mais s'il s'avère durable en Insulinde, il n'en va pas de même pour le Nouveau Monde où les Portugais prennent le comptoir brésilien de Pernambouc en 1661. En 1664, la Nouvelle-Amsterdam (l'actuelle Manhattan), fondée en 1626 par Pieter Minuit, tombe aux mains des Anglais.

Armoiries de la VOC

L'achat de Manhattan
En 1626, l'explorateur Pieter Minuit acheta l'île à ses occupants pour quelques florins.

Un trésor englouti
Le Batavia *coula au large de l'Australie en 1629. Cette pomme de lit, cette carafe et cette assiette furent récupérées en 1972.*

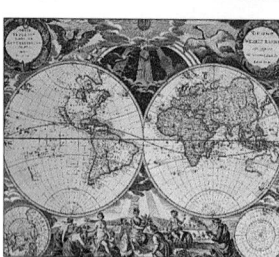

Vigie

Grand mât

Cabine d'officier

Mât d'artimon

Gaillard d'arrière

Planisphère *(1676)*
Cette carte de Jan Blaeu révèle que des parties de l'Asie et de l'Australie restaient inconnues.

LE BATAVIA
Trois-mâts d'une longueur de 45 m appartenant à la Compagnie des Indes orientales, le *Batavia* transportait environ 350 personnes : membres d'équipage, soldats et familles.

CHRONOLOGIE DE L'EXPLORATION

Peter Stuyvesant

1602 Fondation de la Compagnie des Indes orientales (VOC)

1620 Les futurs pères fondateurs des États-Unis embarquent en Hollande *(p. 185)*

1642 Abel Tasman découvre la Tasmanie

1600	1610	1620	1630	1640

1595 1er voyage en Indonésie par le cap de Bonne-Espérance

Logo de la VOC

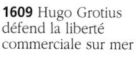

1609 Hugo Grotius défend la liberté commerciale sur mer

1626 Pieter Minuit achète Manhattan et fonde la Nouvelle-Amsterdam

1621 Fondation de la Compagnie hollandaise des Indes occidentales

Vaisseaux de guerre hollandais *(1683)*
Ce tableau de Ludolf Backhuysen (1631-1708)
montre une victoire de la flotte hollandaise sur
les Portugais, au large de la côte espagnole.

LA COMPAGNIE DES INDES ORIENTALES

Fondée en 1602, la VOC regroupe les intérêts de plusieurs compagnies maritimes et obtient un monopole sur les lignes commerciales avec l'est du cap de Bonne-Espérance. En 1611, ses navires se risquent jusqu'en Chine, au Japon et en Indonésie, et elle est le plus grand importateur d'épices d'Europe. Pendant près de deux cents ans, elle dirigera un puissant empire marchand.

Le Musée maritime néerlandais
(p. 146-147) comprend une
salle dédiée à la VOC et une
réplique d'un de ses trois-mâts :
l'Amsterdam.

Mât de misaine

Faux-pont et quartier d'habitation

Gaillard d'avant

Compas en bronze
L'amélioration des instruments permit de plus longs voyages.

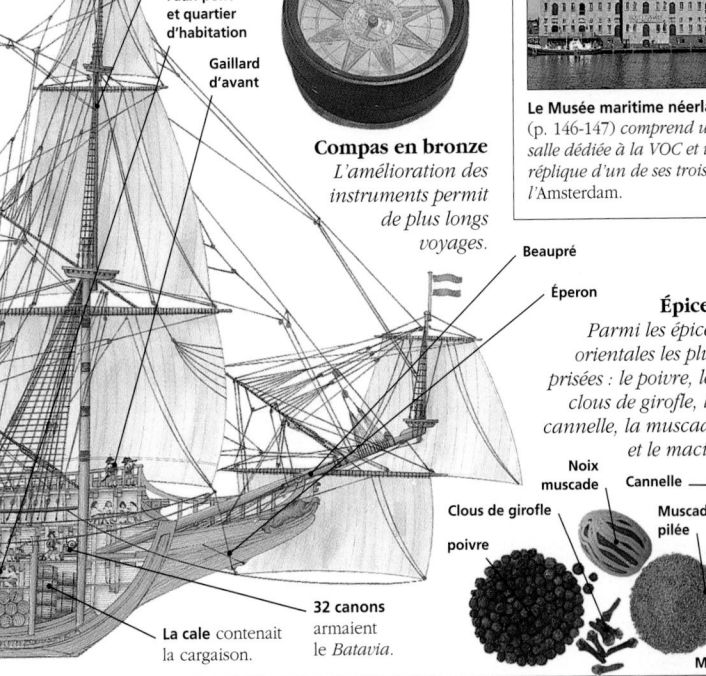

Beaupré

Éperon

Épices
Parmi les épices orientales les plus prisées : le poivre, les clous de girofle, la cannelle, la muscade et le macis.

Noix muscade

Cannelle

Clous de girofle

Muscade pilée

poivre

La cale contenait la cargaison.

32 canons armaient le *Batavia*.

Macis

de Ruyter (p. 77)

1647 Peter Stuyvesant est gouverneur de la Nouvelle-Amsterdam

1648 Le traité de Munster met fin à la guerre avec l'Espagne qui reconnaît la République

1664 Les Anglais prennent la Nouvelle-Amsterdam

1665 L'amiral de Ruyter (p. 77) détruit la flotte anglaise

1672 *Rampjaar* (l'année des Désastres). Louis XIV attaque la Hollande alors que la guerre avec l'Angleterre reprend

Louis XIV

1650	1660	1670	1680	1690

1652 1re guerre navale avec les Anglais

Flotte bollandaise sur la Medway en 1667

1667 Traité de paix de Breda avec les Anglais

1666 Bataille navale de 4 jours avec les Anglais

1689 Guillaume III devient roi d'Angleterre

Amsterdam et les Français

Au XVIIIᵉ siècle, l'affaiblissement de son empire colonial n'empêche pas Amsterdam de rester le grand centre financier de l'Europe… et le refuge des victimes de persécutions religieuses. Face à une bourgeoisie richissime se crée une opposition patriotique appuyée par la France. Pour soutenir le prince d'Orange, les Prussiens envahissent la ville en 1787. En 1795, les patriotes la reprennent avec les troupes de la Révolution française et fondent une République que Napoléon transformera en un royaume dirigé par son frère, Louis Bonaparte.

Ornements de Torah en argent *(p. 64)*

AMSTERDAM

■ *En 1700*   □ *Aujourd'hui*

Antichambre ornée d'un paravent japona

Salle de bains

L'Accueil des visiteurs *(v. 1713)*
Cornelis Troost jetait un regard satirique sur son époque. Ici, le prince Eugène de Savoie arrive dans une maison close.

Salon

MAISON DE POUPÉE

Fabriquée vers 1750 pour Sara Rothé, cette maison de poupée, plus faite pour l'exposition que pour le jeu, est la réplique de l'habitation d'un marchand amstellodamois de l'époque. On peut l'admirer aujourd'hui au musée Frans-Hals d'Haarlem *(p. 178-179)*.

Hiver à Amsterdam *(v. 1763)*
Sur cette gravure de Petrus Schenk, les gens patinent sur les canaux gelés. Des péniches brise-glace alimentent la ville en eau potable.

CHRONOLOGIE

1702 Mort de Guillaume III. Pas de nouveau stathouder

1713 Le traité d'Utrecht reconnaît l'indépendance des provinces du Nord

Mousquetaire français

1748 Émeute contre les impôts

1744 La France envahit les provinces du Sud

1700	1710	1720	1730	1740	17

1697 Visite à Amsterdam du tsar Pierre Iᵉʳ le Grand

Portrait du tsar Pierre Iᵉʳ le Grand (1727) sur une tabatière en or

1716 Réunis à La Haye *(p. 186-187)*, des états généraux imposent des réformes radicales

1747 Le titre de stathouder devient héréditaire avec Guillaume IV

1751 Mort de Guillaume IV. Début de quarante ans de conflits politiques

Les troupes prussiennes entrent dans Amsterdam
Cette lithographie d'un artiste inconnu montre les troupes prussiennes, venues réprimer l'opposition patriotique, entrer dans la ville le 10 octobre 1787.

Lit à baldaquin

Chambre d'accouchement

Bibliothèque

Florin *(1781)*
Au milieu du siècle, Amsterdam possédait le système bancaire le plus sophistiqué du monde.

OÙ VOIR L'AMSTERDAM DU XVIIIE SIÈCLE

Le moulin De Gooyer *(p. 144)* produit de la farine depuis 1725. Une église catholique clandestine (1735) abrite désormais le musée Amstelkring. Ne pas rater une belle maison au n° 475 Herengracht *(p. 112)* ainsi que le théâtre Felix Meritis *(p. 113)* dessiné par Jacob Otten Husly en 1787. Le musée Van-Loon *(p. 122)* possède un intérieur d'époque.

Musée Willet-Holthuysen
Cet escalier au décor raffiné (p. 121) date de 1740.

Émeute contre les impôts *(1748)*
Simonsz Fokke a représenté le sac de la maison d'un collecteur d'impôts en juin 1748.

Plat de céramique
(v. 1780) La richesse de la bourgeoisie entretenait un artisanat d'art de qualité, tel ce plat décoré de personnages mythologiques.

| 1760 | 1770 | 1780 | 1790 | 1800 | 1810 |

L'âge de l'industrialisation

Les Pays-Bas reprennent leur indépendance en 1813 sous forme de monarchie dirigée par Guillaume Ier d'Orange. En 1830, les provinces du Sud deviennent un État autonome : la Belgique. L'IJmeer étant trop peu profond pour les bateaux à vapeur, Amsterdam devra attendre le percement, en 1876, d'un canal jusqu'à la mer du Nord pour retrouver sa puissance commerciale. La ville s'industrialise tardivement, mais son extension donne lieu à d'ambitieuses réalisations architecturales.

AMSTERDAM

▇ En 1800   ☐ Aujourd'hui

Le cacao
Il devint l'une des principales exportations d'Amsterdam.

LA GARE CENTRALE

Achevée en 1889 *(p. 79)*, elle devint le symbole de l'entrée de la ville dans l'ère industrielle, le signe qu'Amsterdam cessait de vivre dans le souvenir du Siècle d'or pour se tourner vers l'avenir.

Façade de style Renaissance hollandaise

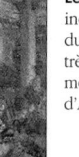

Le cadran doré indique la direction du vent, longtemps très important pour les moulins et les navires d'Amsterdam.

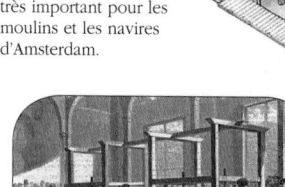

Hall principal

Taille de diamants
Alimentée par les mines d'Afrique du Sud, l'industrie diamantaire se développa à la fin du XIXe siècle.

L'Atelier par H. Wolter
L'industrialisation donna naissance à une classe ouvrière exploitée.

CHRONOLOGIE

1813 La Maison d'Orange rentre d'exil

1824 Percement d'un canal impraticable jusqu'à la mer du Nord

1815 Guillaume sacré roi des Pays-Bas

1831 Le Sud des Pays-Bas acquiert son indépendance et devient la Belgique

Guillaume Ier à Waterloo (1815)

1839 1re liaison ferroviaire entre Amsterdam et Haarlem *(p. 177)*

1845 Manifestations en faveur de réformes sociales

1840 Guillaume Ier abdique ; Guillaume II lui succède

1850 245 000 habitants

Henry Thorbecke

1848 Thorbecke rédige une nouvelle Constitution

Années 1860 Immigration de juifs anversois

1820	1830	1840	1850	1860

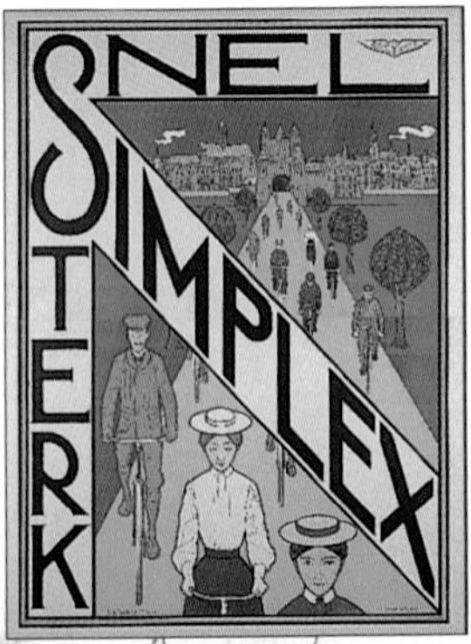
SNEL
SIMPLEX
STERK

Affiche publicitaire
La bicyclette rencontra très vite un vif succès à Amsterdam, située au cœur d'un pays très plat. La ville se détache contre le ciel sur cette affiche des années 1880 par Hart Nibbrig.

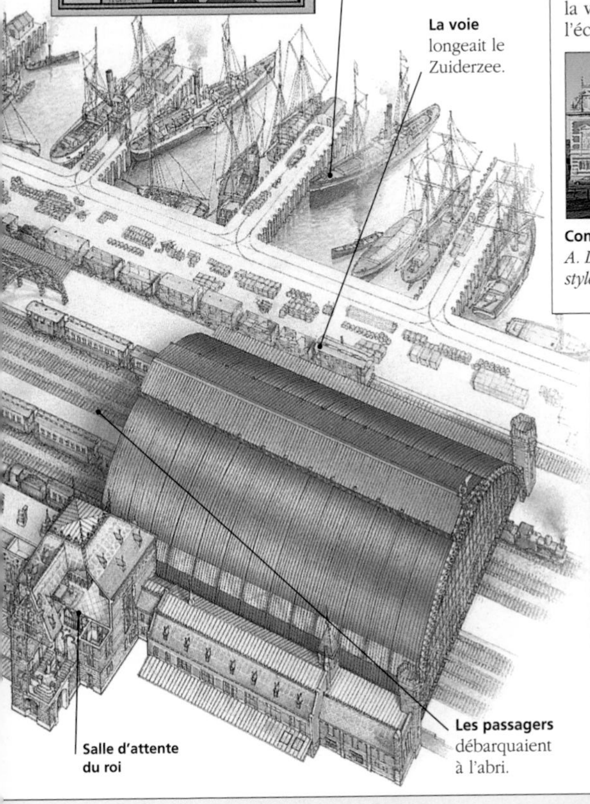
Les marchandises transitaient directement des bateaux aux trains.
La voie longeait le Zuiderzee.
Salle d'attente du roi
Les passagers débarquaient à l'abri.

OÙ VOIR L'AMSTERDAM DU XIXe SIÈCLE

La fin du siècle vit s'élever d'ambitieux édifices publics aux architectures inspirées du passé, tels le Rijksmuseum *(p. 130-133)* néogothique de P. J. H. Cuypers inauguré en 1885 ou le Stedelijk Museum *(p. 136-137)* néo-Renaissance de A. W. Weissman ouvert en 1895. Par son modernisme, la Bourse de Berlage *(p. 79)*, achevée en 1903, allait ouvrir la voie aux créations de l'école d'Amsterdam *(p. 97)*.

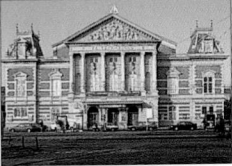

Concertgebouw *(1888)*
A. L. Van Gendt lui donna un style néo-Renaissance (p. 128).

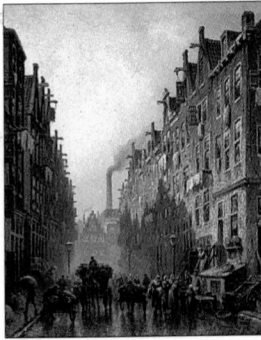

Le Quartier juif *(1889)*
Ce tableau de E. A. Hilverdink montre l'insalubrité de ce quartier populaire.

1876 Achèvement du Noordzeekanaal

1874 Réglementation du travail des enfants

1878 F. D. Nieuwenhuis fonde l'Association social-démocrate

1886 26 morts lors d'émeutes au Jordaan

1889 Cuypers achève la gare centrale *(p. 79)*

1902 Les socialistes gagnent leur premier siège au conseil municipal

1909 Les communistes font sécession du SDAP

1870 | 1880 | 1890 | 1900 | 1910

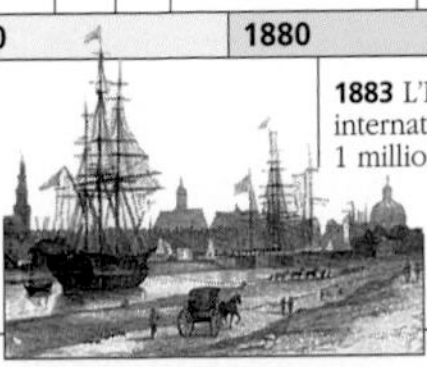

Le Noordzee-kanaal

1883 L'Exposition internationale attire 1 million de visiteurs

1894 Création du Parti social-démocrate des travailleurs (SDAP)

1891 Wilhelmine accède au trône

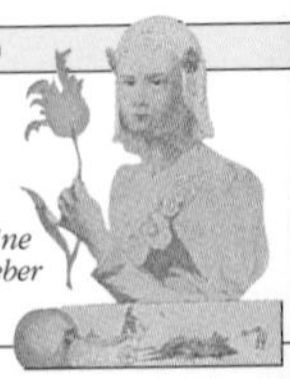

La reine Wilhelmine (v. 1900) par Jean Veber

Amsterdam en guerre

Malgré leur neutralité dans le conflit, l'économie des Pays-Bas souffre de la Première Guerre mondiale. La paix revenue, la municipalité lance de grands programmes sociaux tel l'Amsterdamse Bos dans les années 1930. Le 10 mai 1940, les nazis envahissent le pays. La population s'oppose à la déportation des juifs mais ne peut l'éviter comme l'illustre le tragique destin d'Anne Frank. Dévastés par les Allemands après un hiver dont la dureté provoque des famines, les Pays-Bas ne sont libérés que quelques jours avant l'armistice.

AMSTERDAM

▨ En 1945   ☐ Aujourd'hui

« Votez rouge » *(1918)*
Le SDAP (p. 33) *imposa des programmes d'aide sociale après la Seconde Guerre mondiale.*

Grenier

Chambre
des Van Pels

Chambre
d'Anne

Chambre
des Frank

Salle de bains

Bibliothèque
pivotante
(entrée de la
cachette)

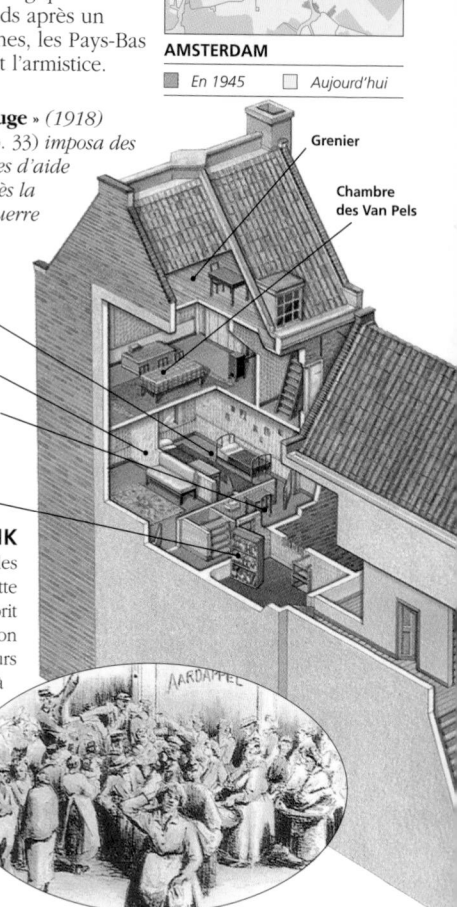

LA MAISON D'ANNE FRANK

En juillet 1942, Anne Frank, sa famille et les Van Pels se cachèrent à l'arrière de cette maison *(p. 90-91)*. Anne avait 13 ans et entreprit la rédaction d'un journal intime. Elle écrivit son dernier commentaire en août 1944, trois jours avant l'arrestation de sa famille, et mourut à Bergen-Belsen en mars 1945.

Émeute de la faim *(1917)*
Ce dessin de Daan Bout montre des femmes désespérées se battant pour des pommes de terre. L'échauffourée dégénéra en émeute et l'armée dut intervenir.

CHRONOLOGIE

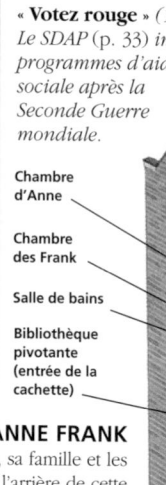

1917 Émeute de la faim dans le Jordaan

1920 Ouverture d'une liaison aérienne entre Schiphol et Londres

Détail de la façade de la banque ABN

1926 Construction de la banque ABN sur la Vijzelstraat

1915 Majoritaire au conseil municipal, le SDAP décide du programme d'urbanisme

1910	1915	1920	1925

1914 Les Pays-Bas restent neutres dans le conflit qui commence

Caricature du rejet par les Pays-Bas de l'offre d'amitié allemande en 1915

1928 Jeux olympiques d'Amsterdam

Années 1920 Réhabilitation du sud de la ville ; le comblement de canaux rencontre une vive opposition

Het Schip de Michel de Klerk
*À la fin de la Première Guerre mondiale,
les architectes de l'école d'Amsterdam (p. 97)
dessinèrent des immeubles d'habitation
révolutionnaires tel ce « Bateau ».*

OÙ VOIR L'AMSTERDAM DU DÉBUT DU XXᵉ SIÈCLE

C'est dans le sud de la ville que le visiteur découvrira le plus d'exemples de l'architecture de l'école d'Amsterdam. H. P. Berlage, P. L. Kramer et Michel de Klerk contribuèrent à la réalisation du complexe d'habitations De Dageraad (p. 151) et jouèrent un grand rôle dans l'aménagement du Nieuw Zuid (p. 154).

Amsterdamse Bos
*(p. 155)
En 1930,
l'aménagement
d'une zone de loisir
au sud-ouest de la
ville donna du
travail à
5 000 chômeurs
néerlandais.*

Le cinéma Tuschinsky *(1921)
Il possède un décor exubérant
influencé par le style Arts déco.*

Bureaux en façade

Façade du n° 263
Prinsengracht

Statue de docker
*Cette œuvre
(p. 53) par Marie
Andriessen
commémore la
grève de février
1941 des dockers et
employés des transports
protestant contre
les persécutions
envers les juifs.*

La déportation des juifs
*Distribués par la Résistance,
des tracts appelaient à ne pas laisser
les nazis arrêter les juifs.*

1930 750 000 habitants.
Le chômage s'aggrave.
Début du programme social
de l'Amsterdamse Bos

1939 Neutralité des
Pays-Bas dans la Seconde
Guerre mondiale

1935 Envoi de travailleurs
en Allemagne

1942 Début de
la déportation
des juifs

1944
Débarquement
allié

1945
Capitulation
de l'Allemagne

1930	1935	1940	1945

1934 Sept morts lors
d'émeutes dans le
Jordaan

1940
Bombardement de
La Haye ; les Pays-
Bas se rendent

1932-1937 Progrès du Parti
nazi d'Anton Mussert

1941 450 juifs arrêtés ;
grève des dockers

*Les nazis
obligeaient
les juifs à porter
l'étoile de David*

Amsterdam aujourd'hui

**Tram
d'Amsterdam**

L'esprit de tolérance d'Amsterdam a
continué à se manifester après la Seconde
Guerre mondiale. Dans les années 1960,
les jeunes contestataires, les *provos*, siègent
au conseil municipal et la ville attire ensuite
de nombreux hippies. Les émeutes des
années 1970, provoquées en partie par une
crise des logements, ont entraîné l'adoption
d'un ambitieux programme de logements
sociaux. L'expansion urbaine est en train de transformer
cette cité historique en une métropole moderne.

AMSTERDAM

■ *En 1950*   □ *Aujourd'hui*

Football
*En 1988, d'intenses
réjouissances marquèrent
la victoire des Pays-Bas
contre l'Angleterre (3 à 1)
en championnat d'Europe.*

Het Lieverdje
*Devenue un symbole pour les
provos,* cette statue de titi
amstellodamois par Carel
Kneulman *décore le Spui.*

Le « niveau normal
de l'eau » (NAP) des
canaux d'Amsterdam

Phare

Haarlem
(p. 174-177)

**Dunes de sable
(de 7 à 20 m de
hauteur)**

Mer du Nord

Niveau de la mer

**Ringvaart
Haarlemmer-
meer**

Sable

**Aéroport
de Schiphol**
(p. 266-267)

30 km

● AMSTERDAM

CARTE DE SITUATION

**Champs
de tulipes**
(p. 180-181)

Ringdijk

Haarlemmermeer
(- 4,5 m)

Normaal Amsterdams Peil
*Fixé en 1684, on peut voir
le niveau normal de l'eau
(NAP) près du Stopera (p. 63).*

VUE EN COUPE DE LA
HOLLANDE SEPTENTRIONALE
Cette vue en coupe montre à quel point
Amsterdam dépend de ses digues pour
échapper aux inondations et la profondeur
où doivent s'enfoncer les fondations des
immeubles pour reposer sur un terrain ferme.

CHRONOLOGIE

1948 Abdication de Wilhelmine après 43 ans de règne ; sacre de Juliana	**1957** Les Pays-Bas signent le traité de Rome fondant la Communauté européenne	**1965** Les *provos* siègent au conseil municipal **1963** La population atteint 868 000 h.	**1966** Manifestation des *provos* au mariage de Beatrix avec l'aristocrate allemand Klaus von Amsberg **1971** L'Ajax gagne la Coupe d'Europe **1975** Manifestations au Nieuwmarkt contre la destruction du quartier juif **1981** Amsterdam est reconnue capitale des Pays-Bas
1950	**1955**	**1960** **1965**	**1970** **1975** **1980**
1952 Achèvement du canal Rhin-Amsterdam ; développement commercial	**1967** Les hippies arrivent à Amsterdam		**1980** La reine Juliana abdique en faveur de Beatrix
1949 Indépendance de l'Indonésie	**1968** Le complexe résidentiel du Bijlmermeer accueille ses premiers habitants	*Discours d'abdication de la reine Juliana*	

La reine Beatrix
Née en 1938, Beatrix fut couronnée dans la Nieuwe Kerk (p. 76-77) en 1980, suite à l'abdication de sa mère Juliana.

OÙ VOIR L'AMSTERDAM MODERNE

C'est dans l'ancien quartier juif que Cess Dam et Wilhelm Holzbauer ont construit le très controversé Stadhuis-Muziektheater, ou « Stopera » (p. 63), achevé en 1988. Mais les plus beaux édifices modernes d'Amsterdam se trouvent en particulier à l'est des quais et sur le long du Zuidas (axe sud).

*Le siège social d'**ING** (2002), situé dans le Zuidas, le quartier des affaires, a été conçu par Meyer & Van Schooten.*

Maison sur le Singel
Lorsque les fondations des maisons de canal du XVIIe siècle s'affaissent, les techniques modernes permettent désormais d'éviter démolition et étais en bois.

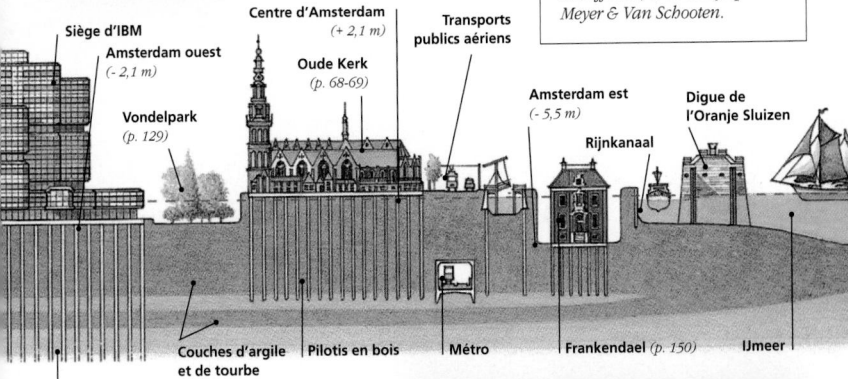

Siège d'IBM Amsterdam ouest (- 2,1 m) — Vondelpark (p. 129) — Centre d'Amsterdam (+ 2,1 m) — Oude Kerk (p. 68-69) — Transports publics aériens — Amsterdam est (- 5,5 m) — Rijnkanaal — Digue de l'Oranje Sluizen

Piliers en béton — Couches d'argile et de tourbe — Pilotis en bois — Métro — Frankendael (p. 150) — IJmeer

Hippies
Dans les années 1960 et 1970, l'esprit de tolérance d'Amsterdam y attira de nombreux hippies qui aimaient se retrouver au Vondelpark (p. 129).

1989 Le centre droit prend le pouvoir au Parlement néerlandais
1994 Inédit depuis 1918, les démocrates-chrétiens ne font pas partie du gouvernement
2000 L'euthanasie est légalisée
2002 Décès du prince Claus, l'époux de Beatrix

| 85 | 1990 | 1995 | 2000 | 2005 | 2010 | 2015 | 2020 |

2011 Réouverture du Stedelijk Museum (p. 136-137), après sa rénovation
1993 Modernisation de l'aéroport de Schiphol (p. 266-267)
1986 Ouverture du Muziektheater ou « Stopera » (p. 63)

KLM : la compagnie aérienne néerlandaise

AMSTERDAM D'UN COUP D'ŒIL

Dans son chapitre *Quartier par quartier*, ce guide décrit plus de 100 lieux à visiter. Ils répondent à un large éventail d'intérêts : musées aux prestigieuses collections d'art et d'histoire, superbes monuments tel l'Oude Kerk, curiosités comme le chantier naval Werf't Kromhout *(p. 144-145)* ou paysages urbains caractéristiques à l'image du Tournant d'or *(p. 112)* sur le canal Herengracht. En outre, des promenades vous emmènent à la découverte de la richesse architecturale et du passé de la cité. Pour vous aider à tirer le meilleur parti de votre séjour, les dix pages qui suivent présentent un condensé de ce qu'Amsterdam a de plus intéressant à offrir. Voici, pour commencer, les visites à ne pas manquer...

LES VISITES À NE PAS MANQUER

Nederlands Scheepvaartmuseum
Voir p. 146-147

Van Gogh Museum
Voir p. 134-135

Oude Kerk
Voir p. 68-69

Begijnhof
Voir p. 75

Koninklijk Paleis
Voir p. 74

Rijksmuseum
Voir p. 130-133

Stedelijk Museum
Voir p. 136-137

Ons' Lieve Heer op Solder *Voir p. 84-85*

Magere Brug
Voir p. 119

Anne Frank Huis
Voir p. 34-35 et 90-91

◁ Armoiries en vitraux à l'Oude Kerk

Les plus beaux musées d'Amsterdam

Pour une ville de moyenne importance, Amsterdam possède un nombre étonnant de musées. Outre la richesse et la variété de leurs collections, beaucoup offrent l'intérêt d'occuper des bâtiments historiques ou d'une grande qualité architecturale. L'œuvre de Rembrandt est ainsi exposée dans la maison qu'il occupa. La carte ci-contre situe quelques musées parmi les plus remarquables présentés en pages 42-43.

Anne Frank Huis
La maison où Anne Frank se cacha des nazis est devenue un mémorial.

Le Jordaan

Amsterdams Historisch Museum
Dans un ancien orphelinat dont Adriaen Backer peignit en 1683 les régentes, il évoque le passé de la ville au travers d'une exposition didactique.

Rijksmuseum
Le Musée national expose des œuvres hollandaises dont cette Nature morte avec fleurs et fruits *de Jan Van Huysum (v. 1730). Le bâtiment est actuellement fermé pour rénovation jusqu'en 2013 (p. 130).*

Du Bijbels Museum à Leidseplein

Le quartier des musées

Stedelijk Museum
Cette chaise (1963) par Gerrit Rietveld fait partie du fonds de ce musée d'Art contemporain à la pointe de l'avant-garde.

Van Gogh Museum
Bâti en 1973, il abrite, parmi bien d'autres chefs-d'œuvre, cet Autoportrait au chapeau de paille.

Museum Ons' Lieve Heer op Solder
Trois maisons de marchands datant du XVIIe siècle abritent la dernière église clandestine d'Amsterdam. Celle-ci fut rénovée, comme le Museum Ons' Lieve Heer op Solder.

Nederlands Scheepvaartmuseum
Dans l'ancien arsenal de l'Amirauté (1656), ce musée retrace l'histoire maritime des Pays-Bas et propose la visite d'une réplique d'un trois-mâts de la Compagnie des Indes orientales.

Tropenmuseum
Installé dans l'ancien Institut colonial, il propose une exposition très vivante qui comprend ce masque du Nigeria.

Nieuwe Zijde

Oude Zijde

De l'Amstelveld au Singelgracht

Le quartier de Plantage

0   500 m

Museum Willet-Holthuysen
Dans cette demeure patricienne de 1687, mobilier et objets d'art évoquent la vie des riches marchands amstellodamois.

Joods Historisch Museum
Regroupement de quatre synagogues ashkénazes, il présente, notamment, des objets cultuels et des peintures religieuses modernes.

À la découverte des musées d'Amsterdam

Plaque murale à
St Luciensteeg

La richesse culturelle d'Amsterdam se reflète dans la diversité des musées qui consacrent des expositions aussi bien au théâtre ou à la bière qu'aux technologies modernes. C'est toutefois aux amateurs d'art et d'histoire que la cité a le plus à offrir, avec des musées tels le Rijksmuseum, célèbre pour ses tableaux comme *La Ronde de nuit* de Rembrandt, ou le Musée maritime, qui possède la plus importante collection de maquettes de bateaux du monde.

Vue d'un jardin à la française au musée Van-Loon

PEINTURE ET ARTS DÉCORATIFS

La collection de toiles de maîtres néerlandais tels que Rembrandt, Vermeer, Frans Hals ou Albert Cuyp, la plus riche du monde, a établi la réputation du **Rijksmuseum** mais ses 5 000 tableaux, ses sculptures, ses estampes et son département des arts asiatiques recèlent bien d'autres merveilles.
Le bâtiment principal est fermé pour rénovation jusqu'en 2013.
En traversant le Museumplein, on arrive au **musée Van-Gogh**. Ses quelque 200 toiles et 500 dessins, présentés par ordre chronologique, permettent de suivre l'évolution de l'artiste. Sont également exposées sa collection privée d'estampes japonaises et des toiles de contemporains comme Gauguin ou les nabis.
Musée aux expositions constamment renouvelées qui permettent souvent de

découvrir des créations d'avant-garde, le **Stedelijk Museum** possède un fonds comprenant des œuvres d'artistes tels que Matisse, Chagall ou Malevitch et où sont représentées la plupart des grandes tendances de l'art moderne et contemporain : expressionnisme allemand, groupe Cobra, pop art, Nouveau Réalisme, etc.
La **maison de Rembrandt**, que l'artiste habita vingt ans, présente un remarquable ensemble de gravures et de dessins, tandis que le **musée Van-Loon** permet de découvrir les collections privées de la richissime famille Van Loon d'Amsterdam.
En dehors d'Amsterdam, il ne faut pas manquer le musée **Frans-Hals** à Haarlem, la **Mauritshuis** à La Haye et le **musée Boijmans-van Beuningen** à Rotterdam.

La Fiancée juive (1663) par Rembrandt au Rijksmuseum

Masque indonésien au musée des Tropiques

HISTOIRE

Plusieurs musées illustrent la riche histoire de la capitale des Pays-Bas, à commencer par le **Musée historique d'Amsterdam**, qui retrace, au moyen d'objets archéologiques, de cartes, de documents et de peintures, le développement de la ville depuis sa fondation au XIIIe siècle.
Le **Nederlands Scheepvaartmuseum**, un des plus grands musées de navigation du monde, comprend une réplique d'un trois-mâts du XVIIIe siècle. Installé dans un chantier naval encore en activité, le **Museum't Kromhout** présente une collection d'outillage de bateaux modernes.
Le **musée Willet-Holthuysen**, aux salles décorées de tableaux de maîtres hollandais, et le **Museum Ons' Lieve Heer op Solder**, qui abrite une église clandestine du XVIIe siècle, évoquent des aspects contrastés du Siècle d'or.
Le musée **De Burcht** retrace l'évolution des revendications ouvrières aux Pays-Bas.
Par son importance, le **Joods Historisch Museum** témoigne de la vitalité de la communauté juive d'Amsterdam, tandis que la **maison d'Anne Frank**, où la jeune fille se terra pendant

deux ans avec sa famille, rappelle le tragique destin que connut cette communauté pendant la Seconde Guerre mondiale, malgré la résistance des Hollandais face aux nazis, dont le **Verzetsmuseum Amsterdam** permet de mieux comprendre l'ampleur.

Hors de la ville, le **Zuiderzeemuseum** reconstitue la vie et les traditions des riverains de cette mer intérieure devenue un lac.

MUSÉES SPÉCIALISÉS

Les passionnés d'Antiquité apprécieront les pièces archéologiques du **musée Allard-Pierson**, puis se rendront au **Bijbels Museum** (musée de la Bible), tout proche. Ce musée possède, entre autres, la plus ancienne Bible imprimée aux Pays-Bas.

Le **Eye Film Institute** organise plus de 1 000 projections de films par an, et le musée **Foam** expose des photographies d'histoire et de mode.

Les buveurs de bière apprendront à la **Brasserie Heineken** tout ce qu'il faut savoir sur cette boisson vieille de six mille ans, tandis qu'au **Hash Marijuana Hemp Museum** ils en découvriront les différentes utilisations à travers le temps.

D'un village africain à une forêt primaire indonésienne, les sons et les ambiances sont recréés au **Tropenmuseum** (le musée des Tropiques) et constituent une initiation intéressante à d'autres cultures.

Reconstitution d'un village du Zuiderzeemuseum

TECHNOLOGIE ET HISTOIRE NATURELLE

Le **Nemo** propose une approche concrète de techniques de la photographie et de l'informatique. Il est situé dans un bâtiment à l'architecture très moderne.

Outre des milliers d'animaux vivants, le **parc zoologique d'Artis** abrite plusieurs musées (le plus ancien zoo des Pays-Bas a été fondé en 1838). Une collection de minéraux, cristaux et fossiles, visible au Musée géologique, ravira les amateurs. Avec un aquarium où évoluent près de 2 000 poissons, le Musée zoologique renferme une riche collection de crânes, de squelettes et de spécimens naturalisés. L'**Hortus Botanical** est un jardin botanique présentant des serres conditionnées à différents climats et une belle collection d'arbres. L'orangeraie et la palmeraie sont incontournables.

Illustration du cycle de l'eau au Musée géologique d'Artis

plus beaux canaux d'Amsterdam

Des élégantes demeures de la
Grachtengordel, la ceinture de
canaux percée au Siècle d'or, aux
anciens entrepôts du Brouwersgracht
et aux charmantes maisons du
Reguliersgracht, ce sont l'essence
d'Amsterdam et son histoire qui
se reflètent dans ses voies d'eau.
De nombreux ponts les enjambent,
dont le célèbre Magere Brug
(p. 119), et des centaines
d'embarcations continuent à y
circuler ou à servir de résidences
flottantes tandis que cafés et bars
jalonnent les quais.

Brouwersgracht
*Le canal des Brasseurs
est devenu un quartier
résidentiel très prisé.*

Le Jordaan

Bloemgracht
*D'architecture très variée, les
immeubles bordant ce canal
du Jordaan arborent pour
certains des façades à
pignons à redents (p. 91).*

*Du Bijbels Museum
à Leidseplein*

Prinsengracht
*Le vélo constitue le
meilleur moyen de
découvrir le plus long
canal du XVIIe siècle
d'Amsterdam.*

*Le quartier
des musées*

Leidsegracht
*Moment de détente
sur le quai de ce canal
résidentiel (p. 111).*

Keizersgracht
*Chacun des ponts
de ce canal en
offre une vue.
Le café Metz & Co
(p. 112) permet
un aperçu de la
ceinture des
canaux.*

Singel
Sur cet ancien fossé des remparts de la ville dont la forme détermina celle de la ceinture de canaux, le Poezenboot accueille les chats errants.

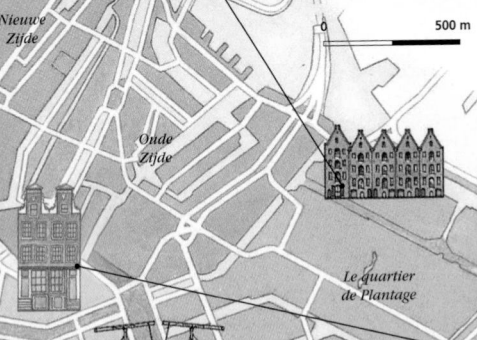

Entrepotdok
Réhabilités dans les années 1980, les entrepôts qui le bordent dominent les bateaux de plaisance, les maisons flottantes et, en été, les terrasses de cafés animées.

Nieuwe
Zijde

0   500 m

Oude
Zijde

Le quartier
de Plantage

De l'Amstelveld à
Singelgracht

Herengracht
Surnommées « les Jumeaux », les deux maisons à pignon en cloche des nos 409 et 411 font partie des plus jolis immeubles du canal le plus prestigieux de la ville.

Reguliersgracht
Ce joli canal percé en 1664 a gardé un charme familial. Au n° 92, une statue de cigogne commémore une loi de 1571 protégeant cet oiseau, symbole des responsabilités parentales.

Amstel
Le fleuve demeure une importante voie de circulation, pour les péniches notamment.

Les meilleurs cafés et bars d'Amsterdam

Ancienne ville de marins, Amsterdam aime les bars et compte près de 1 500 « cafés bruns » entretenant depuis des siècles une tradition de confort spécifiquement hollandaise : la *gezelligheid*. Établissements proposant concerts, expositions d'art ou billards, terrasses au bord d'un canal... vous trouverez dans chaque quartier des lieux où vous détendre et vous désaltérer dans une ambiance authentique. Voici une sélection des plus caractéristiques ; pour plus de détails et d'adresses, consultez les pages 48-49 et 236-237.

De Tuin
Ce bar d'habitués fréquenté par les artistes locaux reflète l'atmosphère du Jordaan.

Le Jordaan

Du Bijbels Museum à Leidseplein

Van Puffelen
Réputé pour son restaurant, cet établissement dont l'impressionnant décor date du XIXe siècle attire une clientèle élégante.

Vertigo
La terrasse du café du Filmmuseum domine le Vondelpark.

Le quartier des musées

Café américain
Huppé, le café de l'American Hotel possède une superbe décoration Arts déco.

Café Dulac
*Ce grand café sur la
Haarlemmerstraat mêle
dans son décor éléments
Arts déco et néogothiques.*

*Nieuwe
Zijde*

In De Wildeman
*Ce moderne proeflokael (p. 48)
propose plus de 80 bières
du monde entier.*

*Oude
Zijde*

*Le quartier de
Plantage*

*De l'Amstelveld
au Singelgracht*

De Jaren
*Apprécié des étudiants,
ce café à la mode offre
une superbe vue sur
l'Amstel et une large
sélection de journaux.*

't Doktertje
*Caché dans une
petite rue de traverse,
voici le café brun
par excellence : sombre,
accueillant et hors
du temps.*

0   500 m

De Kroon
*Restauré avec goût, ce grand café
associe DJ (du jeudi au samedi)
et art moderne.*

À la découverte des cafés et bars d'Amsterdam

Où que vous alliez dans cette cité animée, vous ne vous trouverez pas loin d'un café ou d'un bar. Les Amstellodamois ne se montrant jamais plus amicaux qu'autour d'un verre de bière ou d'alcool de genièvre, les débits de boissons offrent souvent l'occasion de faire des rencontres. Ils ouvrent pour la plupart de 11 h à 1 h du matin, bien que quelques-uns autour de Leidseplein et Rembrandtplein ne ferment le week-end que vers 4 h ou 5 h. Certains servent à manger (*eetcafé*), des plats simples en général. En terrasse, la tradition veut que l'on paie à la commande.

Le Café des sports Ajax-Arena décoré de souvenirs de football

LES CAFÉS BRUNS

Ouverts pour les plus anciens depuis le XVIIe siècle, les *bruine kroegen* doivent leur nom à la patine donnée à leurs boiseries par la fréquentation de générations de fumeurs. Cachés dans des ruelles transversales, à l'image du *'t Doktertje*, ils présentent souvent un décor évoquant les tableaux de Rembrandt.

Habitués et consommateurs occasionnels s'y retrouvent après le bureau, sans se soucier des origines sociales des uns et des autres. Le **Pieper**, proche de Leidseplein, est amical et bon marché, ainsi que le **De Tuin**, fréquenté par les artistes du Jordaan. Beaucoup servent en outre des plats, généralement de qualité et à un prix raisonnable (*p. 236-237*).

LES PROEFLOKALEN

La tradition des *proeflokalen*, dont le nom signifie littéralement « maisons de dégustation », remonte au Siècle d'or et aux comptoirs où les grossistes en spiritueux invitaient leurs clients à goûter leurs produits. Le terme désigne aujourd'hui des établissements spécialisés dans un type de boisson : bière, vin ou alcool.

Parmi les plus anciens, **De Drie Fleschjes** date de 1650 et ses tonneaux renferment certaines des meilleures liqueurs de genièvre du pays. **Mulliner's** propose quant à lui un choix de plus de 500 vins, et **In De Wildeman** des bières du monde entier, souvent à la pression (*p. 237*).

Le Gollem, un *proeflokaal* moderne où déguster un large éventail de bières

QUE BOIRE ?

La boisson nationale hollandaise est la bière. Les blondes d'Heineken et de Grolsch font partie des bières les plus souvent servies à la pression (*pils*), mais il existe également des brunes à la saveur plus soutenue, comme la De Koninck, ou des bières blanches et troubles telle l'Hoegaarden. La Colombus est brassée à Amsterdam. Autre spécialité, la liqueur de genièvre, *jenever*, se consomme jeune (*jonge*) ou adoucie par l'âge (*oude*). De nombreux amateurs l'accompagnent d'une bière, usage qui porte un nom sans équivoque : *kopstoot* (« coup sur la tête »).

Bouteille de *jonge jenever*

Oude jenever, plus doux

Une bière blanche belge

Une bière forte d'Heineken : la Tarwebok

LES « GRANDS CAFÉS » ET « DESIGNER CAFÉS »

Apparus à partir du XIXᵉ siècle, ces établissements plus spacieux et plus lumineux que les cafés bruns présentent des styles variés allant de l'Art déco du **café Schiller** au modernisme dépouillé du **De Jaren**. Très bien situé, le **café Luxembourg**, avec sa verrière, est l'exemple type des endroits où l'on vient pour se montrer et être vu. Le **Het Land Van Walem**, le **De Balie** et le **Vertigo** sont également très à la mode.

Le café Schiller : un grand café Arts déco

LES COFFEE-SHOPS

Ces établissements proposant ouvertement à leurs clients de faibles quantités de haschisch ou de marijuana ont valu à Amsterdam bien des polémiques. Ils ne sont toutefois que l'aspect le plus voyant d'une politique de tolérance dont le but est

Le De Jaren, superbement restauré

d'éviter la marginalisation d'une partie, souvent jeune, de la population.

Contrairement à une idée reçue, la consommation ou la vente de quelque drogue que ce soit reste illégale aux Pays-Bas *(p. 261)*. Si vous décidiez néanmoins de vous rendre dans un coffee-shop, comme le **Rusland** et le **Siberië** (assez intimes) ou le **Bulldog Palace** (plus commercial), gardez à l'esprit que les produits proposés sont en général puissants.

On reconnaît certains de ces établissements au volume de leur musique ou à leur décor psychédélique, tel l'**Abraxas**. Interdits aux moins de 16 ans, ils sont en général fréquentés par des personnes de tous âges et de toutes catégories.

LES SALONS DE THÉ ET COFFEE-SHOPS TRADITIONNELS

À Amsterdam comme partout, les dames de la bonne société aiment à se retrouver pour prendre un café ou un thé accompagné de quelques douceurs. Portant généralement en enseigne *Koffieshop* ou *Salon de thé* pour se démarquer des coffee-shops évoqués plus haut (mais les différences sont évidentes), ces établissements offrent un cadre idéal où se détendre après une journée de tourisme ou de lèche-vitrines. Nombreux sont ceux,

tels **Arnold Cornelis** et **Pompadour**, attachés à une pâtisserie, une confiserie ou un traiteur. Plusieurs hôtels et grands magasins en comprennent également. Celui du dernier étage du **Metz & Co** offre une vue impressionnante sur Amsterdam *(p. 112)*. À ne pas manquer non plus, le **Tazzina** et son excellent café. Si vous êtes attirés par les lieux singuliers, rendez-vous au **Back Stage** : dirigé par un ancien artiste de cabaret, ce coffee-shop est d'une grande originalité.

TROUVER LES MEILLEURS CAFÉS ET BARS

Toutes les adresses des cafés et bars décrits dans ces pages figurent dans le carnet d'adresses de la page 237. Voici ceux sélectionnés en pages 46-47.

Café américain
American Hotel, Leidsekade 97.
Plan 4 E2. **Tél.** 556 3000.

Café Dulac
Haarlemmerstraat 118.
Plan 1 C3. **Tél.** 624 4265.

't Doktertje
Rozenboomsteeg 4. **Plan** 7 B4.
Tél. 626 4427.

In de Wildeman
Kolksteeg 3. **Plan** 7 C1.
Tél. 638 2348.

De Jaren
Nieuwe Doelenstraat 20.
Plan 7 C4. **Tél.** 625 5771.

De Kroon
Rembrandtplein 17.
Plan 7 C5.
Tél. 625 2011.

De Tuin
2ᵉ Tuindwarsstraat 13
(près d'Anjeliersstraat).
Plan 1 B3. **Tél.** 624 4559.

Van Puffelen
Prinsengracht 377.
Plan 1 B5. **Tél.** 624 6270.

Vertigo
Nederlands Filmmuseum,
Vondelpark 3. **Plan** 4 D2.
Tél. 612 3021.

Une brune brassée en Belgique

Une bière d'hiver : l'Amstel Bockbier

La Colombus, brassée à Amsterdam

AMSTERDAM AU JOUR LE JOUR

Avoir du beau temps n'est jamais garanti à Amsterdam, mais l'ambiance cosmopolite de la ville et l'hospitalité de ses habitants la rendent agréable toute l'année. Même si ce sont les mois les plus doux (avril à septembre) qui attirent la majorité des touristes, les Amstellodamois, habitués à la rigueur de leur climat, entretiennent un riche programme de manifestations

Des hérons nichent sur les canaux

pendant l'hiver. Les journées d'automne se prêtent bien aux promenades romantiques le long des canaux suivies de longues conversations dans le cadre chaleureux d'un café brun. Tous les cinq ans environ, la température tombe si bas que les voies d'eau gèlent. Onze villes hollandaises s'affrontent alors dans une course de patinage.

PRINTEMPS

Jonquilles et crocus, en fleurissant partout dans la ville à la fin mars, signalent la fin de l'hiver. Une excursion à Keukenhof *(p. 180-181)* s'impose. En aucune autre saison cette vitrine des horticulteurs néerlandais de 28 hectares n'est plus belle.

MARS

Stille Omgang *(2e ou 3e sam.)*, Rokin. Procession nocturne et silencieuse célébrant le Miracle d'Amsterdam *(p. 22)*.

Ouverture du Keukenhof *(21 mars)*, l'un des plus beaux jardins floraux du monde.

AVRIL

Week-end des Musées nationaux *(fin avr.)*. Entrée libre ou demi-tarif dans beaucoup de musées nationaux néerlandais.
Koninginnedag *(30 avr.)*. Pour l'anniversaire officiel de la reine, Amsterdam devient le plus grand marché aux puces du monde. Les transports publics s'arrêtent et deux millions de personnes

La fête dans les rues pour l'anniversaire de la reine

emplissent les rues avant de danser toute la nuit.
World Press Photo *(fin avr.-déb. juin)*, Nieuwe Kerk. Exposition des meilleurs photographes de presse du monde.

MAI

Herdenkingsdag *(4 mai)*. Cérémonies en souvenir des victimes de la Seconde Guerre mondiale.
Bevrijdinsdag *(5 mai)*. Concerts et discours dans toute la ville célèbrent la fin de l'occupation nazie.
Amsterdam RAI *(mi-mai, p. 151)*. Grande foire commerciale d'Amsterdam.
Nationale Molendag *(2e sam.)*. Dans tout le pays, les moulins déplient leurs ailes et s'ouvrent au public.
Boeken op de Dam *(3e et 4e dim. de mai à sept.)*, place du Dam. Concerts et bouquinistes en plein air et parfois le long de l'Amstel au Muziektheather *(p. 63)* – Boeken aan de Amstel.

Champs de tulipes près d'Alkmaar

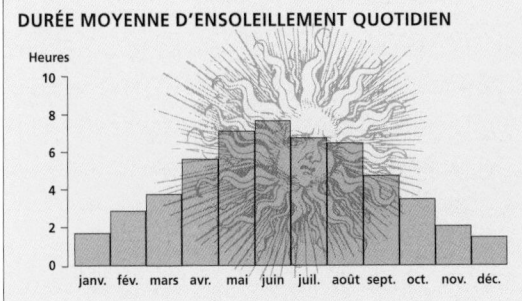

DURÉE MOYENNE D'ENSOLEILLEMENT QUOTIDIEN

Heures : 10, 8, 6, 4, 2, 0

janv. fév. mars avr. mai juin juil. août sept. oct. nov. déc.

Ensoleillement

Même pendant les mois d'été, les plus ensoleillés, le temps reste changeant. Il est ainsi fréquent de voir des Amstellodamois se promener avec un parapluie au cœur d'une chaude journée de juillet, une ondée matinale ayant précédé l'arrivée du soleil.

ÉTÉ

Le Festival de Hollande ouvre une saison particulièrement riche en événements culturels de toutes sortes. En plus des manifestations indiquées ci-dessous, l'Amsterdamse Bos *(p. 155)* propose du théâtre classique et le Vondelpark *(p. 128-129)* une programmation éclectique en plein air.

Aviron sur le Bosbaan de l'Amsterdamse Bos

JUIN

Journées des jardins ouverts *(3e w.-e. de juin)*. Ouverture au public des plus élégants jardins privés pendant tout un week-end (informations sur www.canalmuseums.nl).

Théâtre en plein air à Vondelpark *(fin mai-fin août)*. Théâtre, musique et spectacles pour enfants *(p. 129)*.

Festival de Hollande *(3 sem. en juin)*. Concerts, ballets, théâtre et opéra à Amsterdam et dans les grandes villes du pays.

Amsterdam Roots Festival *(fin juin)*, De Melkweg *(p. 110-111)*, Tropenmuseum *(p. 152-153)*, Osterpark et Concertgebouw *(p. 128)*. Les artistes des pays non occidentaux à l'honneur dans un festival de danse, de musique, de films et de théâtre d'Afrique et d'ailleurs.

JUILLET

Festival de jazz de la mer du Nord *(mi-juil.)*, centre d'exposition Ahoy. Du dixieland au jazz-rock, un week-end de concerts à Rotterdam.

Concerts d'été *(juil.-août)*, Concertgebouw *(p. 128)*. Saison de musique classique en plein air.

Musique en plein air pour le **Prinsengracht Concert**

AOÛT

Uitmarkt *(mi-août)*. Week-end de représentations musicales et théâtrales à Leidseplein et Museumplein. Coup d'envoi de la saison culturelle.

Grachtenfestival *(du mer. au dim., vers le 3e sam.)*. Musique classique sur le Herengracht, Keizersgracht et Prinsengracht. Concert le samedi sur une péniche devant l'hôtel Pulitzer *(p. 220)*.

Bain de soleil sur la terrasse du De Jaren

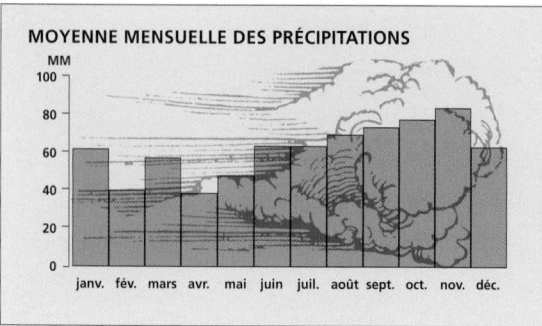

MOYENNE MENSUELLE DES PRÉCIPITATIONS

MM

janv. fév. mars avr. mai juin juil. août sept. oct. nov. déc.

Précipitations
Il faut s'attendre à avoir de la pluie toute l'année à Amsterdam. Le printemps est cependant la saison la plus sèche, les plus grosses averses survenant en automne, particulièrement en novembre, un mois venteux.

AUTOMNE

Les températures baissent rapidement à la fin août mais la ville ne s'engourdit pas, et la saison de musique, de ballet, d'opéra et de théâtre entamée avec le Uitmarkt (p. 51) bat alors son plein. La lumière évoque celle des tableaux de l'école hollandaise, rendant enchanteresses les promenades le long de l'Amstel. De nombreuses manifestations sportives ont lieu et, le soir, les Amstellodamois se retrouvent dans les cafés comme le Schaakcafé Het Hok sur la Lange Leidsedwarsstraat.

SEPTEMBRE

Open Monumentendag *(1er ou 2e w.-e.)*. L'occasion de découvrir l'intérieur de monuments historiques fermés au public.
Dimanche sans voiture *(2e dim.)*. Dans le centre historique.
Festival du Jordaan *(3e w.-e., ven. inclus)*. Attractions foraines, concerts et animations de rue dans ce quartier pittoresque. Cafés et bars ne désemplissent pas... Bonne ambiance assurée!
Dam tot Damloop *(3e dim.)*. La course la plus réputée des Pays-Bas, qui réunit près de 30 000 participants, relie les 16 km qui séparent Amsterdam et le Dam de Zaandam. La ville de Zaandam organise également une épreuve pour les enfants.

Embarcations au mouillage un jour d'automne à Amsterdam

OCTOBRE

Roeisloepengrachtentocht *(2e sam.)*, Oosterdok. L'une des nombreuses compétitions d'aviron.
ING Marathon d'Amsterdam Delta Lloyd *(3e dim.)*. Quelque 1 500 coureurs font le tour de la ville, puis gagnent le stade olympique. 10 000 autres se joignent à eux sur une partie du parcours.
Foire du camping-caravaning *(fin oct.)*, Amsterdam RAI (p. 151). Tout l'équipement pour passer des vacances confortables en plein air.

NOVEMBRE

PAN *(nov.-déc.)*, exposition d'art et d'antiquités au RAI (p. 151).
Nuit des musées *(1er sam.)*, musées ouverts la nuit ainsi que représentations théâtrales, musicales et visites guidées.
Sinterklaas' Parade *(2e ou 3e sam.)*. Saint Nicolas arrive sur un bateau à vapeur près de Sint Nicolaaskerk (p. 79) avec *Zwarte Pier* (Pierre le Noir) et se promène en ville.

Saint Nicolas dans les rues d'Amsterdam

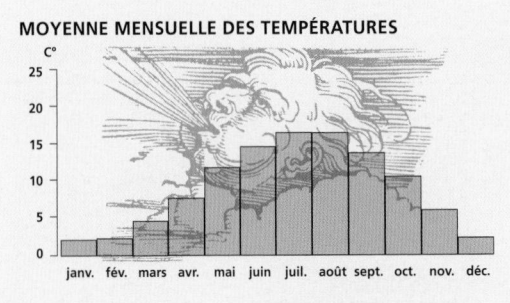

MOYENNE MENSUELLE DES TEMPÉRATURES

janv. fév. mars avr. mai juin juil. août sept. oct. nov. déc.

Températures
*Le diagramme
indique les moyennes
des températures
minimales et
maximales. Le vent
soufflant de la mer
rafraîchit souvent la
ville en été et, plus
encore, au printemps
et en automne. Il gèle
fréquemment en hiver.*

HIVER

Bien qu'Amsterdam soit de
tradition protestante et célèbre
toujours la Saint-Nicolas, Noël
y devient une fête importante
et une période touristique
animée. Aux coins des rues
apparaissent des marchands
ambulants proposant
oliebollen et *appelflappen,* de
délicieuses friandises. Après
Noël, la grande question est
de savoir s'il fera assez froid
pour que les autorités
donnent l'autorisation de
patiner sur les canaux, un
des plus grands plaisirs
des Amstellodamois.

DÉCEMBRE

Sinterklaasavond *(5 déc.).*
Selon la tradition, saint
Nicolas et des assistants
maures déposent dans chaque
maison un panier de présents.
Les amis s'échangent des
poèmes satiriques.
Noël *(25 déc.).* De plus

Patinage sur le Keizersgracht

**Le Dokwerker Monument
sur J. D. Meijerplein**

en plus, la principale fête
de remise de cadeaux.
Saint-Sylvestre *(31 déc.).*
Grand feu d'artifice sur
l'Amstel et bruyantes
réjouissances dans la ville.

JANVIER

Jumping Amsterdam *(janv.-
fév.),* Amsterdam RAI *(p. 151).*
Une rencontre internationale
d'équitation en salle.
Nouvel An chinois *(janv. ou
fév.),* Nieuwmarkt. Danse du
dragon, pétards et expositions
d'art chinois.

FÉVRIER

Februaristaking *(25 fév.),*
J. D. Meijerplein.

Commémoration de la grève
des dockers contre la
persécution des juifs par les
nazis pendant la Seconde
Guerre mondiale.

JOURS FÉRIÉS

Nouvel An (1er janv.)
**Tweede Paasdag
(lundi de Pâques)**
Koninginnedag (30 avr.)
Bevrijdingsdag (5 mai)
**Hemelvaartsdag
(Ascension)**
Pinksteren (Pentecôte)
Eerste Kerstdag (Noël)
(25 déc.)
Tweede Kerstdag
(26 déc.)

AMSTERDAM QUARTIER PAR QUARTIER

OUDE ZIJDE

Moitié orientale de l'Amsterdam médiévale, le « Vieux Côté » n'occupait qu'une étroite bande sur la rive de l'Amstel entre les actuels Damrak et Oudezijds Voorburgwal *(p. 44-45)*. En son centre se dressait l'Oude Kerk, la plus ancienne église de la ville. Du début du XIVe siècle au XVIIe siècle, il s'étendit vers l'est, développement entretenu par l'arrivée de réfugiés juifs du Portugal.

Aäron de Mozes en Aäronkerk

La plus ancienne des quatre synagogues abritant aujourd'hui le Musée historique juif date de cette époque, et ces lieux de culte indiquent l'importance qu'eut la communauté juive à Amsterdam. Pendant le Siècle d'or *(p. 26-29)*, l'Oude Zijde fut un important centre commercial. Les navires remontaient le Geldersekade jusqu'au Nieuwmarkt pour peser leurs marchandises au Waag, avant de les vendre sur le marché.

LE QUARTIER D'UN COUP D'ŒIL

Bâtiments et monuments historiques
Agnietenkapel ❺
Montelbaanstoren ⓱
Oostindisch Huis ❼
Oudemanhuispoort ❻
Pintohuis ⓰
Scheepvaarthuis ⓲
Schreierstoren ⓳
Trippenhuis ❽
Waag ❷

Opéra
Stadhuis-Muziektheater ⓫

Musées
Hash Marijuana Hemp Museum ❹
Joods Historisch Museum p. 64-65 ⓮
Museum Het Rembrandthuis ❿

Églises et synagogue
Mozes en Aäronkerk ⓭
Oude Kerk p. 68-69 ㉑
Portugees-Israëlitische Synagoge ⓯
Zuiderkerk ❾

Rues et marchés
Nieuwmarkt ❸
Quartier rouge ❶
Waterlooplein ⓬
Zeedijk ⓴

COMMENT Y ALLER ?
On peut prendre un tram jusqu'à la place du Dam (lignes 4, 9, 14, 16, 24 et 25) puis suivre à pied la Damstraat. Les trams 9 et 14 ainsi que le métro conduisent directement au Waterlooplein. Le métro mène aussi au Nieuwmarkt.

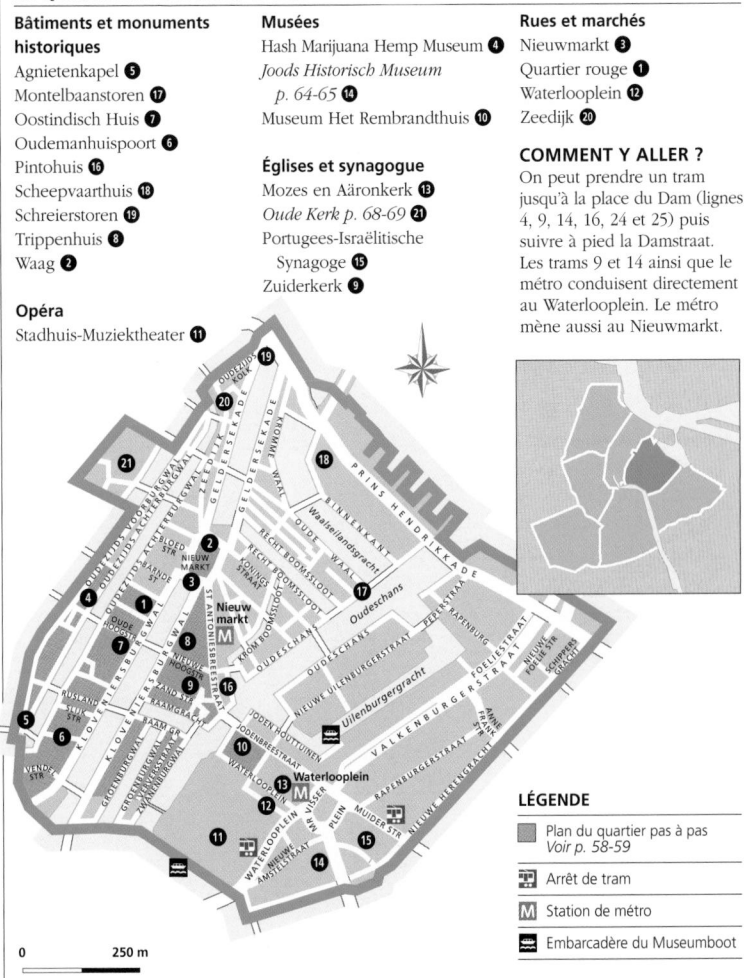

LÉGENDE

Plan du quartier pas à pas *Voir p. 58-59*
Arrêt de tram
Ⓜ Station de métro
Embarcadère du Museumboot

◁ **Le marché aux puces du Waterlooplein est un paradis pour les chineurs**

Le quartier de l'Université pas à pas

Dans la paisible partie sud-ouest de
l'Oude Zijde, l'université d'Amsterdam
occupe les bâtiments d'un ancien
hospice ouvert en 1601. Créée en 1877,
elle succédait à un collège fondé en
1632 dans l'Agnietenkapel : l'Atheneum
Illustra. Au-delà de la Damstraat vers le
Nieuwmarkt s'étend le Quartier rouge,
repaire de la prostitution et des sex-
shops. Au sud du Nieuwmarkt, le
musée aménagé dans la maison de
Rembrandt donne un aperçu de la
vie du célèbre peintre hollandais.

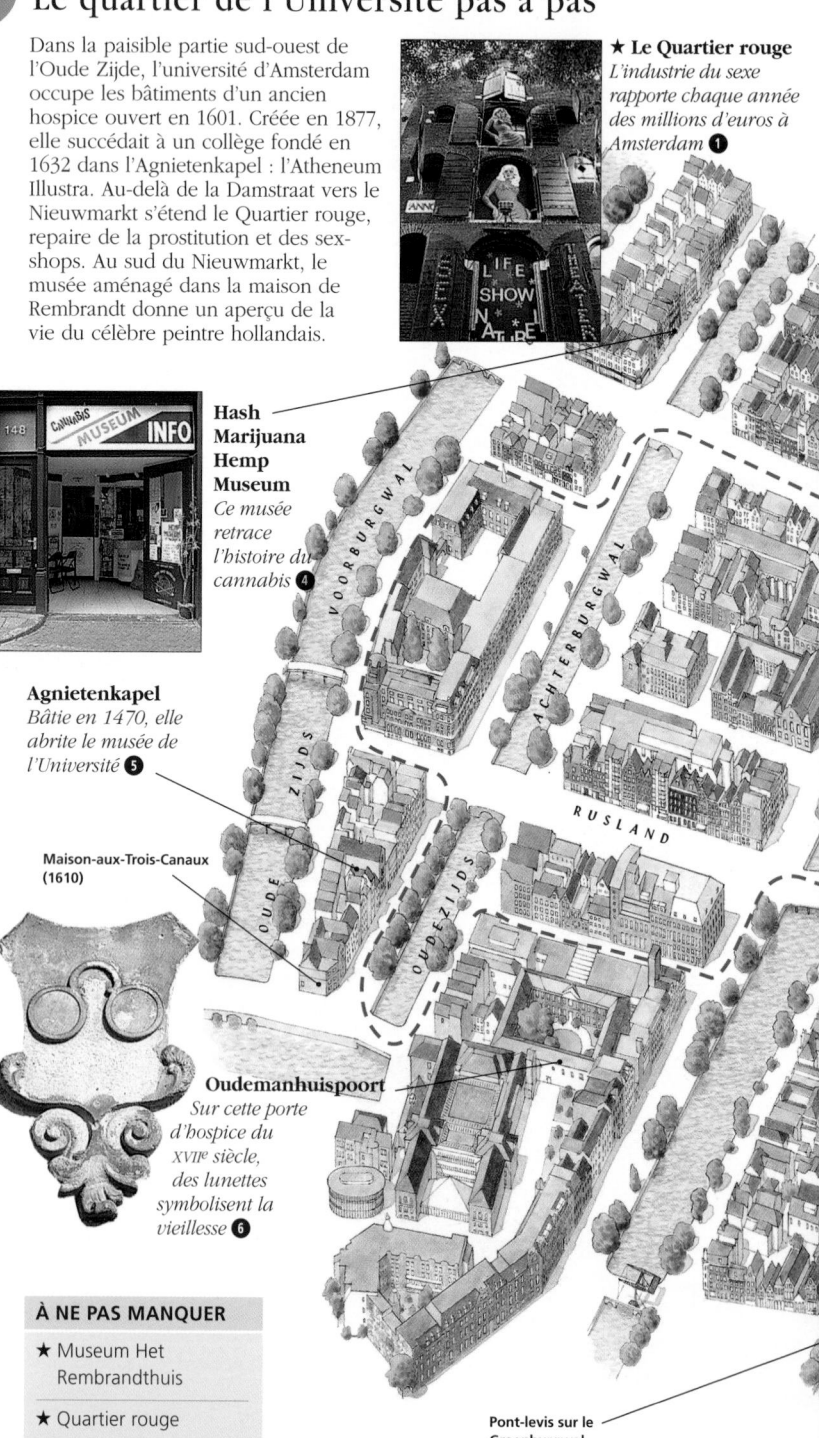

★ **Le Quartier rouge**
*L'industrie du sexe
rapporte chaque année
des millions d'euros à
Amsterdam* ❶

**Hash
Marijuana
Hemp
Museum**
*Ce musée
retrace
l'histoire du
cannabis* ❹

Agnietenkapel
*Bâtie en 1470, elle
abrite le musée de
l'Université* ❺

**Maison-aux-Trois-Canaux
(1610)**

Oudemanhuispoort
*Sur cette porte
d'hospice du
XVIIe siècle,
des lunettes
symbolisent la
vieillesse* ❻

À NE PAS MANQUER

★ Museum Het
Rembrandthuis

★ Quartier rouge

**Pont-levis sur le
Groenburgwal**

Pour les hôtels et les restaurants du quartier, voir p. 216 et p. 228-229

Trippenhuis
De fausses fenêtres préservent la symétrie de la façade unique de ces deux maisons du XVIIe siècle ❽

Nieuwmarkt
Ancien marché, cette vaste place reste bordée de belles maisons des XVIIe et XVIIIe siècles ❸

CARTE DE SITUATION
Voir l'Atlas des rues, plans 7 et 8

Waag
Les tours octogonales de l'unique porte de l'enceinte médiévale à avoir subsisté abritent aujourd'hui un restaurant ❷

Oostindisch Huis
Appartenant désormais à l'Université, cet ancien bâtiment de la VOC (p. 28-29) présente un bel exemple de façade du XVIIe siècle ❼

Zuiderkerk
Cette église renferme désormais le centre d'information du service d'urbanisme de la ville ❾

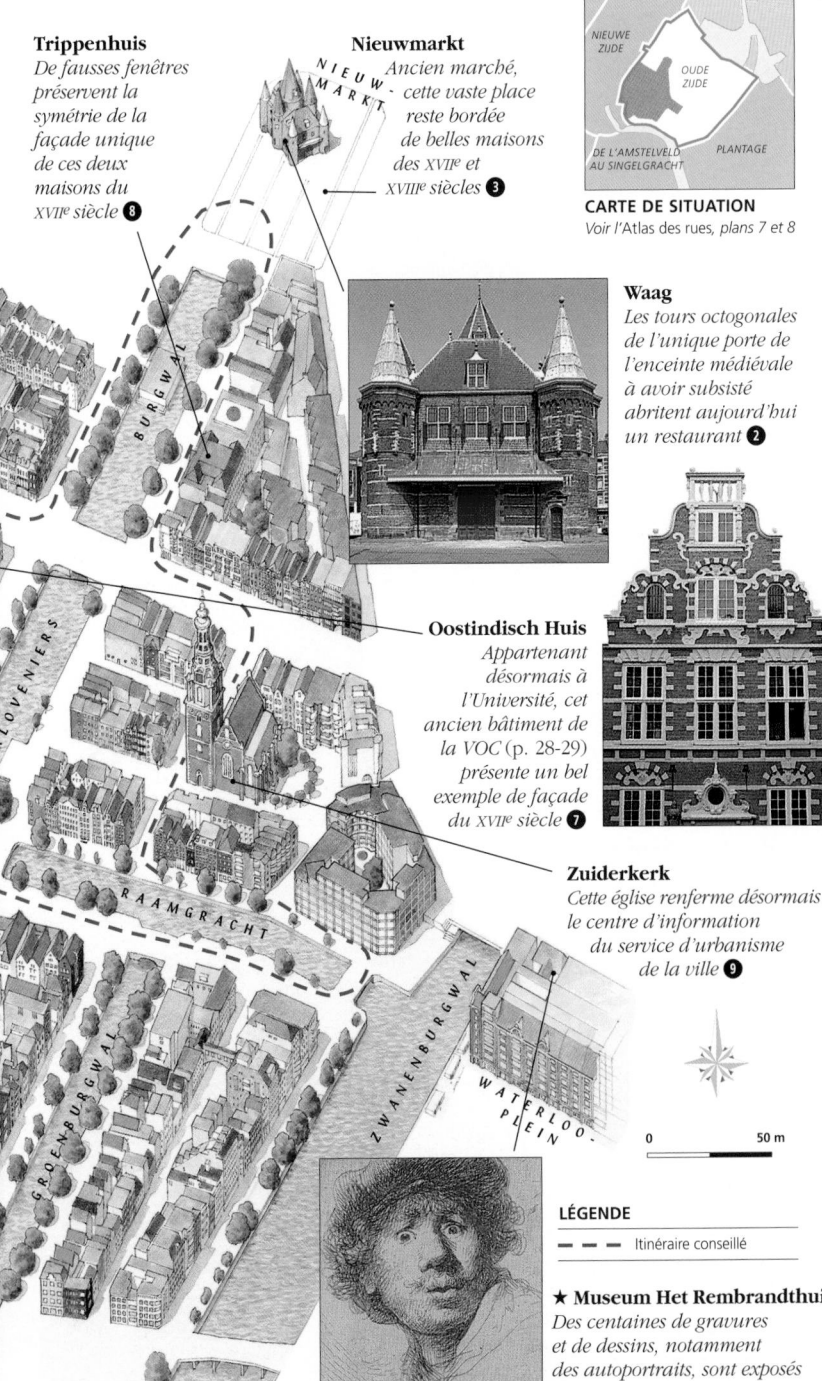

LÉGENDE

— — — Itinéraire conseillé

0   50 m

★ **Museum Het Rembrandthuis**
Des centaines de gravures et de dessins, notamment des autoportraits, sont exposés dans l'ancienne maison de Rembrandt ❿

Le Quartier rouge ❶

Plan 8 D2. 🚋 4, 9, 14, 16, 24, 25.

Parfois appelé *de Walletjes* (« les Petits Murs ») mais plus connu sous le nom de Quartier rouge, à cause de la lumière rouge baignant les vitrines où s'y exposent, de jour comme de nuit, dans un décor souvent naïf, les prostituées d'Amsterdam, ce quartier se serre pour l'essentiel autour de l'Oude Kerk *(p. 68-69)*. Il s'étend pourtant jusqu'à la Warmoesstraat à l'ouest, la Zeedijk au nord, le Kloveniersburgwal à l'est et la Damstraat au sud.

La réglementation de la prostitution, florissante dans un port où abondaient les marins esseulés, est une vieille tradition dans la capitale néerlandaise. En 1478, les filles de joie racolant hors des zones qui leur étaient imposées y étaient ramenées au son des flûtes et du tambour. Après leur prise de pouvoir, les calvinistes tentèrent bien d'interdire ce commerce de la chair, mais, dès la seconde moitié du XVIIe siècle, il était de nouveau ouvertement toléré. En 1850, Amsterdam comptait 200 000 prostituées

Entrée de l'un des clubs du Quartier rouge

et plus de 200 maisons closes, certaines très luxueuses, comme Chez Mme Traese.

Aujourd'hui, le quartier forme un réseau de ruelles. La journée, les flots de visiteurs créent une ambiance animée et joyeuse. De surcroît, ce dédale renferme quelques cafés et restaurants, et de belles maisons de canal. La municipalité souhaite ranimer l'intérêt culturel du quartier en réduisant le nombre de vitrines, en fermant les boîtes malfamées et en encourageant l'ouverture de commerces qui ne soient pas liés à l'industrie du sexe.

Waag ❷

Nieuwmarkt 4. **Plan** 8 D3. *Tél. 422 7772.* 🚋 9, 14. Ⓜ *Nieuwmarkt.* ⬤ *suites ferm. au public.*

Construit en 1488 et encore parfois appelé de son nom d'origine, Sint Antoniespoort, le plus vieil édifice profane d'Amsterdam était une ancienne porte des remparts médiévaux. Théâtre d'exécutions publiques, il renfermait de petites cellules où les condamnés passaient leurs dernières heures. Devenu en 1617 la balance publique *(waaggebouw)*, il accueillit les réunions de plusieurs corporations.

C'est là que Rembrandt peignit en 1632 *La Leçon d'anatomie du professeur Tulp* exposée au Mauritshuis *(p. 188-189)*. Un autre membre de la guilde lui commanda *La Leçon d'anatomie du professeur Deijman* qui se trouve aujourd'hui au Amsterdam Historisch Museum *(p. 80-83)*.

La balance ferma au début du XIXe siècle et le Waag abrita un magasin de meubles, une académie d'escrime et deux musées. Aujourd'hui, on y trouve le café-restaurant et Web-bar In de Waag *(p. 228)*.

Marché aux antiquités au pied du Waag (XVe siècle) sur le Nieuwmarkt

Photo de manifestant dans la
station de métro Nieuwmarkt

Nieuwmarkt ❸

Plan 8 D3. 🚊 *9, 14.* Ⓜ *Nieuwmarkt.*
Marché aux antiquités ◻ *mai-sept. :*
dim. 9h-17h. **Marché aux herbes**
aromatiques ◻ *mai-sept. : sam.*
9h-16h.

Bordée à l'ouest par le
Quartier rouge, la grande
place pavée du Nieuwmarkt
forme, avec l'extrémité du
Geldersekade, le quartier
chinois d'Amsterdam. C'est la
construction du Waag, porte
d'entrée dans la ville, qui
amena le site à se transformer
en marché au XVe siècle.
Quand la cité s'agrandit au
XVIIe siècle (p. 26-27), la
place prit ses dimensions
actuelles et son nom de
Nouveau Marché. De belles
maisons à pignon des XVIIe
et XVIIIe siècles la bordent et
les marchands d'antiquités s'y
installent les dimanches d'été.
    Prenez la Sint
Antoniesbreestraat, qui
conduit dans l'ancien
quartier juif, le Jodenbuurt,
en grande partie détruit dans
les années 1970. De violentes
manifestations réussirent
cependant à imposer aux
autorités la sauvegarde de
quelques édifices anciens.
Des photos, dans la station
Nieuwmarkt, entretiennent
ce souvenir.

Hash Marijuana Hemp Museum ❹

Oudezijds Achterburgwal 148.
Plan 7 C3. **Tél.** 624 8926. 🚊 *4, 9,*
14, 16, 24, 25. Ⓜ *Nieuwmarkt.*
◻ *t.l.j. 10h-22h.* 🖼 🅾 🔲
www.hashmuseum.com

Attenant à une graineterie,
ce musée est le seul en
Europe à retracer l'histoire du
cannabis, une plante déjà
utilisée il y a huit mille ans
par des civilisations asiatiques
à des fins médicales et pour
la confection de vêtements.
Première référence de son
usage aux Pays-Bas, un traité
d'herboristerie de 1554 le
recommande pour le
traitement des maux d'oreilles.
    Jusqu'à la fin du XIXe siècle,
le chanvre servit toutefois
essentiellement à la
fabrication de cordages,
une industrie vitale pour
la marine néerlandaise.
    Le reste de l'exposition
comprend des pipes et un
petit espace de culture en
lumière artificielle. Des
descentes de police y créent à
l'occasion des vides : tolérée
dans certaines limites, la
consommation de drogue
reste interdite par la loi.

Agnietenkapel ❺

Oudezijds Voorburgwal 231.
Plan 7 C4. 🚊 *4, 9, 14, 16, 24, 25.*
⚫ *ferm. au public.*

Élevée en 1397 mais
entièrement reconstruite après
un incendie en 1470, la
chapelle Sainte-Agnès est un
des rares bâtiments gothiques
de la ville à s'être maintenu.
Appartenant à un couvent
fermé en 1578 après
l'Altération (p. 24-25), elle
devint alors un magasin de
l'Amirauté avant d'accueillir
en 1632 un collège
d'enseignement supérieur :
l'Atheneum Illustra. Principal
pôle de la vie scientifique de
la cité, celui-ci conservera
jusqu'en 1838 la bibliothèque
municipale puis laissera la
place en 1877 à l'université
d'Amsterdam.
    La restauration
de la chapelle,
entreprise
de 1919
à 1921,
a intégré
des éléments
architecturaux
de l'école
d'Amsterdam (p. 97), mais
l'Agnietenkapel garde, malgré
des siècles d'usage séculier,
une atmosphère franciscaine.
    L'amphithéâtre du 1er étage,
la plus ancienne salle de
cours de la ville, présente
un superbe plafond peint
de motifs Renaissance,
notamment un portrait de
Minerve, déesse latine de la
Sagesse. Offerte en 1743 par
un marchand de la ville, une
série de portraits d'érudits
orne les murs. La chapelle
abrite aujourd'hui un centre
de conférences, mais n'est
pas ouverte au public.

Entrée de l'Agnietenkapel, installée
dans l'université d'Amsterdam

Oudemanhuis-poort ❻

Entre Oudezijds Achterburgwal et
Kloveniersburgwal. **Plan** 7 C4. 🚊 *4,*
9, 14, 16, 24, 25. **Marché aux livres**
◻ *lun.-sam. 10h-18h.*

Cette ancienne porte ornée
d'une paire de lunettes,
symbole de la vieillesse, était
jadis celle d'un hospice pour
hommes (Oudemannenhuis)
construit en 1754 et qui
devint propriété de
l'université
d'Amsterdam
en 1879. Elle
donne sur
un passage
couvert
qu'occupent
des bouquinistes –
tradition qui

Armoiries d'Amsterdam,
Oudemanhuispoort

remonte à l'année 1757.
Bien que l'Oudemannenhuis
soit théoriquement fermé au
public, de nombreux visiteurs
passent depuis l'arcade
jusque dans sa belle
cour du XVIIIe siècle.

Le clocher de la Zuiderkerk, point de repère familier des Amstellodamois

Oostindisch Huis ❼

Oude Hoogstraat 24 (entrée par Kloveniersburgwal 48). **Plan** 7 C3. 🚋 *4, 9, 14, 16, 24, 25.* Ⓜ *Nieuwmarkt.* ⬜ *mer. 9h-17h, sf en cas de cérémonie.*

Occupé aujourd'hui par la faculté des sciences politiques, l'ancien siège de la Compagnie des Indes orientales (p. 28-29) est attribué à Hendrick de Keyser (p. 90). Construit en 1605, il connut plusieurs agrandissements, en 1606, 1634 et 1661, afin de pouvoir contenir épices, porcelaines et soieries importées d'Orient.

Après la dissolution de la Compagnie (p. 31), les autorités douanières s'y installèrent puis les services fiscaux nationaux. À cette occasion, un lion, symbole des Pays-Bas, remplaça, en médaillon sur le portail en pierre, l'emblème de la VOC.

Dans les années 1890, un remaniement important détruisit la majeure partie de la décoration intérieure

et restaura la façade comme l'original. L'ancienne salle des Lords VOC a été restaurée sur le modèle du XVIIᵉ siècle.

Trippenhuis ❽

Kloveniersburgwal 29. **Plan** 8 D3. 🚋 *4, 9, 14, 16, 24, 25.* Ⓜ *Nieuwmarkt.* ⬤ *ferm. au public.*

C'est pour deux frères enrichis dans le commerce d'armes, Lodewijk et Hendrick Trip, que Justus Vingboons dessina cette maison classique très décorée, et donna aux cheminées la forme de canons. Les deux propriétaires disposaient de résidences séparées derrière une façade unique et celle-ci, ornée de pilastres, présente en son centre de fausses fenêtres.

Balustrade de l'Oostindisch Huis

L'édifice abrita de 1817 à 1885 la collection d'art de la ville avant son transfert au Rijksmuseum (p. 130-133) et est aujourd'hui occupé par l'Académie des sciences. En face, au nᵒ 26, se dresse la Kleine Trippenhuis, ravissante demeure baroque bâtie en 1698.

Zuiderkerk ❾

Zuiderkerkhof 72. **Plan** 8 D4. **Tél.** 552 7987. 🚋 *9, 14.* Ⓜ *Nieuwmarkt.* ⬜ *lun.-ven. 9h-17h, sam. midi-16h.* 🔲 ♿ **Tour** 📷 ✦ *avr.-sept. : lun.-sam. 13h-15h30.*

Élevée au début du XVIIᵉ siècle par Hendrick de Keyser, « l'église du Sud », de style Renaissance, fut le premier lieu de culte protestant bâti à Amsterdam après l'Altération (p. 24-25). Son clocher élancé inspira celui de la Westerkerk (p. 90).

La Zuiderkerk perdit ses fonctions religieuses en 1929 et, restaurée en 1988, sert de centre d'information sur les projets d'urbanisme de la ville. Le Pentagone, dans le voisinage, est un immeuble d'habitation dessiné par Theo Bosch et achevé au milieu des années 1980.

Museum Het Rembrandthuis ❿

Jodenbreestraat 4. **Plan** 8 D4. **Tél.** 520 0400. 🚋 *9, 14.* Ⓜ *Nieuwmarkt.* ⬜ *t.l.j. 10h-17h.* ⬤ *1ᵉʳ janv.* 📷 🔲 🖼 ✦ **www.**rembrandthuis.nl/

Rembrandt travailla et enseigna dans cette maison du quartier juif de 1639 à 1660. Il habitait au rez-de-chaussée avec sa femme Saskia qui y mourut en 1642 après avoir donné au peintre un fils, Titus (p. 201). Le maître travaillait dans l'atelier du 1ᵉʳ étage et donnait ses cours au grenier.

Après une restauration effectuée de 1907 à 1911 qui lui rendit son aspect du Siècle d'or, la Rembrandthuis est devenue un musée qui présente de nombreux dessins

Pour les hôtels et les restaurants du quartier, voir p. 216 et p. 228-229

Façade de la maison de Rembrandt

et la presque totalité de l'œuvre gravée de Rembrandt : autoportraits, études de nus, scènes de genre ou de famille. Au rez-de-chaussée, une exposition décrit pas à pas la technique de l'eau-forte. Des démonstrations de peintres à l'œuvre ont lieu régulièrement et des expositions temporaires se tiennent toute l'année.

Stadhuis-Muziektheater ⓫

Waterlooplein 22. **Plan** 8 D4.
🚋 9, 14. M *Waterlooplein.*
Stadhuis **Tél.** 140 20.
⭘ **Bureaux** *lun.-ven. 8h30-16h (concerts gratuits sept.-mai : mar. 12h30).* **Muziektheater** **Tél.** 625 5455. Voir **Se divertir** p. 244-251.
♿ ▮ www.hetmuziektheater.nl

Sa construction exigeant la démolition de dizaines de maisons de l'ancien quartier juif, peu de bâtiments ont suscité à Amsterdam autant de controverses que cet immense complexe dessiné par Wilhelm Holzbauer afin d'abriter l'hôtel de ville et l'opéra. Le surnom que lui donnèrent ses détracteurs – Stopera, contraction de *Stadhuis* et *opéra* signifiant « Arrêtez l'opéra » – lui est d'ailleurs resté.
Achevé en 1988, c'est un édifice massif de briques, de marbre et de verre qui domine l'Amstel. Siège de l'opéra et des ballets

nationaux néerlandais, le Muziektheater possède un auditorium de 1 689 places, le plus grand du pays. Des visites guidées permettent de découvrir les coulisses. Dans l'arcade qui le relie au Stadhuis, un panneau mural présente le Normaal Amsterdams Peil *(p. 36).*

Waterlooplein ⓬

Plan 8 D5. 🚋 9, 14.
M *Waterlooplein.* **Marché**
⭘ *lun.-ven. 9h-17h, sam. 8h30-17h.*

Le comblement de deux canaux en 1882 permit de créer au cœur du Jodenbuurt cette place de marché qui s'étend sur le site d'une ancienne île artificielle, la Vlooyenburg, construite au XVIIe siècle pour faire face à l'afflux d'immigrants juifs *(p. 64).* L'ancien marché a disparu pendant la Seconde Guerre mondiale lorsque les nazis déportèrent les juifs d'Amsterdam dans les camps de concentration *(p. 34-35).*

Il a aujourd'hui laissé place à un marché aux puces animé, qui se tient du lundi au samedi, intéressant pour ses tissus, bijoux et sculptures.

Mozes en Aäronkerk ⓭

Waterlooplein 205. **Plan** 8 E4.
Tél. 622 1305. 🚋 9, 14.
M *Waterlooplein.* ⭘ *ferm. au public, sf en cas d'expositions.*

Dessinée dans le style baroque par l'architecte flamand T. Suys l'Ancien et achevée en 1841 sur le site d'un sanctuaire catholique clandestin installé dans la maison d'un marchand juif, l'église Moïse-et-Aaron doit son nom aux petites statues qui ornaient la façade de l'édifice original et qui se trouvent désormais sur le mur arrière.
Restaurée en 1990, elle accueille aujourd'hui des expositions, des concerts et des réunions publiques.

Vêtements au marché de Waterlooplein

Joods Historisch Museum ⓮

Inauguré en 1987, le Musée historique juif occupe
quatre synagogues construites en 1671,
1686, 1700 et 1752 pour la communauté
ashkénaze et désaffectées en 1943. Reliées par
des verrières et des passerelles, elles offrent
un cadre très lumineux à une exposition
de documents, d'œuvres d'art et
d'objets cultuels illustrant par thèmes
l'histoire, la foi, les traditions
et l'identité juives.

**La Nieuwe
Synagoge**
ouvrit en 1752.

**L'étoile de David,
imposée aux juifs
par l'occupant nazi**

Les galeries de la Nieuwe Synagoge
*Les galeries de la Nouvelle Synagogue
abritent une partie de la collection
permanente. Le rez-de-chaussée accueille
régulièrement des expositions temporaires.*

LES JUIFS
D'AMSTERDAM

Le premier juif à obtenir
la citoyenneté hollandaise,
en 1597, appartenait à la
communauté séfarade
originaire du Portugal
et de l'Espagne. Venus
d'Allemagne, les
ashkénazes s'implantèrent
à Amsterdam dans les
années 1630. Certaines
guildes leur étaient
interdites, mais ils
obtinrent l'égalité civique en
1796. La population juive de
la ville fut décimée pendant
la Seconde Guerre mondiale.

Ornement de Torah du XVIIIe siècle

★ **Livre de prières pour les jours de fête**
*Ce volume, présenté en 1669 à la
communauté juive d'Amsterdam par
l'imprimeur Uri Phoebus ha-Levi, est l'un
des rares conservés de la fin du Moyen Âge.*

SUIVEZ LE GUIDE !

*À la Nieuwe Synagoge sont présentées
l'imprimerie et des expositions temporaires.
Les collections permanentes de la Grote
Synagoge illustrent la religion, la culture
et l'histoire des juifs des Pays-Bas. Les plus
petits apprécieront le musée des Enfants.*

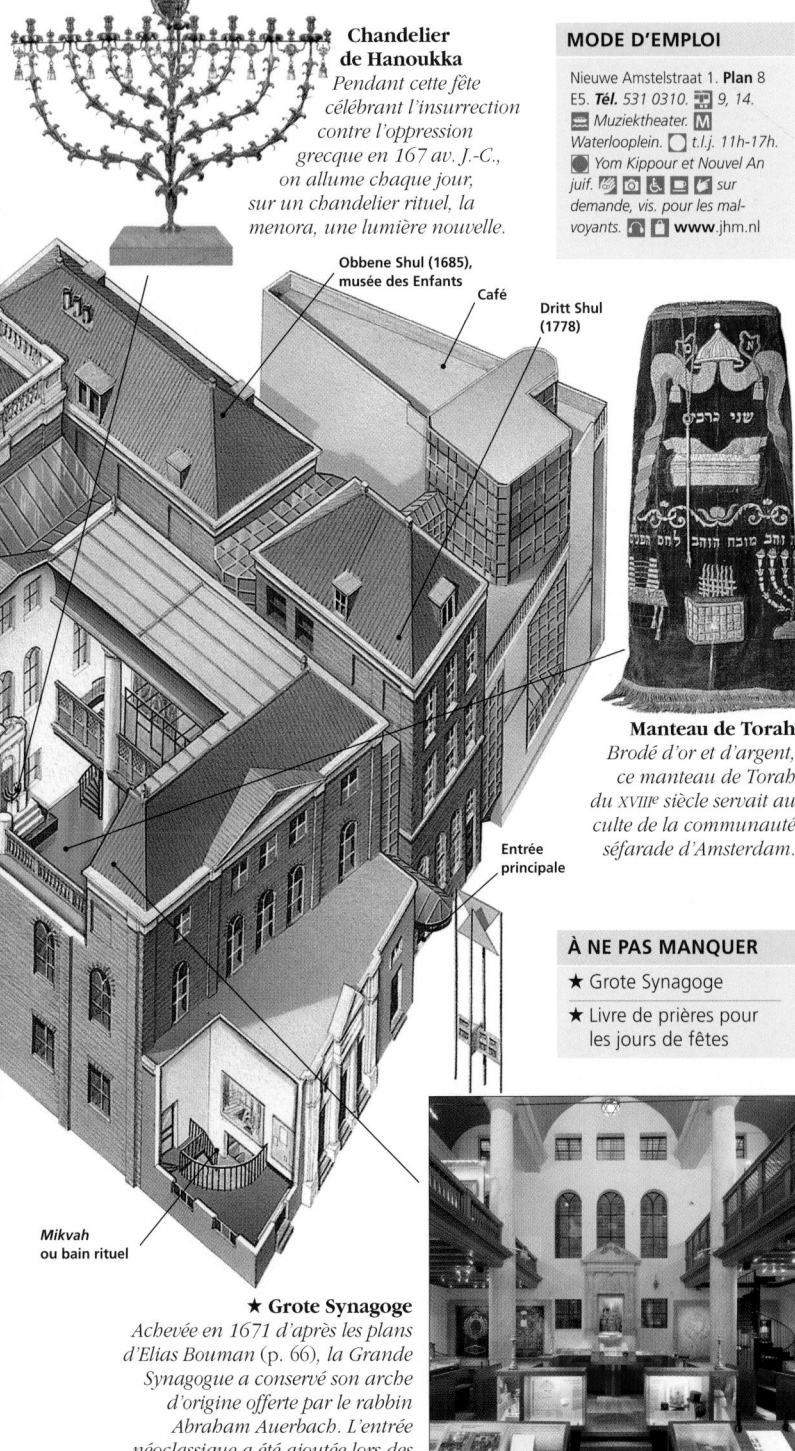

Chandelier de Hanoukka
Pendant cette fête célébrant l'insurrection contre l'oppression grecque en 167 av. J.-C., on allume chaque jour, sur un chandelier rituel, la menora, une lumière nouvelle.

MODE D'EMPLOI

Nieuwe Amstelstraat 1. **Plan** 8
E5. **Tél.** 531 0310. 9, 14.
Muziektheater.
Waterlooplein. t.l.j. 11h-17h.
Yom Kippour et Nouvel An
juif. sur
demande, vis. pour les mal-
voyants. www.jhm.nl

Obbene Shul (1685), musée des Enfants

Café

Dritt Shul (1778)

Manteau de Torah
Brodé d'or et d'argent, ce manteau de Torah du XVIIIe siècle servait au culte de la communauté séfarade d'Amsterdam.

Entrée principale

À NE PAS MANQUER

★ Grote Synagoge

★ Livre de prières pour les jours de fêtes

Mikvah ou bain rituel

★ Grote Synagoge
Achevée en 1671 d'après les plans d'Elias Bouman (p. 66), la Grande Synagogue a conservé son arche d'origine offerte par le rabbin Abraham Auerbach. L'entrée néoclassique a été ajoutée lors des rénovations de 1822-1823.

Portugees-Israëli-tische Synagoge **⓯**

Mr Visserplein 3. **Plan** 8 E5.
Tél. 624 5351. 🚋 9, 14.
Ⓜ *Waterlooplein.* 🔘 *avr.-oct. :
dim.-ven. 10h-16h ; nov.-mars :
dim.-jeu. 10h-16h, ven. 10h-14h.*
🔵 *lors des fêtes juives.* 📷 ♿
📷 📷 **Tél.** 531 0380.
www.esnoga.nl

Elias Bouman s'inspira du
Temple de Salomon pour
dessiner cette synagogue
israélite, immense édifice
rectangulaire commandé
par la communauté séfarade
d'Amsterdam *(p. 64).*
Soixante-douze fenêtres
et plus de mille bougies
éclairent l'intérieur splendide
où quatre hautes colonnes
ioniques soutiennent les huit
voûtes en bois du plafond.
La synagogue a conservé
l'aspect qu'elle avait à son
inauguration en 1675, l'arche
occupant le coin sud-est,
en direction de Jérusalem,
le *tebah*, podium d'où
est conduit le service,
se trouvant en face.
La plus belle synagogue
d'Amsterdam.

**Façade italianisante
de la Pintohuis (XVIIᵉ siècle)**

Pintohuis **⓰**

Sint Antoniesbreestraat 69. **Plan**
8 D4. **Tél.** 624 3184. 🚋 9, 14.
Ⓜ *Nieuwmarkt.* 🔘 *lun. et mer. 14h-
20h, ven. 14h-17h, sam. 11h-16h.*

Isaac de Pinto, un riche
marchand portugais, acheta
cette maison en 1651 pour
la somme exorbitante de
30 000 florins et la fit

remanier par Elias Bouman.
C'est l'une des rares
résidences privées
d'Amsterdam dont l'extérieur,
achevé en 1680, possède un
style d'influence italienne
avec sa façade couleur
crème animée par six
pilastres imposants coiffés
par une balustrade aveugle
cachant le toit.
Un projet d'aménagement
routier, dans les années 1970,
faillit entraîner la démolition
de l'édifice. Sauvé par une
campagne de protestation,
il abrite aujourd'hui une
bibliothèque publique dont
le plafond, d'origine, est orné
de peintures d'oiseaux et
d'angelots.

Montelbaans-toren **⓱**

Oude Waal/Oudeschans 2.
Plan 8 E3. 🚋 9, 14.
Ⓜ *Nieuwmarkt.* 🔘 *ferm. au public.*

Construite en 1512, la section
inférieure de cette tour faisait
partie des fortifications de la
ville. Extérieur à l'enceinte,
l'édifice protégeait les
chantiers navals et la Sint
Antoniesdijk (aujourd'hui
appelée Oude Schans) qui
venait d'être achevée.
Hendrick de Keyser *(p. 90)*
ajouta en 1606 la structure
octogonale qui la surplombe
et sa flèche ajourée en bois.
Cet embellissement
ressemble beaucoup au
clocher de l'Oude Kerk
(p. 68-69) dessiné par
Joost Bilhamer et élevé
quarante ans plus tôt.
La tour se mit à pencher en
1661. Les Amstellodamois
réussirent à la redresser
à l'aide de palans.
C'est à son pied que se
rassemblaient les marins de
la VOC *(p. 28-29)* pour
s'embarquer sur les trois-mâts
mouillés à Texel, une île
en mer du Nord, afin
de partir pour l'Orient,
voyage dont beaucoup
ne revenaient pas.
Rembrandt réalisa plusieurs
dessins du bâtiment qui reste
un sujet apprécié des artistes.
Il abrite désormais le siège de
la Compagnie municipale des
eaux.

**Tête de sirène ornant la façade
de la Maison de la navigation**

Scheepvaarthuis **⓲**

Prins Hendrikkade 108. **Plan** 8 E2.
Tél. 552 0000 (Hôtel Amrâth).
🚋 1, 2, 4, 5, 9, 13, 16, 17, 24, 25.
🚌 22, 59. Ⓜ *Centraal Station.*
www.amrathamsterdam.com

Achevée en 1916 pour
abriter les bureaux de six
compagnies maritimes, la
Maison de la navigation est
considérée comme le premier
véritable exemple
d'architecture de l'école
d'Amsterdam *(p. 97).*
Ses créateurs, Piet Kramer
(1881-1961), Johan Van der
May (1878-1923) et Michel
de Klerk (1884-1923), lui ont
donné une forme pointue
évoquant l'étrave d'un
bateau, image navale que
renforcent les statues de
Neptune, de sa compagne

**La Montelbaanstoren et son clocher
décoratif en bois**

et de quatre allégories féminines des points cardinaux qui coiffent son sommet.

À l'intérieur, d'autres figures marines, dauphins et hippocampes, décorent les murs, les escaliers, les portes et les fenêtres. Navires, cartes et boussoles animent de superbes verrières en vitrail dont la facture rappelle le style Arts déco.

La Maison de la navigation abrite désormais un hôtel luxueux, le Grand Hôtel Amrâth *(p. 216)*, qui possède un hall magnifique et des escaliers en marbre.

Schreierstoren ⓳

Prins Hendrikkade 94-95. **Plan** 8 E1.
🚊 *1, 2, 4, 5, 9, 13, 16, 17, 24, 25.*
Ⓜ *Centraal Station.* ⬤ *ferm. au public.* **VOC Café Tél.** *428 8291.*
◯ *10h-23h.*

Devenue un magasin d'équipement nautique, la « tour des Pleureuses », construite en 1480, faisait partie des fortifications médiévales de la ville et échappa à la démolition quand Amsterdam s'étendit hors de son enceinte.

Selon la tradition, son nom viendrait des femmes de marins qui ne pouvaient s'empêcher de pleurer (*schreien* en vieux hollandais) lorsqu'elles venaient dire ici adieu à leurs époux.

Une autre hypothèse, plus probable, affirme que le nom découlerait de la position de l'édifice à la pointe d'un angle vif (*screye* ou *scherpe*) des remparts. Datée de 1599, une plaque apposée sur la tour ajoute à la confusion car une femme y est représentée en larmes à côté de l'inscription *scrayer hovk* (« coin pointu »).

Une autre plaque (1927) évoque le voyage qu'entreprit en 1609, pour le compte de la Compagnie des Indes orientales *(p. 28-29)*, le navigateur anglais Henry Hudson. S'il ne trouva pas la route directe vers l'Orient qu'il cherchait, il explora le fleuve américain qui porte toujours son nom.

La Schreierstoren, ancien élément des fortifications de la ville

Zeedijk ⓴

Plan 8 D2. 🚊 *1, 2, 4, 5, 9, 13, 16, 17, 24, 25.* Ⓜ *Centraal Station.*

À l'instar de la Nieuwendijk et de l'Haarlemmerdijk, la Zeedijk (« digue de la Mer ») faisait partie des toutes premières fortifications d'Amsterdam. Élevées au début du XIVe siècle, quelques années après que la ville eut obtenu sa charte d'autonomie, elles prenaient la forme de talus de terre bordés de fossés et protégés par des

Plaque du café 't Mandje (« Petit Panier »), un bar gay au 63 Zeedijk

palissades. La cité, en se développant, sortit de ces limites. On combla les fossés, et les talus perdirent leur utilité. Les chemins qui les longeaient devinrent les rues et allées qui portent leurs noms aujourd'hui.

Au no 1 Zeedijk se dresse l'une des deux seules maisons en bois encore debout à Amsterdam, une auberge de marins bâtie au XVIe siècle qui abrite aujourd'hui le café In't Aepjen (Tél. 626 8401). L'Olofskapel, construite en 1445, lui fait face. Elle porte le nom du premier roi chrétien de Norvège et du Danemark.

La Zeedijk passe en bordure du Quartier rouge et les vendeurs de drogue qui l'occupaient dans les années 1970 lui ont valu une sinistre réputation. Rénovation et présence policière l'ont depuis rendue aux promeneurs. Les plaques de certains cafés – telle la botte rouge du no 7 – entretiennent le souvenir des commerces qu'ils ont remplacés.

Oude Kerk ㉑

Détail d'une miséricorde du chœur (xve siècle)

Entrepris en 1309 à l'emplacement d'une ancienne chapelle en bois *(p. 22-23)*, ce sanctuaire, qui n'avait à l'origine qu'une seule nef, est devenu une basilique imposante où se mêlent styles gothique et Renaissance. Refuge des pauvres et église des marins, il vit ses peintures et sa statuaire détruites après l'Altération *(p. 24-25)*. Les calvinistes iconoclastes respectèrent cependant son plafond doré et ses vitraux. Hormis l'ajout de grandes orgues en 1724, l'intérieur a peu changé depuis le xvie siècle. L'église subit actuellement des travaux de rénovation jusqu'en 2012.

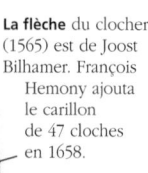

La flèche du clocher (1565) est de Joost Bilhamer. François Hemony ajouta le carillon de 47 cloches en 1658.

Tombeau de Saskia, la femme de Rembrandt *(p. 62-63)*

L'Oude Kerk aujourd'hui
Entourée de maisons anciennes, de cafés et de boutiques, la vieille église offre un havre de paix au cœur du Quartier rouge.

Baptistère

Tombeau de l'amiral Abraham Van der Hulst (1619-1666)

★ Grandes orgues
Œuvre en chêne de Christian Vater ornée de figures bibliques, elles possèdent huit soufflets et 4 000 tuyaux dorés.

CHRONOLOGIE

1412 Achèvement du transept nord		**1462** Le transept sud prend la place d'une chapelle latérale		**1658** Carillon		**1979** Réouverture au public
	1330 Consécration à saint Nicolas		**1552** Chapelle de la Vierge		**1724** Grandes orgues	**1951** Fermeture
1300	**1400**	**1500**	**1600**	**1700**	**1800**	**1900**
	1300 Petite église en pierre	**1500** Nouvelles chapelles latérales	**1578** Prise de pouvoir des calvinistes		**1912-1914** Restauration partielle de l'angle nord-ouest	
		1390 Vaisseau à 3 nefs	*Armoiries en vitrail*		**1955** Début de la restauration	
1250 Première chapelle en bois		**1565** Flèche du clocher				

★ **Plafond doré**
Badigeonnées de bleu en 1755, les délicates peintures des voûtes (XVe siècle) ne furent dégagées qu'en 1955.

MODE D'EMPLOI

Oudekerksplein (entrée du côté S).
Plan 7 C2. *Tél.* 625 8284.
🚋 4, 9, 16, 24, 25. ⬜ lun.-sam. 11h-17h, dim. 13h-17h.
⛪ dim. 11h. 🚫 📷 ♿
Clocher 🔗 Tél. au 689 2565.
⬤ 1er janv., 30 avr. et 25 déc.
www.oudekerk.nl

★ **Chapelle de la Vierge** *(1552)*
La Dormition de la Vierge *est l'un des trois vitraux restaurés de cette chapelle.*

Tombeau de l'amiral Jacob Van Heemskerk (1567-1607)

Piliers sculptés
Ces colonnes ornaient à l'origine des niches renfermant des statues des apôtres détruites par les iconoclastes en 1578.

Maisons des XVIIe et XVIIIe siècles

Ancienne sacristie

Avertissement
*Le linteau de la porte de l'ancienne sacristie porte en inscription :
« Qui se marie en hâte se repent à loisir. »*

À NE PAS MANQUER

★ Chapelle de la Vierge

★ Grandes orgues

★ Plafond doré

NIEUWE ZIJDE

e « Nouveau Côté » forme la partie occidentale de l'Amsterdam médiévale. La ville à cette époque s'étendit cependant surtout vers l'est, et le quartier de Nieuwe Zijde tomba par endroits en déclin. Alimenté par les vieilles constructions en bois, un terrible incendie en 1452 le ravagea. Le feu endommagea la Nieuwe Kerk entreprise en 1408 alors que l'Oude Kerk *(p. 68-69)* ne

Plaque murale d'une maison du Béguinage

suffisait plus aux besoins d'une population croissante. Pendant la reconstruction, une large douve fut creusée. Devenue un canal, le Singel, elle vit s'élever sur ses quais entrepôts et maisons de riches marchands. Cartes et peintures, au Musée historique d'Amsterdam, installé dans un ancien orphelinat, illustrent en détail l'évolution de la ville. Une salle y est en outre consacrée au Miracle d'Amsterdam *(p. 22)* qui fit de la cité un lieu de pèlerinage et établit dès le XIVe siècle la vocation commerçante, toujours vivante aujourd'hui, de la Kalverstraat où les pèlerins venaient se recueillir dans une chapelle commémorant l'événement. À l'animation de cette artère s'oppose le calme du Béguinage voisin. Cette cour fermée est surtout entourée d'étroites demeures du XVIIe siècle, mais elle renferme aussi la plus vieille maison d'Amsterdam.

LE QUARTIER D'UN COUP D'ŒIL

Bâtiments, monuments et ponts historiques
Beurs van Berlage **15**
Centraal Station **12**
Koninklijk Paleis **2**
Magna Plaza **10**
Nationaal Monument **4**
Torensluis **9**

Rue et place
Begijnhof **7**
Nes **5**

COMMENT Y ALLER ?
Le Nieuwe Zijde est bien desservi par le métro. De nombreuses lignes de tram (1, 2, 4, 5, 9, 13, 16, 17, 24, 25) ont aussi leur terminus à Centraal Station. Vous pouvez prendre le métro ou le tram 4, 9, 14, 16, 24 et 25 jusqu'au Dam, ou 1, 2, 5, 13 et 17 pour Magna Plaza.

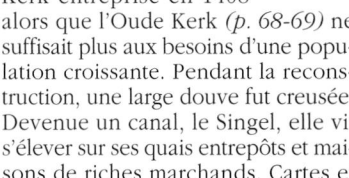

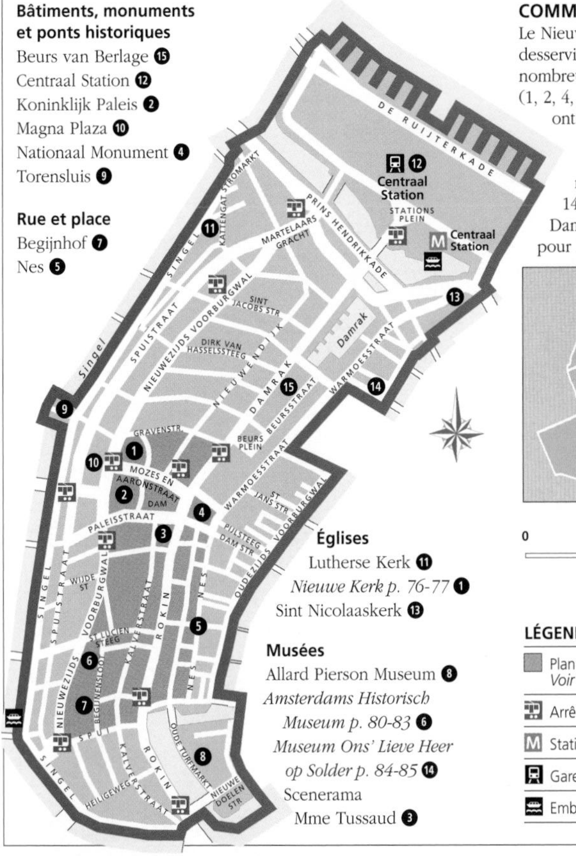

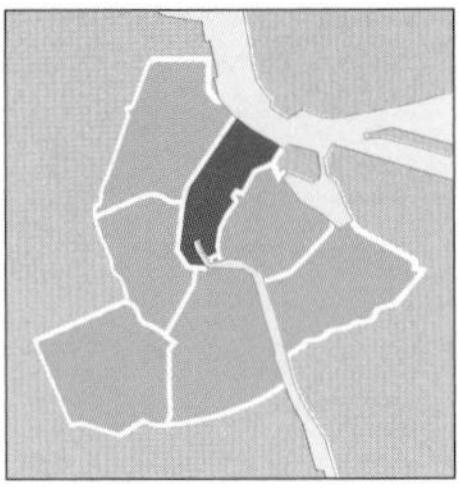

Églises
Lutherse Kerk **11**
Nieuwe Kerk p. 76-77 **1**
Sint Nicolaaskerk **13**

Musées
Allard Pierson Museum **8**
Amsterdams Historisch Museum p. 80-83 **6**
Museum Ons' Lieve Heer op Solder p. 84-85 **14**
Scenerama
Mme Tussaud **3**

0   250 m

LÉGENDE

Plan du quartier pas à pas *Voir p. 72-73*	
Arrêt de tram	
Station de métro	
Gare	
Embarcadère du Museumboot	

◁ *La Chute d'Icare,* l'une des nombreuses sculptures classiques ornant le palais royal

Le Nieuwe Zijde pas à pas

Bien que le Nieuwe Zijde du Moyen Âge ait presque entièrement disparu, le quartier reste un riche témoin du passé de la cité. Sur la place du Dam, que dominent le palais royal et la Nieuwe Kerk, voisinent ainsi des éléments d'architecture allant du XVe au XXe siècle, tandis qu'autour de la Kalverstraat ruelles et allées ont gardé le tracé de digues et chemins très anciens. La plupart des maisons traditionnelles à pignon abritent désormais boutiques et cafés, et des rues comme le Rokin et la Nes, proches de la Bourse des valeurs, ont vu s'installer de nombreuses institutions financières. La Nes est aussi réputée pour la programmation de ses théâtres.

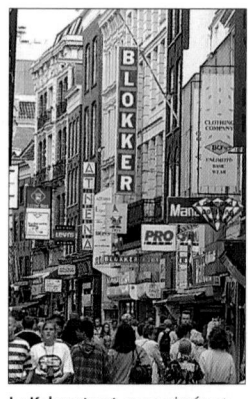

La Kalverstraat, rue animée et commerçante, doit son nom au marché au bétail qui s'y tenait au XVe siècle.

★ Amsterdams Historisch Museum
Dans un ex-orphelinat du XVIe siècle, anciennes plaques murales et cartes illustrent la cité médiévale ❻

INDEOVDESCHANS

0   50 m

★ Begijnhof
Cette paisible cour arborée abrite deux églises et l'une des deux dernières maisons en bois de la ville ❼

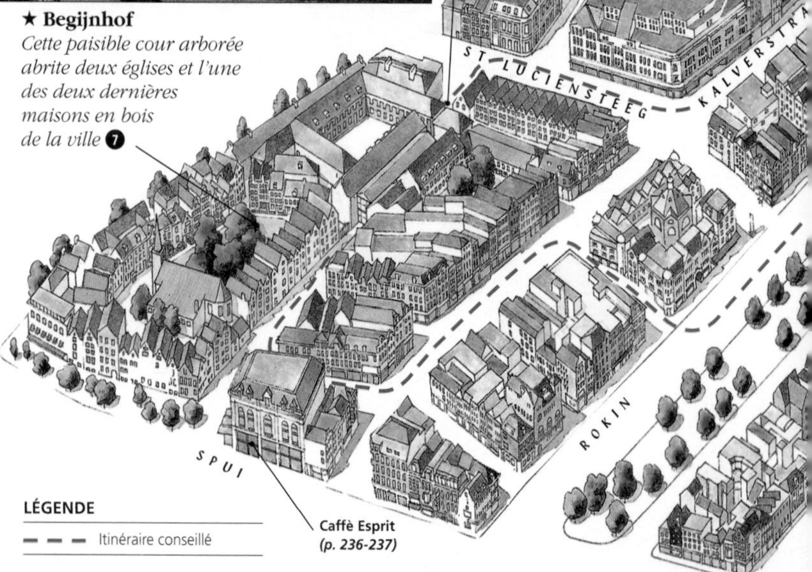

ST LUCIENSTEEG

KALVERSTRAAT

ROKIN

SPUI

LÉGENDE

— — — Itinéraire conseillé

Caffè Esprit
(p. 236-237)

Pour les hôtels et les restaurants du quartier, voir p. 216-218 et p. 229

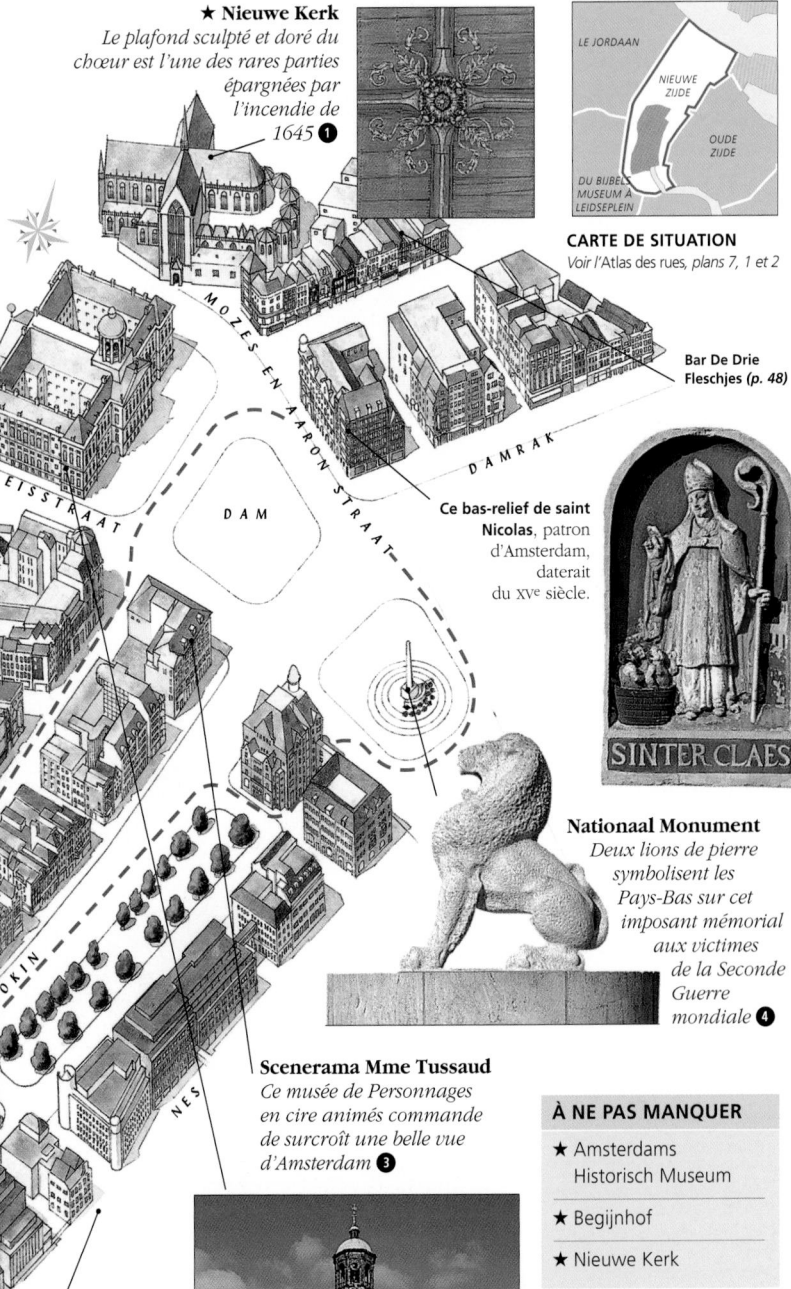

★ Nieuwe Kerk
Le plafond sculpté et doré du chœur est l'une des rares parties épargnées par l'incendie de 1645 ❶

LE JORDAAN

NIEUWE ZIJDE

OUDE ZIJDE

DU BIJBEL MUSEUM À LEIDSEPLEIN

CARTE DE SITUATION
Voir l'Atlas des rues, plans 7, 1 et 2

Bar De Drie Fleschjes *(p. 48)*

MOZES EN AARON STRAAT

D A M R A K

LEISTRAAT

D A M

Ce bas-relief de saint **Nicolas**, *patron d'Amsterdam, daterait du XVe siècle.*

SINTER CLAES

R O K I N

N E S

Nationaal Monument
Deux lions de pierre symbolisent les Pays-Bas sur cet imposant mémorial aux victimes de la Seconde Guerre mondiale ❹

Scenerama Mme Tussaud
Ce musée de Personnages en cire animés commande de surcroît une belle vue d'Amsterdam ❸

À NE PAS MANQUER

★ Amsterdams Historisch Museum

★ Begijnhof

★ Nieuwe Kerk

Nes
L'une des plus vieilles rues de la ville attire les amateurs de théâtre depuis 150 ans ❺

Koninklijk Paleis
De style classique, l'ancien hôtel de ville témoignait à son achèvement, par sa taille et sa richesse ornementale, de l'opulence de la cité ❷

La Burgzaal du palais royal

Nieuwe Kerk ❶

Voir p. 76-77.

Koninklijk Paleis ❷

Dam. **Plan** 7 B2. 🚊 *1, 2, 4, 5, 9, 13, 14, 16, 17, 24, 25.* ⬜ *juil.-août :
mar.-dim. 11h-17h ; sept.-mai : mar.-
dim. midi-17h (voir site Internet pour
plus d'informations).* 🅰️ 🎥 📷 ♿
📷 🎫 **Tél.** 620 4060 pour les visites
en groupe. **www**.paleisamsterdam.nl

La reine ne séjourne que
très occasionnellement dans
le palais royal bâti à l'origine
pour servir d'hôtel de ville.
Commencée en 1648 après
la signature de la paix avec
l'Espagne *(p. 28-29)*, sa
construction demanda près
de vingt ans. L'édifice,
dessiné par Jaob Van Campen
(1595-1657) qui introduisit
avec lui le style classique à
Amsterdam, devait attester
de la puissance d'une riche
cité commerciale et il fallut
enfoncer 13 659 pilotis dans
le sol pour soutenir sa masse
imposante. Les sculptures
allégoriques d'Artus Quellin le
Vieux (1609-1688) ornant l'un
des frontons de la façade et
les statues, et le carillon de

François Hemony témoignent
également de la fierté d'une
ville qui vivait alors son
Siècle d'or.
   Le même esprit présida à
l'aménagement intérieur,
notamment dans la Burgerzaal
(« salle des Bourgeois »), où le
dallage du sol représente les
cartes des deux hémisphères
(oriental et occidental).
L'essentiel du mobilier est
cependant celui laissé par
Louis Bonaparte *(p. 30-31)*
qui fit du bâtiment sa
résidence royale en 1806.

Scenerama
Mme Tussaud ❸

Immeuble Peek & Cloppenburg, Dam
20. **Plan** 7 B3. **Tél.** 523 0623.
🚊 *4, 9, 14, 16, 24, 25.* ⬜ *juil.-août :
t.l.j. 10h-20h30.* ⬤ *30 avr.* 🅰️ 📷
♿ 📷 **www**.madametussauds.nl

Situé au-dessus du grand
magasin Peek & Cloppenburg,
ce musée de cire propose une
interprétation audiovisuelle
de l'histoire d'Amsterdam
qui présage même des
développements du
XXIᵉ siècle. Si certains
tableaux animés manquent
d'intérêt, les mannequins

évoquant le XVIIᵉ siècle
offrent un aperçu séduisant
de la vie pendant le Siècle
d'or *(p. 26-27)*.

Nationaal
Monument ❹

Dam. **Plan** 7 B3.
🚊 *4, 9, 14, 16, 24, 25.*

Œuvre de l'architecte J.J.P.
Oud et du sculpteur John
Raedecker, le Monument
national, obélisque de 22 m
inauguré sur le Dam en 1956,
rend hommage aux victimes
néerlandaises de la Seconde
Guerre mondiale. Deux lions,
symbole héraldique des Pays-
Bas, l'encadrent. Derrière,
scellées dans un mur, des
urnes contiennent de la terre
des provinces et des anciennes
colonies hollandaises.

Rue Nes ❺

Plan 7 B3. 🚊 *4, 9, 14, 16, 24, 25.*

Datant du Moyen Âge, cette
ruelle paisible abrite plusieurs
théâtres. Comme l'indique
une plaque murale,
la première banque
d'Amsterdam ouvrit en 1614
dans une officine de prêteur
sur gages au n° 57. Ne vous
y promenez pas seul la nuit.

**De Engelenbak, l'un des théâtres
installés rue Nes**

Amsterdams
Historisch
Museum ❻

Voir p. 80-83.

Begijnhof ❼

Spui (entrée à Gedempte Begijnensloot). **Plan** 7 B4. ▦ 1, 2, 5, 9, 14, 16, 24, 25. **Portes** ◯ t.l.j. 9h-17h.

Cour paisible où d'harmonieuses demeures datant pour la plupart des XVIIe et XVIIIe siècles s'ouvrent sur une pelouse plantée d'arbres, le Béguinage fut fondé en 1346 pour fournir des logements aux béguines, femmes pieuses qui, sans entrer complètement dans les ordres, vouaient leur vie à Dieu et au service des malades et des personnes âgées. Le feu le ravagea en 1421 et 1452 et il ne reste aucun des bâtiments d'origine bien qu'au no 34 se dresse la plus ancienne maison d'Amsterdam. Les plaques réunies sur le mur attenant aux thèmes bibliques ornaient jadis les façades du Béguinage. L'Engelse Kerk (« Église anglaise ») qui domine le sud de la place remonte au XVe siècle. Malgré d'importants remaniements, elle a conservé son clocher médiéval. Immédiatement à l'ouest se trouve la chapelle du Begijnhof, une église clandestine où les béguines et d'autres catholiques pratiquaient leur culte en secret jusqu'à la restauration de l'édit de tolérance en 1795. Elle abrita un temps des reliques du Miracle d'Amsterdam (p. 22-23), événement qu'évoquent quatre vitraux et des peintures. Les résidentes du Béguinage jugeant les visites trop bruyantes, celles-ci ne sont plus autorisées.

Plaque sur l'Engelse Kerk

L'église clandestine des nos 29 et 30 fut achevée en 1680 et abrite de nombreux souvenirs du passé catholique d'Amsterdam.

Le no 19 porte une plaque représentant la *Fuite en Égypte*.

Les maisons du Béguinage accueillent toujours des femmes célibataires.

Des plaques couvrent le mur derrière le no 34.

Entrée sur le Spui

Entrée principale sur Gedempte Begijnensloot

Het Houten Huis, au no 34, bâtie vers 1470, est la plus vieille maison d'Amsterdam et l'une des deux dernières en bois, ce matériau ayant été interdit pour la construction en 1521 après une série d'incendies catastrophiques. La plupart des maisons du Béguinage sont postérieures au XVIe siècle.

L'Engelse Kerk, élevée vers 1419, servait de lieu de culte aux béguines. Confisquée après l'Altération en 1578 (p. 24-25) et louée en 1607 à un groupe de protestants anglais et écossais, elle est toujours l'église presbytérienne de la ville.

Nieuwe Kerk ❶

La construction de la Nouvelle Église, dans le style gothique flamboyant, commença en 1408 alors que l'Oude Kerk *(p. 68-69)* devenait trop petite pour accueillir les croyants d'une ville en pleine expansion. Détruit plusieurs fois par le feu et à chaque fois rebâti, le sanctuaire se vit dépouillé de ses ornements après l'Altération *(p. 24-25)*. Il atteignit sa taille actuelle en 1650. Depuis 1814, tous les rois y furent intronisés. Aujourd'hui, l'église est devenue un centre culturel.

Angelot doré
Grimaçants, des angelots soutiennent les coins de la voûte en bois de la croisée du transept.

Baptistère

Bancs autour de la chaire

Le Nouveau Stadthuis, place du Dam
Jan Van de Heyden (1637-1712) représenta la Nieuwe Kerk en arrière-plan sur ce tableau de l'actuel palais royal (p. 74), alors tout juste achevé.

Fenêtre aveugle

★ **Chaire (1664)**
Albert Vinckenbrinck mit quinze ans à sculpter ce meuble qui témoigne de l'importance du sermon pour les protestants.

★ **Buffet d'orgue** *(1645)*
Des sculptures en bois décorent le buffet d'orgue réalisé d'après des dessins de Jacob Van Campen.

À NE PAS MANQUER

★ Buffet d'orgue

★ Chaire

★ Tombeau de De Ruyter

Vitraux
Dessinée par Otto Mengelberg en 1898, la partie inférieure droite du vitrail de l'aile sud du transept représente la reine Wilhelmine (p. 33) lors de son couronnement.

Abside

Chapelle

Lustre en bronze
Installés pendant la restauration qui suivit l'incendie de 1645, de superbes lustres à trois rangs pendent au plafond de la nef.

Entrée principale

Grille du chœur par Johannes Lutma (v. 1650)

Galerie des Orphelins

★ **Tombeau de Michiel de Ruyter** *(1607-1676)*
Dans l'abside, ce monument par Rombout Verhulst rend hommage à l'amiral hollandais mort dans la bataille navale de Messine contre les Français.

CHRONOLOGIE

Gobelet (1647) commémorant le début de la rénovation

1421 Le feu détruit la majeure partie de l'église	**1452** Dégâts lors du grand incendie **1540** Démolition du transept nord		**1653** Arrêt des travaux pour une raison inconnue		**1841** 1re intronisation royale à la Nieuwe Kerk **1847** Une structure gothique remplace le clocher	
1350	**1450**	**1550**	**1650**	**1750**	**1850**	**1950**
1380 Date estimée de la 1re église sur le site	**1578** L'église est dépouillée après l'Altération *(p. 24-25)* **1645** Le feu n'épargne que la façade et les murs		**1646** Le clocher de Jacob Van Campen est entrepris **1783** Démolition d'une partie du clocher		**1907** Importante restauration **1959** Début de la rénovation, qui durera vingt ans	

Allard Pierson Museum **8**

Oude Turfmarkt 127.
Plan 7 B4. **Tél.** 525 2556.
🚃 4, 9, 14, 16, 24, 25.
🕐 mar.-ven. 10h-17h, sam.,
dim. et j.f. 13h-17h. ● 1er janv.,
dim. de Pâques, 30 avr.,
Pentecôte et 25 déc. 📷 🔇 ♿ 🎫
www.allardpiersonmuseum.nl

Façade néoclassique en pierre de Bremer et de Bentheimer du musée Allard-Pierson

Ce musée, qui appartient à l'Université et porte le nom de l'humaniste néerlandais Allard Pierson (1831-1896), présente, au rez-de-chaussée, une belle collection d'antiquités provenant d'Égypte, d'Asie Mineure, d'Iran et de Mésopotamie et, au 1er, des pièces archéologiques chypriotes, étrusques, grecques et latines.

L'exposition comprend des maquettes et un ordinateur permettant d'écrire son nom en hiéroglyphes.

Juste à côté se trouvent les collections de l'université d'Amsterdam.

Torensluis **9**

Singel entre la Torensteeg et l'Oude Leliestraat. **Plan** 7 B2. 🚃 1, 2, 5, 13, 14, 17.

Construit à l'emplacement d'une écluse du XVIIe siècle, le pont le plus large de la ville doit son nom à la tour qui s'y trouvait et qui fut démolie en 1829 (les traces en sont encore visibles sur le sol).

L'été, les tables de café disposées sur le Torensluis permettent de jouir de la vue offerte sur le canal tout en se désaltérant au pied de la statue de Multatuli (1820-1887), auteur du roman *Max Havelaar* qui dénonçait le racisme dans les colonies.

Magna Plaza **10**

Nieuwezijds Voorburgwal 182.
Plan 7 B2. **Tél.** 626 9199.
🚃 1, 2, 5, 13, 14, 17. 🕐 lun. 11h-
19h, mar., mer., ven., sam. 10h-19h,
jeu. 10h-21h, dim. midi-19h.
● 1er janv., 30 avr., 25 et 26 déc.
📷 ♿ **www**.magnaplaza.nl

Représenté sur un panneau mural ornant la façade de l'édifice actuel, un premier bureau de poste occupa ce site de 1748 à 1854. Achevé en 1899, le bâtiment qui le remplaça valut à son architecte, C. P. Peters, bien des sarcasmes pour l'extravagance de son style qualifié par ses détracteurs de « gothique postal ». Réaménagé dans le respect des majestueuses proportions intérieures que lui avait données Peters, l'immeuble accueillit en 1990 le premier centre commercial d'Amsterdam. Il a conservé de majestueuses galeries à arcades.

Lutherse Kerk **11**

Kattengat 2. **Plan** 7 C1. 🚃 1, 2, 5, 13, 17. 🕐 ferm. au public.

Œuvre d'Adriaan Dortsman (1625-1682) inaugurée en 1671, cette ancienne église luthérienne est parfois dénommée Ronde Lutherse Kerk, car elle fut le premier lieu de culte protestant à présenter un plan circulaire et deux galeries supérieures offrant à toute la congrégation une vue dégagée sur la chaire.

En 1882, un incendie dû à la négligence des plombiers n'épargna que les murs

Tables de café sur le Torensluis, pont enjambant le Singel

extérieurs. Restaurés en 1883, l'entrée et l'intérieur prirent un aspect plus anguleux et plus décoré, reflétant l'architecture de l'époque. Un dôme en cuivre a remplacé l'ancienne voûte à nervures.

Désertée par les fidèles et déconsacrée en 1935, l'église abrite aujourd'hui le centre de conférences et la salle de banquet de l'hôtel Renaissance Amsterdam *(p. 218).*

Centraal Station ⓬

Stationsplein. **Plan** 8 D1. **Tél.** *0900 9292.* 🚃 *1, 2, 4, 5, 9, 13, 16, 17, 24, 25.* Ⓜ *Centraal Station.* **Informations** ⬜ *lun.-ven. 6h-minuit, sam., dim. et j.f. 7h-minuit.* 📷 🚻

Girouette à la gare centrale

À son inauguration en 1889, la gare centrale symbolisait la volonté d'Amsterdam d'entrer dans l'ère industrielle *(p. 32-33).* Son implantation souleva toutefois des polémiques car elle fermait la façade maritime de la ville sur l'IJ. Conçu par P. J. H. Cuypers, l'architecte du Rijksmuseum *(p. 130-133),* et A. L. Van Gendt, qui dessina le Concertgebouw *(p. 128),* l'immense édifice néo-Renaissance, dont la construction exigea sept ans de travaux, repose sur trois îles artificielles et 8 600 pilotis en bois. La façade est très ornementée, avec de nombreuses allégories évoquant le passé maritime et marchand de la capitale des Pays-Bas. Deux tours encadrent sa partie centrale

Motifs décoratifs en briques sur la façade de la Bourse de Berlage

monumentale. Mille quatre cents trains *(p. 268)* arrivent ou partent tous les jours de la gare. Ayant remplacé le vieux port comme centre symbolique d'Amsterdam, elle est aussi le terminus des lignes de bus et de trams.

Sint Nicolaaskerk ⓭

Prins Hendrikkade 73. **Plan** 8 D1. **Tél.** *624 8749.* 🚃 *1, 2, 4, 5, 9,13, 16, 17, 24, 25.* Ⓜ *Centraal Station.* ⬜ *lun. et sam. 12h-15h, mar.-ven. 11h-16h.* ✝ *lun.-sam. 12h30, dim. 10h30, 13h (en espagnol).* 📷 **www.nicolaas-parochie.nl**

Saint Nicolas, protecteur des marins, était vénéré à Amsterdam où plusieurs églises lui furent dédiées, notamment l'Oude Kerk *(p. 68-69),* avant l'interdiction en 1578 du catholicisme et du culte des saints.

La liberté religieuse revenue, A.C. Bleys (1842-1912) construisit pour la communauté catholique, longtemps clandestine *(p. 84),* ce sanctuaire néo-Renaissance en 1887. L'extérieur est austère, avec ses tours jumelles qui dominent le quartier. L'intérieur monumental est un peu moins lugubre, surtout depuis que de nouveaux vitraux ont été installés sous le dôme.

Museum ons' Lieve Heer op Solder ⓮

Voir p. 84-85.

Beurs van Berlage ⓯

Damrak 2. **Plan** 7 C2. **Tél.** *530 4141.* 🚃 *4, 9, 16, 24, 25.* ⬜ *seul. pdt les expositions.* 🚹 *1er janv.* 📷 🚻 🖥 **www.beursvanberlage.nl**

Achevée en 1903, la Bourse dessinée par Hendrick Berlage marquait, par sa sobriété et la simplicité de ses matériaux, une nette rupture avec les styles historicistes de la fin du XIXᵉ siècle. Elle eut une grande influence sur les architectes de l'école d'Amsterdam *(p. 97).* À l'intérieur, une frise retrace l'évolution de l'homme depuis Adam jusqu'à l'agent de change. La Bourse accueille désormais concerts et expositions.

Façade néo-Renaissance de la Sint Nicolaaskerk

Amsterdams Historisch Museum ❻

Construit au XVe siècle, le couvent Saint-Lucien devint un orphelinat en 1581. Plusieurs fois agrandi, notamment par Hendrick de Keyser *(p. 90)* et Jacob Van Campen *(p. 76)* qui dessinèrent de nouvelles ailes au XVIIe siècle, ce vaste corps de bâtiments aéré par des cours pavées abrite désormais le Musée historique d'Amsterdam, ouvert en 1975. Ce musée retrace l'histoire du développement de la ville.

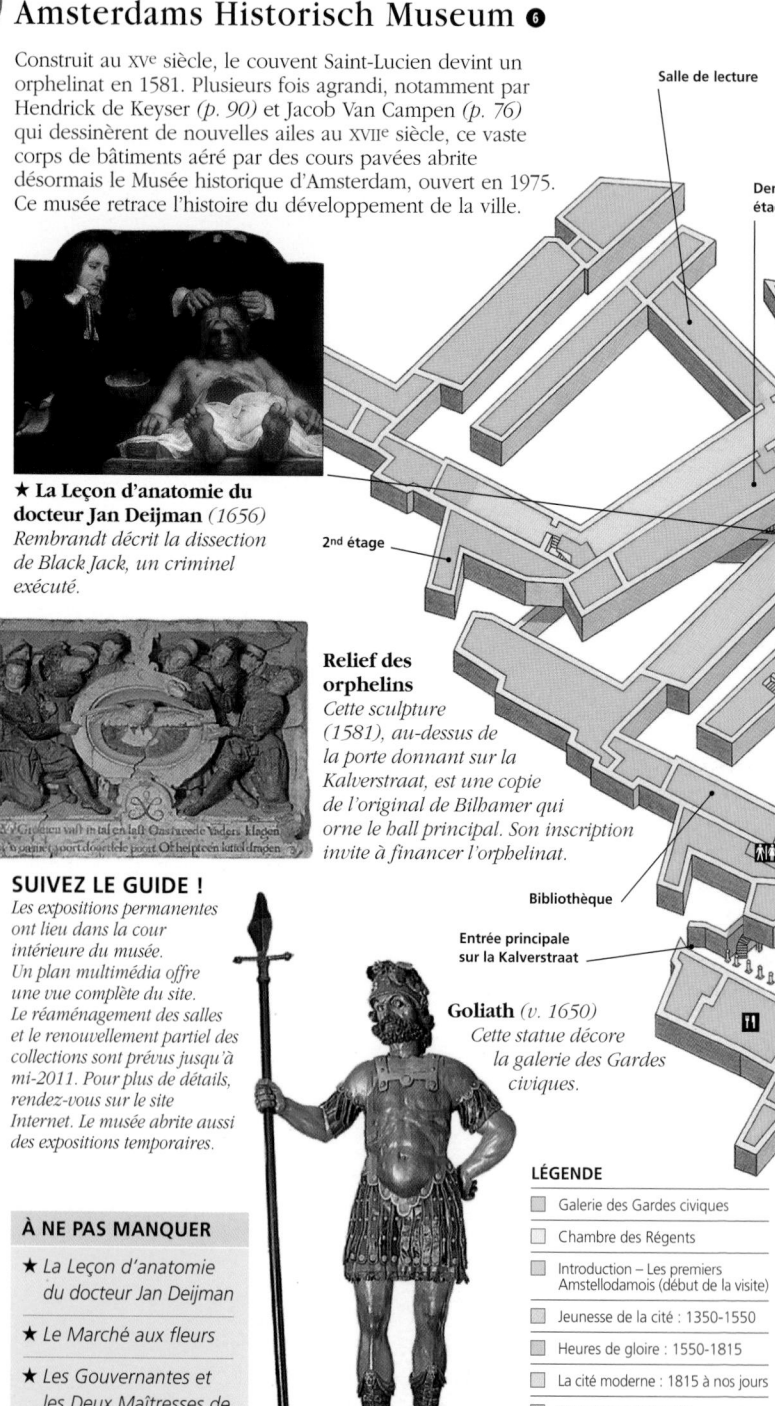

Salle de lecture

Dernier étage

★ **La Leçon d'anatomie du docteur Jan Deijman** *(1656)* *Rembrandt décrit la dissection de Black Jack, un criminel exécuté.*

2nd étage

Relief des orphelins *Cette sculpture (1581), au-dessus de la porte donnant sur la Kalverstraat, est une copie de l'original de Bilhamer qui orne le hall principal. Son inscription invite à financer l'orphelinat.*

SUIVEZ LE GUIDE !
Les expositions permanentes ont lieu dans la cour intérieure du musée. Un plan multimédia offre une vue complète du site. Le réaménagement des salles et le renouvellement partiel des collections sont prévus jusqu'à mi-2011. Pour plus de détails, rendez-vous sur le site Internet. Le musée abrite aussi des expositions temporaires.

Bibliothèque

Entrée principale sur la Kalverstraat

Goliath *(v. 1650)* *Cette statue décore la galerie des Gardes civiques.*

À NE PAS MANQUER

★ *La Leçon d'anatomie du docteur Jan Deijman*

★ *Le Marché aux fleurs*

★ *Les Gouvernantes et les Deux Maîtresses de maison du Spinhuis*

LÉGENDE

- ☐ Galerie des Gardes civiques
- ☐ Chambre des Régents
- ☐ Introduction – Les premiers Amstellodamois (début de la visite)
- ☐ Jeunesse de la cité : 1350-1550
- ☐ Heures de gloire : 1550-1815
- ☐ La cité moderne : 1815 à nos jours
- ☐ Exposition temporaire
- ☐ Parcours et services

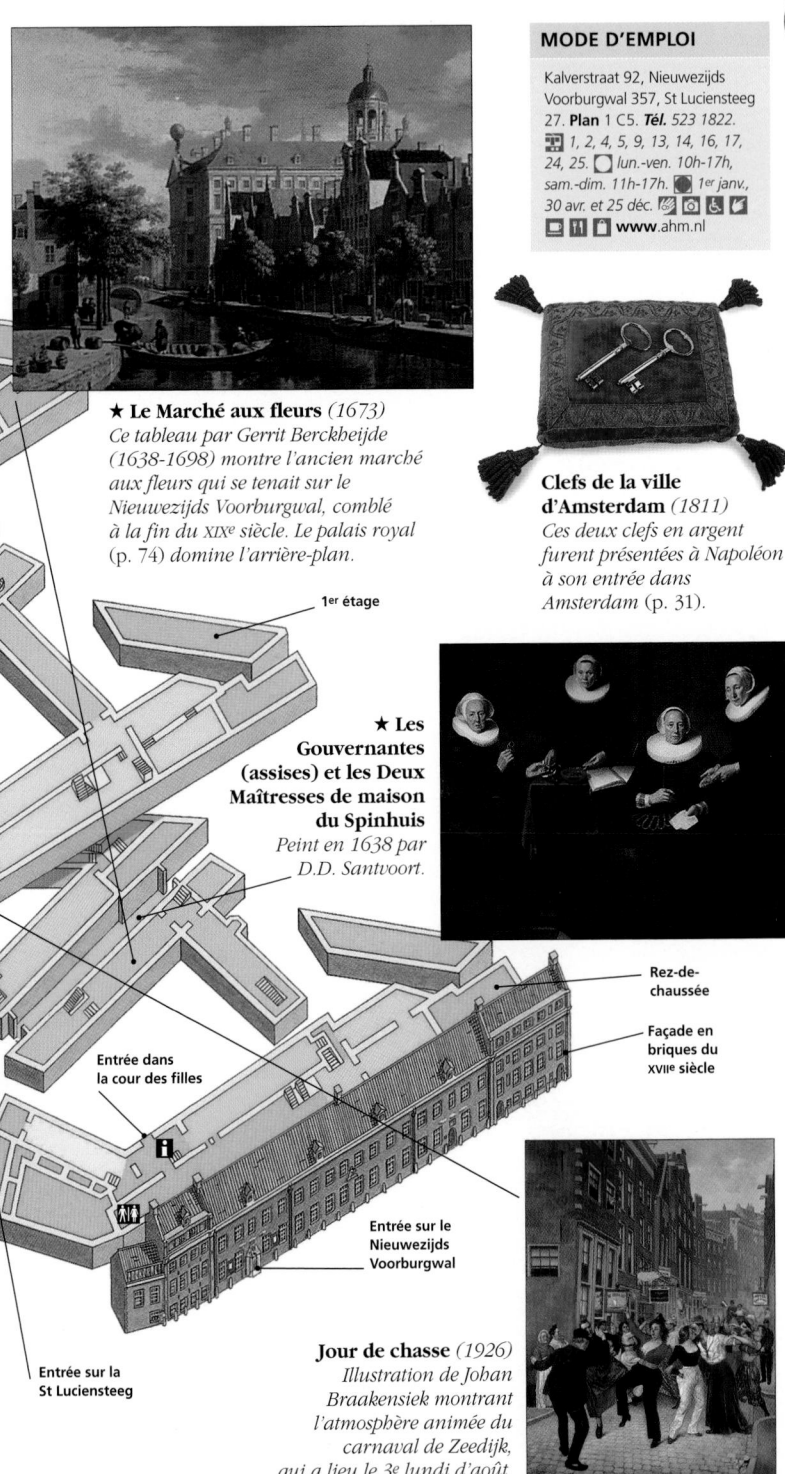

MODE D'EMPLOI

Kalverstraat 92, Nieuwzijds
Voorburgwal 357, St Luciensteeg
27. **Plan** 1 C5. **Tél.** 523 1822.
1, 2, 4, 5, 9, 13, 14, 16, 17,
24, 25. lun.-ven. 10h-17h,
sam.-dim. 11h-17h. 1er janv.,
30 avr. et 25 déc.
www.ahm.nl

★ **Le Marché aux fleurs** (1673)
*Ce tableau par Gerrit Berckheijde
(1638-1698) montre l'ancien marché
aux fleurs qui se tenait sur le
Nieuwezijds Voorburgwal, comblé
à la fin du XIXe siècle. Le palais royal
(p. 74) domine l'arrière-plan.*

**Clefs de la ville
d'Amsterdam** (1811)
*Ces deux clefs en argent
furent présentées à Napoléon
à son entrée dans
Amsterdam (p. 31).*

1er étage

★ **Les
Gouvernantes
(assises) et les Deux
Maîtresses de maison
du Spinhuis**
*Peint en 1638 par
D.D. Santvoort.*

Rez-de-
chaussée

Façade en
briques du
XVIIe siècle

Entrée dans
la cour des filles

Entrée sur le
Nieuwezijds
Voorburgwal

Entrée sur la
St Luciensteeg

Jour de chasse (1926)
*Illustration de Johan
Braakensiek montrant
l'atmosphère animée du
carnaval de Zeedijk,
qui a lieu le 3e lundi d'août.*

À la découverte de l'Amsterdams Historisch Museum

Ce musée retrace l'histoire d'Amsterdam en trois étapes – de l'humble petit village de pêcheurs médiéval des rives de l'Amstel jusqu'à la cité cosmopolite d'aujourd'hui. La période du Siècle d'or de la ville est particulièrement bien documentée. Ce XVIIe siècle prospère est caractérisé par les explosions simultanées du commerce et de la démographie *(p. 26-29)*. La collection de portraits des gardes civiques est le clou des collections du musée.

LA GALERIE DES GARDES CIVIQUES

La reine Juliana inaugura en 1975 ce passage couvert accessible à tous pendant les heures d'ouverture du musée. Il renferme derrière des vitres de grands portraits de groupe des XVIe et XVIIe siècles commandés par les milices des corporations de la ville aux artistes les plus prestigieux de l'époque, tels que Rembrandt, Dirck Barendsz ou Cornelis Anthonisz qui peignit entre autres *Dix-Sept Arquebusiers en tenue de guerre* (1531).

LA SALLE DES RÉGENTS

Construite en 1634, cette salle, où se réunissaient les directeurs (régents) de l'orphelinat, renferme leurs portraits ainsi que deux tableaux

de *La Bataille de Slaak* (1633), peints par Abraham de Verwer. La longue table et les cabinets datent du XVIIe siècle.

DÉBUT DE LA VISITE

La première salle offre, à travers des cartes satellites et des photographies des lieux célèbres de la ville, une présentation multimédia permettant de suivre son évolution de 1100 à nos jours.

Viennent s'ajouter à cette exposition 55 vitrines qui présentent un choix d'objets représentatifs des différentes périodes, et donnent au visiteur un aperçu des riches collections du musée.

JEUNESSE DE LA CITÉ : 1350-1550

La vocation commerciale d'Amsterdam s'affirme pendant cette période *(p. 22-23)*. L'exposition comprend maquettes et mobilier archéologique, tel un chaudron à chauffer le goudron, ainsi que nombre d'objets usuels de la vie d'autrefois ; au sol, un plan géant montre les principaux quartiers de la ville. La ferveur religieuse débuta

à cette période. En 1345 eut lieu le Miracle d'Amsterdam : un mourant auquel on avait administré les derniers sacrements avait régurgité l'hostie. On essaya de la brûler, sans succès. Ce miracle attira tant de pèlerins que l'on dut faire construire de nouvelles églises pour les accueillir.

HEURES DE GLOIRE : 1550-1815

Entre 1550 et 1815, la population d'Amsterdam fut multipliée par trois (12 000 habitants en 1502). Les Gardes civiques – représentés par un riche ensemble de leurs armes et armures – s'érigèrent en défenseurs du droit et de l'ordre public dans la cité surpeuplée. La *Vue d'Amsterdam (p. 24-25)* réalisée par Cornelis Anthonisz en 1538 est le plus ancien plan de la cité à nous être parvenu. Les couvents et églises y figurent. C'est durant cette période que fut construit le réseau intérieur de canaux et l'hôtel de ville sur le Dam. La Haarlemmerpoort peinte par Hendrick Cornelisz Vroom (1615), rappelle les défenses qu'avait élevées Amsterdam contre ses rivaux.

Dague en bronze (v. 1500)

C'est le Siècle d'or *(p. 26-29)*, avec l'expansion maritime et coloniale de la ville, qui forme la plus riche section de l'exposition. Ainsi, on y voit un globe du fameux cartographe Willem Blaeu et une maquette de la fin du XVIIIe siècle représentant un bateau de la Compagnie des Indes reposant sur un dock flottant primitif, dispositif maritime ingénieux connu sous le nom de « chameau », qui permettait aux navires de commerce lourdement chargés de traverser les eaux peu profondes du Zuiderzee. On peut aussi admirer bustes et portraits des notables de l'époque, argenterie d'apparat, ainsi qu'une maquette de 1648 de l'hôtel de ville, réalisée par Jacob Van Campen (1595-1657). Il s'agit de l'actuel Koninklijk Paleis

Armoiries du XVIIe siècle

Le Premier Bateau à vapeur sur l'IJ (1816) par Nicolaas Baur

(p. 74). D'impressionnants tableaux rappellent en outre l'écart de niveau de vie entre les riches et les pauvres. En effet, à côté des immenses fortunes de la classe dirigeante régnait dans les masures du petit peuple une misère extrême.

L'art était florissant et les artistes se pressaient aux portes de l'opulente cité. Des portraits dépeignent la vie familiale des grands bourgeois de l'époque, telle la *Vierge d'Amsterdam* (1741) de Jacob de Wit. Des tableaux de grands maîtres comme Pieter de Hooch et Rembrandt et des sculptures déploient un panorama historique d'une grande richesse.

L'ANCIEN ORPHELINAT

Orphelines se rendant à l'église (v. 1880) par Nicolaas Van der Waaij

Fondé en 1580 dans le couvent Saint-Lucien, l'orphelinat n'accueillait à l'origine que des enfants de bourgeois, au détriment, donc, des plus pauvres. Malgré cela, il fallut plusieurs fois l'agrandir, notamment au XVIIe siècle où l'on construisit de nouvelles ailes. L'institution resta en fonction jusqu'en 1960, mais l'uniforme fut abandonné en 1919.

LA CITÉ MODERNE : 1815 À NOS JOURS

Au XIXe siècle, la misère s'installe suite au déclin commercial. Des institutions charitables tentent d'y remédier, et l'art se fait le reflet des graves problèmes sociaux. Les œuvres mélancoliques de George Breitner *(p. 133)*, dans le style tardif de l'école de La Haye, et une série de photographies illustrant la vie sordide des taudis en sont de parfaits exemples. Des projets abandonnés de développement urbain témoignent des difficultés économiques de la ville. L'histoire récente est remarquablement présentée. Des photographies font revivre la Grande Dépression des années 1930 et l'occupation nazie de la Seconde Guerre mondiale *(p. 34-35).* Quant à la vie contemporaine de la cité, elle peut être explorée en détail à travers photos, vidéos et informatique, notamment le thème « Amsterdam et les jeunes ». Des expositions temporaires illustrent d'autres aspects complémentaires de la ville d'Amsterdam actuelle et de ses habitants.

Museum Ons' Lieve Heer op Solder ⑭

À la limite du Quartier rouge, une élégante maison de canal construite en 1663 et deux maisons adjacentes abritent dans les combles une église catholique cachée, connue sous le nom d'Ons' Lieve Heer op Solder (« le Bon Dieu au grenier »), qui a conservé l'aspect qu'elle avait en 1735. Transformé en musée en 1888 après que les catholiques eurent retrouvé le droit de pratiquer leur culte interdit suite à l'Altération *(p. 24-25)*, le bâtiment renferme des pièces au décor caractéristique

Jésus et la colombe de la paix

du Siècle d'or et de belles collections de peintures, d'argenterie et d'objets religieux.

Galerie

La chambre du chapelain rappelle par sa petite taille la clandestinité dans laquelle il vivait.

Façade du musée
Construite en 1661 pour le marchand Jan Hartman, la maison principale présente, sur le canal, une façade à pignon pointu.

Entrée principale

Maison sur le canal

Antichambre style fin XIXᵉ siècle

★ Parloir
Restauré dans sa splendeur première, le parloir constitue un exemple exceptionnel de salle de séjour meublée et décorée dans le goût hollandais classique du XVIIᵉ siècle.

À NE PAS MANQUER

★ Chapelle de Notre Seigneur

★ Parloir

★ Retable par Jacob de Wit

Sacristie

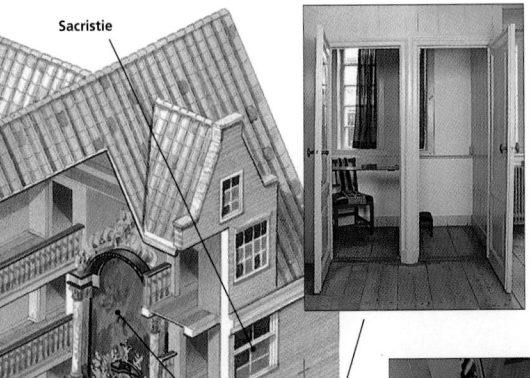

MODE D'EMPLOI

Oudezijds Voorburgwal 40.
Plan 8 D2. **Tél.** *624 6604.*
🚊 *4, 9, 16, 24, 25.* ⬜ *lun.-
sam. 10h-17h, dim. et j.f. 13h-
17h.* ⬛ *1er janv. et 30 avr.* 📷
📷 📹 🏠 *www.opsolder.nl*

Confessionnal
*Ce petit confessionnal en bois
est installé dans l'ancienne
salle de séjour de la maison
de derrière.*

★ Retable
Le Baptême du Christ *(1716) qui domine
l'autel baroque en faux marbre fait partie d'un
triptyque peint par Jacob de Wit (1695-1754).*

Maison
de derrière

Cuisine *(XVIIe siècle)
Ancienne pièce de l'habitation
clandestine du sacristain, elle a
conservé ses carreaux de Delft, sa
cheminée et son dallage d'origine.*

Maison
du milieu

★ Chapelle de Notre Seigneur
*Un agrandissement transforma vers
1735 la chapelle, aménagée en 1663
en une véritable église, qui resta en
fonction jusqu'à l'achèvement de la
Sint Nicolaaskerk (p. 79) en 1887.*

LE JORDAAN

C'est ici que commença, au XVIIe siècle, la construction de la *Grachtengordel* à partir du Singel. Pour compléter ces canaux destinés à la haute bourgeoisie, l'urbaniste de la ville, Hendrick Staets, aménagea à l'ouest une étendue marécageuse pour loger les ouvriers et petits artisans dont les activités étaient interdites dans le centre d'Amsterdam. Institutions charitables et riches Amstellodamois y fondèrent

Pierre murale d'une maison du Jordaan

de nombreux hospices *(hofjes)*, dont le Claes Claeszhofje. Ce quartier dont les rues étroites suivent le tracé d'anciens fossés de drainage accueillit entre autres des réfugiés huguenots, et son nom, Jordaan, découlerait du mot français *jardin*. Beaucoup d'artistes y vivent aujourd'hui, lui donnant une atmosphère bohème. Plus au nord s'étendent les îles occidentales créées au XVIIe siècle afin d'y installer chantiers navals et entrepôts.

LE QUARTIER D'UN COUP D'ŒIL

Bâtiments et monuments historiques
Haarlemmerpoort ⓭
Homomonument ❶
Huis met de Hoofden ❹

Musées
Anne Frank Huis ❸
Pianola en Piano Museum ⓫

Îles et canaux
Bloemgracht ❻
Brouwersgracht ⓬
Egelantiersgracht ❺
Îles occidentales ⓮

Églises
Noorderkerk ❾
Westerkerk ❷

Marché
Noordermarkt ❿

Hospices (Hofjes)
Claes Claeszhofje ❼
De Star and Zon Hofjes ❽

COMMENT Y ALLER ?
Le Jordaan se trouve à 10-15 min à pied du Dam et de la gare centrale. Les trams 13, 14 et 17 desservent le Rozengracht. Les nos 3 et 10 suivent la Marnixstraat jusqu'à l'Haarlemmerpoort.

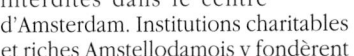

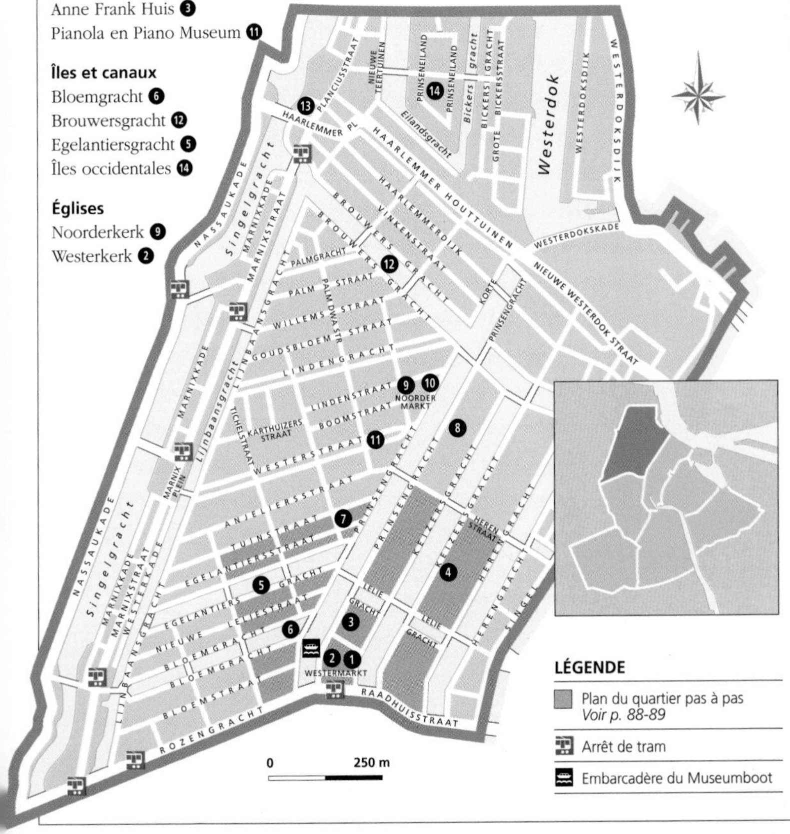

LÉGENDE

▨	Plan du quartier pas à pas *Voir p. 88-89*
🚊	Arrêt de tram
⛴	Embarcadère du Museumboot

0   250 m

◁ **La Westerkerk domine le Prinsengracht et ses maisons flottantes**

Le Jordaan pas à pas

À l'ouest de la *Grachtengordel*, le quartier du Jordaan a conservé son dense réseau de ruelles et de canaux pittoresques où le promeneur découvre des douzaines de boutiques, souvent installées dans des maisons anciennes, proposant aussi bien prêt-à-porter de luxe qu'éviers d'occasion. L'été, les terrasses des cafés bruns envahissent les trottoirs. Sur le Herengracht se dressent certaines des plus belles demeures d'Amsterdam, telle Huis met de Hoofden.

★ Anne Frank Huis
Pendant deux ans, huit personnes y vécurent cachées dans une annexe exiguë ❸

Bloemgracht
Ce joli canal était jadis le cœur du quartier des teinturiers ❻

★ Westerkerk
Rembrandt repose dans cette église dessinée par Hendrick de Keyser, mais l'emplacement de sa tombe reste inconnu. La reine Beatrix s'y maria en 1966 ❷

Egelantiersgracht
Architectures traditionnelle et moderne se côtoient sur les quais ombragés de ce charmant canal qu'enjambent de nombreux ponts ❺

Huis met de Hoofden
La « maison aux Têtes » doit son nom aux six bustes représentant Apollon, Cérès, Mars, Minerve, Bacchus et Diane qui ornent l'entrée ❹

CARTE DE SITUATION
*Voir l'*Atlas des rues, *plans 1 et 7*

0   75 m

Le siège de la Hollandsche Levens-verzekeringsbank, bâti en 1905 par Gerrit Van Arkel, est un des rares exemples de l'Art nouveau néerlandais.

Homomonument
L'architecture de ce monument inauguré en septembre 1987 en mémoire des homosexuels persécutés dans le monde s'inspire du triste triangle rose qui « marquait » les homosexuels pendant la Seconde Guerre mondiale ❶

LÉGENDE

— — — Itinéraire conseillé

À NE PAS MANQUER

★ Anne Frank Huis

★ Westerkerk

Reconstitution du bureau d'Otto Frank dans la maison d'Anne Frank

près de la place ... rkt en l'honneur des homosexuels morts pendant la Seconde Guerre mondiale est un lieu propice à la méditation.

Le triangle rose que devaient porter les homosexuels masculins dans les camps de concentration, et qui devint plus tard le symbole de la communauté homosexuelle, inspira à Karin Daan la conception de ce monument constitué de trois triangles en granit rose. Un poème de Jacob Israël de Haan est gravé sur l'un d'eux.

Westerkerk ❷

Prinsengracht 281. **Plan** 1 B4.
Tél. 624 7766. 🚊 13, 14, 17.
⬜ Pâques-sept. : lun.-ven. 11h-15h (juil.-août : sam., sf pdt les offices).
📷 629 7766. 🔲 **Tour** ⬜ avr.-sept. : lun.-sam. 10h-18h ; juil.-août : 10h-20h ; oct.-nov. : 11h-16h. 📷 689 2565. 🌐 www.westerkerk.nl

Construite dans le cadre du développement de la ceinture de canaux (p. 44-45), « l'église de l'Ouest », de style Renaissance, dresse la plus haute tour (85 m) de la ville.

Œuvre d'Hendrick de Keyser, qui mourut en 1621, un an avant le début des travaux, la Westerkerk possède la plus vaste nef des sanctuaires protestants des Pays-Bas. Seuls les panneaux du grand orgue atténuent quelque peu son austérité. Rembrandt y repose mais l'emplacement de sa tombe reste inconnu.

Constituée de trois étages superposés, la tour, surmontée par la couronne impériale de Maximilien (p. 23), offre une vue panoramique qui justifie la fatigue de la montée.

Anne Frank Huis ❸

Prinsengracht 267. **Plan** 1 B4.
Tél. 556 7105. 🚊 13, 14, 17.
🚋 Prinsengracht. ⬜ mi-sept.-mi-mars : t.l.j. 9h-19h ; mi-mars-mi-sept. : dim.-ven. 9h-21h, sam. 9h-22h ; juil.-août : t.l.j. 10h-22h ; 1er janv. : midi-19h ; 4 mai : 9h-19h ; 25 déc. : midi-17h ; 31 déc. : 9h-17h.
🔲 Yom Kippour. 📷 📷 🔲 📷
www.annefrank.org

Pour échapper aux persécutions des nazis occupant Amsterdam, les Frank et les Van Pel, deux familles juives, se terrèrent pendant deux ans dans une cachette aménagée dans cette demeure, appelée désormais

La Westerkerk peinte au XVIIIe siècle par Jan Ekels

Pour les hôtels et les restaurants du quartier, voir p. 218-220 et p. 230-233

« la Maison d'Anne Frank ». Prévenue par une dénonciation anonyme, la Gestapo les arrêta le 4 août 1944. Seul Otto Frank, le père d'Anne, revint des camps de la mort. Il retrouva à son retour le journal commencé par sa fille Anne en juillet 1942 à l'âge de treize ans et dans lequel elle relate ses longs mois d'enfermement (p. 34-35). Publié en 1947 sous le titre *Het Achterhuis* (*La Maison de derrière*), ce témoignage toucha le monde entier.

La visite de la maison commence au 2e étage par un document vidéo d'introduction, puis conduit dans l'annexe dont une bibliothèque pivotante dissimulait l'entrée. Dans la maison en façade, on visite le bureau du père d'Anne aménagé avec des meubles d'époque. Des documents concernant la famille Frank y sont exposés.

Mieux vaut arriver tôt le matin ou en fin de journée pour éviter la foule. Vous pouvez également réserver en ligne. La dernière entrée a lieu 30 minutes avant la fermeture du musée.

Vélos et bateaux sur le paisible Bloemgracht

Huis met de Hoofden ❹

Keizersgracht 123. **Plan** 7 A1.
🚊 *13, 14, 17.* ⬤ *j.f.*

Construite en 1622, la « maison aux Têtes », parfois attribuée à Pieter de Keyser (1595-1676), le fils d'Hendrick, présente un beau pignon à redents et doit son nom aux six bustes ornant sa façade. Selon la légende, ces sculptures commémorent le courage d'une domestique qui, restée seule dans la maison, décapita six brigands cherchant à s'y introduire. En réalité, il s'agit de six divinités latines (de gauche à droite) : Apollon, Cérès, Mars, Minerve, Bacchus et Diane.

Buste d'Apollon sur la « maison aux Têtes »

Egelantiersgracht ❺

Plan 1 B4. 🚊 *13, 14, 17.*

Percé au XVIIe siècle, le canal de l'Églantier suit le tracé d'un ancien fossé de drainage dans le Jordaan. Moins imposantes que les somptueuses demeures de la Grachtengordel, les maisons du quartier, longtemps peuplé d'ouvriers et d'artisans, deviennent de plus en plus recherchées et il a un peu perdu de son atmosphère populaire.

L'Egelantiersgracht a toutefois conservé l'essentiel de son charme et de son caractère avec des bâtiments comme le Sint Andrieshofje (1617), aux nos 107-114, auquel conduit un couloir aux parois décorées de carreaux de Delft.

Bloemgracht ❻

Plan 1 B4. 🚊 *13, 14, 17.*

Le Bloemgracht (le « canal des Fleurs ») était, au XVIIe siècle, situé au cœur du quartier des teinturiers et des fabriques de peinture. Aujourd'hui, il n'existe plus qu'un seul représentant de cette activité. Classées monuments historiques, les belles maisons qui le bordent valent à ce paisible canal d'être parfois appelé « l'Herengracht du Jordaan ». Nombre d'entre elles portent en façade des pierres d'enseigne, qui servirent à identifier demeures et magasins jusqu'à l'instauration de la numérotation au XIXe siècle, notamment les trois plus belles, aux nos 87, 89 et 91. Construites en 1642, elles possèdent d'élégants pignons à redents et présentent, en emblèmes, un fermier, un bourgeois et un marin.

Relief sur le *hofje* fondé en 1616
par le marchand Anslo

Claes Claeszhofje ❼

1, Egelantiersdwarsstraat. **Plan** 1 B3.
🚊 *3, 10, 13, 14, 17.*
⭕ *occasionnellement.*

Cet ensemble regroupe
plusieurs hospices, ou *hofjes*,
dont le plus ancien fut fondé,
en 1616, par un riche
drapier : Claes Claesz Anslo.
Gérés par la fondation
Stichting Diogenes, ils abritent
aujourd'hui des étudiants du
Conservatoire de musique.

Comme le rappelle une
plaque d'enseigne, un maître
d'école habitait au nº 52
d'Egelantiersstraat.

Hofjes De Star et Zon ❽

Hofje De Star : Prinsengracht 89-
133. Hofje Zon : Prinsengracht 159-
171. **Plan** 1 C3. 🚊 *3, 10, 13, 14, 17.*
De Star ⭕ *lun.-ven. 6h30-18h, sam.
6h-14h.* **Zon** ⭕ *lun.-ven. 10h-17h.*

Quelques pas à peine
séparent ces deux
charmants anciens hospices.
Une légende vaut au De Star,
construit en 1804 sur le site
de la brasserie Star, d'être
officiellement appelé « l'*hofje*
Van Brienen ». Un riche
marchand, Jan Van Brienen,
l'aurait en effet fondé après sa
libération d'une chambre forte
où il avait été emprisonné
par accident. Un beau
jardin floral agrémente sa
cour paisible. Dans celle
du *hofje* Zon, une plaque
représentant l'arche de Noé
rappelle que l'hospice s'étend
à l'emplacement d'une
ancienne église clandestine
qui s'appelait à l'origine
Kleine Zon (« Petit Soleil »).

Noorderkerk ❾

Noordermarkt 44-48. **Plan** 1 C3.
Tél. *626 6436.* 🚊 *3, 10, 13, 14,
17.* ⭕ *lun. 10h30-12h30, sam.
11h-13h.* ✝ *dim. 10h et 19h.*

L'architecte de l'église du
Nord, Hendrick de Keyser
(p. 90), mourut en 1621, un
an après le début des travaux
qui s'achevèrent en 1623.
Le plan de la Noorderkerk,
en forme de croix grecque,
inspirera d'autres sanctuaires
protestants, car il permet
à la congrégation d'avoir une
vue sur la chaire centrale.

Près de l'entrée de ce
sanctuaire, une sculpture
représente trois silhouettes
solidaires et porte
l'inscription : « *L'union fait
la force.* » Elle commémore
la révolte du Jordaan
(Jordaanproer) qui vit en
1934 *(p. 35)* le quartier se
soulever contre la misère
et le chômage.

Sur la façade sud, une
plaque évoque la grève
de février 1941 contre
les persécutions infligées
aux juifs par les nazis.
Des concerts s'y tiennent
les samedis après-midi.

Noordermarkt ❿

Plan 1 C3. 🚊 *3, 10, 13, 14, 17.*
Marché général ⭕ *lun. 9h-13h ;*
Boerenmarkt (fruits et légumes bios)
⭕ *sam. 9h-17h.*

Un marché se tient sur
la place entourant la
Noorderkerk depuis 1627.

**Chalands au marché qui se tient le
samedi matin sur le Noordermarkt**

Il comprenait déjà, à
l'époque, des étals de
vêtements d'occasion, une
coutume qu'entretient le
marché aux puces qui a lieu
le lundi matin. Ce même
jour, sur la Westerstraat, des
éventaires proposent tissus,
literie, linge de maison, etc.,
le quartier ayant regroupé
au XVIIIe siècle de nombreux
marchands de lits.

Vers 6 h, le samedi matin,
débute le marché aux petits
animaux ; vers 10 h
commence le *boerenmarkt*
qui propose aliments
diététiques et artisanat.

Pianola en Piano Museum ⓫

Westerstraat 106. **Plan** 1 B3.
Tél. *627 9624.* 🚊 *3, 10, 13, 14, 17.*
⭕ *dim. 14h-17h et lors des concerts.*
📷 🎫 www.pianola.nl

Quinze instruments restaurés
et quelque 15 000 pianos
mécaniques en vogue dans la
première moitié du XIXe siècle
sont exposés dans ce
fascinant petit musée.
Des concerts de piano s'y
tiennent fréquemment.

Le jardin du *hofje* De Star

Pour les hôtels et les restaurants du quartier, voir p. 218-220 et p. 230-233

Maison fleurie flottante sur le Brouwersgracht

Brouwersgracht ⓬

Plan 1 B2. 🚋 *3.*

Les brasseries qui s'y établirent aux XVIIe et XVIIIe siècles ont donné son nom au canal des Brasseurs bordé d'anciens entrepôts, transformés pour la plupart en immeubles résidentiels. Les appartements dominent les maisons flottantes amarrées entre les ponts pittoresques reliant les quais. Avec leurs pignons à palan *(p. 96-97)* et leurs volets, ceux des nos 188 et 194 conservent un aspect très proche de celui qu'ils avaient lorsqu'ils servaient à stocker épices, café ou sucre.

La dernière distillerie du quartier, l'Ooievaar, ne se trouve pas sur le Brouwersgracht mais sur la Driehoekstraat. Le *jenever* y est fabriqué depuis 1782. Vous pourrez en goûter dans un *Proeflokalen (p. 48)*.

Haarlemmerpoort ⓭

Haarlemmerplein 50. **Plan** 1 B1. 🚋 *3.* 🔴 *ferm. au public.*

Cette porte qui marque le début de la route pour Haarlem porte officiellement le nom de Willemspoort car elle fut bâtie en 1840 pour le couronnement du roi Guillaume II et son entrée triomphale dans la ville. Comme il s'agissait cependant du troisième monument de ce type élevé sur ce site ou tout près, les Amstellodamois continuèrent à l'appeler Haarlemmerpoort.

Dessiné par Cornelis Alewijn (1788-1839), l'édifice néoclassique servit à la perception des impôts jusqu'en 1864. Il abrite depuis 1986 des appartements. La circulation le contourne depuis la construction d'un pont sur le Westerkanaal. Derrière s'étend le Westerpark, un agréable parc *(p. 151)*.

Îles occidentales ⓮

Plan 1 C1. 🚋 *3.*

Plaque au motif marin sur une maison du Zandhoek, Realeneiland

Le déversement de remblais dans l'IJ, lors du percement de la *Grachtengordel (p. 44-45)*, est à l'origine de ces îles artificielles où s'installèrent chantiers navals et entrepôts.

Achetée en 1631 par le marchand Jan Bicker qui l'urbanisa, Bickerseiland est en majorité résidentielle, et maisons flottantes et remorqueurs bordent ses quais.

Realeneiland abrite l'un des lieux les plus jolis d'Amsterdam : le quai de Zandhoek, où un rang de maisons du XVIIe siècle élevées par l'un des fondateurs de l'île, Jacobsz Reaal, surplombe les voiliers amarrés au Westerdok.

Prinseneiland, la plus petite des trois îles de l'ouest, doit son cachet à ses entrepôts, transformés en immeubles d'habitation. La promenade en pages 158-159 explore le quartier plus en détail.

LES HOFJES HOLLANDAIS

La « Maison à la main qui écrit », proche du Claes Claeszhofje

Avant l'Altération de 1578 *(p. 24-25)*, l'Église catholique s'efforçait de fournir un toit aux nécessiteux, en particulier aux femmes et aux personnes âgées. Aux XVIIe et XVIIIe siècles, de riches marchands et des associations protestantes exercèrent ce rôle charitable et construisirent de très nombreux hospices aux logements entourant une cour intérieure : l'*hofje*. Il y en eut jusqu'à cent dans le Jordaan, le quartier où il en subsiste le plus et où quelques-uns continuent à remplir leur fonction originale. On peut entrer dans certains, en respectant le calme.

PROMENADE LE LONG DES CANAUX

La puissance commerciale d'Amsterdam s'affirmant au début du XVIIᵉ siècle, les autorités municipales décident en 1610 de mettre en œuvre un ambitieux projet de percement d'une ceinture de grands canaux résidentiels. Les travaux dureront plusieurs décennies.

Plaque n°1133 Prinsengracht

Par la variété de leurs architectures *(p. 96-97)*, les maisons qui bordent le Singel, le Keizersgracht, l'Herengracht, le Reguliersgracht et le Prinsengracht offrent une promenade dans le Siècle d'or de la capitale néerlandaise. Les pages 98-105 vous invitent à les parcourir.

Monument national et palais royal sur la place du Dam

Petit pont pittoresque et ombragé sur le Reguliersgracht

ITINÉRAIRE

La promenade commence place du Dam, emprunte toujours le quai gauche des canaux et se parcourt de gauche à droite sur les pages 96-105. Les points de couleur correspondent aux parties traitées, les points gris aux chemins qui les relient mais qui ne sont pas décrits.

LÉGENDE

- ● ● ● Singel
- ● ● ● Keizersgracht
- ● ● ● Herengracht
- ● ● ● Reguliersgracht
- ● ● ● Prinsengracht
- ● ● ● Liaisons

◁ *Le Keizersgracht* (v. 1750) par Hendrick Keun – opulence et sérénité

L'architecture des maisons de canal

L'architecture d'Amsterdam a été qualifiée de « bien élevée » car elle tire son charme de l'attention portée aux détails plutôt que d'effets spectaculaires. Il est vrai qu'à partir du XVe siècle, contraintes administratives et matérielles (plans d'urbanisme et taille des lots constructibles, instabilité du sol...) lui imposent une certaine homogénéité. Construites dans des matériaux ininflammables, le plus souvent des briques, et allégées par de grandes surfaces vitrées, les façades présentent ainsi des dimensions proches. Les propriétaires s'affirment par des éléments décoratifs, tels que pignons et corniches, et par l'ornementation des portes et des fenêtres.

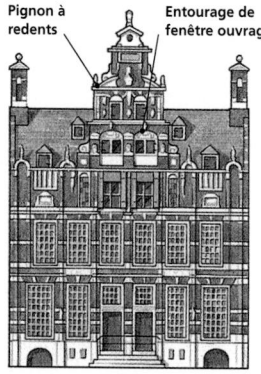

Pignon à redents — **Entourage de fenêtre ouvragé**

Hôtel Bartolotti *(1617)*
Avec son pignon à redents et le contraste entre pierre et brique, il offre un exemple typique du style de la Renaissance hollandaise d'Hendrick de Keyser.

Allégories des Arts et des Sciences sculptées au fronton

Théâtre Felix Meritis *(1778)*
Néoclassique, la façade dessinée par Jacob Otten Husly (p. 113) évoque, avec ses chapiteaux corinthiens et son fronton triangulaire, l'architecture antique.

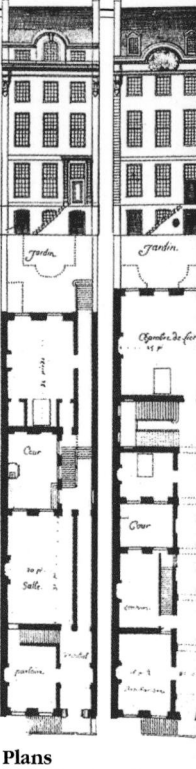

Plans
Une achterhuis *(maison derrière) prolongeait les maisons de canal souve* hautes et étroites car les impôts dépendaient de la largeur de la façade.

CORNICHES

Ces ornements en saillie devinrent populaires à partir de 1690, quand la mode des pignons commença à faiblir. Au XIXe siècle, ils devinrent très épurés.

Style Louis XV et balustrade rococo (1739)

Toit mansardé du XIXe siècle

Corniche à denticules du XIXe siècle

PIGNONS

Également appelés « gables », ils couronnent les façades des maisons et portent la poulie servant à hisser les meubles aux étages. Simplement pointus à l'origine, ils prirent des formes plus ouvragées au fil des siècles.

Pignon pointu simple — **Potence de la poulie** — **Style de la Renaissance hollandaise**

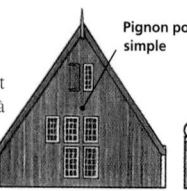

Le n⁰ 34 Begijnhof (v. 1470) est l'une des deux dernières maisons en bois de la ville.

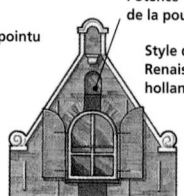

Le style de pignon du n⁰ 213 Leliegracht (v. 1620) est typique des entrepôts.

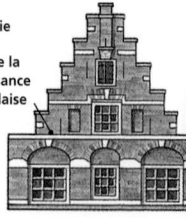

Les pignons à redents, tel celu du n⁰ 2 Brouwersgracht, furent en vogue en 1600-166

Façades penchées
Les maisons de canal possédaient souvent une façade penchée pour pouvoir hisser des objets sans accrocher les fenêtres. Une loi de 1565 restreignit cette inclinaison à 1,25 m, pour limiter les risques d'effondrement.

L'ARCHITECTURE DE L'ÉCOLE D'AMSTERDAM

Groupe d'architectes partageant des opinions artistiques et des idéaux communs, les membres de l'école d'Amsterdam conçurent plusieurs ensembles de logements sociaux entre 1918 et 1923 *(p. 151)*. Proches de l'expressionnisme, ils croyaient à l'influence de l'esthétique d'un bâtiment sur la qualité de vie de ses habitants. Le RENV Bateau (*Het Schip*) construit en 1921 se trouve au nord-ouest de la ville, au coin de Zaanstraat Spaardammerplantsoen (www.hetschip.nl).

Michel de Klerk (1884-1923)

Fenêtres à petits carreaux — Flèche décorative — Façade courbe

Het Schip (« le Bateau »), dont la forme évoque un paquebot

Les hofjes
Les riches bienfaiteurs qui bâtirent ces hospices (p. 93) dans tous les Pays-Bas aux XVIIᵉ et XVIIIᵉ siècles, pour loger personnes âgées ou malades, jetèrent les bases du système d'assistance sociale néerlandais.

Enseigne d'un hôtel pour marins

L'Arche de Noé, refuge pour les pauvres

Enseigne d'un laitier

PLAQUES MURALES

Ces enseignes sculptées et peintes identifiaient les maisons avant l'introduction de la numérotation par Napoléon.

Motif décoratif — Dauphins ornementaux

Pignon en cloche simple

Corne d'abondance en pierre

Le nº 419 Singel a un pignon en cou, fréquent de 1640 à 1840 environ.

Le pignon en cou du nº 119 Oudezijds Voorburgwal date du XVIIᵉ siècle.

Le nº 57 Leliegracht a un pignon en cloche, forme populaire à la fin du XVIIᵉ siècle.

Le pignon en cloche du nº 298 Oudezijds Voorburgwal date du XVIIIᵉ siècle.

Du Dam au 487 Herengracht

La promenade le long des plus beaux canaux d'Amsterdam commence au Dam que vous quitterez, suivant les points gris de la carte, en longeant le palais royal *(p. 74)*.
Prenez la Paleisstraat, traversez le Nieuwezijds Voorburgwal et la Spuistraat, puis tournez à gauche sur la rive gauche du Singel (points rouges).
De nouvelles instructions vous guideront au fil des pages.

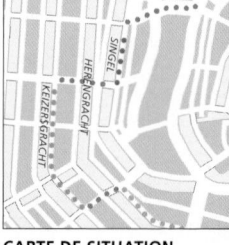

CARTE DE SITUATION

SINGEL

No 239 Singel
C'est pour le marchand Julius Carle Bunge qu'A. L. Van Gendt (p. 128) dessina la Bungehuis, massif immeuble de bureaux en pierre achevé en 1934.

La maison double du no 265 Singel a connu plusieurs reconstructions depuis le XVIIe siècle.

Les trois pignons à cou des nos 353-357 Keizersgracht datent du début du XVIIIe siècle *(p. 96-97)*.

Le pignon à redents du no 279 Singel date du XIXe siècle. La plupart des autres sur le canal remontent à 1600-1665 *(p. 96)*.

Huidenstraat

La maison étroite du no 345a Keizersgracht partage une corniche avec sa voisine.

Le no 333 Keizersgracht reconstruit en 1708 pour le collecteur d'impôts Jacob de Wilde, a été converti en appartements.

Le Semeur (1888)
En mars 1878, Vincent Van Gogh (p. 134-135) rendit visite à son oncle qui tenait une librairie au no 453 Keizersgracht.

Nos 289-293 Singel
Ces maisons occupent le site de la Schoorsteenvegersteeg (« allée des Ramoneurs ») où logeaient jadis des immigrants.

Yab Yum
Cette ancienne maison close très célèbre, avec son intérieur opulent, fut déplacée au n° 295.

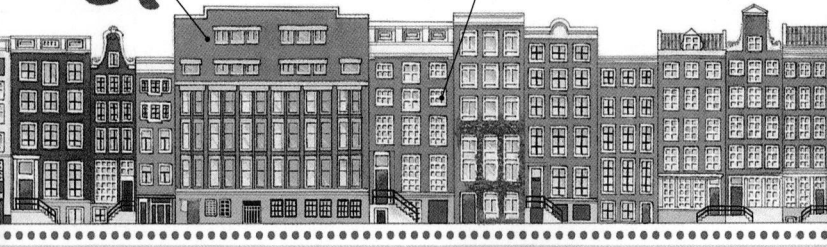

Le portail du no 365 Keizersgracht provient d'un hospice de l'Oudezijds Voorburgwal.

Jacob de Wit
L'artiste acheta les nos 383 et 385 Keizersgracht et vécut au 385 jusqu'à sa mort en 1754.

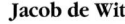

z & Co, un grand ~~m~~asin, occupe les ~~3~~4-36 Leidsestraat, au coin ~~K~~eizersgracht *(p. 112)*.

Gerrit Rietveld
Il dessina la coupole du Metz & Co et une ligne de mobilier bon marché pour le magasin (p. 136).

La De Vergulde Ster (« Étoile dorée »), construite en 1668 au no 387 Keizersgracht, possède un pignon à cou *(p. 96-97)* allongé et d'étroites fenêtres.

REJOINDRE LE HERENGRACHT
Prenez à gauche la Leidsestraat jusqu'au Koningsplein puis suivez la rive gauche du Herengracht en direction du Thorbeckeplein.

HERENGRACHT

Pierre le Grand *(p. 101)* dormit en 1716 chez l'ambassadeur de Russie, au n° 527 Herengracht, après s'être enivré au 317 Keizersgracht.

Herengracht *(1790)*
Cette aquarelle délicate par J. Prins montre le canal des Seigneurs vu depuis le Koningsplein.

L'immeuble asymétrique des n°s 533-537 Herengracht, bâti en 1910 sur le site de quatre anciennes maisons, abrita les services de l'état civil de 1968 à 1988.

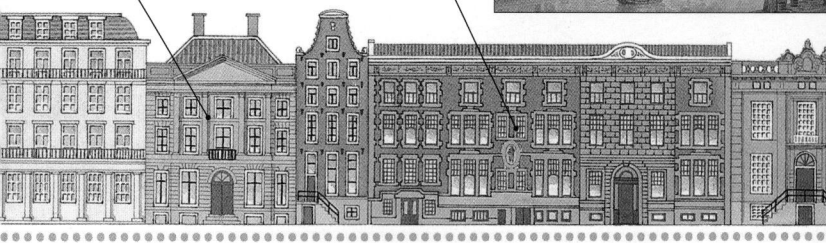

Les façades des n°s 37 et 39 Reguliersgracht penchent vers l'eau comme si elles voulaient s'y mirer.

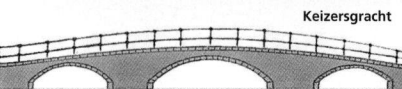

Keizersgracht

Ponts du Reguliersgracht
Sept arches de pier enjambent ce cana qui devait, à l'orig être une rue.

Les n°s 1059 et 1061 Prinsengracht ont de petites entrées en sous-sol, un trait rare sur la *Grachtengordel* où la hauteur de la fortune s'appréciait à celle des perrons.

Le bâtiment du n° 1075 Prinsengracht était un entrepôt en 1690.

Mes Compagnons domestiques
La portraitiste Thérèse Van Duyl Schwartze peignit ce tableau en 1916. Elle possédait les n°s 1087, 1089 et 1091 Prinsengracht où elle logeait toute sa famille.

L'immeuble de bureaux
(1914) du n° 313 Keizersgracht
est de C. N. Van Goor.

Le n° 319 Keizersgracht,
œuvre de Philips Vingboons
(1608-1678), présente une
façade décorée de cartouches,
de vases et de guirlandes.

Pierre le Grand (1716)
*Le tsar remonta le
Keizersgracht en bateau
jusque chez son ami
Christoffel Brants, au
n° 317, avec lequel il
se serait soûlé,
laissant le maire
l'attendre à une
réception officielle.*

Leidsegracht
*Ce canal, que bordent
des maisons des XVIIe et
XVIIIe siècles, marquait
la fin de l'extension de
la ville entamée en
1609 (p. 26).*

**La maison de style
Louis XIV** (1728) du
n° 323 Keizersgracht
possède à la corniche
deux potences de
poulie pour respecter
la symétrie.

**Le mécène Jan
Gildemester** acheta
en 1972 le n° 475
Herengracht attribué
à Jacob Otten Husly
(*p. 113*). Des stucs
ornent l'entrée.

Jan Corver
*Élu 19 fois
bourgmestre
d'Amsterdam, il fit
construire le n° 479
Herengracht en
1665.*

Suite de la promenade en haut de la page 102

Du n° 489 Herengracht à l'Amstel

La seconde partie de la promenade vous entraîne jusqu'à l'Amstel le long du Herengracht, puis du Reguliersgracht et du Prinsengracht, quartiers réputés aux XVIIe et XVIIIe siècles. Banques, bureaux et luxueux immeubles d'appartements occupent désormais la plupart de leurs élégantes demeures.

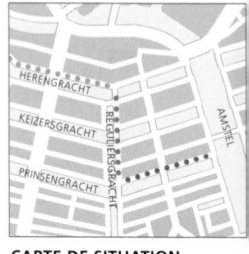

CARTE DE SITUATION

HERENGRACHT

La façade du n° 491
Herengracht, décorée de cartouches et d'armoiries, est du XVIIIe siècle, mais la maison date de 1671.

N° 493 Herengracht
Anthony Van Hemert donna en 1767 une façade Louis XV à cette maison du XVIIe siècle.

Le Kattenkabinet
est un musée consacré au chat, fondé en 1984 par le financier B. Meijer au n° 497 Herengracht.

REJOINDRE LE REGULIERSGRACHT

Au Thorbeckeplein, passez le pont à droite. Il marque le début du Reguliersgracht. Suivez le quai gauche.

REGULIERSGRACHT

L'Amstelveld au XVIIe siècle
Ce dessin montre la construction d'une église sur le « champ de l'Amstel » où paissent des moutons.

Restaurant Janvier
L'Amstelkerk (p. 119) abrite sur le côté un café où l'on peut se désaltérer tandis que les enfants jouent sur la place de l'église.

REJOINDRE LE PRINSENGRACHT

Prenez à gauche, près de l'église, le quai gauche du Prinsengracht vers l'Amstel.

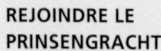

PRINSENGRACHT

Jan Six II

Jean Coulon remania en 1739 la façade du nº 495 Herengracht pour le bourgmestre et amateur d'art Jan Six.

Émeutes de 1696

Maison du maire Jacob Borel, le nº 507 Herengracht fut pillé pour protester contre l'instauration d'une taxe d'inhumation.

Vijzelstraat

Aux nºs 17, 19 et 21
Reguliersgracht, trois maisons à pignon à cou caractéristiques sont devenues des adresses prestigieuses.

De Nieuwe Amsterdammer

Cet hebdomadaire destiné à l'intelligentsia bolchevique d'Amsterdam parut de 1914 à 1920 au nº 19 Reguliersgracht.

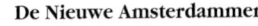

Les entrepôts du XVIᵉ siècle des nºs 11 et 13 Reguliersgracht sont appelés « le Soleil » et « la Lune ».

Le café Marcella, au nº 1047a Prinsengracht, un bar d'habitués typique, possède une terrasse en été.

Maisons flottantes sur le Prinsengracht

Toutes les maisons flottantes enregistrées ont une adresse postale et l'électricité.

Utrechtsestraat

Keizersgracht
Le canal de l'Empereur, avec au loin la Westerkerk (p. 90), est vu ici au coucher du soleil depuis le coin du Leidsegracht.

Les nos 317 et 319 Singel, aux façades contrastées du XVIIIe siècle, abritent deux bouquineries qui méritent une visite.

REJOINDRE LE KEIZERSGRACHT

À Ramsteeg, passez le pont, prenez l'Oude Spiegelstraat, traversez l'Herengracht et suivez la Wolvenstraat jusqu'à la rive gauche du Keizersgracht.

KEIZERSGRACHT

Le no 399 Keizersgracht, bâti en 1665, possède une façade du XVIIIe siècle mais a gardé son *achterhuis (p. 96)* originale.

No 409 Keizersgracht
Bâtie en 1671 sur un terrain triangulaire, cette maison abrite un beau plafond peint.

Au no 401 Keizersgracht se trouve Huis Marseille, un musée de la Photographie.

No 469 Herengracht
Cet immeuble de bureaux par K. L. Sijmons remplaça en 1971 des maisons du XVIIIe siècle.

Le no 403 Keizersgracht à pignon pointu *(p. 96-97)* était à l'origine un entrepôt, une rareté dans ce quartier résidentiel.

Herengracht *(v. 1670)*
ur cette gravure de G.A. Berckheijde,
un côté du canal n'a pas encore reçu
les ormes qui renforceront les
ndations des maisons en fixant le sol.

La maison double construite en 1743
au n° 543 Herengracht sous la
direction de son propriétaire, Sibout
Bollard, possède une balustrade
et un balcon ouvragés.

Les maisons modestes au coin
du Herengracht
et du Thorbeckeplein
tranchent sur celles
des alentours.

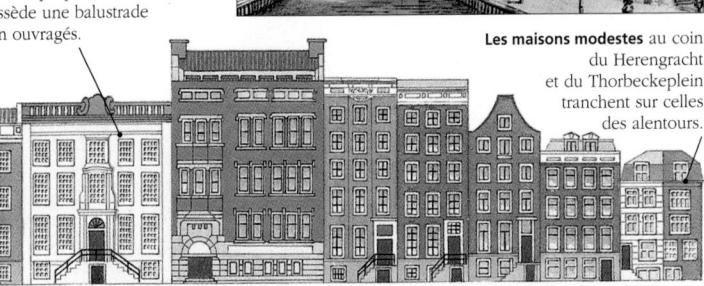

Isaac Gosschalk
L'architecte dessina en
1879 les n°s 57, 59 et 63
Reguliersgracht. Leurs
façades marient
pierres, briques
et boiseries.

**Couvent
des Régulières**
Cette gravure
(1760) par
J. Wagenaar
montre le
monastère qui se
dressait jadis ici.

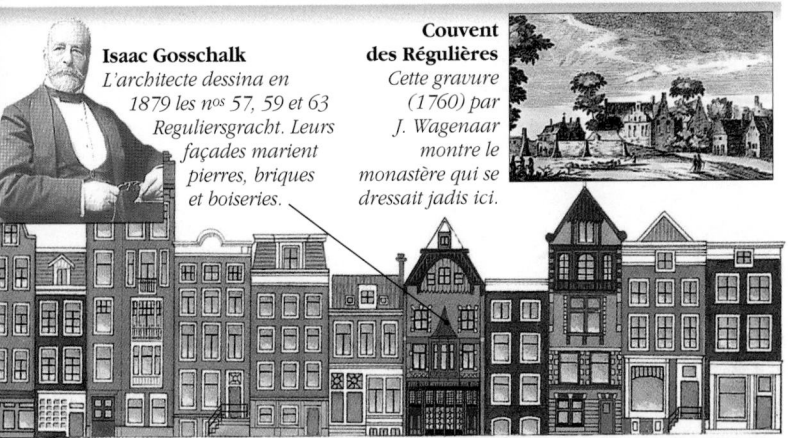

L'Amstel
urnez à gauche et suivez
rivière. Vous dépasserez
Magere Brug (p. 119) et
Rokin avant d'atteindre
la place du Dam, début
de la promenade.

DU BIJBELS MUSEUM À LEIDSEPLEIN

Au début du XVIIᵉ siècle, les autorités munici-pales d'Amsterdam planifièrent le développe-ment de la ville en créant une ceinture de trois grands canaux : le Herengracht (« canal des Seigneurs »), le Keizersgracht (« canal de l'Empereur ») et le Prinsengracht (« canal des Princes ») *(p. 26-27)*. Sur leurs quais s'élevèrent les demeures de riches marchands heureux d'échapper à la promiscuité de la cité mé-diévale, devenue trop exiguë. Bâties dans les années 1660, les plus luxueuses se

**Plaque décorative
sur le théâtre Meritis**

trouvent sur le Tournant d'or du Herengracht. Dessinées et décorées par les meilleurs architectes de l'époque, tel Philips Vingboons *(p. 101)*, souvent doubles, elles ap-partiennent pour la plupart aujourd'hui à des institutions. Des édifices plus récents confèrent éga-lement son caractère au quartier, notam-ment l'imposant Paleis van Justitie, l'église néogothique De Krijtberg aux flèches élancées, et l'American Hotel, de style Art nouveau, qui domine la place animée du Leidseplein.

LE QUARTIER D'UN COUP D'ŒIL

Bâtiments et monuments historiques
American Hotel ❷
Metz & Co ❼
Paleis van Justitie ❺

Musées
Bijbels Museum ❿
Houseboat Museum ⓭

Église
De Krijtberg ❾

Marché
Looier Kunst en
Antiekcentrum ⓫

**Centres culturels
et théâtre**
De Melkweg ❸
Stadsschouwburg ❹
Théâtre Felix Meritis ⓬

Canaux et place
Leidsegracht ❻
Leidseplein ❶
Tournant d'or ❽

COMMENT Y ALLER ?
Par le Leidsegracht, 15 min à pied environ séparent le Dam du Leidseplein où s'arrêtent les trams nᵒˢ 1, 2 et 5 (terminus Centraal Station). Desservant le quartier de Plantage depuis le nord et l'ouest, les lignes 7 et 10 passent aussi par le Leidseplein.

0   250 m

LÉGENDE

Plan du quartier pas à pas
Voir p. 108-109

Arrêt de tram

Embarcadère du Museumboot

◁ À vélo sur l'un des nombreux ponts du Leidsegracht

Le Leidsebuurt pas à pas

Ses nombreux cinémas, le théâtre du Stadsschouwburg et le vaste centre culturel « alternatif » De Melkweg font du quartier entourant le Leidseplein l'un de ceux où se concentre la vie nocturne d'Amsterdam.

Musicien de rue sur le Leidseplein Son architecture variée, avec l'American Hotel Art nouveau, les opulentes demeures du Tournant d'or du Herengracht ou l'église néogothique De Krijtberg sur le Singel, le rend tout aussi attrayant pendant la journée.

Bijbels Museum
À côté des bibles, ce petit musée présente des vestiges archéologiques d'Égypte et du Moyen-Orient **10**

Leidsegracht
Les péniches à destination de Leyde partaient de ce canal, percé en 1664 **6**

Paleis van Justitie
De style Empire, il abrite la cour d'appel d'Amsterdam **5**

Stadsschouwburg
Ce théâtre bâti en 1894 accueille le Festival de Hollande au mois de juin (p. 51) **4**

★ American Hotel
Le Café américain de l'hôtel offre un beau cadre Arts déco où passer un paisible après-midi (p. 110) **2**

De Melkweg
Concerts, cinéma, théâtre, vidéo et expositions font de cette ancienne laiterie l'un des plus grands centres de culture « alternative » d'Europe **3**

Leidseplein
Cafés, restaurants et animations de rue font de cette place l'une des plus animées de la ville **1**

Pour les hôtels et les restaurants du quartier, voir p. 218-220 et p. 230-233

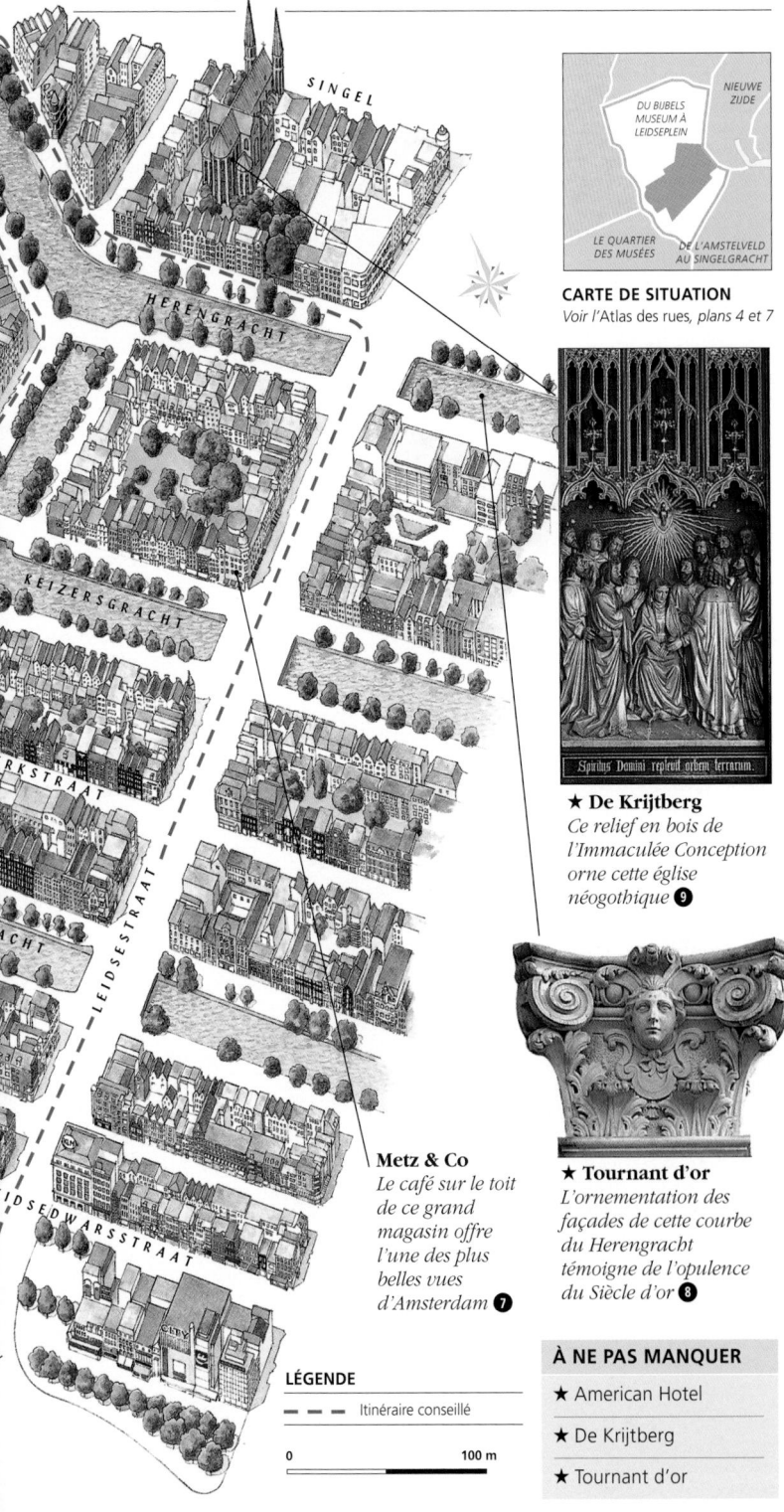

CARTE DE SITUATION
*Voir l'*Atlas des rues, *plans 4 et 7*

★ **De Krijtberg**
Ce relief en bois de l'Immaculée Conception orne cette église néogothique ❾

★ **Tournant d'or**
L'ornementation des façades de cette courbe du Herengracht témoigne de l'opulence du Siècle d'or ❽

Metz & Co
Le café sur le toit de ce grand magasin offre l'une des plus belles vues d'Amsterdam ❼

LÉGENDE

--- *Itinéraire conseillé*

0 _____ 100 m

À NE PAS MANQUER

★ American Hotel

★ De Krijtberg

★ Tournant d'or

Leidseplein ❶

Plan 4 E2. 🚋 *1, 2, 5, 7, 10.*

Tirant son nom de la Leidsepoort, importante porte de la ville, démolie en 1862, qui commandait l'accès à la route de Leyde, cette place servait, au XVIIᵉ siècle, au stationnement des charrettes des paysans venus vendre leurs produits dans la cité. Elle reste aujourd'hui un carrefour important des tramways, bien desservie par les autobus circulant la nuit.

Pendant la journée, cracheurs de feu, chanteurs, comédiens ou acrobates de rue distraient les clients attablés aux terrasses des cafés tandis que, le soir, bars, restaurants, cinémas, boîtes de nuit et concerts attirent dans le quartier la jeunesse d'Amsterdam et de sa banlieue. L'animation dure souvent jusqu'au petit matin (attention aux pickpockets !).

Artiste de rue sur le Leidseplein

American Hotel ❷

Leidsekade 97. **Plan** 4 E2. **Tél.** 556 3000. 🚋 *1, 2, 5, 7, 10.* 🖥 🍴

Le Leidseplein est encore un pôle de la vie nocturne d'Amsterdam quand est érigé l'American Hotel en 1882. Son architecte, W. Steinigeweg, a étudié aux États-Unis et il décore sa création néogothique d'un aigle en bronze, de statues d'Indiens et de panneaux muraux représentant des paysages américains. Ce style, s'il donne son nom à l'établissement, est apparu très vite daté et a condamné l'édifice à la démolition.

Dessiné par Willem Kromhout (1864-1940), le bâtiment actuel offre une représentation sculptée de son prédécesseur sur sa façade dominant le Leidseplein. Achevé en 1902, il présente dans le jeu entre courbes et arêtes une déclinaison originale de l'Art nouveau.

À l'intérieur, le Café américain *(p. 46)*, où se mêlent Amstellodamois aisés et touristes, a conservé ses meubles, ses fresques, ses vitraux et ses lustres composant un élégant cadre Arts déco. Le reste de l'hôtel a été remanié dans les années 1980.

De Melkweg ❸

Lijnbaansgracht 234a. **Plan** 4 E2. **Tél.** 531 8181. 🚋 *1, 2, 5, 7, 10.* **Billetterie** ⬭ *t.l.j.* à partir de 16h30. **Spectacles** : *20h30 env.* 📷 📷 Voir **Se divertir** p. 249 et p. 251. **www**.melkweg.nl

La « Voie lactée » a ouvert en 1970 dans une ancienne et magnifique laiterie située derrière le Stadsschouwburg et s'est très vite imposée comme l'un des grands centres de rencontre et de création « alternative » d'Europe.

Le billet d'entrée donne accès à toutes les salles, proposant concerts, cinéma,

L'American Hotel vu depuis le Singelgracht

théâtre, danse, expositions et projections vidéo.

En juin, l'Amsterdam Roots Festival (p. 51) qui s'y tient offre un large aperçu de l'évolution artistique, musicale et cinématographique de nombreux pays du monde.

Façade du Melkweg

Stadsschouwburg ❹

Leidseplein 26. **Plan** 4 E2.
Tél. *624 2311.* 🚋 *1, 2, 5, 7, 10.*
Billetterie ⏰ *lun.–sam. midi-18h, dim. 2h av. le spectacle.*
*Voir **Se divertir** p. 247.* 🎭 📷
📠 **www**.stadsschouwburg amsterdam.nl

Après que le feu eut successivement détruit les deux bâtiments précédents, la ville confia en 1894 la réalisation de ce théâtre municipal de style néo-Renaissance à Jan Springer, à qui l'on doit également l'immeuble Frascati à Oxford Street à Londres, et Al Van Gendt, qui s'est distingué par la conception du Concertgebouw (p. 128) et par sa participation à la création de la Centraal Station (p. 79).

Le projet d'ornementation de la façade en briques rouges dut être abandonné faute de budget, ce qui poussa Springer à la retraite.

En outre, le public fit un mauvais accueil au nouveau théâtre, réaction provoquée par le fait que seuls les possesseurs de billets pour les places les plus chères pouvaient utiliser les portes de devant. Le bâtiment tout entier a depuis été rénové.

Siège de l'opéra et des ballets nationaux néerlandais jusqu'à la construction en 1986 du Muziektheater (p. 63), le Stadsschouwburg présente aujourd'hui les créations de groupes locaux comme le Toneelgroep et des troupes internationales.

Un auditorium a ouvert ses portes entre le Melkweg et le Stadsschouwburg. Il est commun aux deux établissements.

Paleis van Justitie ❺

Prinsengracht 434-436. **Plan** 4 E1.
Tél. *541 2111.* 🚋 *1, 2, 5, 7, 10.*
⏰ *accès limité.*

L'orphelinat municipal qui ouvrit sur ce site en 1666 pouvait accueillir 800 enfants. En 1811, il en hébergeait plus de 2 000. Pour faire face à cet afflux croissant, un décret royal autorisa alors le déplacement des pensionnaires dans d'autres villes, une décision qui provoqua, lors de son application en 1822, un vif mouvement de protestation, les autorités étant accusées de « voler » des enfants. Vide, l'établissement put cependant fermer ses portes et l'architecte Jan de Greef acheva en 1829 sa

transformation en palais de justice.

Derrière une majestueuse façade de style Empire à la monotonie rompue par des pilastres corinthiens, le Palais van Justitie abrite, autour de deux cours intérieures, les salles d'audience de la cour d'appel d'Amsterdam.

Leidsegracht ❻

Plan 4 E1. 🚋 *1, 2, 5, 7, 10.*

Ce canal, percé en 1664 dans le cadre du plan de développement d'Amsterdam

Le n° 39 Leidsegracht (à droite)

dressé par l'architecte Daniel Stalpaert, servit longtemps de principale voie de circulation pour les embarcations à fond plat ralliant Leyde. Il est devenu l'une des adresses les plus recherchées de la ville.

Cornelis Lely, maître d'œuvre de la transformation du Zuiderzee (p. 165) en lac d'eau douce, naquit en 1854 au n° 39. Une plaque lui rend hommage.

Façade Empire du Paleis van Justitie installé dans un ancien orphelinat

Metz & Co ❼

Leidsestraat 34-36. **Plan** 7 A5.
Tél. 520 7020. 🚋 1, 2, 5.
⬤ lun. 11h-18h, mar.-sam.
9h30-18h, dim. 12h-18h. ⬤ j.f.
🖥 Voir **Cafés et bars** p. 49.

Construit par J. Van
Looy pour la New
York Life Insurance
Company, dont le
nom surmonte
toujours l'entrée,
cet édifice était en
1891 le plus haut
bâtiment commercial
de la ville (26 m).
Racheté en 1908 par
le grand magasin
Metz & Co, il reçut
en 1933 une
coupole vitrée
dessinée par Gerrit
Rietveld (p. 136).
Devenue propriétaire
de l'immeuble en 1973, la
société Liberty of London
confia à Cees Dam
l'aménagement d'un café
au 6e étage. Depuis le café
et la coupole, on a une vue
splendide sur Amsterdam.

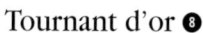

**La tourelle du
Metz & Co**

Tournant d'or ❽

Plan 7 A5. 🚋 1, 2, 4, 5, 9, 14, 16,
24, 25. Kattenkabinet Herengracht
497. **Tél.** 626 5378. ⬤ mar.-ven.
10h-16h, sam.-dim. 12h-17h.
⬤ 1er janv., 24-26 et 31 déc.

Située entre la Leidsestraat
et la Vijzelstraat, cette partie
du Herengracht, (« canal des
Seigneurs »), prit son surnom
de Tournant
d'or dès le
XVIIe siècle
en raison de
l'immense
fortune des
armateurs,
négociants et
personnalités
politiques qui
s'installèrent
ici, dans
des maisons
aux façades
en pierres
importées,
plutôt qu'en
briques. Bien
qu'occupées
désormais
pour la

**Cariatide
au n° 475
Herengracht**

plupart par des bureaux, des
institutions ou des banques,
ces opulentes demeures
témoignent toujours du train
de vie luxueux des notables
d'Amsterdam à une époque
où affluaient les richesses
de l'Orient.
  La maison du n° 412,
dessinée en 1664 par
Philips Vingboons
(p. 99), est l'une
des plus anciennes.
L'influence française,
notamment le
style Louis XIV,
marque les
demeures bâties
au XVIIIe siècle,
comme au n° 75
où deux cariatides
ornent une façade
en grès datant
de 1731. Le n° 452
est caractéristique
des remaniements
effectués au XIXe siècle.
  Le Kattenkabinet (musée
du Chat), au n° 497, est
ouvert au public lors
d'expositions thématiques.
On en profitera pour
admirer des peintures
de Jacob de Wit et
la vue sur le jardin.

De Krijtberg ❾

Singel 448. **Plan** 7 A4. **Tél.** 623 1923.
🚋 1, 2, 5. ⬤ 30 min av. les
services religieux ; mar.-jeu. et dim.
13h30-17h. ✝ lun.-ven. 12h30,
17h45 ; sam. 12h30, 17h15 ; dim.
9h30, 11h, 12h30, 17h15. ♿
www.krijtberg.nl

Construit en 1884 sur
les plans d'Alfred Tepe
en remplacement d'une
chapelle jésuite clandestine,
ce sanctuaire néogothique
et son presbytère se dressent
sur le site de cinq anciennes
maisons, dont l'une
appartenait à un marchand
de craie. Bien que consacrée
à saint François-Xavier,
l'un des fondateurs de la
Compagnie de Jésus, et donc
officiellement appelée
Franciscus Xavieruskerk,
l'église a conservé le
surnom de « Colline de craie »
(Krijtberg).
  Deux flèches élancées
accentuent la verticalité de
la façade, plus étroite que

le chevet qui empiète sur
l'espace occupé autrefois
par les jardins des
maisons.
  Avec ses vitraux,
les peintures colorées de
ses murs et ses dorures,
l'intérieur offre un contraste
frappant avec l'austérité
des temples protestants
de la ville. Des statues
de saint François-Xavier
(devant et à gauche)
et d'Ignace de Loyola
(à droite) encadrent
le maître-autel.
  Près de la chaire, une
sculpture en bois de
l'Immaculée Conception
représente Marie piétinant
le serpent. Elle date du
XVIIIe siècle et ornait déjà
la chapelle clandestine.

**Deux flèches encadrent la façade
de l'église De Krijtberg**

Bijbels Museum ❿

Herengracht 366-368. **Plan** 7 A4.
Tél. 624 2436. 🚋 1, 2, 5.
🚋 Herengracht/Leidsegracht.
⬤ lun.-sam. 10h-17h, dim. et j.f.
11h-17h. ⬤ 1er janv. et 30 avr. 📷
♿ 📷 **www**.bijbelsmuseum.nl

Fondé en 1860 par le
révérend Leendert Schouten,
ce musée occupe depuis 1975
deux maisons appartenant à
un ensemble de quatre,

dessinées par Philips Vingboons au XVIIᵉ siècle. Elles marient style classique et influences baroques.

L'exposition comprend des vestiges archéologiques d'Égypte et du Moyen-Orient mais insiste sur l'histoire de la Bible. Parmi les pièces les plus marquantes figurent une copie du Livre d'Isaïe, des manuscrits de la mer Morte et la Bible de Delft, la première imprimée en Hollande en 1477. Remarquez également les plafonds de l'immeuble signés Jacob de Wit.

Looier Kunst en Antiekcentrum **⓫**

Elandsgracht 109. **Plan** 4 D1.
Tél. 624 9038. 🚊 7, 10, 13, 14, 17.
◯ sam.-jeu. 11h-17h. ● j.f. 🚫 ♿
www.looier.com

Près du Looiersgracht (« canal des Tanneurs »), un vaste réseau de salles en rez-de-chaussée abrite un centre de vente d'art et d'antiquités, le plus important des Pays-Bas. Une centaine de stands y proposent verrerie, poupées, etc. Les particuliers peuvent louer un stand le samedi et en disposer gratuitement une fois par mois.

Théâtre Felix Meritis **⓬**

Keizersgracht 324. **Plan** 1 B5.
Tél. 623 1311. 🚊 1, 2, 5, 10, 13, 14, 17. **Billetterie et rens.** ◯ lun.-ven.

Façade néoclassique du théâtre Felix Meritis (1787)

9h-19h (pdt les événements, ferme av. le déb.), sam.-dim. 1h30 av. le déb. Voir **Se divertir** *p. 246-247.* 📷
🚫 ♿ www.felix.meritis.nl

Fondée en 1777 par l'horloger Willem Writs alors que les Pays-Bas s'ouvraient aux idées du Siècle des lumières, la société Felix Meritis (« Heureux par le mérite ») regroupait de riches citoyens d'Amsterdam férus d'art et de science. L'immeuble, bâti en 1787 par Jacob Otten Husly pour abriter ses activités, présente une façade néoclassique dont on apprécie mieux les proportions depuis la rive opposée du canal.

Les cinq reliefs qui l'ornent, entre le 2ᵉ et le 3ᵉ étage, affirment l'intérêt de la fondation pour les sciences naturelles, le dessin, le commerce, la musique et les lettres. L'édifice renfermait à l'origine un observatoire, une bibliothèque, des laboratoires et une petite

salle de concerts où se produisirent notamment Mozart, Edvard Grieg et Johannes Brahms.

Il devint, au XIXᵉ siècle, l'un des grands centres de la vie musicale de la cité, et la forme elliptique de son auditorium à l'excellente acoustique inspira la conception du Concertgebouw *(p. 128).* En 1889, après la dissolution de la société Felix Meritis, un imprimeur reprit l'immeuble.

Le bâtiment est aujourd'hui un centre européen des arts et des sciences où se rencontrent politique et culture.

Houseboat Museum **⓭**

Prinsengracht, en face du n° 296. **Plan** 1 B5. **Tél.** 427 0750.
🚊 1, 2, 5, 7, 10, 13, 14, 17.
◯ mars-oct. : mer.-dim. 11h-17h ; nov.-fév. : ven.-dim. 11h-17h.
● janv., 30 avr., 25-26 et 31 déc.
📷 📷 www.houseboatmuseum.nl

À bord de la *Hendrika Maria,* amarrée à l'angle des canaux Prinsengracht et Jordaan, vous ferez une véritable incursion dans la vie d'une péniche aménagée à Amsterdam. Construite en 1914, elle a transporté du charbon, du sable et du gravier jusqu'aux années 1960 avant d'être convertie en habitation flottante. Le spacieux séjour, auparavant la soute, est devenu une cafétéria.

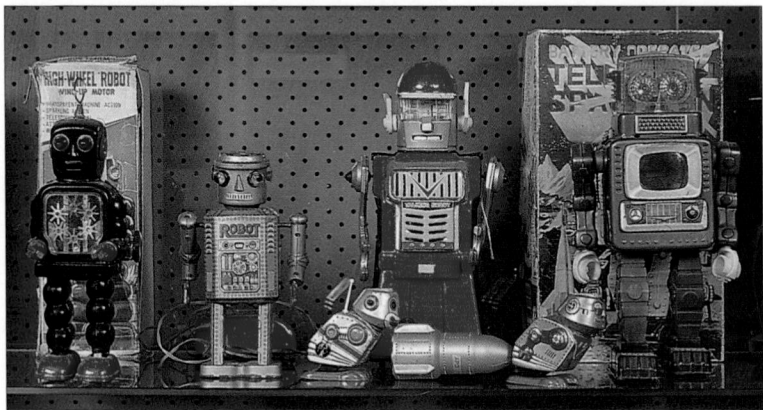

Collection de robots au Looier Kunst en Antiekcentrum

DE L'AMSTELVELD AU SINGELGRACHT

Enseigne d'un café de la
Reguliersdwarsstraat

Au sud de la Muntto-
ren, ancienne tour
d'angle d'une porte
de l'enceinte médiévale,
les travaux de construction
de la *Grachtengordel* se
poursuivirent en direction
de l'Amstel à partir des
années 1660. Le percement du
Reguliersgracht, avec les sept ponts qui
l'enjambent, date de cette époque.
Installé dans une maison bâtie en 1671,
le Museum Van Loon qui le
borde offre un aperçu de
la vie quotidienne de la
haute bourgeoisie amstel-
lo-damoise. Au-delà du
Singelgracht s'étend le
quartier populaire De Pijp
aménagé au XIXe siècle pour
faire face à l'accroissement de la population. Dans ce quartier animé et cosmopolite se tient l'Albert Cuypmarkt,
le plus grand marché de la ville.

LE QUARTIER D'UN COUP D'ŒIL

**Bâtiments et ponts
historiques**
Amstelkerk ⑦
Blauwbrug ③
Magere Brug ⑥
Munttoren ⑫
Stadsarchief
  Amsterdam ⑤

Place et marchés
Albert Cuypmarkt ⑧
Bloemenmarkt ⑬
Rembrandtplein ①

Cinéma
Cinéma Tuschinsky ⑪

Musées
Foam Museum ④
Heineken Experience ⑨
Museum Van Loon ⑩
Museum Willet-Holthuysen
  p. 120-121 ②

COMMENT Y ALLER ?
Ce quartier ne se trouve
qu'à 10 min à pied du
Dam. Le Frederiksplein
(trams 4, 7 et 10) et le
Muntplein (trams 4, 9, 14,
16, 24 et 25) sont des
bons points de départ
pour le visiter.

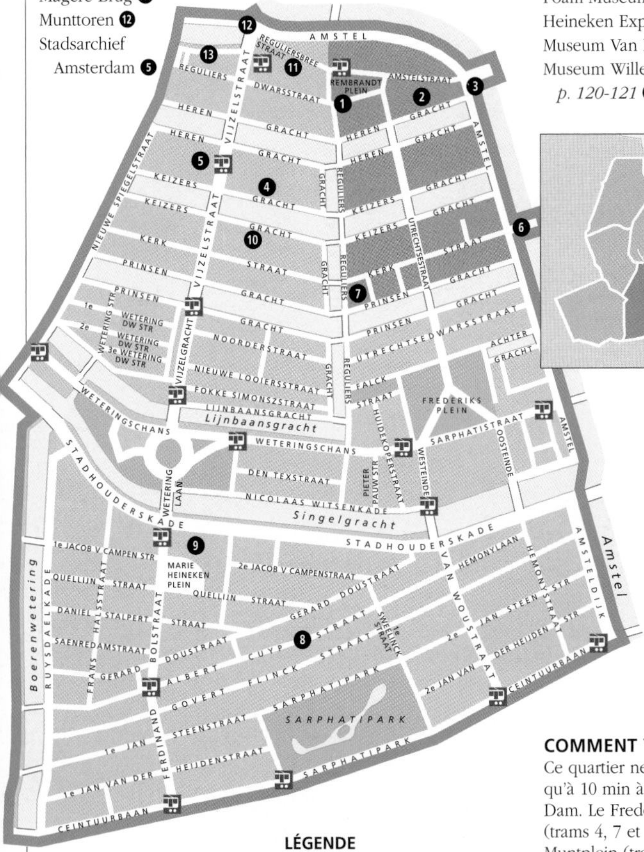

LÉGENDE

▢ Plan du quartier pas à pas *p. 116-117*

⬚ Arrêt de tram

0   250 m

◁ **Roses, lis et tournesols sur un éventaire chamarré de l'Albert Cuypmarkt**

L'Amstelveld pas à pas

Autour de l'Amstelveld, que bordent une jolie église en
bois et de pittoresques maisons flottantes, la portion
orientale de la ceinture de canaux est en majeure
partie résidentielle. Une promenade à
pied jusqu'au Rembrandtplein vous
fera cependant
découvrir de
nombreux
cafés et boutiques.
Au bord de l'Amstel,
Amsterdam perd son
atmosphère de village
pour prendre celle
d'une métropole.

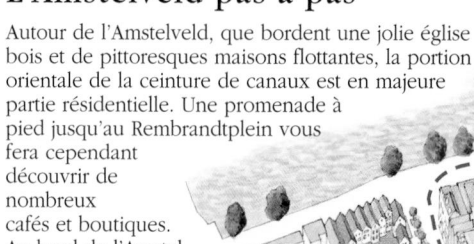

★ Rembrandtplein
*De nombreux cafés du XIXᵉ siècle,
notamment le De Kroon au nº 17
(p. 47), entourent l'ancien Botermarkt
(« marché au beurre ») et la statue
en bronze de Rembrandt* ❶

**Café Schiller
(p. 49)**

**★ Museum
Willet-Holthuysen**
*Collections d'objets
d'art et de mobilier
d'époque ornent les pièces
de cette maison double,
tel ce salon qui donne
sur le jardin classique,
restauré tel qu'il était
au XVIIIᵉ siècle.* ❷

Amstelkerk
*Bâti à titre temporaire
en attendant la
construction, qui ne fut
jamais réalisée, d'une
grande église sur le
Rembrandtplein, ce
sanctuaire en bois abrite
aujourd'hui des bureaux
et un restaurant* (p. 119) ❼

Pour les hôtels et les restaurants du quartier, voir p. 218-220 et p. 230-233

Blauwbrug
Des sculptures à thèmes marins ornent cet ouvrage d'art inspiré du pont Alexandre-III à Paris ❸

DU BIJBELS MUSEUM À LEIDSEPLEIN

DE L'AMSTELVELD AU SINGELGRACHT

CARTE DE SITUATION
Voir l'Atlas des rues, plans 5 et 8

AMSTEL

Au n° 216 de l'Amstel, on distingue encore sur les murs des inscriptions mystérieuses laissées au XVIIIe siècle par Coenraad Van Beuningen, un résident qui fut également maire de la ville.

KEIZERSGRACHT

KERKSTRAAT

PRINSENGRACHT

SENGRACHT

0   100 m

LÉGENDE

– – – Itinéraire conseillé

À NE PAS MANQUER

★ Magere Brug

★ Museum Willet-Holthuysen

★ Rembrandtplein

Le Crieur du marché est une statue en l'honneur du professeur Kokadorus (1867-1934), célèbre camelot d'Amsterdam.

★ Magere Brug
Le plus célèbre pont de la ville est une réplique moderne de l'original du XVIIe siècle. Son mécanisme date de 1994 ❻

Rembrandtplein ❶

Plan 7 C5. 🚋 4, 9, 14.

Cette place, où se dressaient jadis une balance publique *(waag)* et une halle, servit jusqu'au milieu du XIX⁰ siècle de cadre au marché au beurre, le Botermarkt, et elle ne prit son nom actuel qu'à l'érection, en 1876, de la statue de Rembrandt qui orne son centre. De nombreux cafés et hôtels ouvrirent dans les années qui suivirent, en particulier le Mast (rebaptisé Mille Colonnes Hotel) en 1889 et l'hôtel Schiller Karena *(p. 220)* inauguré, comme le café Schiller *(p. 49)*, en 1892. Exemple typique de « grand café » amstellodamois, le De Kroon date de 1898. Ces établissements attirent toujours une clientèle importante et leurs terrasses font du Rembrandtplein un lieu très animé en été.

Museum Willet-Holthuysen ❷

Voir p. 120-121.

Blauwbrug ❸

Amstel. **Plan** 8 D5. 🚋 9, 14.
Ⓜ *Waterlooplein.*

Le pont Bleu tirerait son nom de la couleur de l'ouvrage d'art original, en bois, qui franchissait l'Amstel à cet endroit au XVII⁰ siècle. Construit en pierre pour l'Exposition internationale qui

Détail du décor sculpté du Blauwbrug

Terrasse de café du Rembrandtplein

attira des milliers de visiteurs à Amsterdam en 1883, le pont actuel s'inspire, dans une taille modeste, du pont Alexandre-III de Paris et porte comme son homologue français des lampadaires ouvragés. Son riche décor sculpté comprend des nefs médiévales, des créatures marines et la couronne impériale.

Foam Museum ❹

Keizersgracht 609. **Plan** 5 A3.
Tél. 551 6500. 🚋 16, 24, 25.
⏲ sam.-mer. 10h-18h, jeu.-ven. 10h-21h. ⬤ 1er janv. et 30 avr. **www**.foam.nl

Trois élégantes demeures donnant sur un canal ont dû être réunies et entièrement restaurées pour accueillir le Foam (Fotografiemuseum Amsterdam). Le musée se consacre à la photographie sous toutes ses formes : photographie d'actualité, historique, artistique et publicitaire. Chaque année, quatre grandes expositions

ainsi qu'une quinzaine d'autres événements s'y tiennent.
    Le musée ouvre ses portes aussi bien aux stars internationales de la photo qu'aux jeunes talents prometteurs.
    Il a accueilli « American Music » d'Annie Leibowitz, une rétrospective consacrée à Henri Cartier-Bresson et une exposition intitulée « 50 Années de la meilleure photo de presse ». Plus qu'un simple musée, le Foam se targue d'être un lieu de rencontre où photographes amateurs et professionnels peuvent assister ensemble à des conférences et participer à des forums. Le musée abrite également un café et une excellente librairie.

Stadsarchief Amsterdam ❺

Vijzelstraat 32. **Plan** 4 F2. **Tél.** 251 1510. 🚋 16, 24, 25. ⏲ mar.-ven. 10h-17h, sam.-dim. 11h-17h. ⬤ j.f.
♿ 📷 *autorisation préalable.* 🎫
⬛ 🏠 **www**.stadsarchief. amsterdam.nl

Les archives municipales ont déménagé de leur ancienne adresse à Amsteldijk pour venir s'installer dans cet édifice monumental conçu par l'architecte KPC de Bazel, l'un des principaux représentants de l'école d'Amsterdam. Construit initialement pour la Netherlands Trading Company, le bâtiment fut achevé en 1926.
    En dépit des travaux entrepris après la Seconde Guerre mondiale et dans les années 1970, l'immeuble a conservé de nombreux détails d'époque, comme ses merveilleuses mosaïques (conçues par Bazel en personne) et les lambris en bois de la salle de réunion du 2e étage.
    Dans les voûtes, une exposition permanente présente les trésors des archives. En 1991, le bâtiment surnommé « le Bazel » a été classé au patrimoine national.

Magere Brug **6**

Amstel. **Plan** 5 B3. 🚋 4.

Des quelque 1 400 ponts
d'Amsterdam, le Magere
Brug (le « pont Maigre ») est
sans doute le plus célèbre
et certainement le plus
emblématique.

Le pont-levis d'origine
fut installé en 1670.
La tradition veut qu'il ait été
nommé en l'honneur des
deux sœurs Mager qui
habitaient de part et d'autre
du pont. Il est plus probable
que son nom fasse référence
à sa frêle silhouette qui
s'illumine à la nuit tombée.

Élargi en 1871, le Magere
Brug a été rénové en 1969
dans la tradition des ponts à
double tablier.

Depuis 2003, la circulation
est réservée aux vélos et aux
piétons. Construit en bois
d'azobé, une essence
africaine, il a été conçu
pour durer au moins 50 ans.
Plusieurs fois par jour, le
préposé actionne le pont
pour laisser passer les
bateaux avant de rejoindre
à bicyclette l'écluse de Hoge
Sluis, où il fait de même.

Le Magere Brug, pont à bascules
traditionnel

L'Amstelkerk, construite à titre temporaire au XVIIe siècle

Amstelkerk **7**

Amstelveld 10. **Plan** 5 A3.
Tél. 520 0060. 🚋 4. ◯ lun.-ven.
9h-17h. ⬤ j.f.

Cette église en bois
est l'œuvre de Daniel
Stalpaert. Conçue en 1668
comme une structure
provisoire, elle dut être
pérennisée après que
le projet de construire
une église en pierre sur
le Botermarkt (l'actuelle
Rembrandtplein) fut
abandonné, faute d'argent.
En 1825, la communauté
protestante lança une
collecte pour financer des
travaux de restauration de
l'intérieur de l'Amstelkerk.
Ce n'est qu'en 1840, grâce
à un don de 25 000 florins
de Frederica Elizabeth
Cramer, que les travaux
purent être réalisés, dans
le style néogothique
de l'époque. Les parois
intérieures, le pupitre,
les bancs et l'orgue,
qui est l'œuvre
de Jonathan Batz,
datent tous de cette
époque. Les fenêtres
remontent à 1821.

L'Amstelkerk a été
entièrement restaurée
à la fin des années 1980,
au prix de quatre millions
de florins. Des bureaux
ont été aménagés à
l'intérieur de l'édifice,
qui n'en demeure pas
moins un lieu de culte.
On y donne régulièrement
des concerts et la nef
abrite, sous ses splendides
décors néogothiques,
le café-restaurant Nel.

LE FONCTIONNEMENT DU MAGERE BRUG

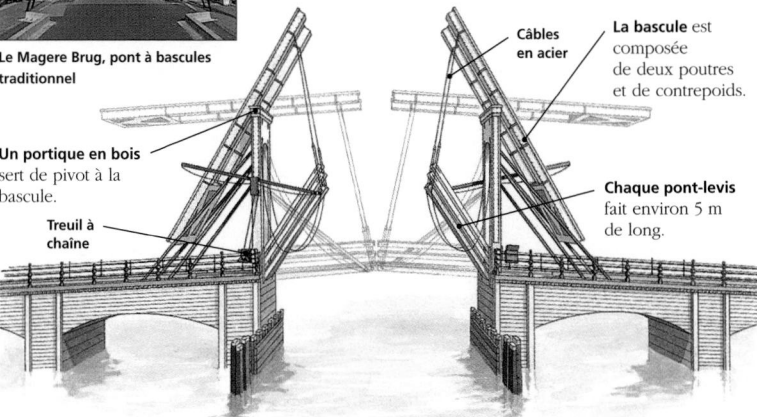

**Câbles
en acier**

La bascule est
composée
de deux poutres
et de contrepoids.

Un portique en bois
sert de pivot à la
bascule.

Chaque pont-levis
fait environ 5 m
de long.

**Treuil à
chaîne**

Museum Willet-Holthuysen ❷

Cette vaste demeure bâtie en 1687 devint en 1855 la propriété d'un riche importateur de charbon, Pieter Holthuysen (1788-1858), qui la transmit à sa fille Louisa. Celle-ci épousa l'amateur d'art Abraham Willet et ils y partagèrent ensemble leur passion de collectionneurs de peintures, de verrerie, d'argenterie et de céramiques. N'ayant pas eu d'enfants, Louisa légua à sa mort en 1895 la maison et ses trésors à la ville. Le musée ouvrit en 1962.

Statue de Pâris de l'escalier

La maison est aujourd'hui rénovée pièce par pièce, afin de retrouver au mieux l'aspect que la demeure avait du temps où Abraham Willet et Louisa Holthuysen y vivaient.

Portrait d'Abraham Willet
Peint en 1877 par André Mniszech, un portrait en pied montre le maître de maison en costume du XVIIe siècle.

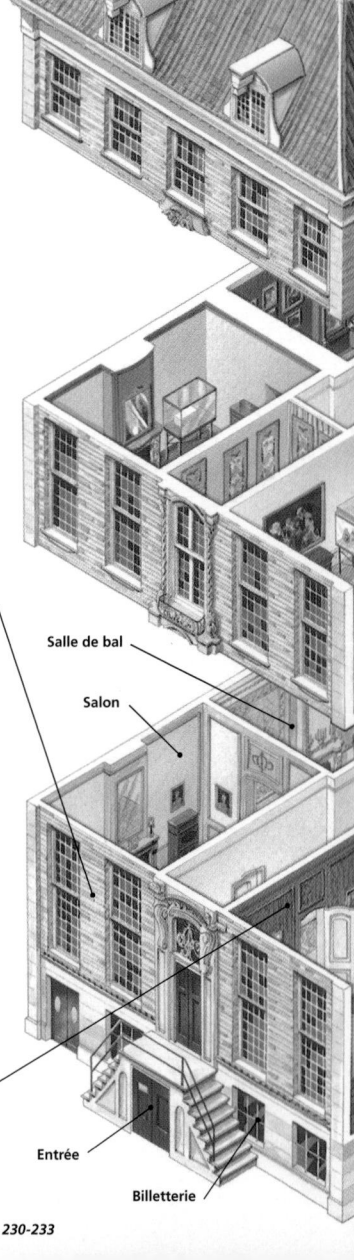

Salle de bal

Salon

À NE PAS MANQUER

★ Salle à manger

★ Salon bleu

★ **Salon bleu**
Une peinture de cheminée par Jacob de Wit (p. 122) et des tentures de damas décorent cette pièce qui était réservée aux hommes.

Entrée

Billetterie

Salon du jardin
Cette pièce, donnant sur un superbe jardin à la française dessiné dans le goût hollandais du XVIIIe siècle, servait à recevoir amis et connaissances pour le thé.

MODE D'EMPLOI

Herengracht 605. **Plan** 8 D5.
Tél. *523 1822.* 4, 9, 14.
lun.-ven. 10h-17h, sam.-dim. 11h-17h. *1er janv, 30 avr. et 25 déc.*
www.willetholthuysen.nl

Escalier
Doté d'une exubérante rampe dorée, il date de 1740. Sur les murs, une patine imite le marbre.

Chambre

Entrée

★ Salle à manger
Les tentures murales en soie reproduisent fidèlement celles du XVIIIe siècle. Le service de Meissen comprend 275 pièces (pour 24 convives).

Les porcelaines du salon Bleu incluent des vases chinois datant de la dynastie des Kangxi (1662-1722).

Cuisine
Des éléments d'autres maisons, tels l'évier et la pompe, ont servi à cette reconstitution d'une cuisine du XVIIIe siècle.

Albert Cuypmarkt ❽

Albert Cuypstraat. **Plan** 5 A5.
🚊 *4, 16, 24, 25.*
🕐 *lun.-sam. 9h30-17h.*

Située dans le De Pijp, quartier populaire aménagé au XIXᵉ siècle, l'Albert Cuypstraat, large rue suivant le tracé d'un ancien canal, porte le nom du peintre paysagiste Albert Cuyp (1620-1691).

Depuis 1904 s'y tient le marché que ses forains affirment être « le plus connu du monde ». Ses 325 éventaires proposent à bas prix des vêtements, du poisson, de la volaille, du fromage et des fruits et légumes. Le marché attire en semaine quelque 20 000 personnes et connaît une affluence encore plus grande le samedi.

Poissons fumés à l'Albert Cuypmarkt

Heineken Experience ❾

Stadhouderskade 78. **Plan** 4 F3.
Tél. 523 9222. 🚊 *7, 10, 16, 24, 25.*
🕐 *t.l.j. 10h-19h.* **Billetterie**
10h-17h30. 🕐 *1ᵉʳ janv., 30 avr. et 25-26 déc.* 🔲 📷 **www. heinekenexperience.com**

Gerard Adriaan Heineken fonda en 1864 la société qui porte toujours son nom, en achetant la brasserie Hooiberg (« Meule de foin »), construite au XVIᵉ siècle sur le Nieuwezijds Voorburgwal.

Jardin à la française du musée Van-Loon

L'entreprise produit aujourd'hui environ la moitié de la bière vendue à Amsterdam. Elle possède également des unités de fabrication dans de très nombreux pays et exporte dans le monde entier.

Un développement auquel ne pouvait plus répondre la vieille brasserie Heineken de la Stadhouderskade ; elle fut fermée en 1988 au profit de deux usines plus modernes, l'une à Zoeterwoude, près de La Haye, l'autre à Den Bosch.

L'édifice désaffecté abrite aujourd'hui l'Heineken Experience, un musée qui retrace l'histoire de la brasserie Heineken et celle de la fabrication de la bière. Le musée a subi d'importantes rénovations, dont l'ajout d'un étage afin de répondre à l'affluence des visiteurs.

On trouve aussi un bar pour la dégustation et une mini-brasserie, sans parler de la traversée des écuries qui permet d'admirer les superbes chevaux de trait. L'entrée est interdite aux visiteurs âgés de moins de 18 ans.

Museum Van Loon ❿

Keizersgracht 672. **Plan** 5 A3.
Tél. 624 5255. 🚊 *16, 24, 25.*
🕐 *mer.-lun. 11h-17h.* 🔲 *j.f.* 📷
🌐 **www.**museumvanloon.nl

Adriaan Dorstman construisit cette demeure en 1672 pour le riche marchand flamand Jeremias Van Raey, ainsi que la maison voisine du nº 674. En 1752, le docteur Abraham Van Hagen et sa femme Catharina Elisabeth Trip en modifièrent la décoration intérieure.

La famille Van Loon, l'une des plus prestigieuses de la ville, entra en possession de la maison en 1884. Restaurée, elle offre au public son aspect du XVIIIᵉ siècle.

Des portraits y évoquent l'âge d'or d'Amsterdam, notamment celui de Willem Van Loon, l'un des fondateurs, en 1602, de la Compagnie des Indes orientales *(p. 28-29)*. Meubles d'époque, porcelaines, sculptures et tentures ornent les pièces. Certaines, au 1ᵉʳ étage, comportent de somptueuses peintures en trompe l'œil très populaires aux XVIIᵉ et XVIIIᵉ siècles.

À l'extérieur, dans la roseraie, se trouve la maison des équipages, datant elle aussi du XVIIIᵉ siècle. Restaurée, elle est aujourd'hui occupée par les équipages de la famille Van Loon.

Chariot à bière à l'Heineken Experience

Cinéma Tuschinsky ⓫

Reguliersbreestraat 26-28. **Plan** 7 C5. **Tél.** 0900 1458. 🚊 4, 9, 14. **Billetterie** ◻ 12h15-22h. 🎫 📷 📹

Construit sur un terrain vague dans le quartier de Duivelshoek (« coin du Diable »), le théâtre qu'avait rêvé Abraham Tuschinsky, un immigré juif polonais, fit sensation lorsqu'il ouvrit en 1921. Dessiné par Heyman Louis de Jong et décoré par Chris Bartels, Jaap Gidding et Pieter de Besten, l'édifice présente une façade encadrée de deux tourelles coiffées de clochetons. La construction associe, en un cocktail surprenant, richesse ornementale de l'école d'Amsterdam, style Arts déco kitsch hollywoodien.

Devenu un cinéma, le bâtiment renferme aujourd'hui six salles mais la transformation a été menée dans le plus grand respect de l'intérieur. Boiseries, vitraux, lampes et tapisseries sont d'époque et le tapis du hall est une copie exacte de l'original.

Détail de la façade du Tuschinsky

S'il existe des visites guidées, la meilleure façon de découvrir le Tuschinsky reste néanmoins d'y aller voir un film. Pour quelques euros de plus, vous pourrez même prendre place dans l'une des baignoires qui forment le dernier rang de la grande salle (1 472 places), la plus typique.

Munttoren ⓬

Muntplein. **Plan** 7 B5. 🚊 4, 9, 14, 16, 24, 25. **Tour** ● ferm. au public. **Boutiques** ◻ lun.-sam. 9h-18h.

Bâtie vers 1490, la tour de la Monnaie servait à l'origine à la défense d'une des portes de l'enceinte médiévale : la Regulierspoort. Un incendie la ravagea en 1618 et il ne subsista que la base polygonale sur laquelle Hendrick de Keyser (p. 90) éleva, l'année suivante, la tour en bois baroque dans laquelle François Hemony (p. 68) installa en 1658 un superbe carillon. Il sonne toujours tous les quarts d'heure. La Munttoren, qui abrite en rez-de-chaussée une boutique de souvenirs, prit son nom quand la Monnaie s'y réfugia pendant l'occupation des Pays-Bas par Louis XIV en 1672.

La Munttoren domine le Muntplein

Bloemenmarkt ⓭

Singel. **Plan** 7 B5. 🚊 1, 2, 4, 5, 9, 14, 16, 24, 25. ◻ t.l.j. 9h30-17h.

Sur le Singel, à l'ouest du Muntplein, le marché aux fleurs est le dernier marché flottant de la ville.

Aujourd'hui, les barges restent à quai, mais leurs éventaires de fleurs coupées, de bulbes, de plantes d'ornement, d'arbustes ou de bonsaïs sont magnifiques.

Fleuriste arrangeant son étal au Bloemenmarkt

LE QUARTIER DES MUSÉES

Jusqu'à la fin du XIXe siècle, ce faubourg situé hors des limites de la cité marquées par le Singelgracht n'était guère plus qu'une étendue marécageuse parsemée de jardins. La ville décida alors d'en faire l'un des principaux pôles culturels d'Amsterdam, et c'est ainsi qu'autour de l'esplanade du Museumplein s'élevèrent le Rijksmuseum, le Stedelijk Museum et le Concertgebouw.

Décor de pignon sur la Roemer Visscherstraat

Le Van Gogh Museum les compléta en 1973 et fut agrandi en 1999. Cadre des grandes manifestations politiques, la place renferme en outre deux mémoriaux aux victimes de la Seconde Guerre mondiale. Les rues du quartier portent des noms d'artistes ou d'intellectuels, comme le poète du XVIIe siècle Roemer Visscher. À l'ouest, le Hollandse Manege et le Filmmuseum bordent le Vondelpark.

LE QUARTIER D'UN COUP D'ŒIL

Musées et diamantaires
Coster Diamonds ❷
Eye Film Institute ❾
Rijksmuseum p. 130-133 ❶
*Stedelijk Museum
p. 136-137* ❹
*Van Gogh Museum
p. 134-135* ❸

Salle de concerts
Concertgebouw ❺

Bâtiments historiques
Hollandsche Manege ❼
Vondelkerk ❽

Parc
Vondelpark ❻

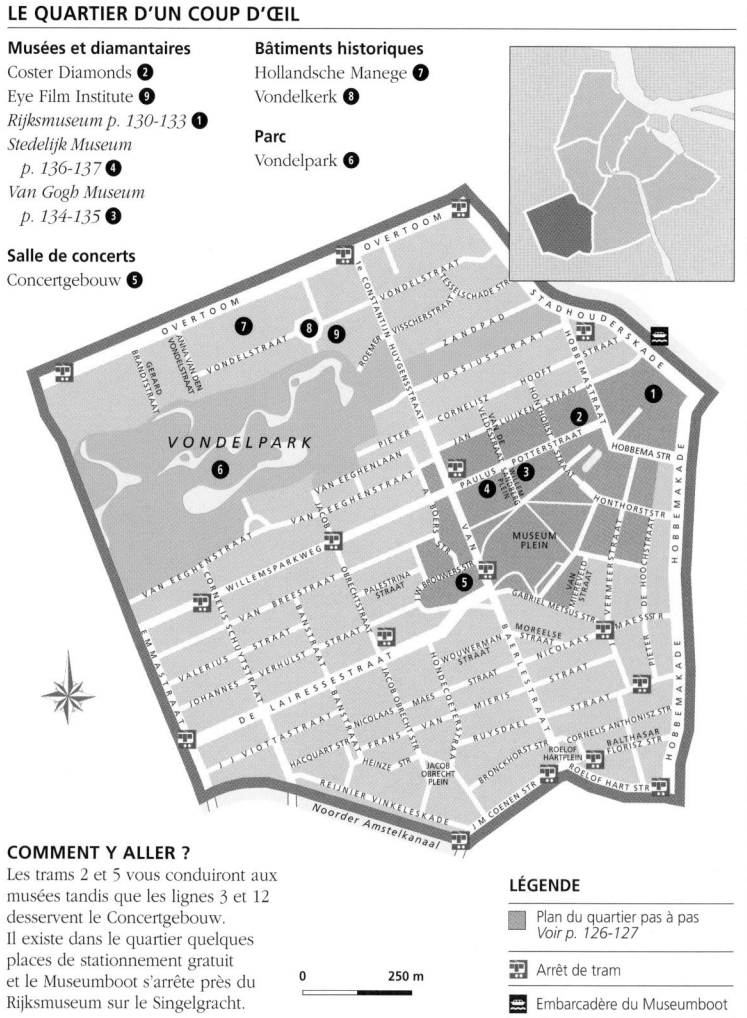

COMMENT Y ALLER ?

Les trams 2 et 5 vous conduiront aux musées tandis que les lignes 3 et 12 desservent le Concertgebouw. Il existe dans le quartier quelques places de stationnement gratuit et le Museumboot s'arrête près du Rijksmuseum sur le Singelgracht.

0   250 m

LÉGENDE

▨ Plan du quartier pas à pas
Voir p. 126-127

🚊 Arrêt de tram

⛴ Embarcadère du Museumboot

◁ Statue du peintre Pieter Aertsen (1509-1575) sur la façade du Stedelijk Museum

Le quartier des musées pas à pas

Statue de la façade du Stedelijk

Il y a peu, l'esplanade arborée du Museumplein était traversée par une artère surnommée « la plus petite autoroute d'Europe ». Depuis, une rénovation radicale entre 1996 et 1999 a transformé le quartier en un parc charmant, bordé par les institutions d'art les plus importantes d'Amsterdam. C'est l'endroit le plus chic de la ville, et, après avoir admiré les superbes collections des musées, vous pourrez flâner devant les boutiques luxueuses de la P.C. Hooftstraat et de la Van Baerlestraat ou vous initier à la taille des diamants chez Coster Diamonds.

★ **Van Gogh Museum**
Dans un bâtiment de Gerrit Rietveld (p. 136), face à la nouvelle aile ovale, il présente des tableaux et dessins de Van Gogh, et aussi les œuvres que l'artiste collectionnait ❸

La Van Baerlestraat est bordée de luxueuses boutiques de mode *(p. 238)*.

VAN DER VELDESTR

PAULUS POTTERSTRAAT

VAN BAERLESTRAAT

★ **Stedelijk Museum**
Ce musée abrite les collections d'art moderne de la ville, propose des expositions temporaires d'art contemporain et possède une aile surnommée « Baignoire » ❹

Concertgebouw
Derrière une façade néoclassique par A.L. Van Gendt, il renferme un auditorium à l'acoustique exceptionnelle ❺

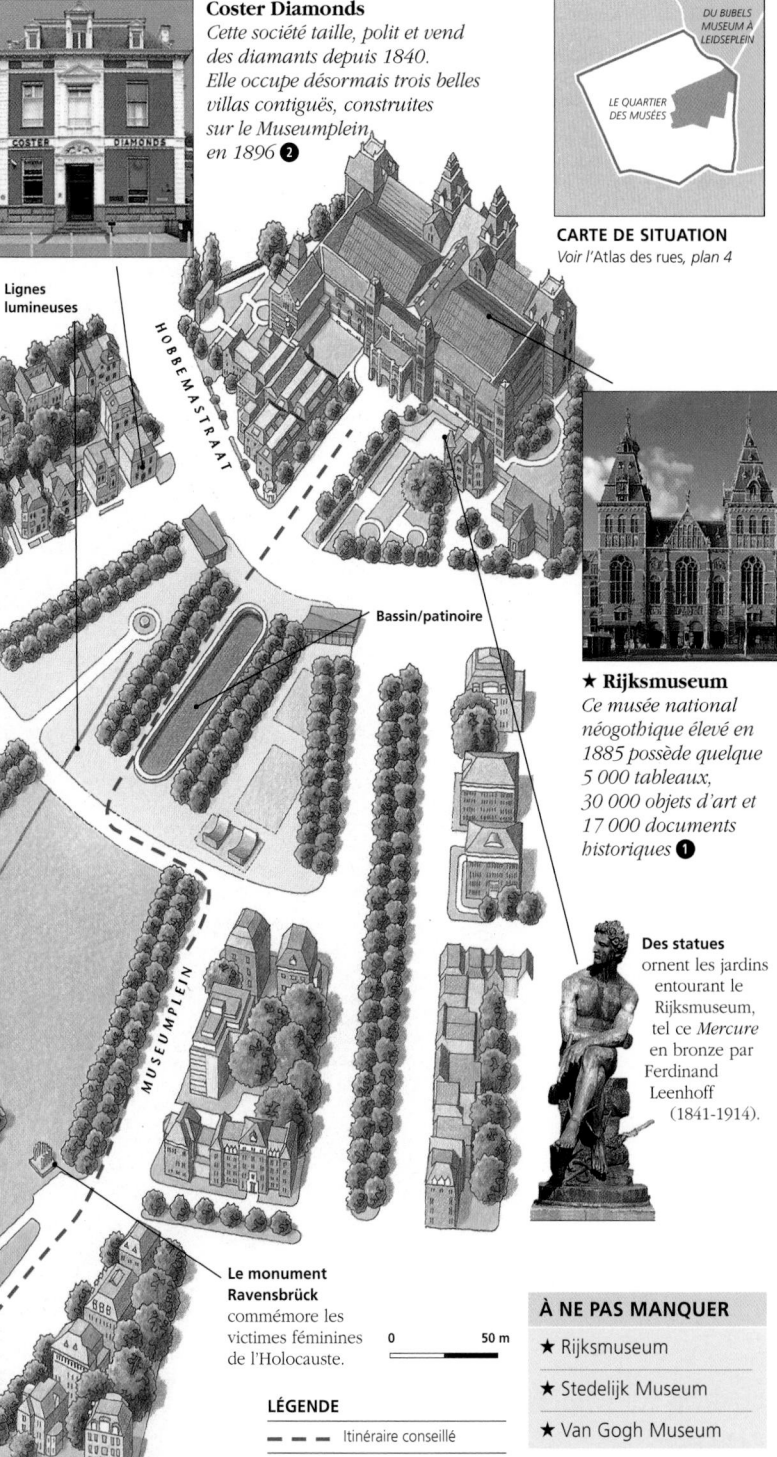

Coster Diamonds
*Cette société taille, polit et vend
des diamants depuis 1840.
Elle occupe désormais trois belles
villas contiguës, construites
sur le Museumplein
en 1896* ❷

DU BUBELS
MUSEUM À
LEIDSEPLEIN

LE QUARTIER
DES MUSÉES

CARTE DE SITUATION
Voir l'Atlas des rues, plan 4

**Lignes
lumineuses**

HOBBEMASTRAAT

Bassin/patinoire

★ **Rijksmuseum**
*Ce musée national
néogothique élevé en
1885 possède quelque
5 000 tableaux,
30 000 objets d'art et
17 000 documents
historiques* ❶

MUSEUMPLEIN

Des statues
ornent les jardins
entourant le
Rijksmuseum,
tel ce *Mercure*
en bronze par
Ferdinand
Leenhoff
(1841-1914).

**Le monument
Ravensbrück**
commémore les
victimes féminines
de l'Holocauste.

0   50 m

LÉGENDE

- - - - Itinéraire conseillé

À NE PAS MANQUER

★ Rijksmuseum

★ Stedelijk Museum

★ Van Gogh Museum

Rijksmuseum ❶

Voir p. 130-133.

Coster Diamonds ❷

Paulus Potterstraat 2-6.
Plan 4 E3. **Tél.** 305 5555. 🚊 2, 5.
◯ *t.l.j.* 9h-17h. 🔲 ⬛ ⬜
www.costerdiamonds.com

Douze ans après sa fondation en 1840, la diamanterie Coster se vit confier par l'époux de la reine Victoria, le prince Albert, la tâche délicate de donner un nouveau poli au célèbre *Koh-i-Noor* (« Montagne de lumière ») après qu'il eut été retaillé de 191 à 108 carats chez Garrards à Londres. Le bijou fait partie des joyaux de la Couronne royale d'Angleterre ; une réplique se trouve dans le hall d'entrée de la fabrique que visitent chaque jour plus de 2 000 personnes. Il y a également un petit musée.

Les visiteurs peuvent assister au processus de calibrage, de sciage et de polissage des diamants. Des joailliers sertissent ensuite les pierres, dont la valeur dépend du poids (1 carat = 0,2 g), de la couleur, de la clarté et de la coupe, dans leurs montures. Les visiteurs peuvent acheter, et des salons privés assurent la discrétion des grosses transactions.

Une tractation chez Coster Diamonds

Van Gogh Museum ❸

Voir p. 134-135.

Stedelijk Museum ❹

Voir p. 136-137.

Façade du Concertgebouw (1881) par A.L. Van Gendt

Concertgebouw ❺

Concertgebouwplein 10. **Plan** 4 D4.
Tél. 0900 671 8345. 🚊 2, 3, 5, 12, 16. **Billetterie** ◯ *lun.-ven.* 13h-19h, *sam.-dim.* 10h-19h. 🎵 *lun.* 17h, *dim.* 12h15. 🎦 🚫 ♿ *en prévenant.*
www.concertgebouw.nl

Van Gendt (1835-1901) remporta en 1881 le concours organisé par une association de riches mélomanes désireux de doter Amsterdam d'une nouvelle salle de concerts. L'édifice, dont la façade présente un fronton néoclassique encadré de tours néo-Renaissance, renferme deux auditoriums.
En s'inspirant du plan ovale de celui du Felix Meritis *(p. 113),* Van Gent réussit à donner au plus grand, la Grote Zaal, une acoustique renommée dans le monde entier.
Donnée par un ensemble de 120 musiciens et 600 choristes réunis pour l'occasion, la représentation d'inauguration eut lieu le 11 avril 1888.
Le bâtiment a connu depuis plusieurs rénovations. La plus récente, en 1983, devait pallier de sérieux problèmes d'affaissement. Pour les résoudre, il fallut transférer sur des tubes métalliques le poids de la structure (10 000 t). Il fallait en effet remplacer les 2 186 pilotis en bois de 13 m de long, assurant les fondations, par des colonnes de béton reposant sur une couche plus ferme à 18 m de profondeur. En 1988, Pi de Bruijn compléta l'édifice par une aile vitrée et le dota d'une nouvelle entrée sur le côté.

En plus des concerts, le Concertgebouw accueille également aujourd'hui des congrès, des conférences, des expositions, des réunions politiques et, parfois, des matchs de boxe.

Kiosque du Vondelpark

Vondelpark ❻

Stadhouderskade. **Plan** 4 E2.
🚊 1, 2, 3, 5, 12. **Parc** ◯ 24h/24.
Théâtre de verdure ◯ *juin-fin août : mer.-dim.*

En 1864, un groupe de riches Amstellodamois fonda un comité ayant pour but la création d'un parc public et réussit à rassembler suffisamment de fonds pour acheter un terrain de 8 ha.
J.D. et L.P. Zocher, père et fils tous deux architectes paysagistes, aménagèrent cette étendue marécageuse en un vaste jardin à l'anglaise où pelouses, étangs et allées sinueuses imitent la nature. Il ouvrit au public le 15 juin 1865 sous le nom de Nieuwe Park qu'il garda jusqu'à l'érection en 1867 d'une statue du poète hollandais Joost Van den

Vondel (1586-1679).

Le comité continua cependant à rechercher des souscriptions et le parc prit en 1877 sa dimension actuelle de 47 ha. Sur les plans d'eau et leurs îlots, dans les buissons (environ 100 espèces de plantes) et les arbres (127 essences), passereaux, écureuils, hérissons ou canards cohabitent avec une bruyante colonie de perruches d'un vert éclatant qui se rassemblent tous les matins devant le pavillon pour réclamer de la nourriture. Vaches, moutons et chèvres paissent dans les prés.

Le Vondelpark accueille dix millions de visiteurs chaque année. Des concerts gratuits y sont donnés en été au théâtre de verdure et au kiosque à musique.

Hollandsche Manege ❼

Vondelstraat 140. **Plan** 3 C2. **Tél.** 618 0942. 🚊 1. 🔵 *mar.-ven. 9h30-23h, sam.-lun. 9h30-18h.* 📷 🖥

Inspiré de l'École d'équitation de Vienne, le Manège hollandais était installé sur le Leidsegracht *(p. 111)* jusqu'à la construction par A.L. Van Gendt, en 1882, d'un bâtiment spécialement conçu à son intention : une vaste arène couverte d'une toiture métallique et aux murs ornés de stucs néoclassiques, de miroirs dorés et de têtes

Façade du Hollandsche Manege

de chevaux. Menacé de démolition dans les années 1980, il rouvrit en 1986, superbement restauré, à l'instigation du prince Bernhard sensible aux protestations du public. Au sommet de l'escalier, une porte conduit au balcon surplombant l'arène, une autre au café.

Vondelkerk ❽

Vondelstraat 120. **Plan** 3 C2. 🚊 1, 3, 12. 🔵 *ferm. au public.*

La Vondelkerk est la plus grande église dessinée par P.J.H. Cuypers, architecte de la Centraal Station *(p. 32-33)*. Sa construction commença en 1872, mais les fonds manquèrent dès l'année suivante et il fallut attendre 1880 pour que souscriptions et tombolas permettent de

l'achever. Un incendie s'y déclara en novembre 1904 et les pompiers durent détruire le clocher pour sauver la nef. Le fils de l'architecte, J. T. Cuypers, réalisa celui qui le remplace actuellement. Désaffecté en 1979, l'édifice abrite des bureaux depuis 1985.

Eye Film Institute ❾

Vondelpark 3. **Plan** 4 D2. **Tél.** 589 1400. 🚊 1, 3, 12. **Bibliothèque** 🔵 *lun.-ven. 13h-17h.* 🔵 *j.f.* **Billetterie** 🔵 *lun.-ven. 9h-10h15, sam.-dim. 1h av. la 1ʳᵉ projection.* **Projections** *t.l.j. 19h30, mer. et dim. 13h45 (pour les enfants)* 🎞 *pour le cinéma.* 📷 🖥 🍴 **www.eyefilm.nl**

Inauguré en 1881, le pavillon du Vondelpark abritait alors un café et un restaurant, remplacés depuis par un centre culturel lors de sa réouverture après la Seconde Guerre mondiale.

En 1991, on y installa l'intérieur Arts Déco du Cinéma parisien, le premier cinéma d'Amsterdam datant de 1910. Devenu musée du Cinéma à part entière avec plus de 1 000 films présentés par an, l'Institut possède aussi une belle collection d'affiches et se double d'une bibliothèque aux n° 69-71 Vondelstraat.

Des projections gratuites ont lieu en plein air durant l'été. Fin 2011, le musée prendra ses nouveaux quartiers sur Badhuisweg, sur l'autre rive de l'IJ (derrière Centraal Station).

La terrasse du café Vertigo au Eye Film Institute

Le Rijksmuseum ❶

2nd étage

Souvent qualifié de « cathédrale gothique », l'édifice, élevé en 1885 par P. J. H. Cuypers *(p. 33)* pour abriter les collections classiques du Musée national – créé par Louis Bonaparte en 1808 –, provoqua la colère des protestants pour son ornementation beaucoup plus riche que celle du projet initial. Cet immense musée est en rénovation jusqu'en 2013, mais les chefs-d'œuvre du Siècle d'or sont exposés dans l'aile Philips.

Paysage d'hiver avec patineurs *(1618)*
Peintre muet, Hendrick Avercamp se spécialisa dans les scènes d'hiver.

La façade gothique
en briques rouges porte une riche décoration.

★ La Laitière
(1658)
Le souci du détail et la lumière baignant cette scène domestique sont typiques de l'art de Jan Vermeer (p. 194).

Esc

LÉGENDE

Entrée

☐ Histoire nationale
☐ Peintures nationales
☐ Peintures européennes
☐ École de La Haye, impressionnistes
☐ Sculpture et arts décoratifs
☐ Arts asiatiques
☐ Exposition temporaire
☐ Circulation et services

À NE PAS MANQUER

★ *L'Inondation de la Sainte-Élisabeth*

★ *La Laitière*
par Vermeer

★ *La Ronde de nuit*
par Rembrandt

★ L'Inondation de la Sainte-Élisabeth *(1500)*
Sur ce retable, un artiste anonyme représenta l'inondation qui emporta 22 villages le 18 novembre 1421 après la rupture des digues protégeant Dordrecht.

Autre entrée

Collection d'études

MODE D'EMPLOI

Jan Luykenstraat 1 (aile Philips).
Plan 4 E3. **Tél.** 674 7047. 2, 5, 7, 10. Stadhouderskade.
t.l.j. 9h-18h (aile Philips seul.).
1er janv.
www.rijksmuseum.nl

★ **La Ronde de nuit** *(1642)*
*Commandé par le capitaine
d'une compagnie de miliciens,
ce tableau de Rembrandt
est le plus célèbre de l'art
néerlandais du XVIIe siècle.*

Aile Philips

SUIVEZ LE GUIDE !

*Le musée fait aujourd'hui
l'objet du plus ambitieux plan
de restauration de son histoire.
Tant que dureront les travaux
dans le bâtiment principal,
400 chefs-d'œuvre du Siècle
d'or de la peinture hollandaise
seront toujours visibles,
exposés dans l'aile Philips sous
l'appellation « Rijksmuseum,
the Masterpieces ».*

1er étage

C

Sainte Catherine *(v. 1465)*
*Cette sculpture par le maître
de Koudewater montre la
sainte piétinant l'empereur
Maxence, à qui est imputé
son martyre.*

11

**Aile
Philips**

LA PEINTURE DE GENRE

Pour les contemporains de
Jan Steen (1626-1679), cette
paisible scène domestique
abondait en allusions,
obscures pour le spectateur
moderne. Évocation de la
fidélité conjugale, le chien
sur l'oreiller s'oppose ainsi
aux bas rouges de la femme
suggérant qu'il s'agit sans
doute d'une prostituée.
Les tableaux de genre
avaient souvent une intention
moralisatrice, tels ceux
illustrant des proverbes
(p. 189). Dans beaucoup,
des chandelles allumées ou
des crânes symbolisaient la
brièveté de la vie humaine.

Jan Steen peignit *La Toilette* vers 1660

**Rez-de-
chaussée**

À la découverte du Rijksmuseum

Ce musée mérite certainement plus d'une visite, même si les œuvres majeures se trouvent dans l'aile Philips. S'il doit sa réputation à la richesse de sa collection d'art néerlandais du Moyen Âge au Siècle d'or, les départements de sculptures, d'arts décoratifs et d'arts asiatiques s'avèrent eux aussi remarquables. La section d'histoire nationale est également fascinante. Commencez néanmoins par les peintures du XVIIᵉ siècle. Les chefs-d'œuvre de grands maîtres tels Frans Hals et Vermeer vous conduiront jusqu'à la *Ronde de nuit* de Rembrandt.

**L'une des *Sept Œuvres de miséricorde*
par le maître d'Alkmaar**

HISTOIRE NATIONALE

Le retable médiéval de *L'Inondation de la Sainte-Élisabeth (p. 130)* rappelle l'importance du rôle de la mer dans l'histoire des Pays-Bas. Les salles suivantes exposent maquettes de bateaux du XVIIᵉ siècle, vestiges de naufrages, portraits d'animaux ou tableaux de batailles navales. L'exposition évoque aussi la vie quotidienne des Néerlandais, les guerres terrestres, notamment contre l'Espagne et Louis XIV, et l'influence de la Révolution française.

PEINTURES DES XVᵉ ET XVIᵉ SIÈCLES

À côté d'une petit ensemble d'œuvres flamandes et italiennes comprenant des portraits par Piero di Cosimo (1462-1521) figurent les premières peintures spécifiquement « hollandaises », religieuses pour la plupart comme les *Sept Œuvres de miséricorde* (1504) par le maître d'Akmaar, *Marie-Madeleine* (1528) par Jan Van Scorel ou le triptyque de *L'Adoration du Veau d'or* (1530) par Lucas Van Leyden. Au cours du XVIᵉ siècle, les thèmes pastoraux et le réalisme s'imposent comme dans la *Danse des œufs* par Pieter Aertsen (1508-1575).

PEINTURES DU XVIIᵉ SIÈCLE

Après l'Altération de 1578 et l'interdiction de pratiquer le culte catholique, l'art néerlandais s'écarte totalement des thèmes religieux pour se tourner vers les portraits, les paysages et les scènes domestiques et de genre

(p. 131). Au Siècle d'or, la richesse des Pays-Bas attire de nombreux peintres à Amsterdam. Le Rijksmuseum possède plusieurs œuvres majeures du plus célèbre Rembrandt *(p. 63)*, entre autres un *Autoportrait en saint Paul* (1661), *Les Syndics des drapiers* (1662), *La Fiancée juive* et, bien entendu, la *Ronde de nuit (p. 131)*. Des toiles peintes par Nicolas Maes ou Ferdinand Bol, élèves de Rembrandt, sont exposées. Ne manquez pas les scènes d'intérieur lumineuses de Jan Vermeer, notamment *La Laitière (p. 130)* et la *Femme lisant une lettre* (1662). Parmi les portraits exécutés par Frans Hals *(p. 178-179)*, le *Couple heureux* et *Les Joyeux Buveurs* (1630) font partie des plus connus. Avec *Le Moulin de Wijkbij-Duurstede*, Jacob Van Ruysdael atteignit en 1670 le faîte de son talent de paysagiste.

D'autres grands peintres contribuent à l'éclat de la collection, comme Pieter Saenredam, Jan Van de Capelle et Jan Steen *(p. 131)*.

PEINTURES DES XVIIIᵉ ET XIXᵉ SIÈCLES

Au XVIIIᵉ siècle, les artistes se contentèrent pour la plupart de suivre les voies ouvertes par leurs maîtres, notamment

Couple heureux (v. 1622) par Frans Hals

dans les portraits et les natures mortes, telle la *Nature morte aux fleurs et aux fruits* de Jan Van Huysum (1682-1749). Cornelis Troost (1696-1750), dont on peut voir de grands tableaux comme *Les Régents de l'hospice d'Amsterdam*, développa dans certaines de ses toiles un regard personnel et satirique, veine qui se retrouve dans *La Galerie d'art de Jan Gildemeester Jansz* (1794) où Adriaan de Lelie représenta l'aspect très chargé d'un salon d'amateur d'art du XVIIIᵉ siècle.

L'ÉCOLE DE LA HAYE ET LES IMPRESSIONNISTES

L'école de La Haye réunit vers 1870 des peintres paysagistes qui saisirent avec talent la douceur de la lumière aux Pays-Bas.
Leur manière de peindre des ciels couverts leur valut le surnom d'« École Grise ». *À cheval sur une plage* d'Anton Mauve (1838-1888), aux tons nacrés, est un des joyaux de la collection.
Remarquez également *La Vue près du Geestbrug* par Hendrik Weissenbruch (1824-1903).
Les impressionnistes choisissaient des sujets moins contemplatifs : George Hendrik Breitner (1857-1923) peignit des œuvres comme *Le Pont sur le Singel* ou *Près de la rue du Palais,* qui peuvent rivaliser avec celles de ses inspirateurs français.

SCULPTURES ET ARTS DÉCORATIFS

Ce département présente des sculptures médiévales d'Europe du Nord, notamment dix statuettes en bronze (v. 1450) qui ornaient la tombe d'Isabelle de Bourbon, une *Dormition de la Vierge* (v. 1475) par Adriaen Van Wesel et une *Mise au tombeau* (v. 1490) par Arnt Van Kalkar. Les tapisseries de *L'Arche de Noé* et du *Triomphe de Scipion l'Africain* furent tissées à Bruxelles au XVIᵉ siècle.

Nature morte aux fleurs et aux fruits (v. 1730) par Jan Van Huysum (1682-1749), l'une des nombreuses natures mortes exposées au Rijksmuseum

Réalisées vers 1700, deux maisons de poupée reproduisent un cadre luxueux avec meubles Louis XV, porcelaines de Saxe, verrerie…

CABINET DES ESTAMPES

Le Rijksmuseum possède la plupart des eaux-fortes de Rembrandt et une vaste collection d'œuvres d'Hercules Seghers (v. 1589-v. 1638). Aux réalisations de maîtres néerlandais s'ajoutent des estampes japonaises et les gravures d'artistes européens tels que Dürer, Tiepolo, Goya et Toulouse-Lautrec. De petites expositions alternent plusieurs fois par an au rez-de-chaussée, mais on peut également admirer, sur autorisation spéciale, des œuvres dans la collection d'études au sous-sol.

ARTS ASIATIQUES

L'exposition présente des œuvres d'art de Chine, du Japon, d'Inde et d'Indonésie. Parmi les objets les plus anciens figurent de petits cavaliers et chameliers chinois façonnés sous la dynastie Tang (618-907) et de curieuses sculptures sur granit de Java remontant probablement au VIIIᵉ siècle. Des statuettes indonésiennes de la même époque sont d'une grande élégance. Fondu au XIIᵉ siècle, un superbe bronze indien représente Shiva sous sa forme de roi de la danse, symbole de la création et de la destruction du monde. Plus récents, deux paravents japonais montrent l'arrivée du bateau portugais qui, une fois par an, mouillait à Nagasaki.

Tête du Bouddha cambodgienne du VIIᵉ siècle

Van Gogh Museum ❸

Gerrit Rietveld, architecte du groupe De Stijl
(p. 136), dessina les plans de ce musée, ouvert en
1973 et doté en 1999 d'une nouvelle aile conçue par
Kisho Kurokawa. Sont exposés plus de 200 toiles et
quelque 500 dessins de Vincent Van Gogh dévoilant
les couleurs sombres de sa période hollandaise et
la palette éclatante de ses toiles provençales.
Des estampes qu'il collectionna et plusieurs
centaines de ses lettres complètent
l'exposition. Vous pouvez acheter vos
billets d'entrée en ligne sur le site.

LÉGENDE

☐ Œuvres de Van Gogh

☐ Collection d'études et dessins

☐ Autres peintres du XIXe siècle

☐ Exposition temporaire

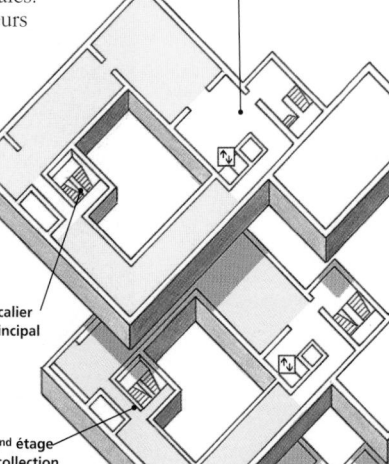

3e étage

Escalier
principal

2nd étage
(collection
d'études)

1er étage

Art du
XIXe siècle

★ **La Chambre de Vincent à Arles**
*Peinte de mémoire alors qu'il
séjournait à l'asile de Saint-Rémy,
cette toile évoque la paix et le bonheur
que l'artiste avait espéré atteindre
en s'installant dans sa « maison
jaune » d'Arles.*

★ **Tournesols** *(1888)*
*C'est à Arles, où il
s'installa en février
1888, que la palette
de Van Gogh prit son
éclat inimitable.*

SUIVEZ LE GUIDE !
*Des œuvres d'artistes du
XIXe siècle occupent le rez-
de-chaussée et le 3e étage.
Le 1er étage abrite les tableaux
de Van Gogh, de sa période
hollandaise à celle d'Auvers,
tandis que le 2e étage expose
ses études et dessins. Une aile
est consacrée aux expositions
temporaires. Chaque vendredi
soir, on peut boire un verre
dans le bar du hall.*

Entrée

Rez-de-chaussée

Boutique

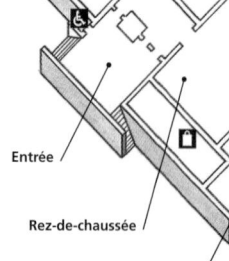

À NE PAS MANQUER

★ *La Chambre de
Vincent à Arles*

★ *Champ de blé
aux corbeaux*

★ *Tournesols*

VINCENT VAN GOGH

Né à Zundert en 1853, ce fils de pasteur ne commence à peindre qu'en 1880, aux Pays-Bas tout d'abord pendant cinq ans, puis à Paris où il rencontre les impressionnistes. En 1888, il s'installe en Provence, mais son instabilité mentale le conduit à se mutiler l'oreille après une dispute avec Gauguin puis à se réfugier à l'asile de Saint-Rémy. Il se suicide en 1890 à Auvers-sur-Oise.

Van Gogh en 1871

MODE D'EMPLOI

Paulus Potterstraat 7. **Plan** 4 E3.
Tél. 570 5200. 🚊 2, 3, 5, 12
◻ lun.-jeu. et sam.-dim. 10h-18h, ven. 10h-22h. ● 1er janv.
🖼 🛇 🎦 🔶 🖵 🍴 🛈
www.vangoghmuseum.com

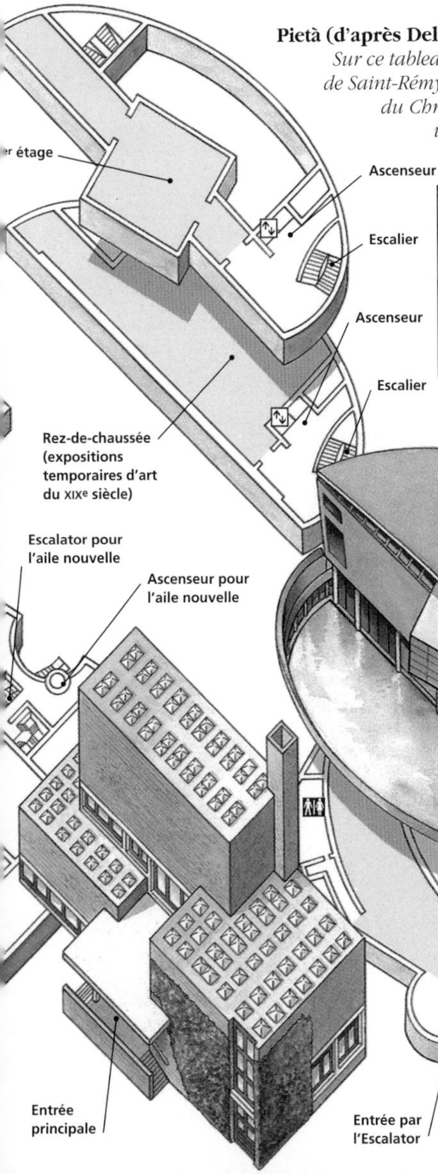

Pietà (d'après Delacroix) *(1889)*
Sur ce tableau peint à l'asile de Saint-Rémy, le personnage du Christ pourrait être un autoportrait.

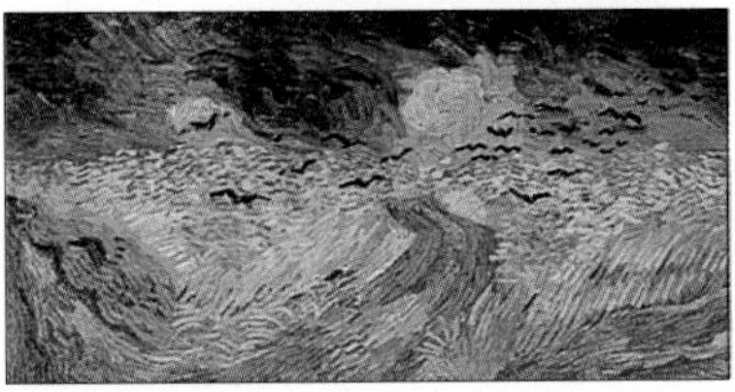

1er étage

Ascenseur

Escalier

Ascenseur

Escalier

★ **Champ de blé aux corbeaux** *(1890)*
Cette œuvre tardive, peinte à Auvers, illustre à merveille les tourments de Van Gogh.

Rez-de-chaussée
(expositions temporaires d'art du XIXe siècle)

Escalator pour l'aile nouvelle

Ascenseur pour l'aile nouvelle

Sous-sol

Ascenceur

Escalier

Entrée principale

Entrée par l'Escalator

Ascenseur pour l'aile Rietveld

Bassin

Stedelijk Museum ❹

Initialement conçu pour abriter la collection léguée
à la ville par Sophia de Bruyn en 1890, ce musée
devenu le Musée national d'art moderne en 1938
propose des œuvres de Picasso, Matisse, Mondrian,
Chagall et Cézanne. Grâce à des années de
restauration, le musée accueille aujourd'hui un grand
espace d'expositions d'art contemporain et un bâtiment
spectaculaire surnommé « la Baignoire ». Il possède
également un café-restaurant sur la terrasse,
qui donne sur le Museumplein.

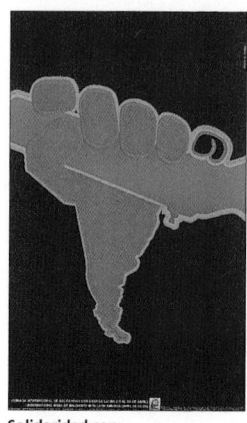

**Autoportrait aux
sept doigts** *(1912)*
*En se représentant avec
sept doigts, Marc Chagall
faisait référence aux sept
jours de la Création et à
ses origines juives. Écrits
en hébreu au-dessus de
sa tête figurent les noms
de Paris et de Rome,
où il vécut.*

**Solidaridad con
Americana Latina** *(1970)*
*Les collections du Stedelijk
comprennent quelque
17 000 affiches dont cette
œuvre cubaine d'Asela
Perez.*

LE BÂTIMENT

L'intérieur ultramoderne contraste
avec la façade néorenaissance,
ponctuée de niches contenant les
statues d'artistes et d'architectes,
de l'édifice dessiné en 1895 par
A.W. Weissman (1858-1923).

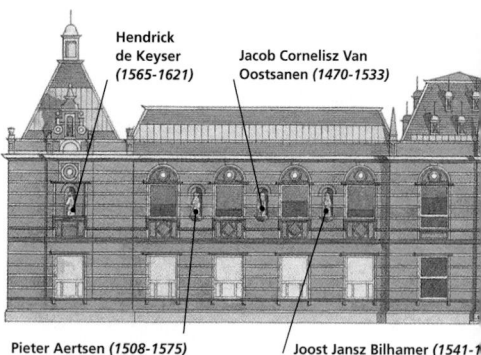

**Hendrick
de Keyser
(1565-1621)**

**Jacob Cornelisz Van
Oostsanen (1470-1533)**

Pieter Aertsen (1508-1575)

Joost Jansz Bilhamer (1541-1

LE MOUVEMENT DE STIJL

Fondé en même temps que la revue *De Stijl*
(*Le Style*), parue de 1917 à 1931, ce mouvement
regroupa des artistes néerlandais puis internationaux
qui aspiraient à créer un langage universel applicable
à toutes les formes de créations plastiques : peinture,
sculpture, mais aussi architecture ou conception de
mobilier. Leurs
recherches théoriques
et leurs réalisations,
telles la célèbre
Chaise bleue et rouge
de Gerrit Rietveld
ou les toiles de Piet
Mondrian, initiateur
du néoplasticisme,
influencèrent
notamment le Bauhaus
et toutes les écoles
modernistes qui
suivirent.

Chaise bleue et rouge (1918) de Rietveld

*Composition rouge, noir, bleu,
jaune, gris par Mondrian*

Danseuse (1911)
Inspiré par les arts d'Afrique et d'Asie, Ernst Ludwig Kirchner (1880-1938) se laissait guider par les caractéristiques des matériaux qu'il travaillait.

Homme et Animaux (1949)
Karel Appel (né en 1921) fit partie du mouvement Cobra (1949-1951), qui aspirait à redonner à l'art une intensité échappant à toute convention.

Clocheton de l'horloge

Thomas de Keyser **(1596-1667)**

Jan Van der Heyden **(1637-1712)**

Jacob Van Campen **(1595-1657)**

Untitled (1965)
Cet immense tableau par Jasper Johns (né en 1930), artiste pivot entre l'expressionnisme abstrait et le pop art, invite à une réflexion sur le symbolisme des couleurs.

À NE PAS MANQUER

★ Collection Cobra

★ Œuvres de Malevitch

★ Œuvres de Mondrian

MODE D'EMPLOI

Paulus Potterstraat 13.
Plan 4 D3. **Tél.** 573 29 11.
🚋 2, 3, 5, 12. 🕐 mar.-dim.
10h-17h, jeu. 10h-22h.
🚫 1er janv. 🈲 🚫 ♿ 🍴 📷
www.stedelijk.nl

FONDS PERMANENT

Des œuvres du photographe Man Ray, du peintre russe Kazimir Malevitch et du sculpteur Jean Tinguely sont généralement exposées au musée.

Man Ray (1890-1976) éleva la photographie au rang d'art et exerça une grande influence sur les surréalistes.

Kazimir Malevitch (1878-1935), père du suprématisme, visait à pousser l'abstraction jusqu'au vide absolu.

Jean Tinguely (1925-1991) créait, à partir d'objets de récupération, des sculptures animées et humoristiques.

LE QUARTIER DE PLANTAGE

Ce quartier situé à l'est du centre-ville devint, au milieu du XIXᵉ siècle, l'une des premières banlieues d'Amsterdam. Ses rues ombragées bordant l'Hortus Botanicus ou le parc zoologique Artis constituent une zone résidentielle recherchée. Une importante population juive habita longtemps le Plantage. Nombre de ses membres appartenaient à l'Union générale des tailleurs de diamants, syndicat dont le musée De Burcht retrace l'histoire. Depuis le Werf't Kromhout, un chantier naval encore en activité, la vue porte jusqu'au moulin De Gooyer, l'un des derniers de la ville. Occupant l'ancien arsenal de l'Amirauté, les collections du Nederlands Scheepvaart museum proposent un voyage fascinant dans le passé maritime des Pays-Bas.

Ornement du Theater Carré

LE QUARTIER D'UN COUP D'ŒIL

Musées
De Burcht ❷
Geologisch Museum ❺
Hermitage Amsterdam ⓰
Hollandsche Schouwburg ❸
Museum 't Kromhout ⓫
Nederlands Scheepvaart-museum p. 146-147 ⓬
Verzetsmuseum ⓯

Bâtiments et écluses historiques
Amstelsluizen ⓮
Entrepotdok ❽
Moulin De Gooyer ❿
Muiderpoort ❾

Sites d'intérêt scientifique
Aquarium ❼
Artis ❹
Planétarium ❻

Jardin botanique
Hortus Botanicus Amsterdam ❶

Théâtre
Koninklijk Theater Carré ⓭

COMMENT Y ALLER ?
Les trams 9 et 14 desservent Artis et l'Hortus Botanicus, les bus 22 et 32 le Scheepvaart-museum. La station de métro de Weesperplein se trouve au sud-ouest du quartier, mais celle de Waterlooplein est plus rassurante la nuit.

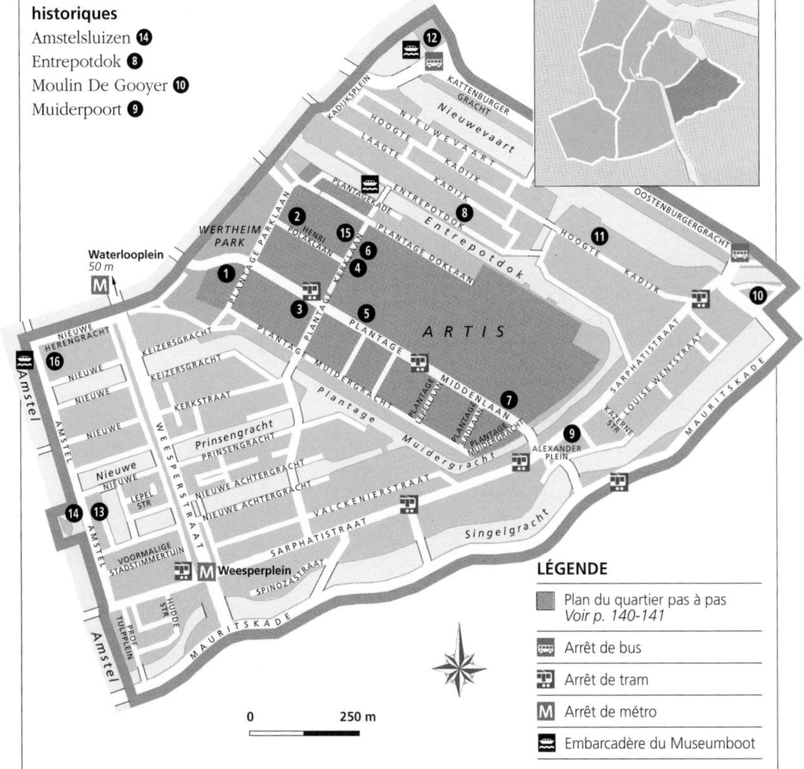

LÉGENDE

Plan du quartier pas à pas
Voir p. 140-141

Arrêt de bus

Arrêt de tram

M Arrêt de métro

Embarcadère du Museumboot

0   250 m

◁ **Réplique de l'*Amsterdam*, un trois-mâts du XVIIIᵉ siècle amarré près du Scheepvaart museum**

Le quartier de Plantage pas à pas

Éléphant du zoo Artis

Malgré son aspect paisible, avec ses larges rues plantées d'arbres et ses immeubles aux façades peintes, le quartier résidentiel de Plantage propose de nombreux centres d'intérêt aux visiteurs. Ainsi, il ne faut pas manquer l'Hortus Botanicus et le parc zoologique Artis, souvent très animés les jours où le soleil brille. Les immeubles de l'Entrepotdok et leurs cafés offrent, quant à eux, un bel exemple de rénovation urbaine. Plusieurs monuments rendent hommage à la communauté juive d'Amsterdam, dont tant de membres attendirent à l'Hollandsche Schouwburg leur départ en déportation.

De Burcht (Vakbondsmuseum)
Dans un bâtiment de P. Berlage, ce musée retrace l'histoire des syndicats néerlandais ❷

Planétarium
Situé dans le parc Artis, il évoque les relations de l'homme avec les étoiles. Une exposition, qui comprend des maquettes d'engins spaciaux, permet de s'initier à l'astronomie ❻

PLANTAGE PARKLAAN

PLANTAGE KIRKLAAN

La Moederhuis, centre d'accueil pour femmes enceintes par Aldo Van Eyck, présente une façade colorée et moderne.

★ **Hortus Botanicus Amsterdam**
Certaines serres ont été restaurées, et une serre plus récente abrite une collection de plantes tropicales ❶

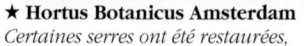

À NE PAS MANQUER

★ Artis

★ Hollandsche Schouwburg

★ Hortus Botanicus Amsterdam

★ **Hollandsche Schouwburg**
Cet ancien théâtre est devenu un monument dédié aux juifs néerlandais déportés par les nazis ❸

Entrepotdok
Cafés, appartements et bureaux occupent cet ensemble d'entrepôts en bordure de quai, le plus vaste d'Europe au moment de sa construction entre 1827 et 1840 ❽

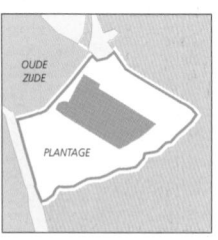

CARTE DE SITUATION
Voir l'Atlas des rues, plans 5 et 6

★ Artis
Installé dans un parc splendide, le jardin zoologique abrite plus de 5 000 espèces ❹

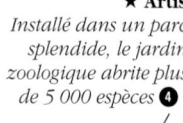

Geologisch Museum
Son exposition retrace l'évolution de la vie sur Terre ❺

Restaurant Artis

Sint Jacob se dresse sur le site d'un ancien hospice dont elle a conservé le portail.

Aquarium
Bâti dans le style néoclassique en 1882, il abrite près de 500 espèces marines et d'eau douce ❼

0   100 m

Plantes à l'Hortus Botanicus Amsterdam

Hortus Botanicus Amsterdam ❶

Plantage Middenlaan 2. **Plan** 6 D2.
Tél. 625 8411. 🚊 9, 14.
Ⓜ *Waterlooplein*. ⬤ *lun.-ven.
9h-17h, sam.-dim. et j.f. 10h-17h
(juil.-août jusqu'à 19h ; déc.-janv.
jusqu'à 16h).* ⬤ *1er janv. et 25 déc.*
🎞 ⓞ ♿ 🅿 🍴 en anglais sur
demande. 🛒 📷 **www**.dehortus.nl

Destiné à l'origine à la culture
d'essences médicinales, ce
jardin botanique s'installa
sur son site actuel en 1682
et bénéficia des voyages
d'exploration de la
Compagnie des Indes
orientales *(p. 28-29)*. Premier
lieu, en 1706, où la culture
de plants de café *(coffea
arabica)* réussit hors
d'Afrique, il possède
aujourd'hui l'une des plus
riches collections d'espèces
végétales du monde et la
plus vieille plante en pot :
un cycas (palmier) vieux de
quatre cents ans qu'abrite
une serre bâtie en 1913.

Œuvre de Moshé Zwarts et
Rein Jansma, une construction
en verre et en aluminium
la complète depuis 1993
pour accueillir les essences
tropicales et désertiques.
Les plantes carnivores
possèdent leur propre serre.

De Burcht ❷

Henri Polaklaan 9. **Plan** 5 C2.
Tél. 624 1166. 🚊 9, 14.
⬤ *actuellement en restauration
(rens. sur le site).* 🎞 ⓞ ♿ 🛒 📷
www.deburcht.org

L'architecte Petrus Berlage
(p. 79) construisit en 1900 cet
immeuble crénelé, surnommé
« la Forteresse ». Il abrite le
premier syndicat des Pays-
Bas, fondé en 1894, l'Union

générale des tailleurs
de diamants néerlandais
(ANDB), ainsi qu'une
petite exposition sur
leur histoire. L'édifice
présente une décoration
intérieure élégante, due
notamment à Rik Roland
Holst, qui symbolise
dans la cage d'escalier
l'élévation de la classe
ouvrière vers la lumière.
Le musée qu'il abrite
intéressera surtout les
visiteurs parlant le hollandais.

Hollandsche Schouwburg ❸

Plantage Middenlaan 24. **Plan** 5 C2.
Tél. 531 0340. 🚊 9, 14. ⬤ *t.l.j.
11h-16h.* ⬤ *Rosha-Shana (Nouvel
An juif), Yom Kippour.* ⓞ ♿
www.hollandscheschouwburg.nl

Inauguré en 1893, ce théâtre
devint pendant la Seconde
Guerre mondiale le centre
de rassemblement des juifs
d'Amsterdam arrêtés par
les nazis. Des milliers de
personnes y attendirent leur

départ vers les camps
d'extermination. Abandonné
jusqu'en 1962, l'édifice est
devenu un mémorial aux
victimes de la déportation.
Une colonne de basalte,
au socle en forme d'étoile
de David, se dresse à
l'emplacement de la scène.

En 1993, un centre culturel
y prend place. Au rez-de-
chaussée, une bougie éclaire
les noms des victimes de la
guerre. Dans les étages, une
exposition permanente retrace
l'histoire de la persécution
des juifs entre 1940 et 1945.

Artis ❹

Plantage Kerklaan 38-40.
Plan 6 D2. **Tél.** 0900 278 4796.
🚊 9, 14. ⬤ *t.l.j. 9h-17h
(avr.-sept. jusqu'à 18h ; juil.-août
jusqu'au crépuscule).* 🎞 ⓞ ♿
🍴 📷 *sam.-dim. 11h
(juin-août : sam. jusqu'à 18h30).*
www.artis.nl

Le parc Artis, où travaillèrent
de nombreux biologistes de
renom, est l'un des plus

L'escalier du Vakbondsmuseum

Bassin des lions de mer du jardin zoologique

anciens jardins zoologiques européens. Outre trois vastes serres exotiques, il renferme un Musée géologique et zoologique, un planétarium, un aquarium, un amfibarium et un insectarium.

Parmi les animaux figurent, entre autres, félins, girafes, ours polaires, pingouins, hippopotames et lions de mer. De nombreux sentiers conduisent au vivarium des reptiles, à l'espace pour les animaux nocturnes, à la volière, à la singerie, au pavillon des papillons et à l'étang des flamants. Les habitats de la savane africaine et de la pampa sud-américaine ont été recréés.

Le Groote Museum, musée d'Histoire naturelle, aujourd'hui délabré, fera l'objet d'une future rénovation.

Geologisch Museum ❺

Plantage Kerklaan 38-40. **Plan** 6 D2. *Tél.* 523 3400. ▦ 9, 14. ⬜ t.l.j. 9h-17h (avr.-sept. jusqu'à 18h ; juil.-août jusqu'au crépuscule). 📷 ♿ ✔

Le billet d'entrée au parc Artis donne accès à ce Musée géologique situé au sud-ouest de l'enceinte et dont les collections offrent un aperçu pédagogique de l'histoire de notre planète.

Au rez-de-chaussée, la première galerie présente ainsi l'évolution de la vie depuis ses formes monocellulaires jusqu'aux mammifères sans oublier les dinosaures. Consacrée aux interactions entre les forces et les éléments qui permettent à cette vie de se perpétuer, la seconde galerie propose comme attraction principale une « Machine Terre », où des pièces en rotation figurent la biosphère (espace habité par les espèces vivantes), l'hydrosphère (l'eau), l'atmosphère et l'écorce terrestre. Fossiles et minéraux occupent le 1er étage.

Fossile d'ammonite au Geologisch Museum

Planétarium ❻

Plantage Kerklaan 38-40. **Plan** 6 D2. *Tél.* 523 3400. ▦ 9, 14. ⬜ t.l.j. 9h-17h (avr.-sept. jusqu'à 18h ; juil.-août jusqu'au crépuscule) ; spectacles ttes les h. 📷 ♿ ✔

Astronomes en herbe, ne manquez pas d'assister aux projections données toutes les heures sous le vaste dôme proche de l'entrée principale. Les spectacles, proposés en alternance aux enfants ou aux adultes, reproduisent le ciel nocturne et montrent le déplacement constant des planètes par rapport aux constellations. Bien que le commentaire soit en néerlandais, il en existe des résumés en français, anglais et allemand.

Autour de la salle de projection, documents, bornes interactives et jeux informatiques vous permettront d'approfondir vos connaissances sur l'exploration spatiale ainsi que sur l'astronomie.

Aquarium ❼

Plantage Kerklaan 38-40. **Plan** 6 D3. *Tél.* 523 3400. ▦ 9, 14. **Aquarium** ⬜ t.l.j. 9h-17h (avr.-sept. jusqu'à 18h ; juil.-août jusqu'au crépuscule). **Zoölogisch Museum** ⬜ mêmes horaires. 📷 ♿ ✔

Ouvert en 1882 dans un imposant édifice néoclassique, il constitue sans doute la visite la plus intéressante à faire dans le parc Artis. Alimentés par quatre systèmes de circulation d'eau à des températures différentes (un d'eau douce et trois d'eau de mer), les bassins, d'une contenance de près d'un million de litres, renferment environ 500 espèces de poissons et d'animaux marins allant de simples invertébrés jusqu'aux piranhas, requins et tortues géantes. Ne pas manquer les poissons des massifs de coraux aux couleurs éclatantes.

Au sous-sol, l'amfibarium abrite une riche collection d'animaux amphibies, tels que grenouilles et salamandres, de toutes formes, tailles et coloris.

Le bâtiment contient également un petit Musée zoologique (Zoölogisch Museum) aussi ancien que le parc lui-même.

Plus académique dans sa présentation, il propose, outre sa collection permanente, des expositions temporaires sur des thèmes comme l'histoire du dodo.

Poisson tropical, l'une des 500 espèces visibles à l'aquarium

Façades d'anciens magasins sur l'Entrepotdok

Entrepotdok ❽

Plan 6 D2. 🚊 9, 14, 22, 32.

Après la décision en 1827
d'en faire une zone franche de
douane pour les marchandises
en transit, on éleva sur ces
quais 82 magasins maritimes
qui formaient, au milieu du
XIXe siècle, le plus grand
ensemble d'entrepôts
d'Europe. Réhabilités dans
les années 1890, les anciens
entrepôts de la VOC
(p. 28-29) abritent aujourd'hui
des bureaux d'architectes et
de designers, des logements,
et des cafés et restaurants.

Aux beaux jours, les
terrasses au bord de l'eau
et les maisons flottantes
multicolores font
de l'Entrepotdok un très
agréable lieu de promenade.

Muiderpoort ❾

Alexanderplein. **Plan** 6 E3. 🚊 7, 9,
10, 14. 🔵 ferm. au public.

Édifiée vers 1770 sur des
plans de Cornelis Rauws,
la porte de Muiden
appartenait jadis à l'enceinte
de la ville. Une coupole
domine son fronton orné
d'un relief par A. Ziesenis.

C'est par la Muiderpoort
que Napoléon entra dans
la cité en 1811. Selon la
légende, les Amstellodamois
se virent contraints de loger
et de nourrir ses grognards.

Moulin De Gooyer ❿

Funenkade 5. **Plan** 6 F2. 🚊 7, 10.
🔵 ferm. au public.

Des six moulins subsistant
dans les limites de la ville,
le De Gooyer est le plus
central. Le premier moulin
à farine des Pays-Bas conçu
pour utiliser un nouveau
dessin d'ailes, plus
aérodynamique, fut construit
en 1725. Il occupait à l'origine
un emplacement situé plus
à l'ouest que sa position
actuelle, dans le prolongement
du Nieuwevaart, mais il

La coupole et l'horloge de la
Muiderpoort

se vit coupé du vent par
l'édification, en 1814, de
la caserne Oranje-Nassau.
Soigneusement démontée,
sa structure octogonale en
bois fut alors installée sur le
socle en pierre d'un moulin
de pompage démoli en 1812.

En 1925, la ruine menaçait
le De Gooyer et le conseil
municipal entreprit sa
restauration. Celle-ci comprit
la réfection complète de son
balcon. La partie inférieure
de l'édifice abrite aujourd'hui
une résidence privée.

Attenant au moulin, les
anciens bains publics sont
devenus une brasserie.

Museum 't Kromhout ⓫

Hoogte Kadijk 147. **Plan** 6 D1.
Tél. 627 6777. 🚊 9, 10, 14.
🚊 22, 32. 🚢 Oosterdok ou
Kattenburgergracht. 🔵 mar.
10h-15h. **www.machinekamer.nl**

En fonction depuis 1757, le
Museum 't Kromhout est l'un
des plus anciens chantiers
navals d'Amsterdam. Dans la
seconde moitié du XIXe siècle,
alors que la marine à voiles
cédait le pas devant la vapeur,
il adapta sa production et fut
l'un des premiers à s'équiper
d'innovations telles que treuils
à vapeur et éclairage
électrique.

La taille des navires de
haute mer augmentant, il dut
s'adapter à nouveau et se

tourner vers la fabrication d'embarcations pour les voies d'eau intérieures. Il est aujourd'hui spécialisé dans les réparations et la restauration.

Annexe du Scheepvaart-

Le Museum't Kromhout, musée et chantier naval

museum *(p. 146-147)*, son musée évoque le passé du chantier naval.

Nederlands Scheepvaartmuseum ⓬

Voir p. 146-147.

Koninklijk Theater Carré ⓭

Amstel 115-125. **Plan** 5 B3. **Tél.** 0900 252 5255. 🚃 4, 7, 9, 10, 14. Ⓜ Weesperplein. **Billetterie** ◯ t.l.j. 16h-21h. Voir **Se divertir** p. 246-247. 🎫 🎥 sam. (tél. avant). ∅ ♿ ⅱ www.theatercarre.nl

Devant le succès rencontré à Amsterdam par son cirque lors de sa visite annuelle, Oscar Carré édifia en 1868 une structure en bois au bord de l'Amstel pour abriter ses représentations. Les incendies menaçant, l'entreprenant directeur persuada la ville de le laisser construire un bâtiment permanent. Dessiné par les architectes J. P. F. Van Rossem et W. J. Vuyk, l'immeuble fut élevé en 1887.

Outre une arène qui accueille à Noël les spectacles de cirque, le théâtre possède une scène où se déroulent toute l'année des concerts et des grandes comédies musicales.

Décor de la façade du Koninklijk Theater Carré

Amstelsluizen ⓮

Plan 5 B3. 🚃 4, 7, 9, 10, 14. Ⓜ Weesperplein.

Ces robustes écluses en bois datent du XVIIIe siècle, et ne furent motorisées qu'en 1994. Barrant le cours de l'Amstel, elles font partie d'un système complexe d'écluses et de stations de pompage renouvelant l'eau des canaux d'Amsterdam. Quatre fois par semaine en été, elles se ferment tandis qu'afflue dans les canaux de l'eau provenant des grands lacs situés au nord de la cité, notamment l'IJsselmeer.

Des stations de pompage et l'ouverture d'écluses à l'ouest de la ville assurent l'évacuation du trop-plein dans la mer du Nord.

Verzetsmuseum ⓯

Plantage Kerklaan 61. **Plan** 6 D2. **Tél.** 620 2535. 🚃 9, 14. ◯ mar.-ven.10h-17h, sam.-lun. et vac. scol. 12h-17h. ◯ 1er janv., 30 avr. et 25 déc. 🎫 📷 ♿ 🎥 ⅱ www.verzetsmuseum.org

Le musée de la Résistance complète la visite de la maison d'Anne Frank *(p. 90-91)*. Dirigé par d'anciens membres de la Résistance néerlandaise, il propose des projections audiovisuelles et une exposition d'affiches et d'armes qui donne une idée de l'héroïsme de nombreux Amstellodamois face aux nazis.

Ce courage se manifesta non seulement par des

événements spectaculaires, tels que la grève des dockers et des employés des transports en 1941 protestant contre les persécutions des juifs *(p. 35)* ou la destruction par un commando des fichiers de l'état civil, mais aussi par un engagement quotidien et anonyme de la population : celle-ci nourrissait et cachait ainsi 300 000 personnes en 1945.

Hermitage Amsterdam ⓰

Amstel 51. **Plan** 8 E5. **Tél.** 0900 437 648 243. 🚃 4, 9, 14. Ⓜ Waterlooplein. 🚢 Navette fluviale : Muziektheater. ◯ t.l.j. 10h-17h (mer. jusqu'à 20h) seul. pdt les expositions. 🎫 (gratuit pour les moins de 16 ans.) ◯ 1er janv., 30 avr. et 25 déc. ♿ 🛒 ⅱ 📷 www.hermitage.nl

Au début des années 1990, le musée de l'Ermitage de Saint-Pétersbourg choisit Amsterdam pour y ouvrir un musée satellite, destiné à accueillir des expositions temporaires dont le contenu serait puisé dans les collections du prestigieux musée russe. L'Hermitage Amsterdam a ouvert ses portes en 2004 dans une aile de l'Amstelhof, avec une exposition consacrée à l'orfèvrerie grecque du VIe au IIe siècle av. J.-C. Depuis, les collections des Tsars Nicolas et Alexandre ont fait l'objet d'autres expositions.

L'Hermitage, qui a investi entièrement cette ancienne maison de retraite, propose aujourd'hui deux bâtiments d'expositions, un auditorium et une aile pour les enfants.

Le Neerlandia dans l'Amstelhof, où se situe l'Hermitage Amsterdam, donne sur le canal Nieuwe Herengracht

Nederlands Scheepvaart museum ⑫

Le Musée maritime néerlandais, l'institution consacrée à la navigation la plus riche du monde, occupe depuis 1981 l'ancien arsenal de l'Amirauté. Le bâtiment a été construit en 1656 par Daniel Stalpaert sur 18 000 pilotis enfoncés dans le lit de l'Oosterdok. Il est actuellement en rénovation, mais l'*Amsterdam,* le trois-mâts de la VOC, qui évoque la Compagnie de Indes orientales, reste ouvert à la visite. Une partie des collections est visible dans d'autres lieux.

Sextant en laiton du XVIIᵉ siècle

Ajax
Cette figure de proue, représentant le héros de la guerre de Troie qui se suicida quand les armes d'Achille revinrent à Ulysse, ornait un navire construit en 1832.

1ᵉʳ étage

★ **Planétaire de Jan Van den Dam** *(1750)*
Avec une boule de cuivre en son centre représentant le Soleil, c'est le plus vieux planétaire en usage aux Pays-Bas.

SUIVEZ LE GUIDE !
L'exposition suit un ordre chronologique, le 1ᵉʳ étage étant consacré aux débuts de l'histoire navale néerlandaise et le second à la marine marchande depuis le XIXᵉ siècle et aux progrès apportés par les techniques modernes. L'exposition sera bientôt réorganisée selon trois grands thèmes visant les enfants, les familles et les amateurs d'histoire navale.

À NE PAS MANQUER

★ *Amsterdam*

★ Chaloupe royale

★ Planétaire de Jan Van den Dam

Façade classique

Planisphère
Cette carte d'Asie faisait partie d'une série de cinq, éditée en 1780. Trop imprécises pour la navigation, elles servaient de décorations murales.

Entrée principale

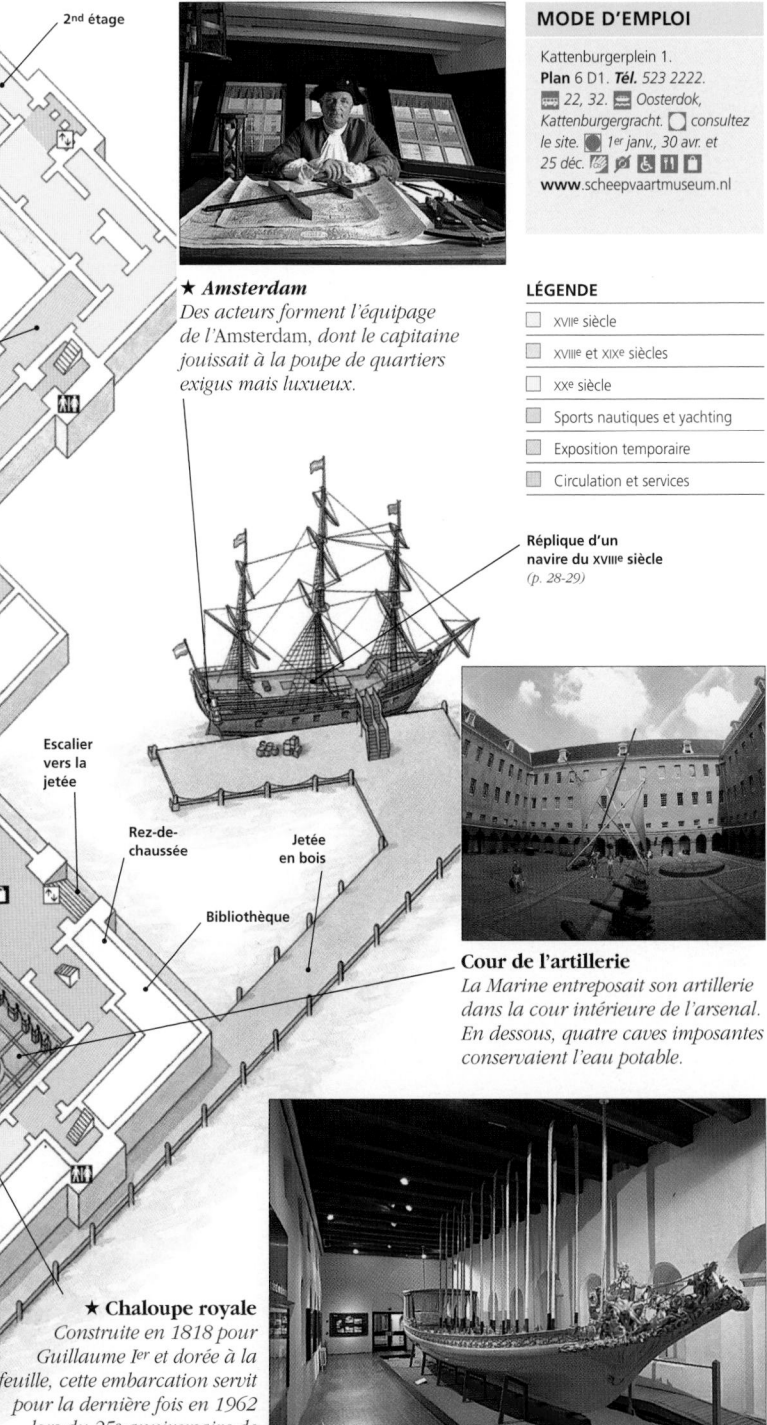

2ᵈ étage

MODE D'EMPLOI

Kattenburgerplein 1.
Plan 6 D1. **Tél.** 523 2222.
22, 32. Oosterdok,
Kattenburgergracht. consultez
le site. 1ᵉʳ janv., 30 avr. et
25 déc.
www.scheepvaartmuseum.nl

★ *Amsterdam*
*Des acteurs forment l'équipage
de l'Amsterdam, dont le capitaine
jouissait à la poupe de quartiers
exigus mais luxueux.*

LÉGENDE

	XVIIᵉ siècle
	XVIIIᵉ et XIXᵉ siècles
	XXᵉ siècle
	Sports nautiques et yachting
	Exposition temporaire
	Circulation et services

**Réplique d'un
navire du XVIIIᵉ siècle**
(p. 28-29)

Escalier
vers la
jetée

Rez-de-
chaussée

Jetée
en bois

Bibliothèque

Cour de l'artillerie
*La Marine entreposait son artillerie
dans la cour intérieure de l'arsenal.
En dessous, quatre caves imposantes
conservaient l'eau potable.*

★ Chaloupe royale
*Construite en 1818 pour
Guillaume Iᵉʳ et dorée à la
feuille, cette embarcation servit
pour la dernière fois en 1962
lors du 25ᵉ anniversaire de
mariage de la reine Juliana.*

EN DEHORS DU CENTRE

Au début du XXᵉ siècle, la capitale néerlandaise a su s'étendre avec un sens de l'urbanisme qui donna tout son charme au centre. Le Nieuw Zuid (Nouveau Sud) offre ainsi l'occasion de découvrir tout ce que l'école d'Amsterdam a apporté à l'architecture moderne *(p. 97)*, notamment en se promenant dans le complexe De Dageraad et dans les rues voisines du quartier olympique. Si vous préférez des lieux chargés d'histoire ancienne, la petite localité d'Ouderkerk aan de Amstel s'enorgueillit d'une fondation antérieure à celle d'Amsterdam. Plusieurs parcs aisément accessibles en transports publics offrent également des buts d'excursion hors du centre, en particulier l'Amstelpark que parcourt en été un train miniature et l'Amsterdamse Bos *(p. 34-35)* dont on peut découvrir les étangs, bosquets et prairies depuis la plate-forme d'un tram historique de l'Electrische Museumtramlijn. La périphérie de la ville compte, en outre, plusieurs musées dont les collections sont intéressantes et instructives.

Sculpture de la fontaine du Frankendael

LA PÉRIPHÉRIE D'AMSTERDAM D'UN COUP D'ŒIL

Bâtiments et quartiers historiques
Complexe De Dageraad ❺
Frankendael ❶
Ouderkerk aan de Amstel ❽
Quartier olympique ❾

Musées et lieux d'expositions
Aéroport de Schiphol ⓬
Amsterdam RAI ❻

Electrische Museumtramlijn ❿
Musée national de la science
Nemo ❸
Tropenmuseum p. 152-153 ❷

Parcs
Amstelpark ❼
Amsterdamse Bos ⓫
Westerpark ❹

LÉGENDE

▨ Centre d'Amsterdam

▨ Agglomération amstellodamoise

✈ Aéroport

━ Route principale

━ Route secondaire

0   2 km

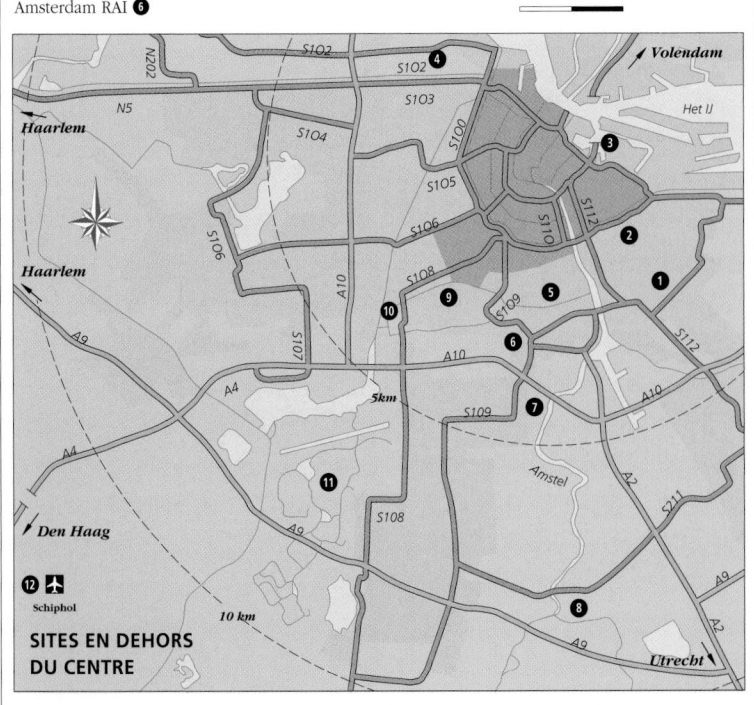

SITES EN DEHORS DU CENTRE

◁ **Voilier amarré à Ouderkerk aan de Amstel**

Frankendael ❶

Middenweg 72. **Plan** 6 F5. 🚋 9.
🚌 41. **Restaurant. Tél.** 665 0880.
○ aube-crépuscule.

Au début du XVIIIe siècle, de nombreux Amstellodamois aisés construisirent des résidences d'agrément au sud de la Plantage Middelaan sur les terrains drainés du Watergraafsmeer. Il n'en subsiste qu'une seule : l'élégante Frankendael, de style Louis XIV, flanquée d'une maison des équipages.

Depuis la Middenweg, on aperçoit les ornements de la façade de l'habitation et la fontaine dessinée en 1714 par Ignatius Van Logteren pour décorer le jardin s'étendant devant l'édifice. Le jardin qui se trouve à l'arrière est ouvert au public. C'est un vrai havre de paix peuplé d'essences rares et anciennes. La maison des équipages abrite un restaurant : le Merkelbach.

Le jardin méticuleusement entretenu du Frankendael

La fontaine d'Ignatius Van Logteren ornant le jardin de Frankendael

Tropenmuseum ❷

Voir p. 152-153.

Musée national de la science Nemo ❸

Oosterdok 2. **Plan** 2 F4. **Tél.** 531 3233. 🚌 22, 42, 43. ○ lun.-ven. 10h-17h (j.f. : t.l.j.). ○ 1er janv., 30 avr. et 25 déc. 🖼 🔒 📷 ♿ 🍴
🖥 www.e-nemo.nl

Le Musée national de la science et de la technologie s'est installé en 1997 dans ce bâtiment étincelant qui s'élève de 30 m au-dessus de l'eau.

Nemo réunit les dernières innovations technologiques à découvrir de manière interactive.

Le visiteur est ici un explorateur qui donne libre cours à son ingéniosité. Il s'assied aux commandes des machines industrielles les plus récentes ou bien dialogue avec le monde virtuel, toujours sous le regard vigilant d'experts. Il est également amené à mettre sa science en pratique en participant à des jeux, des expériences et des ateliers. De nombreux films et

Nemo, le Musée national de la science et de la technologie

Pour les hôtels et les restaurants du quartier, voir p. 223 et p. 234-235

conférences animent
les expositions.

En juillet et en août, le toit
du bâtiment se transforme
en plage et les visiteurs sont
autorisés à y faire un pique-
nique et à profiter de la vue.

Westerpark **❹**

Haarlemmerweg 8-10.
Plan 1 A1. 🚊 *10.* 🚌 *21, 22, 46.*
Westergasfabriek *Tél. 586 0710.*
Museum Het Schip
Spaarndammerplantsoen 140.
Plan 1 B1. *Tél. 418 2885.*
☐ *mar.-dim. 11h-17h (également
sur r.-v.).* 📷 ☐ 🎫 *ttes les h.*
www.westergasfabriek.com ;
www.hetschip.nl

Les terrains vagues qui
s'étendaient aux abords des
anciennes usines à gaz de
la ville ont été transformés
en un parc de 14 ha au
début des années 2000.

Il abrite aujourd'hui des
restaurants, des bars, des
aires de jeux et plusieurs
salles de spectacle.

L'usine a, elle aussi, été
réaménagée. Devenue l'un
des principaux centres
culturels de la ville, elle
accueille des expositions,
des concerts et des festivals
tout au long de l'année.
Non loin de là, Het Schip
(« le Navire ») est un exemple
emblématique de l'école
d'architecture d'Amsterdam
(p. 97). Signé Michel de Klerk
en 1919, ce bâtiment abrite
102 logements et le musée
éponyme qui présente
un logement
ouvrier.

Het Schip, édifice emblématique de l'école d'Amsterdam

Complexe
De Dageraad **❺**

Pieter Lodewijk Takstraat. 🚊 *4, 12,
25.* 🚫 *ferm. au public.*

À la demande du conseil
municipal d'Amsterdam,
H. P. Berlage *(p. 79)*
proposa en 1917 un plan
d'aménagement d'un
nouveau quartier
développant la ville vers
le sud. Ce projet intégrait
toutes les classes sociales,
en juxtaposant terrains
destinés à la construction
de villas ou d'immeubles
résidentiels et espaces
réservés aux logements
sociaux.

Si Berlage ne réalisa aucun
des immeubles du nouveau
quartier, les membres de
l'école d'Amsterdam *(p. 97)*
qui les dessinèrent ont su
interpréter avec imagination
ses idéaux, notamment Piet
Kramer et Michel de Klerk.

Le complexe de

350 appartements, bâti
par ces derniers de 1918 à
1923 pour la coopérative
immobilière De Dageraad
(« l'Aurore »), reste un
exemple pour de nombreux
urbanistes modernes.

Tourelles, courbes,
décrochages, ruptures de
lignes ainsi que fenêtres et
briques utilisées à des fins
décoratives animent les
bâtiments dont l'esthétique
devait, selon les créateurs,
participer à la qualité de vie
des habitants.

Amsterdam RAI **❻**

Europaplein. *Tél. 0900 267 8373.*
🚊 *4.* Ⓜ 🚆 *RAI.* 🚌 *62, 65.*
☐ *selon l'exposition.* 📷 🚫
♿ *avec de l'aide.* **www.**rai.nl

La première foire
commerciale d'Amsterdam,
une exposition de bicyclettes,
eut lieu en 1893. Incluant les
automobiles, elle devint un
événement annuel appelé
« RAI » (Rijwiel Automobiel
Industrie).

Inauguré en 1961 sur
Europaplein, le palais des
Expositions est un des plus
grands centres d'expositions
et de conférences du pays.
Il comprend 11 halls
d'exposition, dont le
spectaculaire Elicium Expo,
48 salles de conférence et
7 restaurants. Plus de
1 000 manifestations,
allant du spectacle de
cabaret aux spectacles
équestres et aux foires
commerciales, s'y déroulent
chaque année.

Immeuble du complexe De Dageraad

Tropenmuseum ❷

Construit de 1913 à 1926 par les architectes
M. A. et J. Nieukerken pour l'Institut colonial
hollandais, cet imposant bâtiment abrite le musée
des Tropiques, depuis sa rénovation achevée en
1978. Il présente sur trois niveaux de galeries,
entourant un vaste hall éclairé par une coupole
en verre, des collections permanentes et des
expositions temporaires évoquant la musique, le
théâtre, l'art, les religions et l'évolution des pays
des régions tropicales. Des reconstitutions sonorisées
grandeur nature offrent un aperçu de la vie
quotidienne des peuples qui les habitent.

Robe de mariée marocaine
Les broderies en or révèlent le sens de l'opulence.

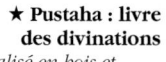

★ **Pustaha : livre des divinations**
Réalisé en bois et en écorce, ce recueil de recettes magiques était employé par le guérisseur du village.

Hall central

★ **Mâts Bisj**
Taillés dans des racines de palétuviers, ces mâts rituels peints proviennent de Nouvelle-Guinée.

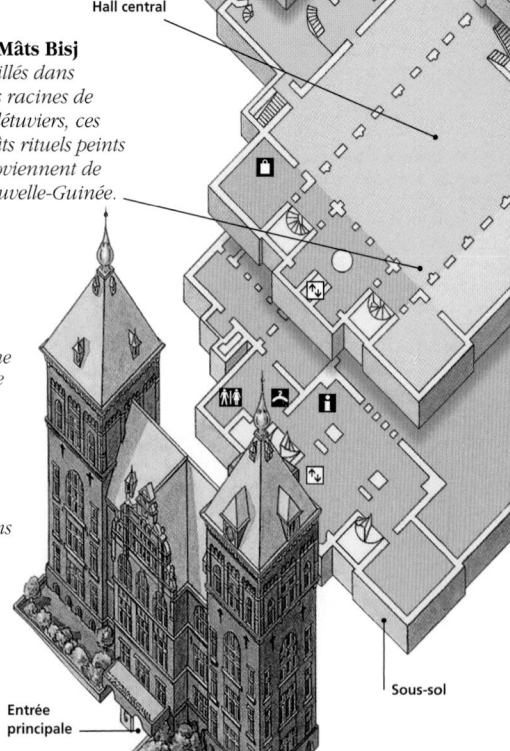

SUIVEZ LE GUIDE !

Au rez-de-chaussée, où se trouve une boutique proposant de l'artisanat de pays en voie de développement, le grand hall central accueille les principales expositions temporaires. Dans les étages, des animations sonores et une présentation très vivante rendent particulièrement agréable la découverte des collections permanentes. Le sous-sol abrite un restaurant, un café et un théâtre.

Sous-sol

Entrée principale

À NE PAS MANQUER

★ Diorama

★ Mâts Bisj

★ *Putasha : livre des divinations*

Pour les hôtels et les restaurants du quartier, voir p. 223 et p. 234-235

2nd étage

Hall du parc

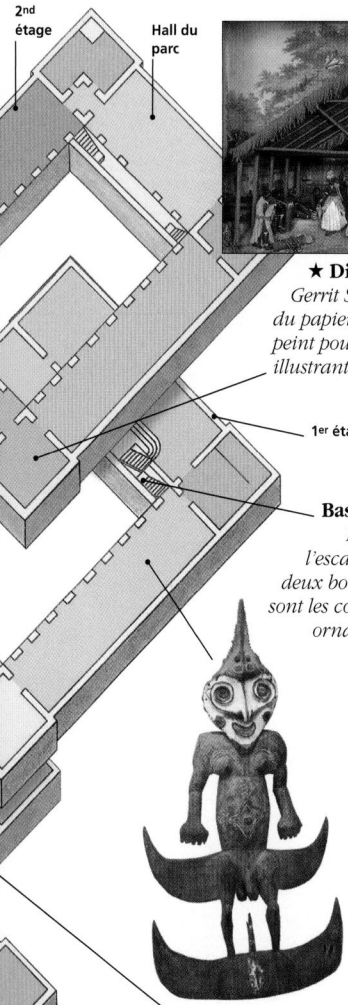

★ **Diorama** *(1819)*
*Gerrit Schouten a utilisé
du papier mâché et du bois
peint pour créer cette scène
illustrant la vie au Surinam.*

1er étage

MODE D'EMPLOI

Linnaeusstraat 2. **Plan** 6 E3.
Tropenmuseum Tél. 568 8215.
🚋 7, 9, 10, 14. ⬜ t.l.j. 10h-17h ;
5, 24 et 31 déc. 10h-15h.
⬤ 1er janv., 30 avr., 5 mai et
25 déc. **Tropenmuseum
junior Tél.** 568 8233.
⬜ programmes et ateliers pour
enfants et familles : mer., sam.
et vac. scol. En néerlandais seul.
(tél. pour plus d'informations ou
voir le site.) ⬤ mêmes jours
que le Tropenmuseum. 🎫
📷 ♿ 🖊 🍴 🛗 🏪
www.tropenmuseum.nl ;
www.tropenmuseumjunior.nl

Bas-reliefs javanais
*Les frises décorant
l'escalier principal (ici,
deux bouddhas en prière)
sont les copies de sculptures
ornant un monument
javanais, élevé
vers l'an 800.*

Crochet en bois
*Représentant un homme nu
portant un masque tribal, cet objet
provient de la Nouvelle-Guinée,
dans le Pacifique Sud.*

LÉGENDE

- ⬜ Asie du Sud-Est et tissus indonésiens
- ⬜ Asie de l'Ouest et Afrique du Nord
- ⬜ Amérique latine et Caraïbes
- ⬜ L'homme et son environnement
- ⬜ Musique, danse et théâtre
- ⬜ Afrique
- ⬜ Colonialisme hollandais
- ⬜ Nouvelle-Guinée hollandaise
- ⬜ Tropenmuseum junior
- ⬜ Exposition temporaire
- ⬜ Circulation et services

Jeepney
*Les anciens véhicules de l'armée
américaine laissés après la Seconde Guerre
mondiale sont devenus à Manille des taxis
collectifs ou Jeepneys.*

Le moulin Rieker de l'Amstelpark

Amstelpark **❼**

Europaboulevard. 🚊 *4.* Ⓜ 🚉 *RAI.*
🚌 *62.* ◯ *aube-crépuscule.*

La création de ce vaste parc
situé au sud-ouest
d'Amsterdam dans la banlieue
de Buitenveldert remonte à
1972. De Pâques à octobre, un
petit train le parcourt. Parmi
les centres d'intérêt figurent
le moulin Rieker (1636) qui se
dresse à sa pointe sud, une
roseraie, la promenade des
rhododendrons, et un jardin
miniature et sa pépinière.

Terrains de jeux,
promenades à poney et mini-
golf divertiront vos enfants.
La Glazen Huis (« Maison
de verre ») et la galerie des
Papillons accueillent des
expositions d'art.

Ouderkerk aan de Amstel **❽**

Ⓜ 🚉 *Bijlmer.* 🚌 *175, 300 depuis
Bijlmer.* **Jardins de la Wester
Amstel** ◯ *mi-avr.-mi-oct. : 10h-
20h ; mi-oct.-mi-avr. : 10h-16h.*

Ce charmant village au
confluent de l'Amstel et de
la Bullewijk reçoit depuis le
Moyen Âge la visite des
Amstellodamois. Ceux-ci ne
possédèrent pas leur propre
église avant 1330 et se
déplaçaient donc jusqu'à
l'Ouderkerk, élevée au
XIe siècle, qui a donné son
nom à la localité. Une tempête
détruisit en 1674 cette « Vieille
Église », mais un élégant
sanctuaire du XVIIIe siècle
s'élève à son emplacement.

En face s'étend le terrain
acheté par la communauté
juive pour y enterrer ses
morts, ce qu'elle n'avait pas
le droit de faire à l'intérieur
de la cité. Depuis 1615,
27 000 personnes ont
trouvé sépulture dans
le cimetière Beth Haim.

Aujourd'hui, le cadre
paisible au bord de l'eau
d'Ouderkerk aan de Amstel
attire les cyclistes. Consacrée
en 1867, l'Urbanuskerk,
sanctuaire catholique
dessiné par P. J. H. Cuypers
(p. 33), dresse sa flèche
de 50 m dans le ciel.

Une courte promenade vers
l'amont le long de l'Amsteldijk
conduit à deux maisons du
XVIIIe siècle. Si l'une est
entièrement fermée au public,
les visiteurs peuvent jouir du
jardin de l'autre, la Wester
Amstel, bâtie en 1720.

Quartier olympique **❾**

🚊 *16, 24.* 🚌 *15, 62, 142, 144,
170, 172, 197, 370.*

L'aménagement de ce
quartier, situé à l'ouest
du Nieuw Zuid *(p. 149)*,
commença pendant la
préparation des Jeux
olympiques d'Amsterdam
en 1928, et de nombreuses
places et rues, telles
que l'Olympiaplein
ou l'Herculesstraat,
portent des noms grecs.

Dessiné par J. Wils et C. Van
Eesteren, le stade rappelle, par
ses lignes verticales sévères, le
travail de l'architecte américain
Wright. Un temps menacé
de démolition, il a finalement
été rénové. Œuvre de Pieter
Kramer et du sculpteur Hildo
Krop, le pont qui enjambe le
Noorder Amstel Kanaal depuis
l'Olympiaplein est typique du
style de l'école d'Amsterdam,
qui marque également le lycée
auquel il conduit.

Le paisible village d'Ouderkerk aan de Amstel, au sud d'Amsterdam

Pédalos sur un lac de l'Amsterdamse Bos

Electrische Museumtramlijn ⑩

Amstelveenseweg 264. **Tél.** 673 7538. 🚊 16. 🚌 15, 62, 142, 145, 170, 172, 197, 370. ☐ Pâques-oct. : dim. 11h-17h. 📷 📷
www.museumtramlijn.org

Contrairement à ce que le nom pourrait laisser croire, il ne s'agit pas ici d'un musée, mais d'une ligne de tramway un peu particulière puisque

Tram ancien de la Museumtramlijn

toutes ses voitures, provenant des Pays-Bas, de Vienne, de Prague et de Berlin, datent de 1910 à 1950. Rassemblées, entretenues et conduites par une association de passionnés, elles circulent entre l'Haarlemmermeerstation et l'extrémité sud de l'Amsterdamse Bos. Le trajet dure environ 20 minutes et offre une belle vue du stade olympique.

Amsterdamse Bos ⑪

Amstelveenseweg. 🚊 Electrische Museumtramlijn (voir entrée 10). 🚌 142, 144, 166, 170, 171, 172. **Théâtre Tél.** 643 3286. www.bostheater.nl

Aménagé dans les années 1930 dans le cadre d'un programme de lutte contre le chômage (p. 35), puis agrandi, l'Amsterdamse Bos atteignit en 1967 sa superficie actuelle de 800 ha. Sur un terrain drainé situé à 3 m en dessous du niveau de la mer, bois, prairies, lacs, voies d'eau et même une colline artificielle offrent aux citadins un espace verdoyant où oublier la pression de la ville. Animaux et oiseaux jouissent d'une totale protection dans les réserves naturelles créées dans les étendues marécageuses entourant le Nieuwe Meer et les étangs d'Amstelveense Poel et de Kleine Poel. Parmi les autres centres d'intérêt de l'Amsterdamse Bos figurent un enclos de bisons européens, une ferme, le jardin botanique de Vogeleiland et le Bosmuseum qui illustre l'histoire naturelle et sociale du parc. Un théâtre de verdure accueille des spectacles en été (p. 245).

Aéroport de Schiphol ⑫

Evert van Beekstraat 202. **Tél.** 0900 0141. 🚇 Schiphol. www.schiphol.nl

Avec un trafic de 120 000 voyageurs par jour, cet aéroport moderne, situé à 18 km au sud-ouest d'Amsterdam, est l'un des plus fonctionnels du monde. Une signalétique colorée permet de s'orienter facilement (p. 266-267).

L'aéroport propose un large choix d'animations pour permettre aux voyageurs de patienter. Ainsi, en 2002, une annexe du Rijksmuseum a ouvert sur Holland Boulevard, présentant une petite sélection d'œuvres d'art. Elle se situe après le contrôle des passeports et son accès est gratuit pour les détenteurs d'une carte d'embarquement.

L'aéroport possède également un petit casino entre les portes E et F (ouvert entre 6 h 30 et 19 h 30) ainsi qu'une salle avec des chaises relaxantes.

Le « centre du silence », lieu de culte ouvert à toutes les religions, est ouvert de 9 h à 17 h.

Enfin, outre le grand nombre de bars, boutiques et restaurants, une terrasse panoramique permet d'apprécier le va-et-vient des avions.

L'entrée de l'aéroport de Schiphol

DEUX PROMENADES À PIED

L'absence de reliefs rend Amsterdam particulièrement agréable à parcourir à pied et, en complément des itinéraires conseillés sur les *Plans pas à pas*, nous vous proposons deux promenades permettant de découvrir de beaux exemples d'architecture civile ou religieuse des XVIe et XVIIe siècles et quelques-uns des principaux jalons historiques de la cité. Le premier itinéraire emprunte les rues du Jordaan, un quartier réputé pour son ambiance bohème, ses canaux étroits et ses maisons flottantes. Il continue jusqu'aux îles occidentales, Bickerseiland, Rea-

Plaque murale au nº 6 Zandhoek

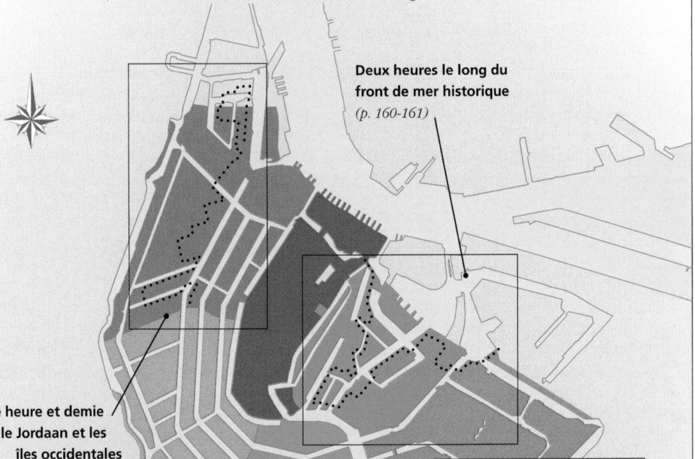

leneiland et Prinseneiland, aménagées au XVIIe siècle pour répondre au développement du commerce avec l'outre-mer, comme en témoignent leurs quais bordés d'anciens entrepôts. L'histoire navale de la cité marque davantage le second parcours, qui part de la Schreierstoren, où les femmes de marins venaient dire adieu à leurs maris, longe les anciennes limites de la ville, puis conduit par des rues dont les noms d'épices évoquent la Compagnie des Indes orientales jusqu'au Musée maritime néerlandais. En semaine, le marché aux puces de Waterlooplein ravira les chineurs.

Deux heures le long du front de mer historique
(p. 160-161)

Une heure et demie dans le Jordaan et les îles occidentales
(p. 158-159)

Maisons sur l'Amstel près du Stopera *(p. 160-161)*

LÉGENDE

• • • Promenade

0   1 km

Le Drieharingenbrug enjambant le Prinsengracht
(p. 158-159)

◁ **Le Prinsengracht et le Jordaan, vus depuis la tour de la Westerkerk**

Une heure et demie dans le Jordaan et les îles occidentales

Partant de la Westerkerk, cette promenade serpente le long des rues et des canaux du Jordaan, quartier réputé pour son ambiance populaire, ses cafés, ses boutiques d'artisanat et ses galeries d'art, avant d'atteindre les îles occidentales dont les quais bordés d'entrepôts où s'affairaient jadis marins, dockers, charpentiers et calfats sont devenus des adresses recherchées.

Plaque du n° 8 Zandhoek, un ancien hôtel de marins

Du Prinsengracht à la Westerstraat

Devant la Westerkerk ① d'Hendrick de Keyser *(p. 90)*, tournez à gauche le long du Prinsengracht, dépassez l'Anne Frank Huis ② *(p. 90)* et traversez le canal. Revenez sur vos pas, sur le quai opposé, jusqu'à la rive la plus éloignée du Bloemgracht que vous longerez. Avant de franchir le deuxième pont, remarquez les trois maisons identiques (milieu du XVIIe siècle) appelées Drie Hendricken (« les Trois Henri ») ③ *(p. 91)*. Arrivés à l'Egelantiersgracht, tournez à droite. Juste après la deuxième Leliedwarsstraat, avec ses nombreux cafés et vieilles boutiques, vous atteindrez le St Andieshofje ④, l'un des nombreux hospices du quartier. De l'autre côté du canal, au n° 360, se dresse l'un des rares exemples de maison Art nouveau de la ville.

Suivez le quai jusqu'au Prinsengracht, tournez à gauche, dépassez le café 't Smalle puis prenez, de nouveau à gauche,

Pignons à redents (1642) aux n°s 89 et 91 Bloemgracht

l'Egelantiersstraat. Le Claes Claeszhofje fondé au XVIIe siècle ⑤ *(p. 92)* se trouve au n° 1 Egelantiersdwarsstraat. Cette petite rue pittoresque vous conduira à la Westerstraat.

Pignon simple et sa potence de poulie sur la Westerstraat

De la Westerstraat à Bickerseiland

Traversez la rue et prenez à droite. Les maisons à pignon sont typiques du style de la fin du XVIIe siècle répandu dans le Joordan. Tournez à gauche dans la première Boomdwarsstraat, puis à droite pour atteindre la Noorderkerk ⑥ *(p. 92)*. Tous les lundis matin, un marché aux puces se tient sur le Noordermarkt *(p. 92)*. Suivez ensuite à droite le Lindengracht.

Le Suyckerhofje ⑦, un ancien refuge pour femmes abandonnées, occupe les n°s 149-163. Sur la plaque murale du n° 55, des poissons nagent dans un feuillage, évocation du reflet des maisons dans l'eau. La statue de l'écrivain Theo Thijssen orne le bout du Lindengracht.

Tournez à gauche le long du Brouwersgracht *(p. 93)* où s'alignent des maisons flottantes multicolores, franchissez le premier pont-levis, suivez la Binnen Oranjestraat puis passez sous le pont ferroviaire pour atteindre Bickerseiland, île qui porte le nom d'une des plus riches familles de la ville au XVIIe siècle.

LÉGENDE

• • • Promenade

0   200 m

Habitations flottantes et maisons à pignon vues depuis la Galgenstraat ⑨

Les îles occidentales

Îles artificielles, Bickerseiland, Prinseneiland et Realeneiland *(p. 93)* furent créées au début du XVIIe siècle pour répondre aux besoins exigés par le développement du commerce maritime. Chantiers et entrepôts s'installèrent sur leurs quais tandis qu'à proximité vivaient marins et dockers.

Traversez l'Hendrik Jonkerplein ⑧ et suivez le Bickersgracht où se maintient une activité de construction navale. Le premier pont à gauche mène sur Prinseneiland à la Galgenstraat (« rue des Gibets ») ⑨, ainsi nommée car au XVIIe siècle la vue y portait jusqu'aux gibets dressés de l'autre côté de l'IJ. Tournez à droite et suivez la rue jusqu'au pont-levis en bois qui vous conduira à Realeneiland. Longez à droite le Realengracht, prenez la

première rue à gauche, puis tournez à droite dans la Taanstraat. Derrière vous, dans la Vierwindenstraat, se dresse une série de vieux et sombres entrepôts qui servirent à stocker grains, chanvre et lin. Au bout de la rue, tournez à droite sur le Zandhoek ⑩ *(p. 93)* où se tenait jadis un marché au sable. De charmantes maisons du XVIIe siècle bordent ce quai. Au bout, franchissez le pont en bois (réplique de l'original, construite en 1983), restez le long du canal et suivez le sentier parallèle au Bickersgracht. Peut-être apercevrez-vous un héron ? Prenez la Grote Bickersstraat pour rejoindre le pont menant à Prinseneiland.

Pour regagner le centre-ville, revenez jusqu'à la Binnen Oranjestraat et tournez à gauche dans l'Haarlemmerdijk.

CARNET DE ROUTE

Départ : devant la Westerkerk sur le Prinsengracht.
Itinéraire : 4,5 km.
Durée : 1h30.
Comment y aller ? Bus 142, 144, 170 et 172. Trams 13 et 17 depuis Centraal Station.
Où faire une pause ? Cafés et bars abondent dans le Jordaan. Sur l'Egelantiersgracht, ne pas manquer le 't Smalle. Des bars bordent le Noordermarkt, l'Haarlemmerdijk et l'Hendrik Jonkerplein. Sur le Zandhoek, le Gouden Reaal offre un cadre idéal où se reposer avant le trajet de retour.

Le paisible et ombragé Egelantiersgracht

Deux heures le long du front de mer historique

Cette promenade commence à la Schreierstoren (p. 67), une ancienne tour de l'enceinte médiévale, et le parcours suit le développement qu'imposèrent à Amsterdam ses succès commerciaux et l'augmentation de sa population. Obéissant à un plan rigoureux, cette expansion vit la création, à l'est, de nouvelles îles gagnées sur les terres marécageuses pour permettre la construction de quais de débarquement, d'entrepôts et de logements. Si la puissance de la Compagnie des Indes orientales (p. 28-29) s'est éteinte, son souvenir reste vivant dans les collections du Nederlands Scheepvaart museum où s'achève la promenade.

Relief en pierre du XVIᵉ siècle près de la porte de la Schreierstoren ①

Façades à pignon sur la rive droite du Krommewaal

De la Schreierstoren à la St Antoniesbreestraat

Depuis la Schreierstoren ①, la Prins Hendrikkade vous conduira au Kromme Waal que vous suivrez jusqu'à la Lastageweg ② où vous tournerez à droite. Quartier créé après l'incendie de 1452 (p. 23), le Lastage se retrouva intégré dans les murs lors de l'extension de la ville au XVIᵉ siècle (p. 25).

Continuez jusqu'au Rechtboomsloot que vous longerez à droite jusqu'à la Geldersekade, l'une des limites de la cité au XVᵉ siècle. Suivez l'autre rive du Rechtboomsloot puis celle du Kromboomsloot jusqu'aux entrepôts Schottenburg ③ construits aux nᵒˢ 18-20 en 1636 et transformés en appartements. À côté se dresse une ancienne église arménienne aménagée au milieu du XVIIIᵉ siècle dans un entrepôt. Longez le Snoekjesgracht avant de tourner à droite dans la St Antoniesbreestraat ④.

De la St Antoniesbreestraat à l'île Uilenburg

Sur la St Antoniesbreestraat, traversez la chaussée en face de la Pintohuis ⑤ (p. 66), seul bâtiment de la rue originelle à avoir survécu, et franchissez le portail orné d'un crâne du jardin de la Zuiderkerk ⑥. Cette église, construite en 1603 par Hendrick de Keyser (p. 90), abrite une exposition sur la rénovation de la ville. Traversez le jardin, sortez par la Zanddwarstraat, puis traversez le square et continuez dans

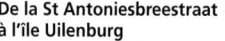

Pont-levis de la Staalstraat franchissant le Groenburgwal

LÉGENDE

•••• Promenade

Ⓜ Station de métro

0 _____ 200 m

Zandstraat que vous suivrez jusqu'au Kloveniersburgwal. Tournez à gauche pour longer le canal puis de nouveau à gauche pour passer devant la Saaihal ⑦ (« halle du Drapier »), couronnée d'un pignon trapézoïdal. Le premier pont franchit le Groenburgwal et offre une splendide vue à droite sur l'Amstel et à gauche sur Zuiderkerke ; le deuxième conduit au Stopera ⑧ *(p. 63)* et au marché aux puces de Waterlooplein ⑨ *(p. 63)*. Longez les éventaires jusqu'à la Jodenbreestraat que vous

Plaque murale au Museum Het Rembrandthuis

traverserez. Laissant le Museum Het Rembrandthuis ⑩ *(p. 62-63)* sur votre gauche, poursuivez jusqu'à la Nieuwe Uilenburgstraat puis l'île d'Uilenburg, créée à la fin du XVIe siècle pour loger les pauvres. Sur la droite se trouve la taillerie de diamants Gassan ⑪. Les deux synagogues dans l'enceinte de l'entreprise rappellent que le travail du diamant était l'une des rares activités permises aux juifs *(p. 64)*.

D'Uilenburg aux îles orientales

Prenez à gauche dans la Nieuwe Batavierstraat puis à droite le long de l'Oude Schans, un large canal bordé d'anciens entrepôts. Sur l'autre quai s'élève la Montelbaanstoren ⑫ *(p. 66)*, une tour de défense construite au XVIe siècle.

La Montelbaanstoren, tour de défense du XVIe siècle ⑫

des épices. Tournez ensuite à droite sur la Prins Hendrikkade puis dans la Nieuwe Foeliestraat (« nouvelle rue du Macis »). Les entrepôts du no 176 servaient jadis au stockage du vin du Cap et de l'arak. Sur le Rapenburgerplein, prenez à gauche, puis encore à gauche sur Rapenburg afin d'atteindre le pont franchissant le Nieuwe Herengracht jusqu'à l'entrée de l'Entrepotdok ⑬ *(p. 144)*. Tournez à gauche sur le Kadijksplein, reprenez la Prins Hendrikkade, puis empruntez le pont du Nieuwewaart depuis lequel s'aperçoit l'Oosterkerk. Poursuivez jusqu'aux îles orientales créées en 1658. Le Nederlands Scheepvaart-museum ⑭ *(p. 146-147)* domine, à gauche, l'Oosterdok. La Prins Hendrikkade vous ramènera à l'ouest jusqu'au centre-ville.

Au tournant, franchissez le pont du Rapenburgwal pour atteindre la Peperstraat dont le nom entretient le souvenir de la richesse apportée à la VOC *(p. 28-29)* par le commerce

CARNET DE ROUTE

Départ : de la Schreierstoren sur la Prins Hendrikkade.
Itinéraire : 6 km.
Durée : 2 h.
Comment y aller ? Certains bus suivent la Prins Hendrikkade, mais il est plus simple de prendre un tram jusqu'à Centraal Station et de longer l'IJ à pied. Les lignes 9 et 14 desservent le Waterlooplein, à mi-parcours de l'itinéraire proposé.
Où faire une pause ?
Vous trouverez des cafés bruns au début de la promenade et au Stopera et des bars le long du Schippersgracht et à l'Entrepotdok.

Antiquités et brocante au marché aux puces de Waterlooplein ⑨

Champs de tulipes à Bloembollenstreek, près de Leiden ▷

LES ENVIRONS D'AMSTERDAM

LES ENVIRONS D'AMSTERDAM

*L*a capitale néerlandaise occupe le cœur du Randstad, zone très urbanisée qui constitue le poumon économique des Pays-Bas, et s'étend au sud jusqu'à Rotterdam, grand port moderne riche en architecture d'avant-garde. De belles villes anciennes, telles que La Haye et Haarlem, réputées pour leurs musées, ou Leyde et Utrecht, ne se trouvent également qu'à quelques kilomètres d'Amsterdam.

La majeure partie du Randstad a été gagnée sur les eaux au cours des trois derniers siècles et le sol fertile des polders se prête à une exploitation agricole intensive, essentiellement de primeurs en serres et, bien entendu, de plantes à bulbes. Au printemps, ces dernières créent, au sud-ouest, d'immenses étendues multicolores et prennent leurs plus beaux atours dans les splendides jardins de Keukenhof *(p. 181)*.

Cette extension territoriale se poursuit et le drainage depuis 1950 de 1 800 km² de l'IJsselmeer a permis la création de la Flevoland, la région la plus récente des Pays-Bas. Ses terrains plats et marécageux offrent un refuge à de nombreux oiseaux tels que hérons, cygnes et grèbes qui nichent dans les roseaux bordant ses canaux.

À l'est d'Utrecht s'étend une région moins peuplée où forêts, marais et tourbières abritent cerfs et sangliers, notamment dans le Nationaal Park de Hoge Veluwe, la plus vaste réserve naturelle du pays. Au nord d'Amsterdam, les villages de pêcheurs, ruinés par la fermeture, en 1932, du Zuiderzee et sa transformation en un lac d'eau douce, l'IJsselmeer *(p. 170-171)*, se sont aujourd'hui reconvertis dans le tourisme et les activités nautiques. Battue en hiver par les tempêtes de la mer du Nord, la côte ouest offre de longues étendues de plages de sable et de dunes, également refuge d'oiseaux. Les alentours de la station balnéaire de Zandvoort sont très populaires en été.

Le Zuiderzeemuseum *(p. 170-171)* attire de nombreux visiteurs à Enkhuizen

◁ Moulins encore en activité à Zaanse Schans *(p. 172)*

À la découverte des Pays-Bas

Amsterdam est située au cœur d'une région des Pays-Bas où les sites d'intérêt sont nombreux et aisément accessibles. Il faut quinze minutes pour rejoindre Haarlem et moins d'une demi-heure pour atteindre les marchés aux fromages d'Edam ou de Gouda. Au sud, La Haye, Delft, Rotterdam et Utrecht se trouvent dans un rayon d'une soixantaine de kilomètres. À l'est, la visite du luxueux Paleis Het Loo, ancien pavillon de chasse royal, offrira un contrepoint à celle de la réserve naturelle du Nationaal Park de Hoge Veluwe.

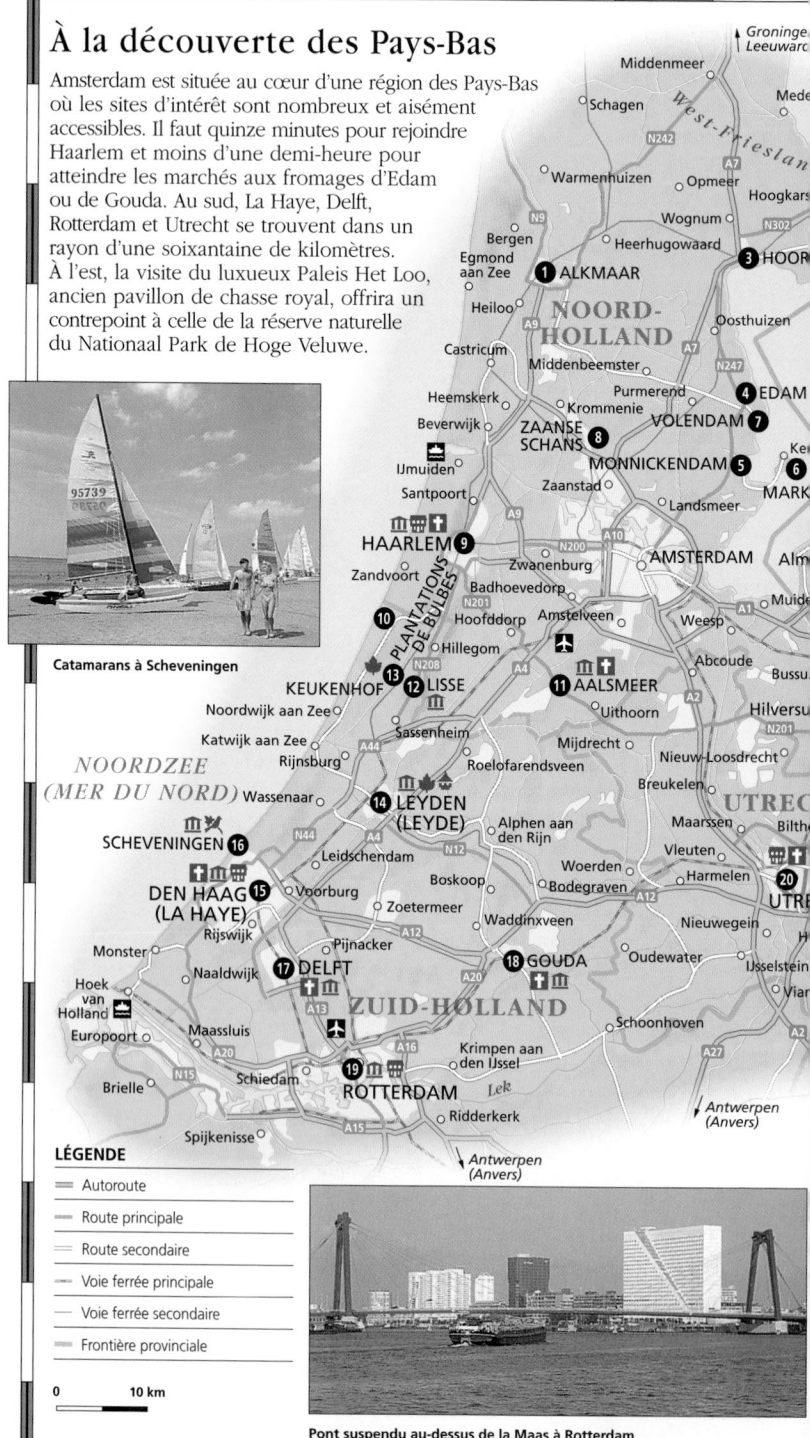

Catamarans à Scheveningen

Pont suspendu au-dessus de la Maas à Rotterdam

LÉGENDE

═══	Autoroute
──	Route principale
═══	Route secondaire
─	Voie ferrée principale
─	Voie ferrée secondaire
──	Frontière provinciale

0   10 km

Bateaux de pêche traditionnels au port de Hoorn

CIRCULER

Amsterdam occupe le cœur du dense réseau ferroviaire et routier sillonnant les Pays-Bas. Si des autoroutes relient toutes les principales villes du pays, il n'est pas nécessaire de disposer d'un véhicule : en effet, autocars et trains assurent des liaisons régulières, confortables et rapides. La bicyclette reste le meilleur moyen de profiter de la beauté des champs de fleurs à bulbes.

Façade à pignon de Monnickendam

LA RÉGION D'UN COUP D'ŒIL

Enfants en costume national au Zuiderzeemuseum

Façade Renaissance et clocher du Waaggebouw d'Alkmaar (1582)

Alkmaar ❶

40 km NO d'Amsterdam.
🏃 94 000. 🚆 🛈 *Waaggebouw, Waagplein 2-3 (072) 511 4284.* ⛴
⛴ *marché aux fromages : avr.-sept. ven. 10h-12h30 ; marché général : sam.* **www.vvvalkmaar.nl**

Cette jolie bourgade, que les Espagnols assiégèrent en vain en 1573, a conservé son centre historique et le rituel traditionnel de son marché aux fromages qui a lieu le vendredi en été sur le Waagplein. Après qu'acheteurs et producteurs sont tombés d'accord sur le prix des boules de gouda et d'edam mises en vente, des porteurs vêtus de costumes blancs et de chapeaux de paille emportent celles-ci à la pesée sur des traîneaux.

Divisés en quatre compagnies, différenciées par la couleur de leur chapeau, ils se livrent pour le bénéfice des spectateurs à une compétition amicale.
Des étals de produits variés emplissent les rues autour de la place.

🏛 Waaggebouw

Waagplein 2. **Tél.** *(072) 511 4284.*
Hollands Kaasmuseum ⬜ *Pâques-oct. : lun.-sam. 10h-16h.* 📷 ♿
www.kaasmuseum.nl
Cette ancienne chapelle du XIVe siècle, remaniée en 1576, domine le Waagplein. L'édifice renferme désormais l'Hollandsche Kaasmuseum dont l'exposition présente des appareils, ustensiles et documents relatifs à la fabrication du fromage. Pour marquer chaque heure, des automates miment un bref tournoi de chevalerie autour de la tour.

⛪ Grote Kerk

Kerkplein, Koorstraat 2.
Tél. *(072) 514 0707.* ⬜ *juin-août : mar.-dim. 10h-17h, dim. 13h-17h (et pdt les expositions).*
Cette imposante église gothique renferme le tombeau de Floris V *(p. 21).* De grands orgues construites au XVIIe siècle par Jacob Van Campen *(p. 74)* et peintes par Cesar Van Everdingen dominent la nef.

Zuiderzee-museum ❷

Voir p. 170-171.

Hoorn ❸

40 km N d'Amsterdam.
🏃 68 000. 🚆 🛈 *Veemarkt 4 (072) 511 4284 (sam. ; mi-juin-août : mer. pour les touristes).* ⛴
www.vvvhoorn.nl

Capitale de l'ancienne province de la Frise occidentale, Hoorn s'illustra lors des grandes campagnes maritimes du Siècle d'or, et donna naissance à plusieurs marins illustres, dont Abel Tasman *(p. 28)* et Willem Schouten (1580-1625), lequel nomma, d'après sa ville natale, la pointe de l'Amérique du Sud « le cap Horn ». Sur la place

Licorne peinte, Westfries Museum

principale, la *Rode Steen*, une statue, rend hommage au célèbre explorateur Jan Pietersz Coen (1587-1629), premier Européen à débarquer à Batavia, l'actuelle Jakarta, capitale de l'Indonésie.

🏛 Westfries Museum

Rode Steen 1 **Tél.** *(0229) 280 022.*
⬜ *mar.-ven. 11h-17h (avr.-oct : lun.-ven.), sam.-dim. 13h-17h.*
⬜ *1er janv., 30 avr., 3e lun. d'août et 25 déc.* 📷 **www.wfm.nl**
Ce musée occupe, sur la Rode Steen, une ancienne prison bâtie en 1632. La place prit d'ailleurs le nom de Pierre-Rouge, à cause du sang versé lors des exécutions publiques. Décoré de figures héraldiques, le pignon de l'édifice porte les armoiries des villes de la Frise occidentale. Des vestiges archéologiques jusqu'aux antiquités et meubles d'époque emplissant des pièces du XVIIe siècle, les collections qu'il abrite ont peu changé depuis que l'écrivain anglais Aldous Huxley les décrivit avec affection en 1925 comme « un fatras de vieilleries ».

Porteurs de fromages au marché traditionnel d'Alkmaar

Sabots devant une maison de pêcheurs de Monnickendam

Edam ❹

22 km N d'Amsterdam. 👥 *7 200.*
🚌 ℹ *Damplein 1 (0299) 315 125.*
🧀 *marché aux fromages : juil.-mi-août : mer. 10h30-12h30 ; marché général : mer.* **www.**vvv-edam.nl

Ses boules de fromage, enveloppées de cire (rouge pour l'exportation, jaune pour la consommation locale), ont rendu mondialement célèbre cette bourgade où se tient toujours en été le *kaasmarkt* (« marché aux fromages »), occasion d'entretenir comme à Alkmaar un rituel séculaire devant la balance publique édifiée en 1592 et ornée de fresques. Quelques fromageries en périphérie proposent des visites guidées aux visiteurs désireux d'assister à leur fabrication automatisée.

Le village lui-même possède un charme particulier avec ses canaux étroits jalonnés de ponts-levis en bois et bordés d'élégantes maisons à pignon du Siècle d'or. De style gothique flamboyant, la Grote Kerk est réputée pour son carillon du XVIe siècle et ses vitraux (1606-1624) qui font partie des plus beaux des Pays-Bas. À l'est de la ville, le port rappelle l'époque où Edam était un centre important de la pêche à la baleine.

🏛 Edams Museum
Damplein 8. **Tél.** *(0299) 372 644.*
⭕ *avr.-oct. : mar.-sam. 10h-16h30, dim. 12h-16h30.* 🌕 *30 avr.* 📷
www.edamsmuseum.nl
Présentant notamment les portraits d'anciennes célébrités

locales, tel Trijntje Kever qui aurait mesuré près de 2,80 m, ce petit musée occupe un étonnant édifice gothique bâti vers 1530. Sa curieuse cave flottante – caisson étanche et carrelé montant ou descendant avec le niveau de la nappe d'eau souterraine – a donné naissance à cette légende : un capitaine à la retraite, qui ne supportait pas de dormir sur la terre ferme, construisit la maison.

Monnickendam ❺

16 km N d'Amsterdam. 👥 *10 000.*
🚌 🚲 *sam.* **www.**vvv-waterland.nl

Fondé au XIIIe siècle par des moines frisons (d'où son nom de « digue des Moines »), ce petit port est remarquablement préservé. Les visiteurs viennent se promener dans ses rues sinueuses ou déguster la cuisine de ses restaurants de poissons.

Consacré à l'histoire de la ville, le **Museum de Speeltoren** occupe la tour de l'ancien hôtel de ville dont le carillon date de 1595. La parade de petits chevaliers mécaniques en armure accompagne la sonnerie des heures.

🏛 Museum de Speeltoren
Noordeinde 4. **Tél.** *(0299) 652 203.*
🌕 *en restauration jusqu'en 2012 ; consultez le site pour plus d'informations.* 📷
www.despeeltoren.nl

Pont-levis sur un canal d'Edam

Zuiderzeemuseum ❷

En isolant le golfe du Zuiderzee de la mer du Nord, la construction, en 1932, de la digue de l'Afsluitdijk ruina les villages de pêcheurs qui l'entouraient. Enkhuizen n'échappa pas à la règle, mais sa transformation en port de plaisance et la création du musée du Zuiderzee lui rendirent sa prospérité. Alors que le Binnenmuseum (« Musée couvert ») présente une collection de bateaux anciens, le Buitenmuseum (« Musée en plein air ») propose la reconstitution d'un village de la région à partir d'édifices originaux et de différentes démonstrations de l'artisanat local.

★ Maisons de l'île d'Urk
Des acteurs reproduisent la vie quotidienne vers 1905 sur la petite île d'Urk, dont les maisons ont été reconstruites dans le musée.

Fumoirs de Monnickendam

Reconstruction du port de Marken

★ Halle de la Marine
Cet ancien entrepôt de la Compagnie des Indes orientales (p. 28-29) abrite des voiliers et des bateaux de pêche. Un navire de plaisance est gréé pour permettre aux enfants de s'amuser.

Église
L'orgue de cette église construite à la fin du XIXe siècle sur l'île de Wieringen était caché dans un placard pour éviter les taxes exigées à l'époque pour cet instrument.

Entrée principale

Des barges

emmènent les visiteurs au Musée en plein air.

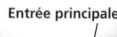

Fours à chaux
Ces fours en forme de bouteille proviennent d'Akersloot, en Hollande du Nord. On y cuisait des coquillages pour obtenir la chaux qui liait le mortier fixant les briques.

MODE D'EMPLOI

50 km NE d'Amsterdam.
Wierdijk 12-22, Enkhuizen.
Tél. *(0228) 351 111.* **Musée**
couvert ☐ *mar.-dim. 10h-17h.*
☐ *1er janv. et 25 déc.* **Musée**
en plein air ☐ *avr.-oct. : mar.-*
dim. 10h-17h. ☐ *nov.-mars.*
☐ *Enkhuizen.* ☐ *Depuis*
l'embarcadère situé derrière la
gare. 🏷️ 🅿️ ♿ 🍴 ☐ 🛍️
www.zuiderzeemuseum.nl

★ Motifs contemporains de la faïence de Delft

La culture moderne néerlandaise s'affiche sur les carreaux de Delft dans cette installation signée Hugo Kaagman. Des icônes telles que le logo d'Internet Explorer sont disséminées dans la salle.

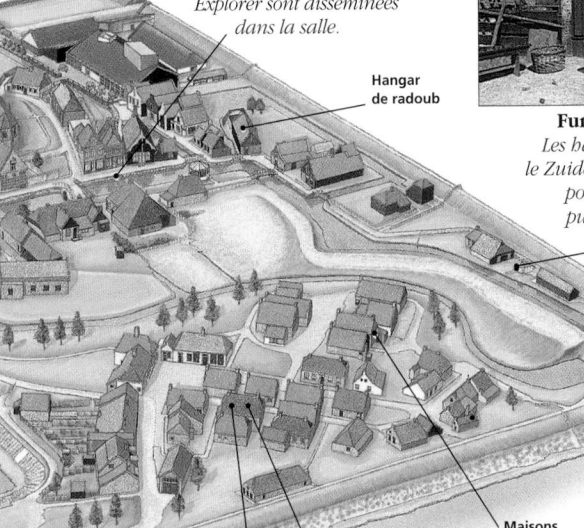

Hangar de radoub

Fumage de poissons

Les harengs pêchés dans le Zuiderzee étaient fumés pour la conservation, puis transportés dans des tonneaux.

Maisons de l'île d'Urk

Les maisons de ce quartier proviennent de Zoutkamp, un ancien village de pêcheurs du Zuiderzee.

Un moulin en activité montre comment fonctionnait le système de drainage des polders *(p. 24-25).*

0   50 m

Les tâches domestiques en 1930

Dans cette exposition interactive, une ménagère vous décrira la vie quotidienne à Zuiderzee dans les années 1930, après vous avoir proposé une tasse de thé.

À NE PAS MANQUER

★ Halle de la marine

★ Maisons d'Urk

★ Motifs contemporains de la faïence de Delft

Marken ❻

16 km NE d'Amsterdam.
🏠 2 000. 🚌 🚐 ℹ️ *Havenbuurt
19C.* **Tél.** *0900 400 4040.* 🚢 *sam.*
www.vvv-waterland.nl

La vocation touristique de cet
ancien village de pêcheurs
lui donne un aspect un peu
artificiel mais, bien qu'une
digue relie depuis 1957 l'île
de Marken à la côte, ses
habitants ont gardé une
authentique singularité et
portent encore pour les fêtes
leur costume traditionnel.
Jusqu'à la fermeture du
Zuiderzee en 1932, la
fréquence des inondations
obligeait les maisons au
1er étage en bois à se serrer
sur des tertres. Havenbuurt,
le quartier du port, reste
notamment marqué par
cette configuration.
   Proche de l'église, le
Marker Museum se compose
de six maisons historiques.

🏛 **Marker Museum**
Kerkbuurt 44. **Tél.** (0299) 601 904.
⏲ *avr.-sept. : lun.-sam. 10h-17h,
dim. 12h-17h ; oct. : lun.-sam.
11h-16h, dim. 12h-17h.* 📷

Bateaux de plaisance dans le port de Volendam

Volendam ❼

18 km NE d'Amsterdam.
🏠 21 000. 🚌 ℹ️ *Zeestraat 37.
(0299) 363747.* 🚢 *sam.*
www.vvv-volendam.nl

Si les rues et canaux étroits
du quartier de Doolhof,
s'étendant derrière les digues
principales, justifient une visite
à Volendam, les boutiques de
souvenirs qui bordent la rue
principale longeant le port
lui ôtent beaucoup de son
charme. Difficile de savoir
si les costumes traditionnels,
comprenant des bonnets ronds
pour les hommes et des
coiffes à ailes relevées pour
les femmes, ne sont pas juste
portés pour satisfaire les
touristes.
   Au nº 15 Haven, le café
de l'hôtel Spaander a gardé,
en revanche, son charme
du XIXe siècle.

Zaanse Schans ❽

Schansend 7, Zaandam, 13 km N
d'Amsterdam. 🚊 *Koog-Zaandijk*
🏠 50. 🚌 *Zaandam.* **Tél.** (075) 681
0000. ⏲ *t.l.j. 9h-17h (hiver :
quelques attractions sont fermées le
w.-e.).* 📷 *pour quelques bâtiments.*
www.zaanseschans.nl

Zaanse Schans est un quartier
de la ville de Zaandam, créé
en 1960 sur le site d'une
ancienne redoute *(schans),*
pour être un village-témoin
regroupant habitations,
boutiques, ateliers et moulins
régionaux du XVIIe siècle.
La communauté locale
s'efforce de garder vivaces des
activités et un mode de vie
traditionnels. Les nombreux
visiteurs assistent à la
fabrication de sabots, de
fromages ou d'objets en étain.
En été, les promenades en
bateau sur le Zaan longent les
digues des environs. Le village
compte, en outre, plusieurs
musées et des restaurants.
   Plusieurs moulins
fonctionnent encore. L'un sert
à la production de moutarde,
un autre à celle d'huile et
un troisième au broyage de
pigments. Le moulin de
Poelenburg, dont les ailes
tournent en fonction de la
direction du vent, fournit
en énergie une scierie.

Cette maison typique de Marken date du XVIIe siècle

Le fonctionnement des moulins

Le premier souci des habitants des Pays-Bas fut de se protéger de l'eau, et ils construisirent dans ce but digues et écluses. À partir du XIIIᵉ siècle, ils s'efforcèrent, en outre, de gagner sur les lacs ou les marécages des terres cultivables : les polders. Mais, quand ces terres se trouvaient en dessous du niveau de la mer, des canaux de drainage ne pouvaient suffire à les assécher. Grâce à des moulins souvent étagés en paliers successifs, la force du vent permit de remonter l'eau par le biais de canaux jusqu'à une hauteur où elle s'évacuait. Le vent actionnait également d'autres moulins servant à la fabrication d'huile ou de farine, et c'est par milliers qu'ils jalonnèrent la campagne de leurs calottes caractéristiques. Aujourd'hui, une grande partie du drainage est effectuée par des pompes et des moteurs. Il subsiste environ 950 moulins en état de marche.

Meunier en costume

Des éoliennes modernes, *très appréciées aux Pays-Bas pour leurs vertus écologiques, ont pris le relais des moulins. Elles ne transmettent pas l'énergie du vent, mais la transforment en électricité.*

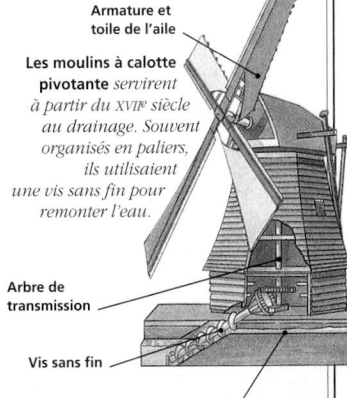

Armature et toile de l'aile

Les moulins à calotte pivotante *servirent à partir du XVIIᵉ siècle au drainage. Souvent organisés en paliers, ils utilisaient une vis sans fin pour remonter l'eau.*

Arbre de transmission

Vis sans fin

Canal supérieur

Des engrenages en bois *transmettaient aux meules ou à la pompe le mouvement de l'axe moteur, mis en rotation par les ailes.*

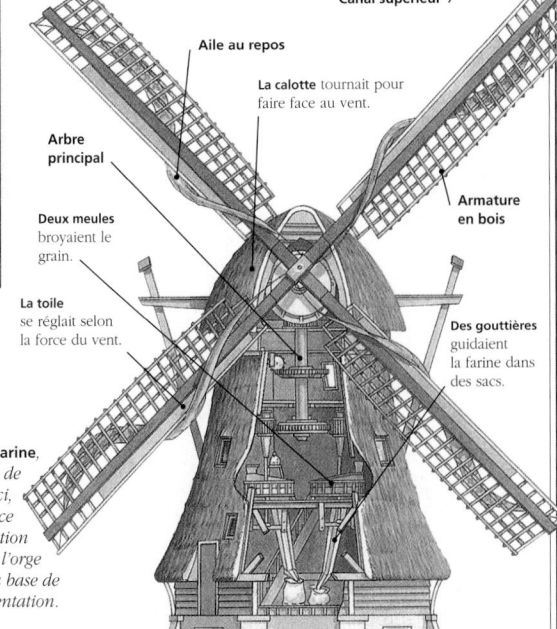

Aile au repos

La calotte tournait pour faire face au vent.

Arbre principal

Deux meules broyaient le grain.

Armature en bois

La toile se réglait selon la force du vent.

Des gouttières guidaient la farine dans des sacs.

Les moulins à farine, *souvent à couverture de chaume comme celui-ci, avaient une importance cruciale pour la population dont le blé, l'avoine et l'orge constituaient la base de l'alimentation.*

Haarlem pas à pas **❾**

Miséricorde de la Grote Kerk

Capitale de la province de Hollande du Nord et huitième ville des Pays-Bas, Haarlem est le centre néerlandais de l'imprimerie, de la pharmacie et du commerce des plantes à bulbes. Malgré son dynamisme économique et industriel, la ville a su préserver la beauté de son centre historique aux rues piétonnes. La plupart des sites les plus intéressants se trouvent à une courte distance à pied du Grote Markt, place animée bordée d'édifices anciens, de cafés et de restaurants. De charmantes boutiques abondent dans les rues voisines.

Statue de Laurens Coster
Ce monument du XIXe siè
sur le Grote Markt
entretient une légende
locale selon laquelle
Laurens Janszoon Coste
(v. 1405-v. 1484) aura
inventé l'imprimerie en
1423, dix-sept ans
avant Gutenberg.

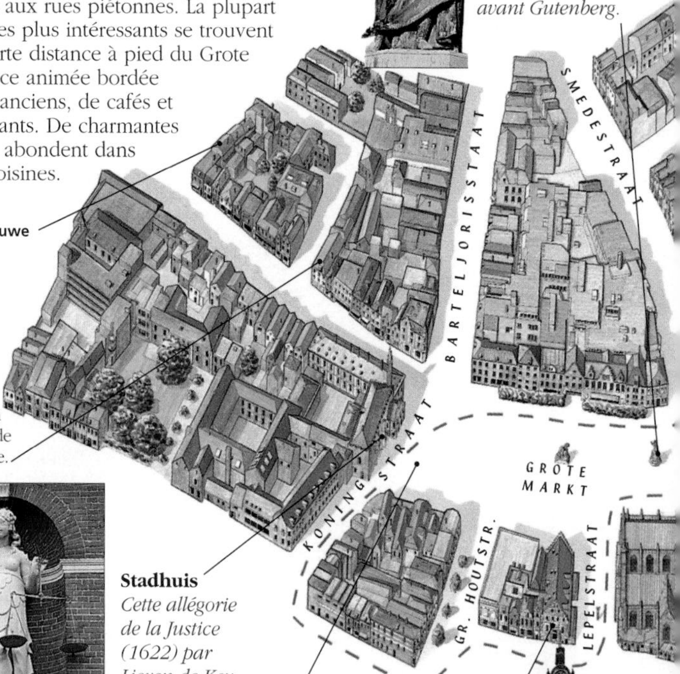

Au n° 31 Nieuwe Groenmarkt
se trouve le restaurant typique Ma Brown.

Le Hoofdwacht
est un ancien corps de garde du XVIIe siècle.

Stadhuis
Cette allégorie de la Justice (1622) par Lieven de Key domine l'entrée principale de l'hôtel de ville.

Vleeshal *(1603)*
L'ancienne halle aux viandes appartient au Frans Hals Museum.

Grote Markt
Cette belle place où s'étalent les terrasses de cafés est depuis des siècles le centre de la vie sociale de la ville.

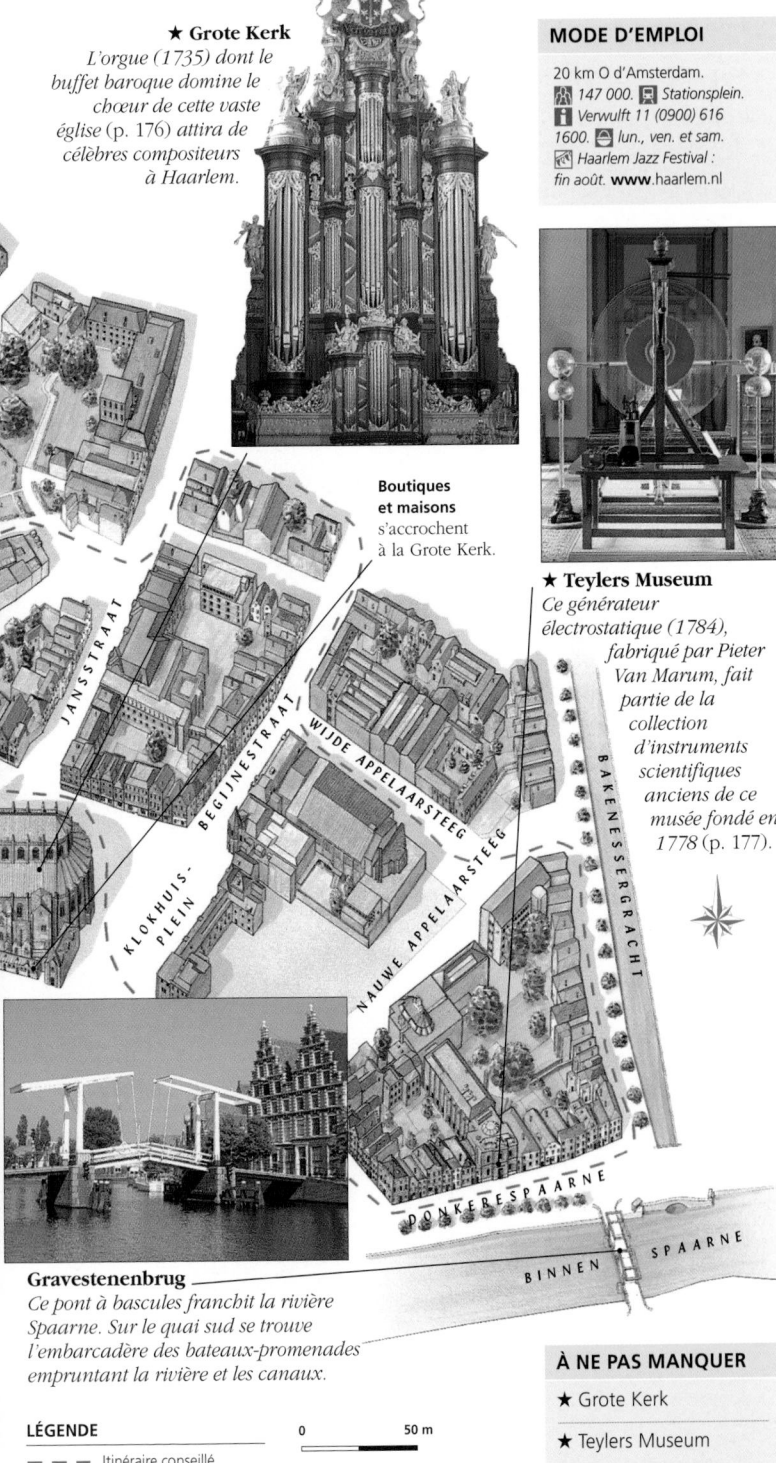

★ **Grote Kerk**
*L'orgue (1735) dont le
buffet baroque domine le
chœur de cette vaste
église (p. 176) attira de
célèbres compositeurs
à Haarlem.*

MODE D'EMPLOI

20 km O d'Amsterdam.
147 000. Stationsplein.
Verwulft 11 (0900) 616
1600. lun., ven. et sam.
Haarlem Jazz Festival :
fin août. www.haarlem.nl

**Boutiques
et maisons**
s'accrochent
à la Grote Kerk.

★ **Teylers Museum**
*Ce générateur
électrostatique (1784),
fabriqué par Pieter
Van Marum, fait
partie de la
collection
d'instruments
scientifiques
anciens de ce
musée fondé en
1778 (p. 177).*

JANSSTRAAT

BEGIJNESTRAAT

WIJDE APPELAARSTEEG

KLOKHUIS-PLEIN

NAUWE APPELAARSTEEG

BAKENESSERGRACHT

DONKERESPAARNE

BINNEN SPAARNE

Gravestenenbrug
*Ce pont à bascules franchit la rivière
Spaarne. Sur le quai sud se trouve
l'embarcadère des bateaux-promenades
empruntant la rivière et les canaux.*

LÉGENDE

0   50 m

- - - Itinéraire conseillé

À NE PAS MANQUER

★ Grote Kerk

★ Teylers Museum

À la découverte d'Haarlem

Fondée avant Amsterdam puisqu'un village existait déjà sur ce site au Xe siècle, Haarlem obtint le statut de cité indépendante en 1245 et devint un important centre drapier au XVe siècle. Mise à sac par les Espagnols en 1573, puis ravagée par plusieurs incendies en 1576, la ville ne retrouva sa prospérité qu'au Siècle d'or *(p. 26-29)*. Lieven de Key (1560-1627) participa alors activement à la rénovation du centre qui a depuis gardé son cachet. Un des nombreux hospices *(hofjes)* construits à cette époque abrite aujourd'hui le musée consacré au peintre de génie qui y finit ses jours : Frans Hals (v. 1580-1666).

Grote Markt, Haarlem (v. 1668) par Gerrit Berckheyde

🏛 Frans Hals Museum
Voir p. 178-179.

🔒 Grote Kerk
Oude Groenmarkt 23. **Tél.** *(023) 553 2040.* ⬜ *lun.-sam. 10h-16h.* ⬛ *25 déc.-2 janv., Pâques, Pentecôte, 5 mai et 30 avr.* 📷 ♿
www.bavo.nl
Immense édifice gothique entrepris en 1390 et achevé vers 1550, la « Grande Église », consacrée à saint Bavon, qui domine la place du marché, fut un des sujets favoris de Pieter Saenredam et Gerrit Berckheyde, peintres de l'école d'Haarlem. Sa tour en bois s'élève à 80 m de hauteur.

Contre le mur sud se serrent des boutiques et des maisons datant du XVIIe siècle. L'une d'elles sert aujourd'hui d'entrée à la Grote Kerk, formant une petite antichambre qui ouvre directement dans la vaste nef.

Vingt-huit colonnes aux décors vert, rouge et or soutiennent une remarquable voûte à nervures en cèdre. Le maître ferronnier Jan Fyerens réalisa vers 1510 la grille du chœur qui représente le *Buisson ardent* ainsi que le remarquable lutrin en laiton. Des armoiries décorent les stalles (XVIe siècle) aux accoudoirs et miséricordes sculptés de figures animales et humaines satiriques. Non loin se trouve la simple dalle sous laquelle repose Frans Hals. Dans le transept sud, un tableau par Geertgen Tot Sint Jans montre l'aspect de la Grote Kerk au XVe siècle.

Œuvre de Christiaan Müller, les grandes orgues (1738) font partie, avec leurs 68 registres et 5 000 tuyaux, des plus belles d'Europe. Haendel aurait vanté leur qualité musicale en 1740 et Mozart donné un récital en 1766. Restauré en 1868, l'instrument sert toujours, pour des enregistrements, des cours, et lors des nombreux concerts donnés dans la cathédrale.

🏛 Stadhuis
Grote Markt 2. **Tél.** *(023) 511 5115.* ⬜ *sur r.-v. seul.* ♿
L'hôtel de ville d'Haarlem était à l'origine un des pavillons de chasse des comtes de Hollande *(p. 21)* et leurs portraits, peints au XVe siècle, ornent la Gravenzaal (« salle des Comtes ») où avaient lieu les réceptions. La tradition fait remonter la construction de l'édifice à 1250, mais elle date plus probablement du XIVe siècle. Deux grands incendies ravagèrent le bâtiment gothique en 1347 et 1351 et il connut ensuite de nombreux remaniements. Ils expliquent le mélange de styles qui le caractérise.

Lieven de Key dessina en 1622 l'aile, typique de la Renaissance hollandaise avec ses pignons ouvragés, qui borde le Grote Markt. Dans une niche au-dessus de l'entrée principale, une allégorie de la Justice rappelle que les exécutions publiques se tenaient jadis sur la place. À gauche, dans la Koningstraat, une arcade conduit aux bâtiments de l'Université situés derrière le Stadhuis. Ils comprennent un cloître et une bibliothèque du XVIe siècle.

🏛 De Hallen (Vleeshal et Verweyhal)
Grote Markt 16. **Tél.** *(023) 511 5775.* ⬜ *voir Frans Hals Museum (p. 179)* 📷 www.dehallen.nl
Le Frans Hals Museum *(p. 178-179)* a aménagé l'intérieur de ces deux halles bordant le Grote Markt pour y organiser des expositions d'art moderne. On peut y découvrir aussi bien l'œuvre d'expressionnistes néerlandais ou de membres du mouvement Cobra que celle de peintres et de sculpteurs contemporains.

Lieven de Key dessina, en 1602, dans le style de la Renaissance flamande, la Vleeshal (« halle aux viandes ») dont la façade très ornementée dresse,

Détail de la façade de la Vleeshal

Le portail ouest de l'Amsterdamse Poort (1355)

près de la Grote Kerk, son pignon à redents agrémenté de pinacles. Éléments de sa décoration foisonnante, une grande tête de bœuf et des cornes de bélier rappellent la fonction originale de l'édifice.

Construite en 1879, la Verweyhal porte le nom du peintre impressionniste Kees Verwey dont les natures mortes occupent une place importante dans les collections du musée.

Amsterdamse Poort

Amsterdamsevaart. ferm. au public.

Proche du quai ouest de la Spaarne, la porte d'Amsterdam était l'une des douze entrées de l'enceinte fortifiée qui commandaient, au Moyen Âge, l'accès à la ville. Entreprise en 1355, reconstruite dans sa majeure partie au XVe siècle puis restaurée au XVIIIe siècle, elle garde, avec son imposant donjon en briques et ses tourelles en encorbellement, l'aspect général qu'elle avait lorsque les Espagnols assiégèrent Haarlem en 1572 et 1573 au début de la guerre d'indépendance *(p. 24-25)*.

Après sept mois de résistance face aux troupes du duc d'Albe dirigées par Frédéric de Tolède, la cité dut se rendre. Alors qu'ils s'étaient engagés à laisser la vie sauve à ses habitants, les vainqueurs massacrèrent la quasi-totalité de la population de la ville.

Teylers Museum

Spaarne 16. **Tél.** (023) 516 0906. mar.-sam. 10h-17h, dim. et vac. scol. 12h-17h. 1er janv. et 25 déc. www.teylersmuseum.nl

Les sommes léguées à sa mort en 1778 par Pieter Teyler Van der Hulst permirent la fondation de ce musée, le plus ancien des Pays-Bas. Dans le cadre néoclassique d'un hôtel particulier du XVIIIe siècle, les collections de minéraux, de fossiles, d'appareils scientifiques ou d'instruments médicaux possèdent un charme suranné grâce à leur présentation. Les collections de dessins et gravures exposées comprennent des œuvres de Michel-Ange et de Rembrandt.

Historisch Museum Haarlem

Groot Heiligland 47. **Tél.** (023) 542 2427. mar.-sam. 12h-17h, dim. 13h-17h. 1er janv., Pâques, Pentecôte et 25 déc.
www.historischmuseumhaarlem.nl

Après l'Altération de 1578 *(p. 24-25)*, de riches citadins et des fondations charitables remplirent le rôle d'assistance traditionnellement joué par les monastères. À Haarlem comme à Amsterdam, le XVIIe siècle vit la création de nombreux hospices, ou *hofjes* *(p. 93)*. Situé en face du Frans Hals Museum, l'ancien hôpital Sainte-Élisabeth a un portail surmonté d'un relief sculpté en 1612, représentant le transport d'un malade, et une jolie cour intérieure. Les douze maisons qui l'entourent ont accueilli en 1995 le Musée historique de la ville.

Haarlem Station

Stationsplein.
Tél. 0900 92 92.

L'inauguration de la première ligne de chemin de fer des Pays-Bas, reliant Haarlem et Amsterdam, eut lieu en 1839 *(p. 32-33)*. Construite en 1842, la gare originale connut, entre 1905 et 1908, un remaniement

Décor de la Haarlem Station

dans le style Art nouveau. L'intérieur de cet édifice en briques est décoré de carreaux de couleurs vives. À remarquer également, les boiseries des bureaux et les ferronneries des escaliers.

Maisons à pignon des XVIIe et XVIIIe siècles sur une rive de la Spaarne

Frans Hals Museum

Frans Hals (v. 1580-1666) était considéré par les impressionnistes comme le premier peintre « moderne » pour sa technique où le pinceau s'exprime à grands traits rapides. L'artiste sut avec génie saisir les émotions de ses contemporains du Siècle d'or, qu'il s'agisse de bons vivants comme lui ou des austères *Régentes de l'hospice des vieillards* (1664), où il finit ses jours après avoir conçu dix enfants dont plusieurs deviendront peintres. Outre ses tableaux, le musée, créé en 1913 dans l'hospice, présente une sélection d'œuvres néerlandaises des XVIe et XVIIe siècles.

Mère allaitant
Après l'Altération (p. 24-25) *apparurent des versions séculières de thèmes religieux, comme ce tableau peint en 1630 par Pieter de Grebber (1600-1653) qui évoque une Vierge à l'Enfant.*

À NE PAS MANQUER

★ *Banquet des officiers (...)* par Frans Hals

★ *Mercure* par Hendrick Goltzius

★ *Nature morte* par Floris Van Dijck

Portraits des gardes civiques

LÉGENDE

☐ Œuvres de Frans Hals

☐ Galerie Renaissance

☐ Vieux maîtres

☐ Histoire d'Haarlem au XVIIe siècle

☐ Exposition temporaire

☐ Circulation et services

Maison de poupée du XVIIIe siècle (p. 30-31)

★ **Banquet des officiers du corps des archers de Saint-Georges** *(1616)*
Sur ce tableau de commande, Frans Hals a su merveilleusement rendre l'opulence du décor et l'animation des convives de ce repas arrosé.

Assiette de Delft *(1662)*
Son décor par M. Eems représente le Grote Markt et la Grote Kerk d'Haarlem (p. 176).

Maison de poupée
(v. 1750)
*Cette maison de onze pièces,
qui appartenait à Sara
Rothé, est à l'échelle 1:10.
Elle est d'un tel réalisme
qu'elle donne une bonne
idée de l'intérieur d'une
habitation bourgeoise
au XVIIIe siècle.*

MODE D'EMPLOI

Groot Heiligland 62, Haarlem.
Tél. (023) 511 5775. 🚉 Haarlem.
🕐 mar.-sam. 11h-17h
(dern. entr. 16h30) ; dim. et j.f.
12h-17h. ● 1er janv. et 25 déc.
📷 🎥 ⓖ ⓕ 🅿 🅃 🍴 🚻
www.franshalsmuseum.nl

★ **Mercure** (1611)
*Surtout connu pour ses
tableaux à sujets
mythologiques, Hendrick
Goltzius (1558-1617) réalisa
celui-ci dans le cadre d'une
série de trois commandée
par un bourgmestre
d'Haarlem.*

Petite cour

SUIVEZ LE GUIDE !

*L'entrée donne dans une aile moderne
abritant les expositions temporaires.
Visiter le musée dans le sens contraire
des aiguilles d'une montre permet de
découvrir les œuvres de Frans Hals et
des autres artistes dans un ordre à peu
près chronologique. Sur le Grote Markt,
les De Hallen (Vleeshal et Verweyhal,
p. 176-177) présentent de l'art moderne.*

**Une allégorie sur la folie
des tulipes** (v. 1640)
*Le tableau de Jan Breughel II
ridiculise l'obsession
des tulipes qui tenait
la Hollande à l'époque.*

Entrée
principale

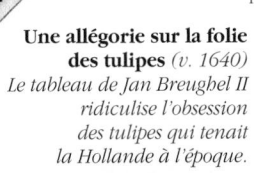

★ **Nature morte** (1613)
*Floris Van Dijck (1574-
1651) excellait dans le
rendu des textures.
La nappe de damas
représentée sur ce tableau
offre un exemple de la
production textile
d'Haarlem à l'époque.*

Une excursion dans les plantations de bulbes ❿

Entre Haarlem et Leyde s'étend la Bloembollenstreek, la plus importante région de culture de plantes à bulbes des Pays-Bas. Sur ces polders, la floraison commence dès la fin janvier avec les premiers crocus, atteint son apothéose vers la mi-avril avec les tulipes, et se poursuit jusqu'à fin mai avec des fleurs tardives comme les lis. Si vous ne disposez pas d'une voiture, le VVV *(p. 259)* vous renseignera sur les visites organisées. Vous pouvez aussi louer une bicyclette à la gare d'Haarlem : promenez-vous jusqu'à Leyde et revenez en train.

CARNET DE ROUTE

Départ : Haarlem.
Itinéraire : environ 30 km.
Où faire une pause ? Toutes *les localités citées ci-dessous possèdent restaurants, cafés et bars. Noordwijk aan Zee mérite de surcroît un détour. Ses splendides plages bordées de dunes offrent un cadre idéal pour un pique-nique. La carte ci-dessous indique de beaux points de vue.*

Des dunes bordent la côte

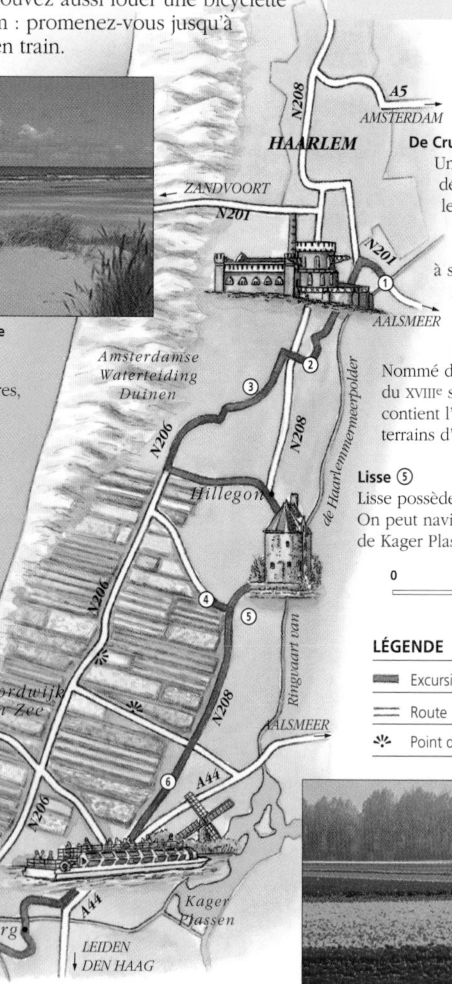

De Cruquius Museum ①
Un bon endroit où découvrir comment les Néerlandais ont créé les polders et réussi à se protéger des inondations.

Linnaeushof ②
Nommé d'après un botaniste du XVIIIᵉ siècle, ce parc contient l'un des plus vaste terrains d'aventure d'Europe.

Lisse ⑤
Lisse possède un petit musée. On peut naviguer sur le lac de Kager Plassen.

Vogelenzang ③
Les premières pépinières, fondées en 1789 par Frans Rozen, ont malheureusement fait fallite.

Keukenhof ④
Dans ce parc, des millions de fleurs à bulbes composent un paysage multicolore.

0   5 km

LÉGENDE

▨▨ Excursion

══ Route

🌼 Point de vue

Katwijk ⑦
Un phare du début du XVIIᵉ siècle se dresse au nord de cette ville côtière, fondée à l'embouchure de l'Oude Rijn.

Sassenheim ⑥
À l'ouest de la ville subsistent les ruines du Burcht Telingen, château du XIᵉ siècle où Jacoba de Bavière, comtesse de Hollande destituée, mourut en 1436.

Champs de la Bloembollenstreek

ES PLANTES À BULBES

i les Néerlandais cultivent
glaïeuls, lis, narcisses,
acinthes, iris, crocus et
dahlias, c'est la tulipe,
originaire de Turquie et
mplantée aux Pays-Bas en
1593 par Charles de Lécluse
(p. 184), qui reste de loin
a plus importante de leurs
productions horticoles.

Tulipes Aladin

Tulipes roses de Chine

Narcisses Tahiti

Narcisses communs

Jacinthes bleues

Parterres de fleurs à bulbes dans le parc Keukenhof

Aalsmeer ⓫

10 km S d'Amsterdam.
🏠 23 000. 🚌 🛈 Driekolommenplein
1. (0297) 325 374. 🛒 mar.
www.aalsmeer.nl

Dans une région parsemée
de lacs, la plus grande vente
de fleurs à la criée du monde,
le Bloemenveiling (voir
www.vba.nl), se tient à
Aalsmeer. Les visiteurs
peuvent y assister depuis
une galerie réservée à leur
intention, en surplomb de
l'activité frénétique du marché.
Au-dessus du vendeur, un
cadran affiche le montant des
enchères qui se déroulent
dans une précipitation plus
aisée à comprendre lorsqu'on
sait que 3,5 milliards de fleurs
coupées et 400 millions de
plantes en pot sont négociées
ici chaque année.

Lisse ⓬

35 km O d'Amsterdam. 🏠 22 000.
🚌 🛈 Grachtweg 53 (0252)
414262. **www**.vvlisse.nl

La fin du mois d'avril est la
meilleure saison pour visiter
Lisse, car la ville organise
alors plusieurs corsos fleuris.
Le **Museum de Zwarte Tulp**
(« musée de la Tulipe noire »)
propose une exposition sur

les plantes à bulbes et leur
histoire. Elle évoque la
tulipomanie qui saisit les
Pays-Bas au XVIIᵉ siècle
(p. 26-27). À son paroxysme,
entre 1634 et 1637, des bulbes
de tulipes rares s'échangèrent
contre leur poids en or.

🏛 Museum de Zwarte Tulp
Grachtweg 2a. **Tél.** (0252) 417 900.
🔘 consultez le site. 🔘 dim.
de Pâques, dern. jeu. de sept.,
5 déc. et 15 déc.-15 janv. 🎟
www.museumdezwartetulp.nl

Keukenhof ⓭

Stationsweg, Lisse. **Tél.** (0252)
465555. 🚌 54 (station Leiden
Centraal ; se rens. pour le bus et le prix
de l'entrée), 58 (depuis l'aéroport de
Schiphol). 🔘 fin mars-mi-mai : t.l.j.
8h-19h30 (dern. entr. à 18h) 🎟
www.keukenhof.nl

Installé à l'ouest de Lisse
dans un parc boisé de 28 ha,
ce jardin floral spectaculaire,
fondé en 1949 pour servir
de vitrine aux horticulteurs
néerlandais, possède quelque
sept millions de plantes à
bulbes. C'est de fin mars à fin
mai que le spectacle est le
plus enchanteur avec les
narcisses, jacinthes et tulipes.
La floraison de cerisiers
japonais, en début de saison,
ajoute à la beauté du tableau.

Leyde pas à pas ⑭

Les origines de Leyde (Leiden en néerlandais) remontent à l'époque romaine. Sa situation sur un bras du Rhin, l'Oude Rijn, en fit de tout temps un important carrefour commercial, notamment au Siècle d'or *(p. 26-29)* où s'accrut le renom de son université fondée en 1575. Riche en musées, Leyde est toujours une ville universitaire et voit pendant l'année scolaire ses rues, ses cafés et ses librairies se remplir d'étudiants. Sur le Weddesteeg, une plaque murale indique la maison où naquit Rembrandt en 1606 *(p. 62-63)*.

Statue de la Justice ornant le Stadhuis

★ **Rijksmuseum van Oudheden**
Cette statue de scribe assis fait partie de la riche collection égyptienne du musée des Antiquités.

John Robinson
(p. 185) habita le Jan Pesjinhofje.

★ **Hortus Botanicus**
C'est dans ce jardin botanique (p. 184) de l'Université, fondé en 1590, que Charles de Lécluse cultiva les premières tulipes hollandaises.

Oude Rijn
Nombre des maisons de canal de Leyde abritent au rez-de-chaussée boutique ou café.

Maisons néoclassiques du Rapenburg

Bibliothèque de l'Université

Het Gravensteen
Derrière cette façade classique s'étendent les bâtiments, bâtis du XIIIe au XVIIe siècle, de la faculté de droit.

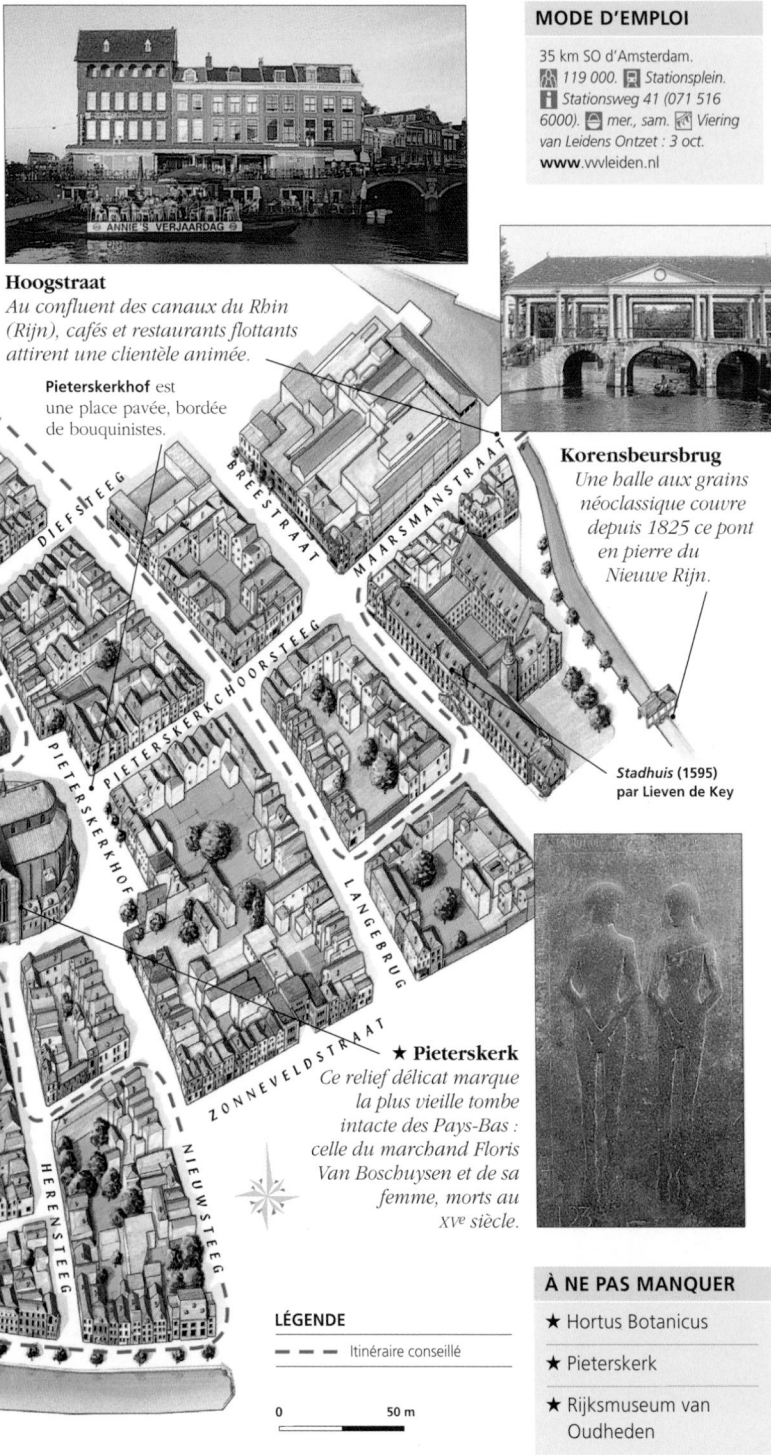

MODE D'EMPLOI

35 km SO d'Amsterdam.
119 000. Stationsplein.
Stationsweg 41 (071 516
6000). mer., sam. Viering
van Leidens Ontzet : 3 oct.
www.vvvleiden.nl

Hoogstraat
Au confluent des canaux du Rhin
(Rijn), cafés et restaurants flottants
attirent une clientèle animée.

Pieterskerkhof est
une place pavée, bordée
de bouquinistes.

Korensbeursbrug
Une halle aux grains
néoclassique couvre
depuis 1825 ce pont
en pierre du
Nieuwe Rijn.

Stadhuis (1595)
par Lieven de Key

★ **Pieterskerk**
Ce relief délicat marque
la plus vieille tombe
intacte des Pays-Bas :
celle du marchand Floris
Van Boschuysen et de sa
femme, morts au
XVe siècle.

LÉGENDE

- - - Itinéraire conseillé

0   50 m

À NE PAS MANQUER

★ Hortus Botanicus

★ Pieterskerk

★ Rijksmuseum van
Oudheden

À la découverte de Leyde

En 1574, la résistance héroïque de Leyde, assiégée par les Espagnols *(p. 24-25)*, permit à Guillaume le Taciturne de venir à son secours et de sauver la ville. Pour récompenser ses habitants de leur courage, il leur offrit le choix entre une exemption de taxes et la fondation d'une université. Leyde opta pour la seconde solution, et ainsi naquit la plus ancienne université des Pays-Bas. Ce choix judicieux établit la réputation de la cité comme un grand centre intellectuel, et des puritains anglais victimes de persécutions s'y établirent au XVIIᵉ siècle. Certains d'entre eux en repartiront pour fonder en Amérique la Nouvelle-Angleterre.

Belvédère d'un jardin clos de l'Hortus Botanicus

🏛 Stedelijk Museum De Lakenhal

Oude Singel 28-32. **Tél.** *(071) 516 5360.* ☐ *mar.-dim. 10h-17h.* ⬤ *1ᵉʳ janv. et 25 déc.* 🏷 ♿ 🖥 📷 🌐 *www.lakenhal.nl*

Arent Van's Gravesande dessina en 1640, dans le style classique hollandais, la « halle aux draps » (Lakenhal) qui abrite aujourd'hui le musée municipal. Le triptyque Renaissance du *Jugement dernier* (1526-1527), peint par Lucas Van Leyden, en constitue la plus belle pièce. Sauvé des troubles de 1566 *(p. 24-25)* qui virent la destruction de nombreuses œuvres d'art religieuses, il provient de la Pieterskerk.

Construite dans les années 1920, une aile présente une collection de mobilier et d'argenterie et une exposition sur l'industrie textile locale.

À ne pas manquer, le grand chaudron, ou *hutspot*, qui aurait été retrouvé après que Guillaume le Taciturne eut brisé le siège espagnol. La population affamée se jeta sur le pot-au-feu qu'il contenait et ce plat commémore, le 3 octobre, l'anniversaire de cette victoire.

♣ Hortus Botanicus der Rijksuniversiteit Leiden

Rapenburg 73. **Tél.** *(071) 527 7249.* ☐ *avr.-nov. : t.l.j. 10h-18h ; déc.-mars : mar.-dim. 10h-16h.* ⬤ *3 oct. et 25 déc.-1ᵉʳ janv.* 🏷 ♿ *partiel.* 🖥 📷 *www.hortus.leidenuniv.nl*

Fondé en 1590, le jardin botanique de l'université de Leyde renferme des arbres et arbustes pour certains très anciens, notamment un cytise vieux de 350 ans. Le premier professeur de botanique de l'Université fut Charles de Lécluse, d'origine française, et l'Hortus Botanicus contient une reconstruction du jardin enclos de murs, appelé Clusiustuin, où il acclimata une tulipe en 1593, la première à pousser aux Pays-Bas *(p. 26-27)*. À voir : les roseraies, les serres d'orchidées et les parterres de tulipes entourant les plans d'eau.

🏛 Museum Boerhaave

Lange St Agnietenstraat 10. **Tél.** *(071) 521 4224.* ☐ *mar.-sam. 10h-17h, dim. et vac. scol. 12h-17h.* ⬤ *1ᵉʳ janv., 3 oct. et 25 déc.* 🏷 🖥 *www.museum boerhaave.nl*

Logé dans l'ancien hôpital Caecilia, ce musée doit

Triptyque du *Jugement dernier* par Lucas Van Leyden au Stedelijk Museum De Lakenhal

son nom au grand professeur de médecine, de botanique et de chimie Herman Boerhaave (1668-1738). Sa collection reflète l'évolution des mathématiques, de l'astronomie, de la physique, de la chimie et de la médecine, qu'il s'agisse d'un superbe astrolabe du XVᵉ siècle, d'instruments chirurgicaux d'antan ou d'un microscope électronique d'aujourd'hui.

🏛 Museum Volkenkunde

Steenstraat 1. **Tél.** *(071) 516 8800.* ⬜ *mar.-dim. 10h-17h.* ⬤ *1ᵉʳ janv., 30 avr., 3-4 oct. et 25 déc.* 📷 ♿ 🖥 📷 **www.volkenkunde.nl**

Ce remarquable musée ethnologique, fondé en 1837, comprend des collections permanentes consacrées aux différentes cultures non occidentales et organise des expositions temporaires illustrant les conditions de vie des hommes depuis les déserts arctiques jusqu'aux montagnes de Chine. Ces expositions éclectiques, instructives et vivantes, s'adressant à tous les âges, justifient à elles seules la visite.

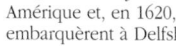

Lion héraldique à la De Burcht

🏛 Stedelijk Molenmuseum de Valk

2ᵉ Binnenvestgracht 1. **Tél.** *(071) 5165 353.* ⬜ *mar.-sam. 10h-17h, dim. 13h-17h.* ⬤ *1ᵉʳ janv., 3 oct. et 25 déc.* 📷 **www.molenmuseumdevalk.nl**

Construit en 1743, ce moulin à farine haut de sept étages est le dernier à subsister à Leyde. Une visite guidée permet de découvrir les quartiers d'habitation, l'atelier de réparations et une exposition sur l'histoire des moulins néerlandais.

⛪ Pieterskerk

Pieterskerkhof 1a. **Tél.** *(071) 512 4319.* ⬜ *horaires variables (tél. avant).* ⬤ *3 oct. et 31 déc.* ♿ 🖥 **www.pieterskerk.com**

Cette église gothique construite au XVᵉ siècle domine une place ombragée,

---

LE PÈRES FONDATEURS

Les Pays-Bas offrirent au XVIIᵉ siècle un refuge aux puritains persécutés en Angleterre, et le prédicateur John Robinson (1575-1625) fonda une église à Leyde en 1609. Ses prêches exhortaient à la création d'une nouvelle Jérusalem en Amérique et, en 1620, ses disciples embarquèrent à Delfshaven sur le *Speedwell*. Ils durent changer de navire à Plymouth, et c'est sur le *Mayflower* qu'ils arrivèrent au cap Cod pour fonder la colonie qui allait donner naissance aux États-Unis. Robinson mourut à Leyde en 1625.

Le *Mayflower* traversant l'Atlantique

---

entourée de belles maisons. Bien qu'elle ait perdu sa fonction religieuse, elle mérite une visite pour l'élégance de son intérieur et pour son orgue, fabriqué par les frères Hagenbeer en 1642, au buffet en boiseries dorées. Sur le sol de la nef, des dalles marquent l'emplacement des tombes de personnalités du XVIIᵉ siècle telles que John Robinson, Herman Boerhaave et Jan Steen (p. 131).

⚓ De Burcht

Nieuwe Rijn. **Remparts** ⬜ *t.l.j.* Cette forteresse du XIIᵉ siècle aux murs crénelés se dresse entre deux canaux du Rijn (Rhin). Il faut franchir un portail en fer forgé orné de symboles héraldiques pour atteindre la citadelle, qui offre un splendide panorama sur toute la ville.

🏛 Rijksmuseum van Oudheden

Rapenburg 28. **Tél.** *(071) 516 3163.* ⬜ *mar.-dim. 10h-17h.* ⬤ *1ᵉʳ janv., 30 avr., 3 oct. et 25 déc.* 📷 ♿ 🖥 📷 **www.rmo.nl**

Fondé en 1818, le Musée national d'antiquités constitue le principal centre d'intérêt de Leyde, notamment pour la richesse de ses collections égyptiennes. Elles occupent les deux niveaux inférieurs, avec des vestiges du Moyen-Orient et des sculptures et céramiques grecques et romaines. Le temple de Taffeh (1ᵉʳ siècle), reconstruit dans le grand hall en 1978, en constitue le clou ; mais elles comprennent aussi la reconstitution de deux tombes, des statues et bas-reliefs et des objets funéraires.

Montée avec les enfants, la présentation interactive reconstitue parfaitement la vie quotidienne dans l'ancienne Égypte, ainsi que dans la Grèce et la Rome antiques.

Pont à bascules au-dessus de l'Oude Rijn

La Haye ⓯

La Haye ('s-Gravenhage ou Den Haag en néerlandais) n'était qu'un village entourant le château des comtes de Hollande quand elle devint en 1586 le siège du gouvernement des Pays-Bas. L'agglomération compte aujourd'hui plus d'un demi-million d'habitants. Depuis 1946, le Vredespaleis (p. 190), achevé en 1913, abrite la Cour internationale de justice. Bordé au nord par le lac de Hofvijver qu'entourent plusieurs musées dont le Mauritshuis (p. 188-189), l'ancien palais comtal a connu bien des reconstructions depuis le XIIIᵉ siècle, mais occupe toujours le centre de la ville. Sur le littoral s'étendent les plages de la station balnéaire de Scheveningen (p. 191).

Statue de la cour du Binnenhof

🏛 Mauritshuis

Voir p. 188-189.

⬚ Ridderzaal

Binnenhof 8a. **Tél.** (070) 364 6144.
🕐 lun.-sam. 10h-16h. 🔲 dim. et j.f.
🖼 🎫 www.binnenhofbezoek.nl
Au centre de la cour du Binnenhof se dresse le château gothique entrepris en 1247 par Guillaume II et achevé par son fils Floris V (p. 21). Restaurée en 1900, la salle des Chevaliers, qui lui donne son nom et où se tenaient les fêtes et banquets des comtes de Hollande, sert de cadre à des cérémonies officielles. Chaque année, la reine y prononce un discours qui ouvre la session parlementaire (Prinsjesdag, le 3ᵉ jeudi de septembre). Une visite guidée permet de la découvrir et une exposition retrace le développement de la démocratie aux Pays-Bas.

🏛 Museum Bredius

Lange Vijverberg 14. **Tél.** (070) 362 0729. 🕐 mar.-dim. 11h-17h.
🔲 1ᵉʳ janv. et 25 déc. 🖼 🎫
www.museumbredius.nl
Historien et collectionneur d'art, Abraham Bredius dirigea le Mauritshuis (p. 188-189) de 1895 à 1922. À sa mort, il légua sa collection d'œuvres du Siècle d'or à la ville. En bordure du Hofvijver, une maison de marchand du XVIIIᵉ siècle abrite ces peintures de maîtres néerlandais tels que Rembrandt et Jan Steen (p. 131), mais aussi d'artistes moins connus et souvent absents des grands musées, bien que le regard qu'ils portèrent sur leur époque demeure fort intéressant.
Le musée propose aussi une riche exposition de meubles, de porcelaines et d'argenterie.

🔒 Grote Kerk

Rond de Grote Kerk 12.
Tél. (070) 302 8630.
🔲 mi-juil.-mi-août (rés.de vis. guid. au (070) 345 1298). ⬚
www.grotekerkdenhaag.nl
Si la construction de sa tour hexagonale commença en 1420, la « Grande Église » de La Haye remonte au début du XVIIᵉ siècle. Elle a connu une importante restauration entre 1985 et 1987. De splendides vitraux y représentent Charles Quint (p. 24-25) s'agenouillant devant la Vierge.

Armoiries sur la façade du Rijksmuseum Gevangenpoort

🏛 Rijksmuseum Gevangenpoort

Buitenhof 33. **Tél.** (070) 346 0861.
🔲 voir le site. 🔲 1ᵉʳ janv., 25 et 26 déc. 🖼 🎫 oblig. (ttes les h.) ; dern. vis. à 16h. 🔲
www.gevangenpoort.nl
La porte des Prisonniers servait au XIVᵉ siècle d'entrée principale au château des comtes de Hollande. Transformée en lieu de détention, elle eut comme captif le bourgmestre Cornelis de Witt, avant que la foule ne le mette à mort en 1672 avec son frère Jan (p. 27), considéré comme responsable de l'invasion du pays par Louis XIV. La mort de ces républicains ouvrit à la famille d'Orange la voie du retour au pouvoir.
L'édifice présente une exposition d'instruments de torture, sonorisée par des hurlements enregistrés.

Le Hofvijver et le siège du Parlement

Dans la Galerij Prins Willem V

🏛 Galerij Prins Willem V

Buitenhof 33. **Tél.** *(070) 302 3456.*
⬤ *consultez le site.* 🖼
📶 www.mauritshuis.nl

Collectionneur enthousiaste, le stathouder Guillaume V *(p. 31)* installa les plus belles pièces de sa collection privée dans cette auberge qu'il ouvrit au public en 1774, créant ainsi la plus ancienne galerie d'art publique des Pays-Bas.

Une grande partie de ces œuvres se trouvent aujourd'hui au Mauritshuis *(p. 188-189)*. Toutefois, parmi les quelque 120 tableaux exposés à la Galerij Prins Willem V, principalement des paysages typiques du Siècle d'or néerlandais, des scènes de genre et des évocations d'événements historiques, figurent des peintures par Jan Steen, Paulus Potter (1625-1654) ou Willem Van de Velde.

La présentation des œuvres – accrochées très haut les unes contre les autres – est caractéristique d'un cabinet d'amateur d'art du XVIIIᵉ siècle *(p. 133)*, les mettant peu en valeur pour un regard contemporain.

🏛 Haags Historisch Museum

Korte Vijverberg 7. **Tél.** *(070) 364 6940.* ⬤ *mar.-ven. 10h-17h, sam.-dim. 12h-17h.* ⬤ *1ᵉʳ janv., 3ᵉ jeu. de sept. et 25 déc.* 🖼 ♿ 🖊 🛍 🛗
www.haagshistorischmuseum.nl

Le Musée historique de La Haye occupe le Sebastiaansdoelen, l'ancien quartier général de la Compagnie des arbalétriers de Saint-Sébastien construit en 1636. Organisées à partir des collections permanentes de vestiges archéologiques, de peintures et de mobilier, les expositions temporaires retracent l'histoire de la ville depuis le Moyen Âge. Elles comprennent toujours cependant une maison de poupée du XIXᵉ siècle luxueusement aménagée.

Façade du XVIIᵉ siècle du Haags Historisch Museum

MODE D'EMPLOI

56 km SO d'Amsterdam.
🏠 446 000. 🚉 *Koningin Julianaplein, Centraal Station ; Stationsplein, Station Hollands Spoor (HS).* 🚌 *Hofweg 1 (0900 340 3505).* ⬤ *lun.-sam. 10h-18h (sam. 17h), dim. 12h-17h.* 🏪 *lun., mer., ven., sam.* 🎏 *Vlaggetjesdag Scheveningen : dern. sam. de mai ou 1ᵉʳ sam. de juin ; Prinsjesdag : 3ᵉ mar. de sept.* www.denhaag.com

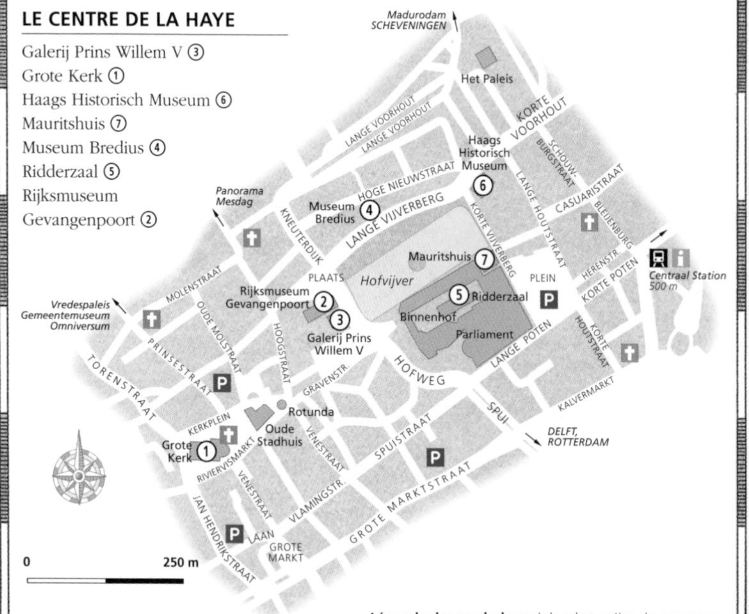

Légende des symboles voir le rabat arrière de couverture

Mauritshuis

Johann Maurits, comte de Nassau, fit bâtir pour y prendre sa retraite cette élégante demeure dessinée par Jacob Van Campen dans le style classique hollandais. Pieter Post acheva sa construction en 1644. Légué à l'État à la mort de son propriétaire en 1679, le bâtiment, qui offre une vue magnifique sur le Hofvijver (p. 186), abrite depuis 1822 le Musée royal de peinture. Si la collection compte moins de 300 tableaux, principalement de maîtres flamands et hollandais, presque chacun d'eux est une œuvre majeure. La décoration des salles d'exposition concourt, en outre, à faire du Mauritshuis l'un des plus beaux musées des Pays-Bas.

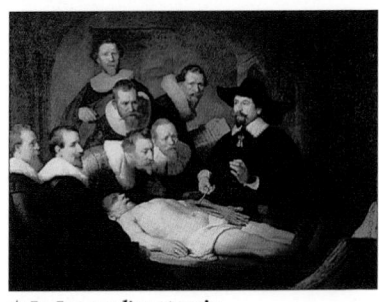

★ **La Leçon d'anatomie du docteur Nicolaes Tulp** (1632)
Tout le talent de Rembrandt et sa maîtrise de la lumière s'expriment dans ce portrait de chirurgiens, peint à l'âge de 26 ans.

SUIVEZ LE GUIDE !

L'exposition occupe les trois niveaux d'un édifice relativement exigu et couvre toute la place disponible sur les murs. L'accrochage change régulièrement pour présenter toutes les tendances de la collection, mais vous pouvez vérifier les expositions courantes sur le site du musée. Une liste des principales œuvres est également disponible à l'entrée. Attention ! Le musée est actuellement en rénovation jusqu'en 2013.

Bouquet dans une niche *(1618)*
Ambrosius Bosschaert l'Ancien a saisi la beauté de ces fleurs. Les mouches qui tournent autour nous rappellent notre mortalité.

Rez-de-chaussée

Bureaux

Portrait d'un homme de la famille Lepinette
(v. 1485-1490)
Attribué à Antonello de Messine jusqu'au XIXe siècle, ce portrait est l'œuvre d'Hans Memling.

Sous-sol

Escalier principal

Le Chardonneret
(1654)
Carel Fabritius
(1622-1654), un élève
de Rembrandt, peignit
ce petit tableau
l'année de
sa mort.

Escalier principal
(1er étage)

1er étage

MODE D'EMPLOI

Korte Vijverberg 8, Den Haag.
Tél. (070) 302 3456. 🚊 Stationsplein 25. 🕐 mar.-dim. 10h-17h
(dim. et j.f. 11h-17h) ; avr.-sept. :
ouv. lun. ; dern. entr. à 16h30.
⬤ en restauration jusqu'en
2013. 📷 📹 ♿ 🎫 🏛

LÉGENDE

☐ Galerie de portraits

☐ XVe siècle et début du XVIe siècle

☐ Fin du XVIe siècle et XVIIe siècle

☐ Salle dorée

☐ Peintures du XVIIe siècle

☐ Peintures du XVIIIe siècle

☐ Circulation et services

Comme les vieux
chantent, piaillent
les jeunes
(v. 1665) Jan Steen,
qui réalisa cette illustration
d'un proverbe, est un
des meilleurs représentants
de la peinture de genre
néerlandaise (p. 131).

★ La Chasse aux poux
(v. 1652-1653)
Ce tableau de Gerard ter
Borch offre un aperçu
intimiste du souci de
l'hygiène au Siècle d'or.

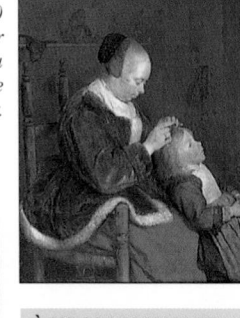

Entrée
principale

★ Jeune Fille
à la perle *(1660)*
Le modèle de ce
fascinant portrait
par Jan Vermeer
pourrait être sa
fille, Maria.

À NE PAS MANQUER

★ *La Chasse aux poux*
  par Gerard ter Borch

★ *Jeune Fille à la perle*
  par Jan Vermeer

★ *La Leçon d'anatomie*
  du docteur Nicolaes
  Tulp par Rembrandt

⛪ Vredespaleis

Carnegieplein 2. **Tél.** *(070) 302
4137.* ○ *lun.-ven.* ✎ *obligatoire.*
● *j.f. et séances de la Cour.* ✎
www.vredespaleis.nl

La Haye accueillit en 1899
la première Conférence
internationale de la paix qui
décida de la création de la
Cour permanente d'arbitrage,
destinée à offrir un autre
recours que la guerre aux
pays en litige. Pour lui
procurer un cadre digne de
ses objectifs, le philanthrope
américain Andrew Carnegie
(1835-1919) finança la
construction, de 1907 à 1913,
d'un imposant édifice
dessiné dans le style de la
Renaissance flamande par
le Français Louis Cordonnier.
Plusieurs nations participèrent
à la décoration intérieure et
extérieure de ce palais
de la Paix. Instance judiciaire
des Nations Unies, la Cour
internationale de justice a
remplacé en 1946 la Cour
permanente.

🏛 Haags Gemeentemuseum

Stadhouderslaan 41. **Tél.** *(070) 338
1111.* ○ *mar.-dim. 11h-17h.*
● *1er janv. et 25 déc.* ✎ 🎫 📷 🖥
📷 **www**.gemeentemuseum.nl

Cet édifice de deux étages
en béton et briques claires,
achevé en 1935, un an après
la mort de son architecte, fut
la dernière œuvre de H. P.
Berlage, inspirateur de l'école
d'Amsterdam *(p. 97).* Il abrite
les collections éclectiques du
Musée municipal de La Haye.

Le département des Arts
décoratifs présente des
verreries de Venise, de
superbes maisons de
poupée, des porcelaines
de Delft, et des céramiques
musulmanes et orientales.

La section d'art moderne

Le Vredespaleis où siège la Cour internationale de justice

du musée s'enorgueillit
de posséder le plus riche
ensemble du monde d'œuvres
de Piet Mondrian *(p. 136).*
Si les costumes et instruments
de musique datant du XVe au
XIXe siècle sont trop fragiles
pour être exposés en
permanence, les plus beaux
font régulièrement l'objet
d'expositions temporaires.
Véritable labyrinthe, le rez-
de-chaussée accueille les
wonderkamers, ou cabinets
de curiosités, où figurent
des œuvres originales,
essentiellement choisies
pour les jeunes visiteurs.

🏛 Panorama Mesdag

Zeestraat 65. **Tél.** *(070) 364 4544.*
○ *lun.-sam. 10h-17h, dim.
12h-17h.* ● *1er janv. et 25 déc.* ✎
www.panorama-mesdag.com

Sous le dais de cette rotonde
subsiste un remarquable
exemple des panoramas
(tableaux circulaires en
trompe l'œil) qui enchantaient
le XIXe siècle. Haut de 14 m
et long de 120 m, celui-ci
représente l'ancien village de
pêcheurs de Scheveningen,
station balnéaire située à
4 km au nord de la ville.

Réalisé en 1881 par des
membres de l'école de
La Haye, dirigés par H.W.
Mesdag (1831-1915) et son
épouse Sientje (1834-1909), il
surprend par son réalisme et
sa maîtrise de la perspective.

La lumière du jour tombant
à la verticale et le sable
jonché d'épaves, amassé au
pied de la peinture, ajoutent
à l'illusion. George Hendrik
Breitner (1857-1923) apporta
sa touche personnelle en
représentant la charge
d'un groupe d'officiers
de cavalerie.

Le Haags Gemeentemuseum (1935) dessiné par H. P. Berlage

🏛 Omniversum

President Kennedylaan 5.
Tél. (0900) 666 4837. ☐ t.l.j.
🎬 🔲 🔲 www.omniversum.nl
Tenant du planétarium et
d'un cinéma du XXIᵉ siècle,
l'Omniversum, doté d'un
système de sonorisation
extrêmement sophistiqué,
séduit tout particulièrement
les enfants. La projection de
films et d'effets spéciaux sur
un écran hémisphérique
donne l'impression de se
retrouver au cœur d'une
éruption volcanique ou
d'un voyage d'exploration
spatiale ou sous-marine.

🏛 Madurodam

George Maduroplein 1.
Tél. (070) 416 2400. ☐ t.l.j. 🎬 ♿
🍽 🔲 www.madurodam.nl
Maduro créa en mémoire
de son fils George, mort en
déportation à Dachau, cette
ville miniature (au 1/25),
inaugurée par la reine Juliana
en 1952. Outre les répliques
de maisons de canal
d'Amsterdam, de l'Europoort
de Rotterdam *(p. 199)*, de
l'aéroport de Schiphol, le
visiteur y découvre des
moulins à vent, des champs
de tulipes et même une plage
naturiste. La nuit, des petites
ampoules illuminent rues
et bâtiments.

Tous les bénéfices vont
à des œuvres charitables.

**En visite à la ville miniature de
Madurodam**

Scheveningen ⑯

45 km SO d'Amsterdam. 🗺 17 800.
🚉 🚌 jeu. www.denhaag.com

Depuis le centre de La Haye,
quinze minutes en tram
suffisent pour rejoindre
cette station balnéaire.
Elle connut son âge d'or
au tournant du XIXᵉ siècle,
et quelques belles villas
de cette époque subsistent.
Des immeubles sans grâce
s'élèvent cependant
sur le front de mer.

Les Néerlandais se pressent
aux beaux jours sur ses
plages et, de nombreux
restaurants servent de bonnes
spécialités de poisson.

Palace construit dans le
style Empire en 1885, l'hôtel
Kurhaus abrite un casino.
Une jetée datant du début
du XXᵉ siècle est en cours
de restauration. Le **Sea Life
Centre** permet à ses visiteurs
de découvrir, dans des
tunnels vitrés, des animaux
tels que raies et requins.
Il sert aussi de refuge à
de nombreuses créatures
marines blessées.

La ville a absorbé le village
de Scheveningen Haven,
mais celui-ci a réussi à
entretenir et à adapter
une partie de son activité
traditionnelle. Au sud du port
se trouve le point de départ
des bateaux proposant
des expéditions de pêche.

À proximité, le **MuZee
Scheveningen** présente des
expositions sur la marine
du monde entier et le mode
de vie villageois au début
du XXᵉ siècle.

🏛 MuZee Scheveningen

Neptunusstraat 92. **Tél.** (070)
3500830. ☐ mar.-ven., dim.
⬤ 1er janv. et 25 déc. ♿
www.muzee.nl

🐠 Sea Life Centre

Strandweg 13. **Tél.** (070) 354 2100.
☐ t.l.j. ⬤ 25 déc. 🎬 ♿ 📷 🍽
www.sealife.nl

Vacanciers sur la plage de Scheveningen

Delft pas à pas ⑰

Carreau de Delft du XIXᵉ siècle

Les origines de Delft remontent à 1075, mais la localité n'obtint le droit de cité qu'en 1246. Au Moyen Âge, ses brasseurs et ses drapiers fondent la prospérité de la ville, mais un terrible incendie en 1536 et l'explosion de l'arsenal en octobre 1645 causèrent de terribles destructions. Le centre de Delft a peu changé depuis la reconstruction qui suivit, et de belles maisons gothiques et Renaissance bordent toujours ses canaux ombragés. Autour de la place du marché qu'encadrent le Stadhuis et la Nieuwe Kerk, de nombreuses boutiques proposent antiquités et faïences décorées à la main. Certaines fabriques se visitent et vendent sur place leur production à des prix raisonnables.

★ Stedelijk Museum Het Prinsenhof
L'ancien couvent Sainte-Agathe (XIVᵉ siècle) abrite un musée d'Histoire néerlandaise.

SCHOOLSTRAAT

ST AGATHA PLEIN

HIPPOLYTUSBUURT

OUDE DELFT

Volkenkundig Museum Nusantara

★ Oude Kerk
Entreprise au XIIIᵉ siècle, l'Ancienne Église abrite la tombe d'Antonie Van Leeuwenhoek, inventeur du microscope.

L'Oude Delft est bordé de maisons Renaissance.

NIEUWSTRAAT

WIJN...

BÖTER BRUG

OUDE DELFT

PEPERSTRA...

0   50 m

Chapelle Saint-Hippolyte
Ce sanctuaire gothique de briques rouges (1396) servit d'arsenal après l'Altération (p. 24-25).

À NE PAS MANQUER

* ★ Nieuwe Kerk
* ★ Oude Kerk
* ★ Stedelijk Museum Het Prinsenhof

LÉGENDE

– – – Itinéraire conseillé

Vue de Delft *(v. 1660)*
Sur ce tableau, Vermeer a saisi avec génie les jeux mélancoliques d'ombres et de lumière d'un après-midi d'été.

MODE D'EMPLOI

50 km SO d'Amsterdam.
95 000. Stationsplein.
Hippolytusbuurt 4. (0900) 515 15 55. jeu., sam. *musique de chambre : 1er w.-e. d'août ; jazz/blues : mi-août ; Delft Dag : dern. sam. d'août.* www.delft.nl

Le Waag
(1770) est devenu un théâtre.

Stadhuis *(1618)*
Dessiné par Hendrick de Keyser, l'hôtel de ville Renaissance incorpore une tour gothique du XVe siècle.

HOORSTRAAT

VROUWENRECHT

UITENLAND

DEVLOUW

VONDELSTRAAT

KERK

STR

MARKT

OUDE LANGENDIJK

★ **Nieuwe Kerk**
Élevée par étapes à partir de 1383 (p. 194), la Nouvelle Église renferme le mausolée de Guillaume le Taciturne.

Vleeshal *(1650)*
Ornée de têtes d'animaux, l'ancienne halle aux viandes abrita un marché aux grains à partir de 1872.

À la découverte de Delft

Si sa faïence à décors bleus sur fond blanc vaut à Delft d'être connue dans le monde entier, cette charmante cité ancienne est aussi celle où repose Guillaume le Taciturne (1533-1584). Le prince d'Orange, qui prit la tête de la révolte contre les Espagnols, ouvrit la voie à l'indépendance religieuse et politique des Pays-Bas (*p. 24-25*). En outre, Delft est la ville où naquit, vécut et mourut Jan Vermeer (1632-1675), l'un des grands maîtres du Siècle d'or, bien qu'il soit resté longtemps méconnu et n'ait peint qu'une trentaine de tableaux.

Chaire Renaissance (1548)
de l'Oude Kerk

🔒 Oude Kerk

Heilige Geestherkhof. *Tél.* (015) 212 3015. ⭘ lun.-sam. 9h-18h (nov.-janv. : lun.-ven. 11h-16h, sam. 10h-17h ; fév.-mars : lun.-ven. 10h-17h). 🖼 ♿ **www**.oudekerk-delft.nl
Une église se dresse sur ce site depuis le XIIIe siècle, mais l'édifice original a connu bien des reconstructions et ajouts. Élevé en 1325, son clocher présente une inclinaison marquée.

Bâti au début du XVIe siècle, le transept nord, de style gothique flamboyant, abrite le tombeau baroque de l'amiral Maarten Tromp (1598-1653), orné d'un bas-relief décrivant la bataille navale où il périt. Dans la nef, la chaire et son baldaquin attirent le regard. Dans le chœur, le gisant du tombeau de l'amiral Piet Heyn (1577-1629) le représente en armure. À l'extrémité est du bas-côté nord se trouve la modeste sépulture de Jan Vermeer.

🔒 Nieuwe Kerk

Markt. *Tél.* (015) 212 3025. ⭘ lun.-sam. 9h-18h (fév.-mars : lun.-sam. 10h-17h ; nov.-janv. : lun.-ven. 11h-16h, sam. 10h-17h). Actuellement en restauration mais reste ouv. au public (tél. pour les horaires précis). 🖼 **www**.nieuwekerk-delft.nl
Construite entre 1383 et 1510, la Nouvelle Église a connu depuis plusieurs restaurations, notamment après l'incendie de 1536 et l'explosion de l'arsenal en 1645.

En 1872, la tour haute de 100 m qui domine la façade gothique est élevée par Cuypers (*p. 33*). Dans le chœur se dresse le mausolée de Guillaume Ier d'Orange-Nassau. Hendrick de Keyser (*p. 90*) réalisa de 1614 à 1620 ce monument en marbre noir et blanc dont le gisant du Stathouder, représenté en tenue de parade, constitue la pièce maîtresse.
Des allégories en bronze de Vertus l'entourent et, au pied du tombeau, un ange sonnant de la trompette symbolise la Renommée. L'artiste a aussi représenté le chien du prince qui aurait succombé au chagrin, quelques jours après l'attentat qui mit fin aux jours de son maître.

Sous le monument, une crypte abrite le caveau de la famille royale.

La Nieuwe Kerk domine à Delft la place du marché

LA FAÏENCE DE DELFT

La faïence qui fait aujourd'hui la réputation de la ville s'est développée à partir de la majolique, céramique aux motifs Renaissance, importée aux Pays-Bas au XVIᵉ siècle par des immigrants italiens qui s'installèrent dans la région de Delft et d'Haarlem. Fabriquant à l'origine des carreaux muraux et des objets utilitaires ornés le plus souvent d'oiseaux ou de fleurs, ils se sont inspirés, au cours du siècle suivant, de la porcelaine chinoise rapportée par les navires qui commerçaient avec l'Orient. Les faïenciers de Delft parent assiettes, plats et vases de paysages ou de scènes bibliques ou de genre qui assurent leur réputation. En 1652, la cité comptait 32 fabriques, notamment De Poerceleyne Fles, qui propose des visites guidées (www.royaldelft.com).

Carreaux de Delft du XVIIᵉ siècle

🏛 Koninklijk Nederlands Legermuseum

Korte Geer 1. *Tél.* (015) 215 0500. ☐ mar.-ven. 10h-17h, sam.-dim. 12h-17h. ● 1ᵉʳ janv., 30 avr. et 25 déc. ☐ ☐ www.legermuseum.nl

Le Musée royal de l'armée (1692) renferme de nombreuses armes et illustre l'histoire militaire néerlandaise depuis le Moyen Âge jusqu'à l'engagement actuel des Pays-Bas pour la défense de la paix dans le cadre des Nations Unies.

Fin 2012, le musée sera transféré à Soesterberg, près d'Utrecht.

Armoiries sur la façade du Legermuseum

🏛 Stedelijk Museum Het Prinsenhof

St Agathaplein 1. *Tél.* (015) 260 2358. ☐ mar.-dim. 11h-17h. ● 1ᵉʳ janv., 30 avr. et 25 déc. ☒ www.prinsenhof-delft.nl

Guillaume le Taciturne réquisitionna en 1572 les bâtiments gothiques de l'ancien couvent Sainte-Agathe pour y établir son quartier général, pendant la révolte contre les Espagnols (p. 24-25).

C'est là que l'assassina, en 1584, un catholique fanatique aux ordres de Philippe II : Balthasar Gerards. L'escalier principal porte toujours les traces des impacts de balle.

Restauré après la Seconde Guerre mondiale, l'édifice abrite le Musée historique de Delft où carrelages inégaux et fenêtres plombées offrent un cadre approprié à des collections de tapisseries, d'argenterie, de sculptures médiévales et de portraits de membres de la famille royale, de Guillame Iᵉʳ à nos jours.

🏛 Volkenkundig Museum Nusantara

St Agathaplein 4. *Tél.* (015) 260 2358. ☐ mar.-dim. 11h-17h. ● 1ᵉʳ janv., 30 avr. et 25 déc. ☒ ☐ www.nusantara-delft.nl

Quand Guillaume le Taciturne s'installa dans le couvent Sainte-Agathe, les nonnes déménagèrent dans une annexe de l'autre côté de la place. Ce bâtiment abrite aujourd'hui le Musée ethnologique Nusantara. Ses collections comprennent de superbes masques, sculptures, bijoux et instruments de musique rapportés d'Indonésie.

Sa boutique vend de l'artisanat indonésien intéressant, mais un peu cher.

🏛 Museum Lambert van Meerten

Oude Delft 199. *Tél.* (015) 260 2358. ☐ mar.-dim. 11h-17h. ● 1ᵉʳ janv., 30 avr. et 25 déc. ☒ www.lambertvanmeerten-delft.nl

Ce petit musée installé dans une demeure du XIXᵉ siècle présente une collection de faïences illustrant l'histoire de cet art dans le monde entier.

Dans le centre, de belles maisons bordent le Binnenwaterslot

Sint Janskerk, Gouda

Armoiries d'un donateur (1601)

Fondée au XIIIe siècle, l'église Saint-Jean connut plusieurs reconstructions, jusqu'à celle qui lui donna son style gothique actuel. De 1555 à 1572, les frères Crabeth, commandités par de riches donateurs catholiques tels que Philippe II d'Espagne, dotèrent le sanctuaire de si merveilleux vitraux que les iconoclastes protestants ne purent se résoudre à les briser. Au contraire, une fois l'église affectée au culte réformé après l'Altération *(p. 24-25),* les édiles de plusieurs villes néerlandaises comme Rotterdam financèrent jusqu'en 1603 l'installation de nouveaux vitraux. Au travers de scènes historiques ou bibliques, ceux-ci évoquent la guerre de libération qui opposa à partir de 1572 les provinces des Pays-Bas aux Espagnols.

La nef
Dallée de pierres tombales, elle est la plus longue des Pays-Bas (123 m).

La Femme adultère *(1601)*
C'est habillé en franciscain que Jésus demande au peuple le pardon de la pécheresse gardée par des soldats espagnols.

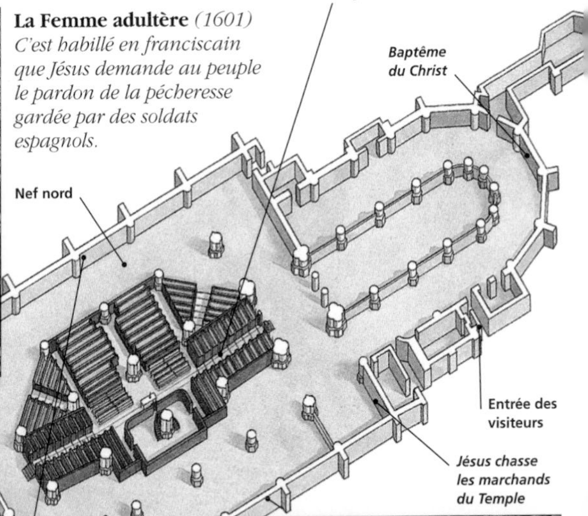

Baptême du Christ

Nef nord

Entrée des visiteurs

Jésus chasse les marchands du Temple

Nef sud

Judith décapitant Holopherne
Ce détail du vitrail par Dirck Crabeth montre son commanditaire, Jean de Ligne, comte d'Aremberg, agenouillé près de saint Jean-Baptiste.

Levée du siège de Leyde *(1603)*
C'est en provoquant une inondation que Guillaume le Taciturne, représenté ici, b, le siège des Espagnols en 1574 (p. 184).

Le clocher de la Sint Janskerk domine les toits de Gouda

Jésus chasse les marchands du Temple

*Ce vitrail offert par
Guillaume le Taciturne
en 1567 exprime
l'aspiration des réformistes
à une Église moins
corrompue.*

Baptême du Christ *(1555)*
*Offert par l'évêque d'Utrecht,
ce vitrail, le plus ancien de
l'église, montre Jésus se
purifiant dans le Jourdain.*

Gouda ⑱

50 km S d'Amsterdam. 🏠 72 000. 🚉
ℹ Markt 27. (0900) 468 32888.
🧀 marché aux fromages : mi-juin-
août : jeu. 10h-12h30 ; marché général :
jeu. et sam. ; antiquités : mai-août :
mer. www.vvvgouda.nl

Après avoir obtenu en 1272
ses droits de cité du comte
Floris V de Hollande *(p. 21)*,
Gouda, située au confluent
de deux rivières, la Gouwe
et la Hollandse IJssel, assit au
XVe siècle sa prospérité sur
la fabrication de la bière.
La réputation des fromages
qui la rendirent célèbre se
forgea au XVIIe siècle. En plus
du marché spécialisé organisé
en été, deux marchés
hebdomadaires offrent
l'occasion d'en acheter.
En décembre a lieu aussi
le Festival de la bougie.
Les marchés se tiennent sur
la vaste place qui s'étend
autour du Stadhuis. Construit
en 1450, cet édifice gothique
à la façade décorée de
pignons, de gables et de
statues est l'un des plus vieux
hôtels de ville des Pays-Bas.
Le monument le plus
remarquable de Gouda
demeure la Sint Janskerk,
décorée de superbes vitraux.

🏛 Museum Gouda
Achter de Kerk 14. **Tél.** (0182) 331
000. ○ mer.-ven. 10h-17h, sam.-
dim. 12h-17h. ● 1er janv. et 25 déc.
⚑ www.museumgouda.nl
Un portail de 1609 orné d'un
bas-relief ouvre sur le jardin
de cet ancien hospice. Bâti au
XIVe siècle pour accueillir les
voyageurs, il fut transformé

plus tard en maison de
retraite. Depuis 1910,
les bâtiments abritent les
collections variées d'un
musée municipal : une série
de portraits de gardes
civiques et des tableaux
de l'école de La Haye.

🏛 Nationaal Farmaceutisch Museum De Moriaan
Westhaven 29. **Tél.** (0182) 331
000. ○ mer.-dim. 12h-17h.
● 1er janv. et 25 déc.
www.farmaceutischmuseum.nl
Ce bâtiment, qui fut jadis
une raffinerie de sucre puis
un bar et débit de tabac,
abrite depuis 2007 le Musée
national de la pharmacie,
qui retrace l'histoire des
apothicaires néerlandais
et leur métier.

Portail du Museum Gouda, datant
du XVIIe siècle

Rotterdam ⑲

Péniches fluviales et cargos de haute mer se rejoignent à Rotterdam, qui jouit d'une position stratégique au débouché du Rhin et de la Meuse en mer du Nord. Cette situation lui a permis de devenir le plus grand port du monde, mais lui a aussi valu de subir pendant la Seconde Guerre mondiale de terribles bombardements qui détruisirent presque entièrement le centre historique. Sa reconstruction a offert un vaste espace de création à de nombreux architectes, et la cité offre aujourd'hui l'un des visages les plus modernes d'Europe. Près de 300 000 personnes travaillent dans les installations portuaires.

Vieux bateaux et les maisons Kubuswoningen sur l'Oudehaven

Cabine du *De Buffel*

🏛 Maritiem Museum Rotterdam

Leuvehaven 1. ***Tél.*** *(010) 413 2680.* ◯ *mar.-sam. 10h-17h, dim. et vac. scol. 11h-17h ; juil.-août : aussi le lun.* ◯ *1ᵉʳ janv., 30 avr. et 25 déc.* 🎫 🅱 🛗 ⬛ 🔲
www.maritiemmuseum.nl

Ce musée fut fondé en 1873 par le prince Hendrik, frère de Guillaume III *(p. 29-30)*. Aux côtés d'une petite flotte de péniches et de bateaux à vapeur, le clou de l'exposition est un cuirassé baptisé *De Buffel* (1868). Les quartiers des officiers, somptueux, évoquent un club de gentlemen.

🏛 Historisch Museum Rotterdam

Korte Hoogstraat 31. ***Tél.*** *(010) 217 6767.* ◯ *mar.-dim. 11h-17h.* ◯ *1ᵉʳ janv., 30 avr. et 25 déc.* ⬛ 🅱 🔲 **www**.hmr.rotterdam.nl

Gracieuse maison classique bâtie en 1665 par Jacob Lois et restaurée en 1986, la Schielandshuis est l'un des rares édifices du XVIIᵉ siècle ayant subsisté. Peintures, objets d'art, vêtements, vestiges architecturaux et reconstitutions d'intérieurs y évoquent l'histoire de la ville.

À la découverte de Rotterdam

Les bombardements de la dernière guerre ont détruit la majeure partie de l'Oudehaven, l'ancienne zone portuaire. Sa reconstruction a donné lieu à l'édification de bâtiments avant-gardistes. De forme pointue, la **Gemeentebibliotheek**, la bibliothèque publique, évoque le Centre Pompidou par ses conduits extérieurs jaunes. À Kop van Zuid, l'ancienne zone portuaire de la rive sud, se dressent le siège de KPN Telecom signé Renzo Piano et le Luxor Theater conçu par l'architecte australien Peter Wilson.

Bâties en 1982, les **Kubuswoningen** (« Maisons cubiques ») de Piet Blom ont des murs inclinés qui imposent aux habitants de faire fabriquer leurs meubles sur mesure pour s'adapter aux angles inhabituels des parois.

Sur les quais, où s'étalent les terrasses des cafés, des immeubles ont remplacé les anciens entrepôts en bois.

Pour disposer d'un port, les habitants de Delft *(p. 192-195)* percèrent au Siècle d'or un canal de 12 km de long jusqu'à la Meuse où ils fondèrent **Delfshaven**. C'est l'un des quartiers les plus agréables de la ville.

🏛 Museum Boijmans-Van Beuningen Rotterdam

Voir p. 200-201

Maisons de canal dans un coin tranquille de Delfshaven

Historisch Museum de Dubbelde Palmboom

Voorhaven 12. ***Tél.*** *(010) 476 1533.*
mar.-dim. et j.f. 11h-17h.
1er janv., 30 avr. et 25 déc.
www.hmr.rotterdam.nl

Le « musée du Double Palmier » occupe un entrepôt en briques à deux pignons datant de 1825. Sous les poutres des vastes salles de ses cinq niveaux, de riches collections de photographies, maquettes et objets d'art et d'artisanat retracent l'histoire de l'implantation humaine à l'embouchure de la Meuse depuis les premières colonies de pêcheurs de l'âge du fer.

Wereldmuseum Rotterdam

Willemskade 25. ***Tél.*** *(010) 270 7172.* *mar.-dim. 10h-22h.*
1er janv., 30 avr. et 25 déc.
www.wereldmuseum.rotterdam.nl

Les édiles de Rotterdam ont réuni au XVIIe siècle une collection ethnologique. Outre 1 800 objets d'Indonésie, d'Amérique et d'Asie, le musée diffuse des documents audiovisuels. Son café propose des plats du monde entier.

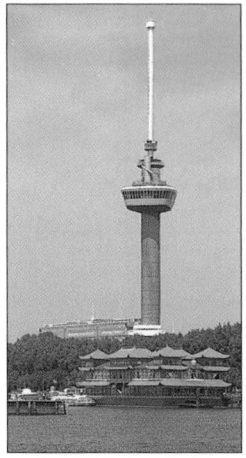

La tour Euromast

Euromast

Parkhaven 20. ***Tél.*** *(010) 436 4811.*
avr.-sept. : t.l.j. 9h30-23h ; oct.-mars : t.l.j. 10h-23h.
www.euromast.nl

Une terrasse panoramique, d'où l'on peut admirer la vue depuis une table de restaurant, couronne à 100 m de hauteur la partie inférieure de cette tour construite en 1960. Elle grandit encore de 85 m en 1970 avec l'ajout de la Space Tower qui en fit le plus haut édifice des Pays-Bas. Depuis la cabine vitrée, le panorama sur la ville et le port est extraordinaire.

MODE D'EMPLOI

65 km SO d'Amsterdam.
600 000. *Stationsplein.*
6 km NO. *Coolsingel 95-97 (0900 403 4065).*
Festival du film de Rotterdam : fin janv.-déb. fév. ; Festival de jazz de la mer du Nord : 2e w.-e. de juil.
www.rotterdam.info

Spido

Havenrondvaarten Willemsplein 85. ***Tél.*** *(010) 275 9988.* **Europoort**
t.l.j. **Promenades en bateau**
avr.-oct : t.l.j. ; nov.-mars : mer.-dim. **www**.spido.nl

Si une promenade en bateau reste le meilleur moyen de découvrir les installations portuaires de la « porte de l'Europe », les cyclistes et les automobilistes peuvent aussi se risquer sur la Haven Route (« route du Port »), longue de 48 km, qui longe la Nieuwe Maas (« Nouvelle Meuse »).

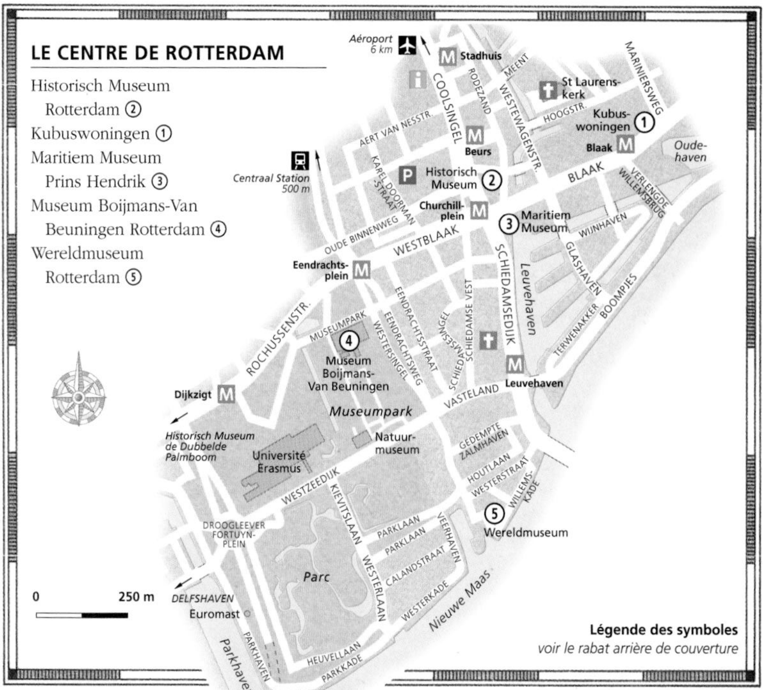
LE CENTRE DE ROTTERDAM
Historisch Museum Rotterdam ②
Kubuswoningen ①
Maritiem Museum Prins Hendrik ③
Museum Boijmans-Van Beuningen Rotterdam ④
Wereldmuseum Rotterdam ⑤
Aéroport 6 km
Stadhuis
Coolsingel
Rodezand
Meent
Westewagenstr.
St Laurenskerk
Hoogstr.
Kubus-woningen
Mariniersweg
Blaak
Oude-haven
Beurs
Aert van Nesstr.
Centraal Station 500 m
Karel Doorman-straat
Historisch Museum
Churchill-plein
Maritiem Museum
Verlengde Willemsbrug
Wijnhaven
Glashaven
Oude Binnenweg
Westblaak
Eendrachts-plein
Schiedamsedijk
Leuvehaven
Boompjes
Terwenakker
Rochussenstr.
Museumpark
Westersingel
Eendrachtsweg
Eendrachtsstraat
Schiedamse Vest
Museum Boijmans-Van Beuningen
Vasteland
Dijkzigt
Historisch Museum de Dubbelde Palmboom
Université Erasmus
Natuur-museum
Gedempte Zalmhaven
Houtlaan
Westerstraat
Willemskade
Westzeedijk
Kievitslaan
Droogleever Fortuyn-plein
Parklaan
Veerhaven
Wereldmuseum
Parc
Calandstraat
Westerlaan
Westerkade
Nieuwe Maas
0 250 m
Delfshaven
Euromast
Parkhaven
Heuvellaan
Parkkade
Légende des symboles
voir le rabat arrière de couverture

Museum Boijmans-Van Beuningen

Fondé à l'origine dans la Schielandhuis voisine, ce musée, installé depuis 1935 dans un bâtiment spécialement construit pour l'abriter, porte le nom de deux amateurs d'art, le juriste F. J. O. Boijmans et l'homme d'affaires D. G. Van Beuningen, qui léguèrent leurs collections à la ville en 1955. Réparties en quatre départements (art ancien, art moderne, arts décoratifs et estampes), les œuvres forment un des ensembles les plus remarquables et les plus variés des Pays-Bas, allant, pour la peinture, de Bruegel et Bosch à Kandinsky et Andy Warhol.

Thétis recevant l'armure d'Achille *(1630-1632)*
Cette huile sur toile fait partie de la série que Paul Rubens a consacrée à la vie d'Achille.

Trois Marie au tombeau *(1430)*
Les frères Jan et Hubert Van Eyck collaborèrent pour exécuter cette œuvre minutieuse et colorée.

Coupe nautile *(1590)*
Bel exemple de l'art Renaissance hollandaise, cette coupe ornée de motifs marins est couronnée par une figurine de Neptune chevauchant un dauphin.

1er étage

À NE PAS MANQUER

★ *Le Colporteur* par Jérôme Bosch

★ *Titus à l'écritoire* par Rembrandt

★ *La Tour de Babel* par Pieter Bruegel

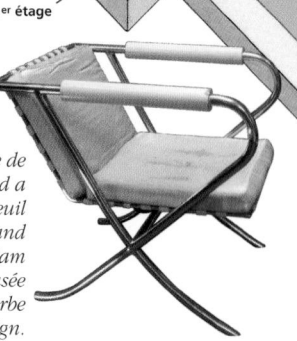

Fauteuil 04 *(1932)*
Architecte de la ville de Rotterdam, J.J.P. Oud a dessiné ce fauteuil tubulaire pour le grand magasin d'Amsterdam Metz & Co. Le musée présente une superbe collection de design.

SUIVEZ LE GUIDE !

*Le musée est vaste et
les œuvres présentées
changent régulièrement,
mais une signalisation
claire conduit aux quatre
principaux départements,
et les gardiens ne
demandent qu'à guider
les visiteurs. Pour Bruegel
et Rembrandt, suivre
les panneaux « Vieux
maîtres », pour Dali et
Magritte, les panneaux
« Art moderne ».*

MODE D'EMPLOI

Museumpark 18-20, Rotterdam.
Tél. *(010) 441 9400.* 🚉 *Centraal
Station.* ⭘ *mar.-sam. 11h-17h.*
📅 *1er janv., 30 avr. et 25 déc.*
📷🅿️♿🍴🛍️
www.boijmans.nl

★ Titus à l'écritoire
*(1655)
Rembrandt a représenté
son fils à l'âge de 13 ans
dans une lumière qui
accentue sa pâleur et son
expression méditative.*

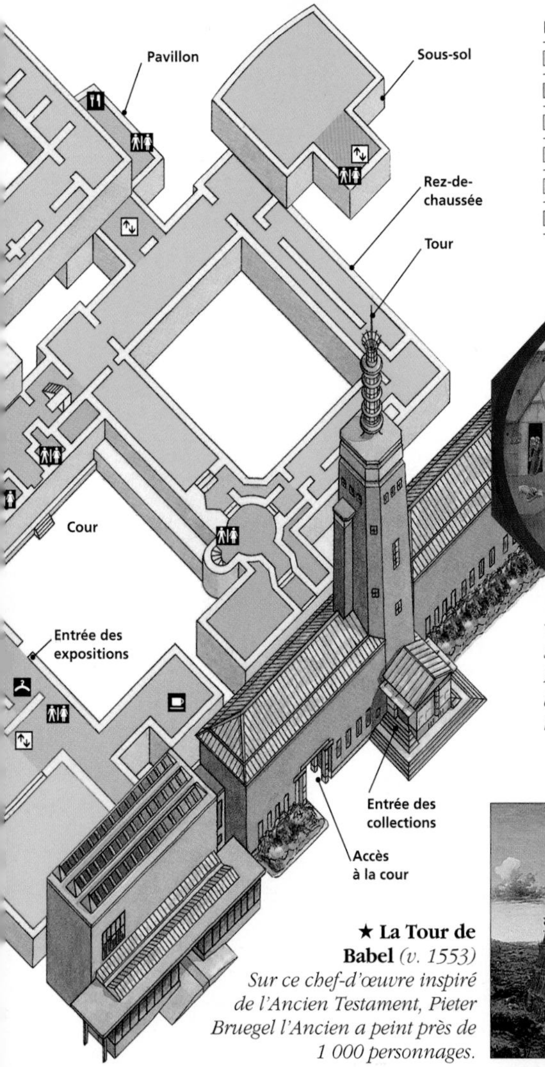

LÉGENDE

▢	Vieux maîtres
▢	1750-1930
▢	Arts décoratifs et art moderne
▢	Exposition permanente
▢	Exposition temporaire
▢	Circulation et services

Pavillon

Sous-sol

Rez-de-chaussée

Tour

Cour

Entrée des
expositions

Entrée des
collections

Accès
à la cour

★ Le Colporteur *(v. 1502)*
*Sur ce tableau de Jérôme
Bosch, l'humanité chemine
à travers la vie, suivi par
le Péché, à l'affût.*

★ La Tour de
Babel *(v. 1553)
Sur ce chef-d'œuvre inspiré
de l'Ancien Testament, Pieter
Bruegel l'Ancien a peint près de
1 000 personnages.*

Utrecht ⑳

Fondée en 47 par les Romains pour protéger sur le Rhin un gué *(trajectum)* qui lui donna son nom, Utrecht devient en l'an 700 un centre de diffusion de la foi chrétienne quand un missionnaire anglo-irlandais, saint Willibrord (658-739), y fonde un évêché : Het Sticht. Son importance religieuse permet à la cité d'étendre son influence tout au long du Moyen Âge, et l'évêché d'Utrecht contrôle une grande partie des Pays-Bas quand l'évêque Henri de Bavière est obligé en 1527 de renoncer à ses pouvoirs temporels en faveur de Charles Quint *(p. 24-25)*. Églises et monastères de cette époque glorieuse subsistent en grand nombre, mais ils voisinent aujourd'hui avec des immeubles modernes et des galeries marchandes. Coulant à 5 m en dessous du niveau des rues pour éviter les inondations, l'Oudegracht (« Vieux Canal ») traverse tout le centre-ville.

🎠 Domtoren
Via Rondom, Domplein 9. **Tél.** *(030) 236 0010.* 📷 *avr.-sept. : ttes les h. t.l.j. 11h-16h (lun. et dim. à partir de*

La Domtoren gothique

12h) ; oct.-mars : dim.-ven. 12h, 14h et 16h. ⏺ *1er janv. et 25 déc.* 📷

Un violent ouragan détruisit en 1674 la nef de la cathédrale, mais seule une arche la reliait au clocher achevé en 1382 sur le site de la petite église fondée au VIIIe siècle. La tour, l'une des plus hautes des Pays-Bas, résista.

Chef-d'œuvre gothique, la Domtoren domine de ses 112 m les toits de la ville. Sa galerie panoramique offre une vue magnifique sur Utrecht.

⛪ Domkerk
Achter den Dom 1.
Tél. *(030) 231 0403*
⏺ *t.l.j. (tél. pour rens.)*
💳📧📷 www.domkerk.nl

La construction de l'ancienne cathédrale d'Utrecht débuta en 1254, mais il ne subsiste de l'édifice original que les transepts nord et sud, le chœur et deux chapelles. Le cloître et la salle capitulaire où le frère de Guillaume le Taciturne, Jean de Nassau, signa en 1579 l'Union d'Utrecht *(p. 25)* datent du XVe siècle. La salle fait partie de l'Université. Devant le cloître se trouve la réplique d'un monolithe gravé en 980 de runes évoquant l'évangélisation du peuple danois par des missionnaires venus d'Utrecht.

🏛 Nederlands Spoorwegmuseum
Maliebaanstation. **Tél.** *(030) 2306 206.* ⏺ *mar.-dim. et j.f. 10h-17h.* ⏺ *1er janv. et 30 avr.* 📷♿🚻🍴
www.spoorwegmuseum.nl

Dans les locaux de l'ancienne gare Maliebaan (XIXe siècle),

Orgue au Speelklok Museum

ce riche musée des Chemins de fer propose une exposition retraçant l'histoire du train aux Pays-Bas et illustrant le fonctionnement du réseau ferroviaire actuel.

À l'extérieur, locomotives à vapeur et tramways offrent un terrain de jeux aux enfants. Ils pourront aussi profiter des cinq « mondes » du chemin de fer dont chacun porte sur un thème.

🏛 Nationaal Museum van Speelklok tot Pierement
Buurkerk on Steenweg 6. **Tél.** *(030) 2312 789.* ⏺ *mar.-dim. 10h-17h.* ⏺ *1er janv., 30 avr. et 25 déc.* 📷
📷♿📧📷 www.museum speelklok.nl

Installé dans la Buurkerk, une église du XIIIe siècle, ce musée, dont le nom signifie littéralement « de l'horloge musicale à l'orgue de Barbarie », présente une collection d'instruments mécaniques du XVIIIe siècle à nos jours. Mis en marche pendant la visite guidée, orgues de foire, carillons, boîtes à musique ou automates rivalisent de sonneries. Les visiteurs sont invités à pousser la chansonnette ou esquisser un pas de danse.

🏛 Centraal Museum
Nicolaaskerkhof 10. **Tél.** *(030) 2362 362.* ⏺ *mar.-dim.11h-17h (ven. 21h)* ⏺ *1er janv., 30 avr. et 25 déc.* 📷📷
📧📷 www.centraalmuseum.nl

Ce musée présente une belle collection de peintures anciennes,

Moteur à vapeur et poste d'aiguillage au Nederlands Spoorwegmuseum

La Schröderhuis (1924) de Gerrit Rietveld, annexe du Centraal Museum

MODE D'EMPLOI

57 km SE d'Amsterdam.
234 000. Hoog Catharijne.
Domplein 9 (0900 128 8732).
mer. et sam. Hollands
Festival Oude Muziek : fin août-
déb. sept. ; Nederlandse
Filmdagen : fin sept.-déb. oct.
www.utrechtyourway.com

notamment par Jan Van Scorel (1495-1562). Cet artiste influencé par la Renaissance italienne fut le premier à réaliser des portraits de groupes aux Pays-Bas.
Six salles proposent des reconstitutions d'intérieurs néerlandais du Moyen Âge au XVIIIe siècle. L'entresol et les anciennes écuries servent de cadre à une exposition d'art moderne.

Annexe du musée ouverte au public au n° 50 Prins Hendriklaan, la Schröderhuis, dessinée en 1924, offre un bel exemple d'architecture De Stijl (visites sur rendez-vous).

Pieterskerk

Pieterskerkhof. **Tél.** (030) 2311 485.
1er et 3e sam. 12h-16h (juil.-mi-sept. : mar.-sam. 11h-16h30).
Construite en tuf, cette église aux colonnes de grès rouge achevée en 1048 est un des rares édifices romans à subsister aux Pays-Bas.

Museum Catharijneconvent

Lange Nieuwstraat 38. **Tél.** (030) 231 3835. mar.-dim. 10h-17h (sam.-dim. et j.f. 11h). 1er janv. et 30 avr.
www.catharijneconvent.nl
Dans l'ancien couvent Sainte-Catherine (1562), ce musée retrace l'histoire

mouvementée du christianisme aux Pays-Bas et possède une remarquable collection d'art médiéval. Les salles entourant le cloître mettent en valeur sculptures sur bois et sur pierre, manuscrits, vêtements liturgiques, argenterie et orfèvrerie, peintures et miniatures.

Sculpture au Catharijneconvent

Aux étages, les reconstitutions d'intérieurs d'églises témoignent de la diversité des philosophies religieuses qui prévalurent aux Pays-Bas.
À l'ornementation des sanctuaires catholiques s'oppose l'austérité des lieux de culte protestants.

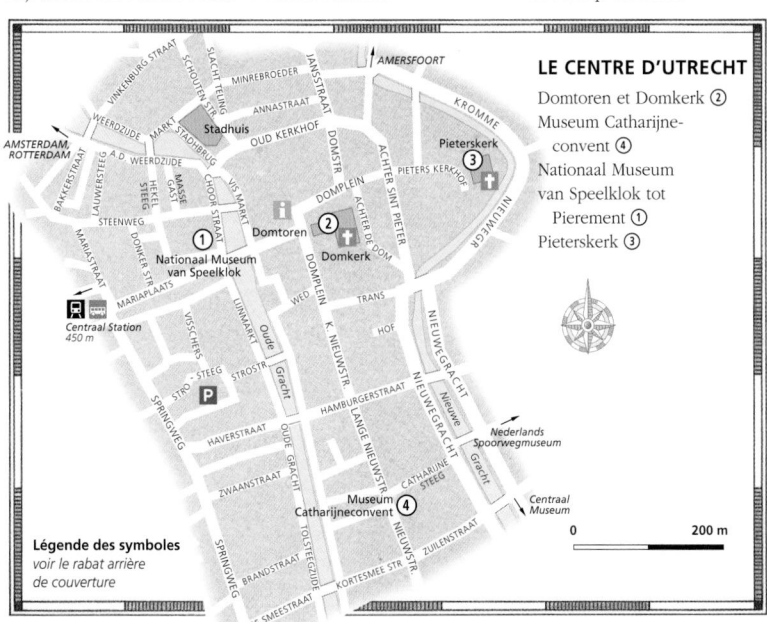

LE CENTRE D'UTRECHT

Légende des symboles
*voir le rabat arrière
de couverture*

0   200 m

Nationaal Park de Hoge Veluwe ㉑

Sur environ 5 500 ha, la plus vaste réserve naturelle des Pays-Bas regroupe marais, dunes, landes de bruyères et forêts. Elle offre un sanctuaire à des milliers de plantes rares, d'animaux sauvages et d'oiseaux.

Le parc renferme en outre un jardin de sculptures, le Beeldentuin, et le Museum Kröller-Müller qui possède, entre autres, plus de 250 peintures de Van Gogh. Sous le centre d'accueil se trouve le Museonder qui propose des expositions audiovisuelles consacrées à l'écorce terrestre. On y trouve notamment un simulateur de séismes.

Jachthuis Sint Hubertus
H. P. Berlage (p. 79) *acheva en 1920 ce pavillon de chasse pour les Kröller-Müller.*

OTTERLOSE ZAND

De Wetweg

Entrée par Otterlo

Houtkampweg

Mouflon

Kronkelweg

Centre d'accueil et Museonder

★ Museum Kröller-Müller
La Terrasse du café le soir *(1881) de Van Gogh fait partie de la riche collection de maîtres flamands et d'artistes modernes du musée.*

Poste d'observation Nieuwe Plijmen

PLIJMEN

FRA BE

Chevreuil

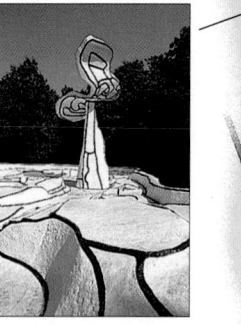

★ Beeldentuin
Le Jardin d'émail *de Jean Dubuffet est l'une des étonnantes sculptures modernes disséminées sur les 11 ha de ce parc. Le visiteur peut y admirer entre autres des œuvres d'Auguste Rodin, Alberto Giacometti et Barbara Hepworth.*

OUD-REEMSTER ZAND

Sanglier

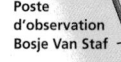
Poste d'observation Bosje Van Staf

OUD-REEMST ZAND

Pique-nique
On peut pique-niquer sur les tables proches du centre d'accueil et dans tout le parc, sauf dans les zones réservées aux animaux.

OUD-REEMST

Chevreuil

Légende des symboles *voir le rabat arrière de couverture*

Bicyclettes gratuites
Des vélos sont mis à disposition au centre des visiteurs.

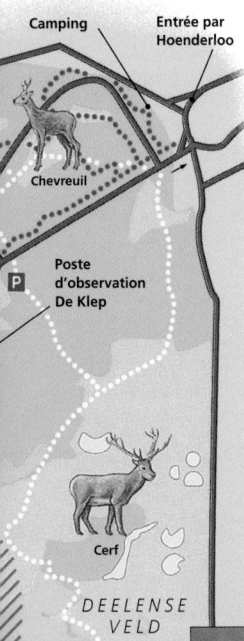

Camping

Entrée par Hoenderloo

Chevreuil

P Poste d'observation De Klep

Cerf

DEELENSE VELD

ELENSE AND

Postes d'observation
Plusieurs postes d'observation (voir la carte) permettent de contempler cerfs, mouflons ou oiseaux sans les déranger.

Entrée par Schaarsbergen

PERBERG

MODE D'EMPLOI

80 km SE d'Amsterdam.
108S depuis Apeldoorn ou Ede-Wageningen, avec changement pour le 106 à Otterlo. *Accès Otterlo, Schaarsbergen, Hoenderloo.*
Centre des visiteurs Otterlo.
Tél. (0900) 464 3835. avr. : 8h-20h ; mai et août : 8h-21h ; juin-juil. : 8h-22h ; sept. : 9h-20h ; oct. : 9h-19h ; nov-mars : 9h-18h.
Règlement : interd. de camper, d'importuner les animaux, de quitter la route et d'allumer des feux hors des aires désignées. **Museum Kröller-Müller** Houtkampweg 6, Otterlo.
Tél. (0318) 591 241. mar.-dim. et j.f. 10h-17h. 1er janv.
www.hogeveluwe.nl

LÉGENDE

Route principale
••• Sentier pédestre
Piste cyclable
Forêt
Lande
Dune
Accès interdit

0   2 km

Arnhem ㉒

80 km SE d'Amsterdam.
141 000. Stationsplein 13 (0900 112 2344). sam. www.vvarnhem.nl

Capitale de la province de la Gueldre, Arnhem fut du 17 au 27 septembre 1944 le théâtre d'une des plus tragiques batailles de la Seconde Guerre mondiale. Un corps de parachutistes britanniques devait y assurer une tête de pont, en attendant le renfort de 23 000 soldats américains et polonais venus du Sud. L'opération échoua, et la ville, presque entièrement détruite, ne fut libérée que le 8 avril 1945.

🏛 Airborne Museum Hartenstein

Utrechtseweg 232, Oosterbeek.
Tél. (026) 3337 710. consultez le site. 1er janv. et 25 déc.
www.airbornemuseum.com
Dans la villa d'Oosterbeek, où le général Urquhart de la 1re division aéroportée britannique établit le quartier général d'où il dirigea l'attaque d'Arnhem, ce musée évoque au travers de documents la terrible bataille.

Pont John-Frost, Arnhem

🏛 Nederlands Openluchtmuseum

Schelmseweg 89. **Tél.** (026) 357 6100.
t.l.j. 10h-17h (déc.-mi-janv. : 11h-19h ; mi-janv.-mars : 11h-16h30, parc seul.). 1er janv., mi-janv.-mars, nov. et 24 déc.
www.openluchtmuseum.nl
Dans un parc de 44 ha, le Musée néerlandais en plein air, fondé en 1912, réunit près de 100 fermes, granges, ateliers et moulins typiques de l'architecture des campagnes néerlandaises entre 1800 et 1950. Leur mobilier recrée le cadre de vie et offre un aperçu du quotidien de cette époque.

Paleis Het Loo ㉓

Le Stathouder Guillaume III *(p. 29-30)*, époux de Mary II Stuart, entreprit en 1686 la construction de ce luxueux pavillon de chasse dont la façade austère ne laisse en rien présager du faste des appartements. La famille d'Orange l'utilisera pendant des siècles comme palais d'été. Si son principal architecte fut Jacob Roman (1640-1716), c'est un Français, Daniel Marot (1661-1752), qui réalisa la décoration intérieure et l'aménagement des jardins, restaurés avec les bâtiments lors de la transformation du palais en musée, inauguré en 1984.

Armoiries (1690) de Guillaume et Mary, futurs souverains d'Angleterre.

Chambre du roi Guillaume III

★ **Chambre du Stathouder Guillaume III** *(1713)*
Les couleurs de la famille royale néerlandaise, le bleu et l'orange, parent les tentures murales et les draperies.

Jardin du roi

★ **Cabinet privé du Stathouder Guillaume III**
(1690)
Les peintures et faïences de Delft préférées du souverain sont exposées dans cette pièce damassée de rouge.

Voitures anciennes
Propriété du Prince Henri, cette Bentley de 1925, surnommée Minerve, fait partie de la collection de véhicules de prestige présentée dans les écuries (1910).

À NE PAS MANQUER

★ Ancienne salle à manger

★ Chambre de Guillaume III

★ Jardins

MODE D'EMPLOI

85 km SE d'Amsterdam.
Koninklijk Park 1, Apeldoorn.
Tél. (055) 577 2400. 🚃 Apeldoorn, puis bus 102. **Palais et
jardins** 🕐 mar.-dim. 10h-17h.
⬤ 1er janv. 🎫 📷 jardins seul.
♿ 📷 🍴 www.paleishetloo.nl

★ Ancienne salle à manger (1686)
Elle est ornée de tapisseries tissées à Anvers illustrant des poèmes d'Ovide.

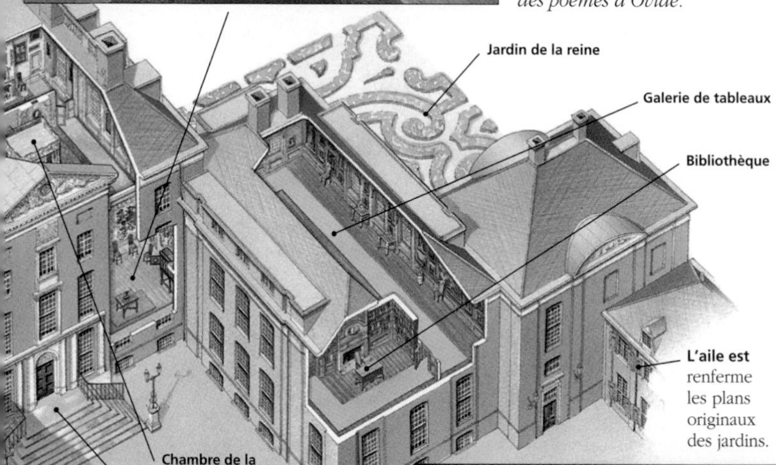

Jardin de la reine

Galerie de tableaux

Bibliothèque

L'aile est renferme les plans originaux des jardins.

Chambre de la reine Mary II

Entrée principale

★ Jardins
Statues et fontaines, telle la fontaine de la Sphère céleste dans le jardin inférieur, ornent parterres et allées.

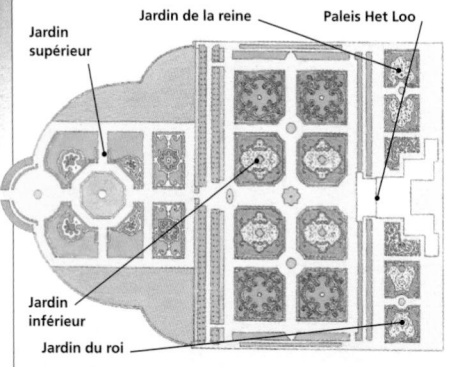

Jardin supérieur

Jardin de la reine

Paleis Het Loo

Jardin inférieur

Jardin du roi

LES JARDINS

Un parc à l'anglaise avait enseveli, au XVIIIe siècle, les jardins classiques créés par Daniel Marot. Toutefois, des documents d'époque, notamment des plans, et les traces révélées en déblayant la terre qui les recouvrait ont permis de leur rendre, à partir de 1975, leur aspect original. Séparés en quatre jardins occupant une superficie de plus de 6 ha, ornés de statues et de fontaines, ils associent parterres géométriques et à l'anglaise dans une quête d'harmonie entre art et nature.

Plan des jardins classiques

LES BONNES ADRESSES

HÉBERGEMENT

Le centre-ville d'Amsterdam propose un hébergement de qualité et pour toutes les bourses. Le choix est vaste. En effet, on trouve aussi bien de luxueux hôtels cinq-étoiles que des *bed and breakfast* occupant de jolies maisons au bord des canaux, ou encore des péniches-hôtels et des auberges de jeunesse bon marché. Les pages 216 à 223 présentent quelques douzaines d'hôtels toutes catégories, sélectionnés en fonction de leur atmosphère chaleureuse, de leur confort et de leur bon rapport qualité/prix.

Le Van Ostade Bicycle Hotel au sud de la ville *(p. 223)*

CHOISIR UN HÔTEL

La majorité des hôtels d'Amsterdam est regroupée dans un périmètre relativement restreint. Les plus populaires se trouvent en bordure des canaux. Le quartier des musées et du Vondelpark a également beaucoup de succès. Les meilleures affaires se situent à proximité de la gare centrale et du Quartier rouge, où se cachent également quelques perles.

Les hôtels d'Amsterdam sont relativement chers. Les chambres sont souvent exiguës. Les plus beaux hôtels sont situés sur les grands canaux qui ceinturent la ville et forment le Grachtengordel. Nombre de ces bâtiments sont classés et n'ont pas pu être modernisés : les escaliers sont souvent très raides, et il n'y a presque jamais d'ascenseur. Situés un peu à l'écart, à côté du Rijksmuseum et du Concertgebouw, les hôtels du quartier des musées sont souvent plus modernes, plus calmes et plus spacieux que ceux du centre-ville. Les hôtels pour voyages d'affaires sont concentrés autour du centre des expositions RAI, au sud de la ville, et près des immeubles de bureaux du Nieuwe Zuid. En règle générale, les prix varient peu en fonction de la situation géographique : dans une même catégorie, un hôtel du centre-ville et un hôtel situé en périphérie pratiqueront les mêmes tarifs.

L'**office de tourisme d'Amsterdam (VVV)** publie une liste complète des lieux d'hébergement de la ville. Elle est disponible à l'aéroport de Schiphol, dans les bureaux du VVV et dans ceux du **NBTC (Netherlands Board of Tourism and Conventions)**, que l'on trouve dans le monde entier.

Enseigne de l'Arena Hotel
(p. 223)

PRIX DES HÔTELS

Difficile, à première vue, de savoir si les prix affichés par un hôtel incluent le petit déjeuner et la taxe urbaine de 5 %. Les pages qui suivent fourniront ces informations. En règle générale, le petit déjeuner est inclus, avec deux exceptions notoires : les hôtels très bon marché et les établissements de luxe. Si vous séjournez sur le Grachtengordel, sachez que les chambres avec vue sur le canal coûtent généralement plus cher. Par ailleurs, il est parfois difficile de trouver en week-end une chambre pour moins de trois nuits.

Voici quelques conseils

L'Hôtel de l'Europe donne sur la Muntplein *(p. 216)*

◁ Quelques instants de détente sur la terrasse du café De Jaren, à Nieuwe Zijde

Petit déjeuner dans un hôtel d'Amsterdam

pour ne pas dépenser trop : si vous voyagez en groupe, sachez que la plupart des hôtels proposent des grandes chambres où l'on peut faire ajouter un lit pour un petit supplément (partager une salle de bains permet également de faire des économies) ; sachant qu'une chambre simple ne coûtera jamais moins de 80 % du prix d'une chambre double (avec de la chance !), la meilleure solution pour les voyageurs solitaires est d'aller dans une auberge de jeunesse (certaines d'entre elles ont beaucoup de charme, surtout lorsqu'elles sont situées au bord d'un canal).

RÉDUCTIONS

De nombreux hôtels offrent des prix réduits entre novembre et mars (hors période des fêtes de fin d'année). Certains proposent des excursions en bateau et des entrées de musée gratuites pour attirer des clients. Au moment de la réservation, vous pouvez demander s'il y a une promotion en cours. Les chaînes d'hôtels organisent constamment des promotions. En cherchant un peu, on trouve toujours une chambre à prix réduit. De nombreux groupes hôteliers proposent des tarifs spéciaux pour les week-ends, lorsque les hommes d'affaires

désertent la ville. Les hôtels des chaînes **NH Hoteles** et **Best Western** sont particulièrement compétitifs.

Pour obtenir des prix sur des réservations, consultez les sites de réservation comme www.hotels.nl ou www.booking.com, mais également www.lastminute.com, www.expedia.com et www.kayak.com, qui proposent de bonnes réductions. Les réservations combinant le vol et l'hôtel sont souvent plus avantageuses.

RÉSERVATIONS

Les hautes saisons touristiques sont avril-mai (à l'époque de la fête des Tulipes), juillet-août, et les fêtes de fin d'année. Si vous voulez visiter la ville pendant ces périodes, sachez qu'il est préférable de s'y prendre des mois à l'avance pour profiter des meilleurs tarifs. La popularité d'Amsterdam fait qu'il est souvent difficile de réserver une chambre à la dernière minute en toutes saisons. Soyez prévoyant si vous choisissez le quartier de Grachtengordel ou au bord d'un canal.

Réserver une chambre par téléphone, via un site Internet ou par e-mail est relativement simple, pour qui possède quelques rudiments d'anglais. Toutes les chaînes ainsi que la majorité des hôtels privés acceptent les paiements par carte de crédit.

De nombreux établissements, surtout les plus modestes, exigeront une caution sous forme de chèque ou de virement postal, ou vous demanderont les numéros de votre carte de crédit, pour un montant correspondant généralement au prix d'une nuit. Quel que soit le mode de paiement de la caution, il est possible qu'il faille payer le solde de votre séjour en liquide.

Si vous arrivez à Amsterdam sans réservation, les bureaux du **VVV (office de tourisme)** de l'aéroport de Schiphol, de la gare centrale ou du Leidseplein vous aideront à trouver un hôtel, en échange d'une petite commission. Consultez aussi le site du VVV : www.iamsterdam.com.

CLASSEMENT DES HÔTELS

Le classement du Benelux compte cinq niveaux : une étoile pour des chambres sans salle de bains privée et des prestations minimales, et cinq étoiles pour des chambres d'une certaine taille dans des hôtels qui proposent de nombreuses prestations.

La situation géographique et le charme ne sont pas des critères. Un charmant petit hôtel bon marché installé au bord d'un canal du centre-ville peut très bien avoir moins d'étoiles qu'un hôtel sans charme situé en banlieue.

L'élégant foyer de l'Intercontinental Amstel *(p. 223)*

Salle à manger de la Canal House sur le Keizersgracht *(p. 218)*

SERVICES

Seules les chaînes d'hôtels et les établissements de luxe disposent d'un restaurant. La majorité des hôtels offrent cependant un bar. Le petit déjeuner est généralement servi sous forme de buffet avec un choix de pâtisseries, de confitures, de fromages, de charcuteries, des œufs durs et du café. Seuls les hôtels les plus chers proposent des plats cuisinés.

N'hésitez pas à demander que l'on vous décrive votre chambre au moment de la réservation. Les chambres sont généralement assez petites, équipées d'une TV et d'un téléphone. De plus en plus d'hôtels proposent des connections Internet sans fil (Wi-Fi), même si celle-ci n'est pas toujours gratuite. Les salles de bains peuvent être minuscules et une baignoire est un luxe rare.

VOYAGER AVEC DES ENFANTS

Amsterdam se prête bien aux voyages en famille. Seuls quelques hôtels de luxe n'acceptent pas les enfants. Bon nombre de chaînes et de grands hôtels autorisent les enfants (deux maximum) à séjourner dans la chambre de leurs parents, sans faire payer de supplément. Certains leur offrent même le petit déjeuner. D'autres hôtels proposent des tarifs spéciaux ou ne factureront qu'un montant symbolique pour la location d'un lit d'enfant. Il est recommandé de se renseigner auprès de plusieurs hôtels avant de se décider.

Nous avons indiqué les hôtels qui acceptent les enfants aux pages 216-223.

Plaque sur la façade du Radisson SAS *(p. 216)*

HÔTELS GAY

La ville d'Amsterdam est un modèle de tolérance et les couples gays peuvent séjourner où il leur plaît. L'hôtel gay le plus célèbre est le **Golden Bear**, situé en plein cœur de Kerkstraat. L'**ITC**, près de la Rembrandtplein, remporte autant de succès auprès des gays que des lesbiennes. Ces dernières ne trouveront pas un lieu qui leur soit exclusivement réservé à Amsterdam. Le **Quentin**, près de Leidseplein, fait figure de point de ralliement. Pour plus de renseignement, consultez *The Bent Guide to Amsterdam*, disponible au **Pink Point** et à la librairie **Vrolijk**. Voir aussi la page 258.

VOYAGEURS HANDICAPÉS

Les rues pavées d'Amsterdam, ses maisons étroites et ses escaliers en pente raide semblent conspirer contre les handicapés. Comme de nombreux hôtels de la Grachtengordel occupent des bâtiments classés, ils n'ont pas le droit d'installer des ascenseurs. Seuls les chaînes et les hôtels de luxe peuvent accueillir des chaises roulantes. Les pages 216-223 indiquent ces établissements.

AUBERGES DE JEUNESSE

Amsterdam compte de nombreuses auberges de jeunesse, qui ont les faveurs d'un public de jeunes routards attirés par la tolérance d'Amsterdam à l'égard du cannabis. Certaines d'entre elles ont un bar : des lieux de rencontre agréables et bon marché, appréciés de tous ceux qui parcourent l'Europe avec la carte Interrail. À l'exception de **Stayokay**, la majorité des auberges sont privées. Généralement organisées en dortoirs, elles proposent parfois des chambres individuelles. Elles sont souvent soumises au couvre-feu. Les auberges du quartier de la gare ne sont pas les plus confortables...

CAMPINGS

Amsterdam abrite de nombreux campings. Situés en périphérie de la ville, on y accède facilement par les transports en commun. Ouvert de mars à octobre, situé à côté d'une base de sports nautiques, le **Gaasper Camping** est idéal pour les familles. Les grands espaces verts de l'**Amsterdamse Bos** sont parfaits pour les enfants. Plus au nord, **Vliegenbos** est le point de départ idéal pour découvrir les villages de Waterland. De tous les campings d'Amsterdam, le **Zeeburg** est le plus proche du centre-ville. Il est desservi par le tramway et reste ouvert toute l'année.

LOCATIONS

Étant donné le relatif manque d'espace, rares sont les hôtels qui louent des appartements à Amsterdam. La liste d'hôtels du VVV fournit les cordonnées des agences de locations ; le séjour minimum est généralement d'une semaine. City Mundo (www. citymundo.nl) propose des adresses. Parmi les hôtels recommandés par ce guide, le Best Western Eden *(p. 219)*, l'hôtel Acacia *(p. 218)* et le Sunhead of 1617 *(p. 218)* ont les offres les plus intéressantes.

SÉJOURS CHEZ L'HABITANT

Les appartements d'Amsterdam sont minuscules et les possibilités de séjourner chez l'habitant sont limitées, d'autant plus que la loi impose un maximum de quatre hôtes par habitation privée. **Bed and Breakfast Holland** est un bon outil de recherche.

EN DEHORS D'AMSTERDAM

Le site de la NBTC contient des informations détaillées sur plus de 2 000 hôtels aux Pays-Bas. Bien que notre guide ne concerne que les hôtels d'Amsterdam, les informations concernant les réservations, le mode de paiement, les classifications, les auberges de jeunesse et le camping s'appliquent dans tout le pays.

Le bar de l'Arena Hotel *(p. 223)*, près de l'Oosterpark

ADRESSES

RENSEIGNEMENTS

Office néerlandais de tourisme
26, rue du 4-Septembre, 75002 Paris **Tél.** 01 43 12 34 20. **www.**holland.com

HÔTELS GAY

Golden Bear
Kerkstraat 37, 1017 GB. **Plan** 1 C3. **Tél.** 624 4785. **www.**goldenbear.nl

ITC
Prinsengracht 1051, 1017 JE. **Plan** 5 A3. **Tél.** 623 0230. **www.**itc-hotel.com

Pink Point
Westermarkt, 1016 DH. **Plan** 1 B4. **Tél.** 428 1070. **www.**pinkpoint.org

Quentin
Leidsekade 89, 1017 PN. **Plan** 4 D1. **Tél.** 626 2187. **www.**quentinhotels.com

Vrolijk (librairie)
Paleisstraat 135, 1012 ZL. **Plan** 7 B5. **Tél.** 623 5142. **www.**vrolijk.nu

CHAÎNES D'HÔTELS

Best Western
Tél. 0800 022 1455. **www.**bestwestern.com

NH Hoteles
Tél. 088 4000 9000. **www.**nh-hotels.com

RÉSERVATIONS

Office néerlandais de tourisme (VVV)
Centraal Station, Stations-

plein 10, Platform 2B. **Plan** 4 D2. Leidseplein 26. Schiphol Airport, arrivées Hall 2. **www.**iamsterdam.com

AUBERGE DE JEUNESSE

Stayokay
Stadsdoelen (centre-ville). **Plan** 7 C4. **Tél.** 624 6832. Vondelpark. **Plan** 4 D2. **Tél.** 589 8996. **www.**stayokay.com

CAMPINGS

Amsterdamse Bos
Kleine Noorddijk 1, 1187 NZ Amstelveen. **Tél.** 641 6868. **www.**camping amsterdambos.nl

Gaasper Camping
Loosdrechtdreef 7, 1108 AZ. **Tél.** 696 7326. **www.**gaaspercamping.nl

Vliegenbos
Meeuwenlaan 138, 1022 AM. **Tél.** 636 8855. **www.**vliegenbos.com

Zeeburg
Zuider IJdijk 20, 1095 KN. **Tél.** 694 4430. **www.**campingzeeburg.nl

CHEZ L'HABITANT

Bed and Breakfast Holland
Tél. 615 7527. **www.**bedandbreakfast holland.com

Les meilleurs hôtels d'Amsterdam

Que vous préfériez la simplicité,
le luxe ou l'originalité, Amsterdam
offre une palette d'hébergements
susceptibles de vous satisfaire. Voici un
choix des meilleurs parmi la sélection
que nous avons effectuée. Somptueux
palaces ou établissements familiaux,
ils possèdent tous une atmosphère
typiquement néerlandaise, et certains
présentent un intérêt historique.
Beaucoup occupent des maisons de
canal du XVIIe siècle magnifiquement
restaurées, le plus souvent dotées
d'un jardin. Les escaliers raides et
étroits ne gâchent pas le charme
de la vue et du décor.

Canal House
*Son accueillant
propriétaire
américain a
restauré cet hôtel
plein de charme*
(p. 218).

Le Jordaan

Hôtel Pulitzer
*24 maisons de canal et leurs jardins ont
été réunis pour créer cet établissement
calme et confortable* (p. 220).

**De Filosoof
(Sandton Hotel)**
*Probablement
l'hôtel le plus original
de la ville. Les chambres
y possèdent un décor à
thème en relation avec
le penseur dont elles
portent le nom* (p. 222).

*Du Bijbels
Museum à
Leidseplein*

*Le quartier
des musées*

Ambassade
*Un choix idéal si vous souhaitez
résider dans une maison de
canal du Siècle d'or, sans
renoncer au confort* (p. 220).

NH Grand Hôtel Krasnapolsky
*Institution vieille de 130 ans,
il possède plusieurs excellents
restaurants, dont le splendide jardin
d'hiver présenté ci-contre* (p. 218).

The Grand
*L'ancien hôtel de ville abrite
le plus récent des palaces
d'Amsterdam* (p. 216).

Seven Bridges
*Tapis persans et antiquités
ornent cet hôtel raffiné
situé sur un joli
canal* (p. 220).

*Nieuwe
Zijde*

*Oude
Zijde*

*Le quartier
de Plantage*

0   500 m

Prinsenhof
*Cette maison de canal
décorée avec goût et
simplicité offre
un hébergement de qualité à
un prix très raisonnable
(p. 220).*

*L'Amstelveld
Singelgracht*

Intercontinental Amstel
*Au bord de l'Amstel,
ce palace du XIXe siècle
d'une beauté à couper
le souffle, est paisible et
luxueux* (p. 223).

Choisir un hôtel

Les hôtels figurant dans les pages qui suivent ont été sélectionnés selon la qualité de leurs prestations, à tous les niveaux de l'échelle des prix. La liste commence par le centre-ville et se conclut avec les quartiers périphériques. L'*Atlas des rues* (p. 280-287) permettra de situer les hôtels avec précision. Les restaurants sont répertoriés aux pages 228-235.

CATÉGORIES DE PRIX

Pour une chambre pour deux personnes, petit déjeuner, taxes et service compris.

€ moins de 100 €
€€ de 100 à 150 €
€€€ de 150 à 200 €
€€€€ de 200 à 250 €
€€€€€ plus de 250 €

OUDE ZIJDE

Stayokay Stadsdoelen
€

Kloveniersburgwal 97, 1011 KB **Tél.** *624 6832* **Fax** *639 1035* **Chambres** *8*   **Plan** *7 D3*

Situé près du Nieuwmarkt, le Stayokay propose des séjours sur les thèmes de la nature et de l'architecture. Des chambres d'un style spartiate peuvent accueillir de 8 à 20 personnes. La cour abrite un joli petit jardin. L'hôtel possède aussi un bar qui sert des repas le soir. **www.stayokay.com**

MISC
€€

Kloveniersburgwal 20, 1012 CV **Tél.** *330 6241* **Fax** *330 6242* **Chambres** *6*   **Plan** *7 D3*

Situé à deux pas des bars et des cafés du Nieuwmarkt, ce petit hôtel branché est une aubaine pour les fêtards : le petit déjeuner y est servi jusqu'à midi ! Les chambres sont lumineuses, décorées chacune selon un thème. Les sympathiques propriétaires vous aideront à organiser votre séjour. **www.hotelmisc.nl**

Résidence « Le Coin »
€€€

Nieuwe Doelenstraat 5, 1012 CP **Tél.** *524 6800* **Fax** *524 6801* **Chambres** *42*   **Plan** *7 C4*

Idéale pour les familles ou les longs séjours, cette résidence située près de l'Université propose de grands studios modernes équipés d'un coin « cuisine », et dont les grandes fenêtres donnent sur une rue bordée de cafés. Il existe un tarif mensuel pour les longs séjours. **www.lecoin.nl**

Grand Hôtel Amrâth Amsterdam
€€€€

Prins Hendrikkade 108-144, 1011 AK **Tél.** *552 0000* **Fax** *552 0900* **Chambres** *165*   **Plan** *8 E2*

Inauguré en 2007, le Grand Hôtel Amrâth Amsterdam occupe le Scheepvarthuis (*p. 66-67*), un édifice de l'école d'Amsterdam construit en 1913. Cette gigantesque bâtisse qui abritait autrefois les bureaux de six compagnies de navigation accueille désormais ce bel hôtel de luxe donnant sur le vieux port. **www.amrathamsterdam.com**

Radisson Blu
€€€€

Rusland 17, 1012 CK **Tél.** *623 1231* **Fax** *520 8200* **Chambres** *242*   **Plan** *7 C4*

Situé dans une rue charmante, entre deux canaux, ce grand hôtel propose des chambres spacieuses, dont la décoration est un mélange de touches classiques et modernes. L'hôtel dispose d'un gymnase, de plusieurs salles de conférences et d'un vaste atrium qui occupe la cour centrale. **www.radissonblu.com**

Hôtel de l'Europe
€€€€€

Nieuwe Doelenstraat 2-8, 1012 CP **Tél.** *531 1777* **Fax** *531 1778* **Chambres** *109*   **Plan** *7 C4*

Avec sa vue imprenable sur l'Amstel, c'est un des grands hôtels classiques d'Amsterdam. Il possède des suites haut de gamme, dont une suite nuptiale et un appartement. Les chambres sont luxueuses, ornées de lustres et de tentures. Les salles de bains sont opulentes, les produits de bain signés Bulgari. Service impeccable. **www.leurope.nll**

The Grand
€€€€€

Oudezijds Voorburgwal 197, 1012 EX **Tél.** *555 3111* **Fax** *555 3222* **Chambres** *177*   **Plan** *7 C3*

Bien que situé à quelques pas du Quartier rouge, l'ancien hôtel de ville d'Amsterdam n'a rien de sordide. Des salles de bains en marbre, des chambres spacieuses, un service irréprochable et un restaurant excellent (le Café roux) coexistent dans un cadre somptueux. **www.thegrand.nl**

NIEUWE ZIJDE

Avenue
€€

Nieuwezijds Voorburgwal 33, 1012 RD **Tél.** *530 9530* **Fax** *530 9599* **Chambres** *80*   **Plan** *7 C1*

Cet hôtel trois-étoiles est installé dans les anciens entrepôts d'épices de Nieuwe Zijde, en plein cœur de la vie nocturne du quartier. Il possède deux ascenseurs. Certains clients se sont plaints d'un service qui laissait parfois à désirer. **www.embhotels.nl/avenue**

Légende des symboles *voir le rabat arrière de couverture*

Rho Hotel
⚑ P   €€

Nes 5-23, 1012 KC **Tél.** *620 7371* **Fax** *620 7826* **Chambres** *170*   **Plan** *7 B3*

Cet ancien théâtre a conservé son entrée Arts déco. Situé à quelques pas de l'animation de la place du Dam, dans une petite rue bordée de bars, de restaurants et de théâtres, le Rho Hotel offre un excellent rapport qualité/prix. Les chambres, décorées sans prétention, sont propres et bien entretenues. **www.rhohotel.nl**

Citadel
⚑   €€€

Nieuwezijds Voorburgwal 98-100, 1012 SG **Tél.** *627 3882* **Fax** *627 4684* **Chambres** *38*   **Plan** *7 C1*

Situé entre le Jordaan et le centre historique, le Citadel a été restauré. Les chambres sont propres, le décor rudimentaire. Les couleurs de bois foncé du bar et de la réception créent une atmosphère chaleureuse. Le personnel est très serviable. **www.centrehotels.nl**

Convent Hotel Amsterdam
⚑ 🍴 ⚐ 📺 🔗   €€€

Nieuwezijds Voorburgwal 67, 1012 RE **Tél.** *627 5900* **Fax** *623 8932* **Chambres** *148*   **Plan** *7 B1*

Situé près des sites touristiques, des restaurants et des boutiques, le Convent Hotel est un établissement haut de gamme : on y trouve un sauna, un restaurant et un bar inspiré de l'Orient-Express. Le personnel est très serviable. Les chambres arborent force boiseries et opulentes rayures de style Régence. **www.accorhotels.com**

Die Port van Cleve
⚑ 🍴 ⚐ 🔗   €€€

Nieuwezijds Voorburgwal 176-180, 1012 SJ **Tél.** *718 9013* **Fax** *421 0310* **Chambres** *120*   **Plan** *7 B2*

Les amateurs de bière seront sensibles à la valeur historique de ce bâtiment qui abrita la première brasserie Heineken dans les années 1870. Les autres se contenteront des grandes chambres et des suites luxueuses de l'établissement. Quant aux gourmets, ils apprécieront les excellents steaks du restaurant de l'hôtel. **www.dieportvancleve.com**

Estherea
⚑ ⚐ 🔗   €€€

Singel 303-309, 1012 WJ **Tél.** *624 5146* **Fax** *623 9001* **Chambres** *92*   **Plan** *7 A3*

Installé au bord d'un canal, cet hôtel élégant appartient à la même famille depuis plus de 60 ans. Il compte 71 chambres luxueuses, toutes dotées de lecteurs DVD et de salles de bains en marbre. L'hôtel possède une belle bibliothèque et un salon qui donne sur le canal. **www.estherea.nl**

Hôtel des Arts
€€€

Rokin 154-156, 1012 LE **Tél.** *620 1558* **Fax** *624 9995* **Chambres** *22*   **Plan** *7 B4*

Situé à quelques pas de la Kalverstraat, l'une des principales rues commerçantes d'Amsterdam, cet hôtel confortable propose 18 chambres spacieuses (convenant aux familles) et quelques autres plus petites. Malgré les lustres d'un autre âge qui pendent aux plafonds, les chambres sont parfois assez sombres. **www.hoteldesarts.nl**

Hôtel Sint Nicolaas
⚑   €€€

Spuistraat 1A, 1012 SP **Tél.** *626 1384* **Fax** *623 0979* **Chambres** *27*   **Plan** *7 C1*

Près de Centraal Station *(p. 79)*, cet hôtel ne manque pas d'originalité avec son ascenseur immense et ses chambres aux formes insolites, vestiges d'une ancienne fabrique de matelas. Toutes possèdent une salle de bains (certaines avec baignoire), et l'accès Internet Wi-Fi est gratuit. **www.centrehotels.nl**

Kamer 01 Bed and Breakfast
€€€

Singel 416, 1016 AK **Tél.** *625 6627* **Chambres** *2*   **Plan** *7 B5*

Logé dans un édifice classé, ce B&B ne compte que deux chambres, la garantie d'un accueil personnalisé. Confortables et luxueuses, la chambre Rouge et la chambre Bleue disposent d'équipements modernes (iMac et douche en cascade) et ménagent une superbe vue sur le canal Singel. Le petit déjeuner est somptueux. **www.kamer01.nl**

Mövenpick Hotel Amsterdam City Centre
⚑ 🍴 📺 🔗 P   €€€

Piet Heinkade 11, 1019 BR **Tél.** *519 1200* **Fax** *519 1239* **Chambres** *408*   **Plan** *2 F3*

Offrant tout le confort d'un établissement haut de gamme, cet hôtel de la chaîne Mövenpick jouit d'un emplacement idéal pour découvrir l'architecture des docks de l'est ou se rendre aux concerts au Muziekgebouw. L'arrêt du tramway est situé devant l'hôtel. On peut louer une bicyclette pour visiter le centre-ville. **www.moevenpick-amsterdam.com**

Nova
⚑   €€€

Nieuwezijds Voorburgwal 276, 1012 RD **Tél.** *623 0066* **Fax** *627 2026* **Chambres** *61*   **Plan** *7 B2*

Idéalement située au cœur du quartier historique et de la vie nocturne, cette maison ancienne a été rénovée avec goût. Ses chambres confortables sont dotées de salles de bains parfois un peu exiguës. Certaines chambres ont vue sur le Koninklijk Paleis *(p. 74)* **www.novahotel.nl**

Singel Hotel
⚑ ⚐   €€€

Singel 13-17, 1012 VC **Tél.** *626 3108* **Fax** *620 3777* **Chambres** *32*   **Plan** *7 B1*

C'est un des rares hôtels à petit budget. Située à égale distance de la station de train et des canaux du centre-ville, cette belle demeure du XVIIe siècle est aménagée sommairement. Les chambres sont propres, bien entretenues et dotées de salles de bains privées avec douche. Celles qui donnent sur la rue peuvent être assez bruyantes. **www.singelhotel.nl**

NH Barbizon Palace
⚑ 🍴 ⚐ 📺 🔗 P   €€€

Prins Hendrikkade 59-72, 1012 AD **Tél.** *556 4564* **Fax** *624 3353* **Chambres** *274*   **Plan** *8 D1*

C'est le joyau de la Couronne de la chaîne d'hôtels NH. Le petit déjeuner est délicieux. Le restaurant Vermeer a été distingué par le *Guide Michelin*. Une salle de conférences a été aménagée dans une chapelle du XIVe siècle. Les chambres sont décorées dans des camaïeux de beiges et bruns. Les espaces communs sont en noir et blanc. **www.nh-hotels.com**

NH Grand Hôtel Krasnapolsky

€€€€

Dam 9, 1012 JS **Tél.** *554 9111* **Fax** *622 8607* **Chambres** *468*   **Plan** *7 C2*

Situé sur la place du Dam, en face du Koninklijk Paleis (*p. 74*), cet hôtel jouit d'une adresse exceptionnelle. Il propose aussi bien des séjours luxueux dans sa Tower Suite que des chambres plus modestes à l'arrière de l'immeuble. Le restaurant, le café et le bar à cocktails valent le détour. **www.nh-hotels.com**

Renaissance Amsterdam

€€€€

Kattengat 1, 1012 SZ **Tél.** *621 2223* **Fax** *627 5245* **Chambres** *402*   **Plan** *7 C1*

Situé à quelques pas de Centraal Station, ce grand hôtel pour hommes d'affaires propose des chambres équipées de tous les gadgets modernes : Play Station, vidéos interactives et films. Une salle de conférences a été aménagée dans la Koepelkerk voisine, une église du XVIIᵉ siècle. **www.marriott.com**

Swissotel Amsterdam

€€€€

Damrak 96-98, 1012 LP **Tél.** *522 3000* **Fax** *522 3223* **Chambres** *109*   **Plan** *7 C2*

Bien insonorisées pour vous garantir une nuit tranquille, les chambres sont joliment décorées. Si vous voulez vous faire plaisir, prenez la suite : avec vue sur le Dam, sa grande salle de bains est équipée d'un Jacuzzi. Situé juste en face du meilleur grand magasin de la ville, De Bijenkorf, c'est l'hôtel idéal pour faire du shopping. **www.swissotel.com**

LES CANAUX PÉRIPHÉRIQUES — SECTEUR OUEST

Hôtel Acacia

€

Lindengracht 251, 1015 KH **Tél.** *622 1460* **Fax** *638 0748* **Chambres** *14*   **Plan** *1 B3*

Un hôtel sans prétention, en bordure du quartier du Jordaan. Le décor des petites chambres est simple et sans fioriture : on se croirait dans un B&B, au bord de la mer. On peut également séjourner sur un des deux bateaux amarrés sur le Lijnsbaangracht non loin de là. **www.hotelacacia.nl**

Hôtel Van Onna

€

Bloemgracht 102-108, 1015 TN **Tél.** *626 5801* **Chambres** *41*   **Plan** *1 A4*

À quelques minutes à pied de la Westerkerk (*p. 90*) et de la maison d'Anne Frank (*p. 90*), cet hôtel donne sur un des plus beaux canaux d'Amsterdam. Il occupe trois maisons, bâties entre le XVIIᵉ et le XXᵉ siècle. Le décor est fonctionnel. Le prix d'une chambre simple est raisonnable. Hôtel non-fumeur. **www.hotelvanonna.nl**

Sunhead of 1617

€

Herengracht 152, 1016 BN **Tél.** *626 1809* **Chambres** *2*   **Plan** *7 A2*

Très chaleureux, les propriétaires de ce confortable B&B préparent un petit déjeuner hors pair et sont une véritable mine de renseignements. Situées au 3ᵉ étage, en haut d'un escalier étroit, les chambres mansardées arborent des poutres apparentes et des tons chauds. Certaines offrent une vue somptueuse sur le canal. **www.sunhead.com**

Canal House

€€

Keizersgracht 148, 1015 CX **Tél.** *622 5182* **Fax** *624 1317* **Chambres** *26*   **Plan** *7 A1*

Une retraite élégante pour ceux qui cherchent un peu de sérénité. Interdit aux moins de 12 ans et dépourvu de télévision, cet hôtel au décor classique, plein de lustres et de meubles en bois, offre de jolies vues sur le canal et sur le jardin de la cour intérieure. **www.canalhouse.nl**

Chic and Basic

€€

Herengracht 13-19, 1015 BA **Tél.** *522 2345* **Fax** *522 2389* **Chambres** *26*   **Plan** *2 D3*

Un intérieur contemporain se cache derrière les façades du XVIIᵉ siècle des trois demeures adjacentes qu'occupe cet hôtel, le long du canal d'Herengracht. Les parquets en bois et le mobilier blanc confèrent aux chambres un charme minimaliste. Celles qui donnent sur le canal sont plus chères. Petit déjeuner-buffet. **www.chicandbasic.com**

't Hotel

€€

Leliegracht 18, 1015 DE **Tél.** *422 2741* **Fax** *626 7873* **Chambres** *8*   **Plan** *7 A2*

Ce ravissant hôtel est installé au bord du canal du Jordaan. Décorées de meubles dans le style des années 1920, les chambres sont spacieuses et dotées de grandes fenêtres. Située au dernier étage, la chambre n° 8 peut accueillir jusqu'à cinq personnes sur deux niveaux. **www.thotel.nl**

Truelove Antiek and Guesthouse

€€

Prinsenstraat 4, 1015 DC **Tél.** *320 2500* **Fax** *0847 114 950* **Chambres** *2*   **Plan** *7 A1*

Deux chambres composent cet hôtel romantique, installé au-dessus d'un magasin d'antiquités. L'hôtel a des attentions charmantes : une bouteille de vin et des fleurs fraîchement coupées attendent les hôtes dans leur chambre. Il ne sert pas le petit déjeuner, mais le quartier compte de nombreux cafés. Non-fumeur. **www.truelove.be**

Hôtel De Looier

€€€

3ᵉ Looierdwarsstraat 75, 1016 VD **Tél.** *625 1855* **Fax** *627 5320* **Chambres** *27*   **Plan** *4 D1*

Situé en face du marché des antiquités De Looier, non loin du Noordermarkt (*p. 92*), cet hôtel confortable était autrefois un atelier de diamantaires. Si elles manquent peut-être un peu de caractère, les chambres sont impeccables et possèdent toutes leur salle de bains. **www.hoteldelooier.com**

Légende des prix *voir p. 216* **Légende des symboles** *voir le rabat arrière de couverture*

The Times Hotel 🗄️ €€€

*Herengracht 135-137, 1015 BG **Tél.** 330 6030 **Chambres** 33* **Plan** 7 B1

Logées dans deux maisons de canal remontant à 1650, les chambres du Times Hotel sont un compromis entre confort moderne et tradition. Chacune d'entre elles s'orne d'une immense reproduction de l'œuvre d'un maître hollandais. Situé près des principaux sites, le Times Hotel est aussi l'un des rares de ce genre avec ascenseur. **www.thetimeshotel.nl**

The Toren 🗄️🚶 €€€€

*Keizersgracht 164, 1015 CZ **Tél.** 622 6352 **Fax** 626 9705 **Chambres** 96* **Plan** 7 A1

Cet hôtel a eu une histoire mouvementée. Ayant appartenu à un marchand de la ville, il accueillit une université et abrita des juifs pendant la Seconde Guerre. Bien que décorées avec goût, les chambres sont vraiment très petites. Prenez une chambre un peu plus chère : plus spacieuse, elle est équipée d'un Spa privé. **www.thetoren.nl**

The Dylan 🗄️🍴🏊🚶 €€€€€

*Keizersgracht 384, 1016 GB **Tél.** 530 2010 **Fax** 530 2030 **Chambres** 41* **Plan** 1 B5

Au Dylan, le personnel vous réserve un traitement de star. Les amateurs de chromothérapie pourront réserver une chambre à la couleur de leur choix. Tout a été calculé au millimètre près, du menu oriental-occidental du restaurant à l'arrangement méticuleux des coussins du bar. **www.dylanamsterdam.com**

LES CANAUX PÉRIPHÉRIQUES — SECTEUR SUD

Hôtel Brouwer 📑🗄️ €

*Singel 83, 1012 VE **Tél.** 624 6358 **Fax** 520 6264 **Chambres** 8* **Plan** 7 B1

Cet hôtel appartient à la même famille depuis 1917. Rénovées, ses 8 chambres sont toutes nommées par un nom d'artiste hollandais. Elles possèdent chacune un décor original et offrent de jolies vues sur le canal. Toutes les chambres ont une salle de bains privée. Il y a aussi un ascenseur. Non-fumeur. **www.hotelbrouwer.nl**

Hôtel Nadia €

*Raadhuisstraat 51, 1016 DD **Tél.** 620 1550 **Fax** 428 1507 **Chambres** 45* **Plan** 7 A2

Idéal pour les amateurs de culture à petit budget, le Nadia propose des petites chambres au décor rudimentaire en centre-ville, près des principaux sites dont la maison d'Anne Frank. Les plus chères ont vue sur le canal. Les escaliers sont raides mais le personnel serviable vous aidera à monter vos bagages. **www.nadia.nl**

Agora €€

*Singel 462, 1017 AW **Tél.** 627 2200 **Fax** 627 2202 **Chambres** 16* **Plan** 7 A5

Installé dans une ravissante maison de 1730, à quelques pas du marché aux fleurs *(p. 123)*, l'Agora est un hôtel paisible et agréable. Les chambres donnent soit sur le canal, soit sur un jardin.
Le petit déjeuner est servi dans un conservatoire. **www.hotelagora.nl**

Amsterdam Wiechmann 🚶 €€

*Prinsengracht 328-332, 1016 HX **Tél.** 626 3321 **Fax** 626 8962 **Chambres** 37* **Plan** 1 B5

Idéalement situé pour partir à la découverte du Jordaan, cet agréable petit hôtel possède un charme suranné, rehaussé de quelques touches modernes comme des connexions Internet sans fil (Wi-Fi) gratuites. Confortables, les chambres sont de petits chefs-d'œuvre délicieusement kitsch. **www.hotelwiechmann.nl**

Belga 🚶 €€

*Hartenstraat 8, 1016 CB **Tél.** 624 9080 **Fax** 623 6862 **Chambres** 10* **Plan** 7 A3

À la différence des boutiques chics qui l'entourent, le Belga est une pension sans prétention : il ne faut donc pas s'attendre aux options d'un quatre-étoiles. Certaines chambres sont prévues pour cinq personnes, ce qui plaira aux familles au budget serré. Le personnel serviable pourra vous trouver une baby-sitter. **www.hotelbelga.nl**

Best Western Eden 🗄️🍴🚶 €€

*Amstel 144, 1017 AE **Tél.** 530 7878 **Fax** 623 3267 **Chambres** 218* **Plan** 8 D5

Situé sur l'Amstel, près du Rembrandtplein, cet établissement de la chaîne Best Western est à deux pas des principales attractions de la ville. La plupart des chambres sont accessibles en fauteuil roulant. L'une d'entre elles est spécialement conçue pour les handicapés. **www.edenhotelgroup.com**

Leydschehof B&B 📑 €€

*Leidsegracht 14, 1016 CK **Tél./Fax** 638 2327 **Chambres** 2* **Plan** 7 A5

Le long d'un canal élégant, près du quartier du Leidseplein *(p. 110)*, très vivant le soir, voici l'adresse idéale où se reposer après les excès de la nuit. Tenu par la famille Piller, ce B&B très agréable propose des chambres avec salle de bains et réfrigérateur. Simples et lumineuses, toutes donnent sur le jardin. **www.freewebs.com/leydschehof**

Dikker & Thijs Fenice Hotel 🗄️🚶 €€€

*Prinsengracht 444, 1017 KE **Tél.** 620 1212 **Fax** 625 8986 **Chambres** 42* **Plan** 4 E1

Cet hôtel littéraire se targue d'avoir hébergé de nombreux écrivains. Installé dans un bel entrepôt du XVIIIᵉ siècle, restauré et décoré avec goût, il y règne une atmosphère de luxe qui contraste avec celle du Leidseplein voisin *(p. 110)*. Les principales attractions de la ville sont situées à quelques minutes à pied. **www.dtfh.nl**

Mercure Hotel Arthur Frommer
Noorderstraat 46, 1017 TV **Tél.** *622 0328* **Fax** *620 3208* **Chambres** *93*   **Plan** *4 F2*

C'est un des hôtels les mieux situés d'Amsterdam : à quelques pas du Rembrandtplein *(p.118)* et des restaurants de l'Utrechtsestraat. Confortables, élégantes et relativement spacieuses, les chambres donnent sur de tranquilles rues résidentielles. Non-fumeur. **www.mercure.com**

Ambassade Hotel
Herengracht 341, 1016 AZ **Tél.** *555 0222* **Fax** *555 0277* **Chambres** *59*   **Plan** *7 A4*

C'est l'hôtel préféré des amateurs de littérature. La bibliothèque contient de nombreux volumes dédicacés par des auteurs de passage. Réparties sur une dizaine de bâtiments, les chambres sont décorées de manière classique et les salles de bains sont en marbre. Le personnel est discret et attentionné. **www.ambassade-hotel.nl**

Hôtel Pulitzer
Prinsengracht 315-331, 1016 GZ **Tél.** *523 5235* **Fax** *627 6753* **Chambres** *230*   **Plan** *1 B5*

Cet hôtel luxueux n'occupe pas moins de 25 maisons, qui donnent toutes sur les canaux. Les chambres sont spacieuses, élégantes et pleines d'antiquités. Au mois d'août, le Pulitzer accueille le Grachtenfestival, dédié à la musique classique, qui culmine avec des concerts sur le canal. **www.hotelpulitzeramsterdam.nl**

LES CANAUX PÉRIPHÉRIQUES — SECTEUR EST

Hôtel Prinsenhof
Prinsengracht 810, 1017 JL **Tél.** *623 1772* **Fax** *638 3368* **Chambres** *11*   **Plan** *5 A3*

Ce petit hôtel sans prétention possède 11 chambres. Les salles de bains sont communes, propres et bien entretenues. Les chambres simples sont minuscules. Situé tout près des restaurants et des boîtes de nuit du centre-ville, c'est l'endroit idéal pour quiconque cherche un lit pour la nuit à moindres frais. **www.hotelprinsenhof.com**

Armada
Keizersgracht 713-715, 1017 DX **Tél.** *623 2980* **Fax** *623 5829* **Chambres** *26*   **Plan** *5 A3*

Situé dans un coin tranquille du Keizersgracht, non loin des magasins et des restaurants de l'Utrechtsestraat et des lumières du Rembrandtplein *(p. 118)*, on ne pouvait rêver meilleure adresse. Les chambres sont en cours de rénovation et chacune sera bientôt dotée d'une salle de bains privée. Les prix sont très raisonnables.

Asterisk
Den Texstraat 16, 1017 ZA **Tél.** *624 1768* **Fax** *638 2790* **Chambres** *43*   **Plan** *5 A4*

Ce temple du kitsch est situé dans une agréable rue résidentielle, près des musées et du quartier du Pijp. Les chambres les moins chères ont une salle de bains commune. L'hôtel dispose d'un ascenseur. Le petit déjeuner est gratuit si vous payez votre séjour en liquide. **www.asteriskhotel.nl**

Hôtel de Munck
Achtergracht 3, 1017 WL **Tél.** *623 6283* **Fax** *620 6647* **Chambres** *16*   **Plan** *5 B3*

Située au bord de l'Amstel, à l'entrée de la ville, cette maison qui appartint autrefois à un capitaine de vaisseau a un air un peu désuet qui ne manque pas de charme. Les chambres sont confortables et chaleureuses. Le clou de la collection est un vieux juke-box en parfait état de marche. **www.hoteldemunck.com**

Seven Bridges
Reguliersgracht 31, 1017 LK **Tél.** *623 1329* **Fax** *624 7652* **Chambres** *11*   **Plan** *5 A3*

Cette ancienne maison de marchand du XVIIe siècle abrite un des hôtels les plus merveilleux d'Amsterdam. Idéal pour ceux qui recherchent la tranquillité, il ne propose que 11 chambres, décorées de meubles anciens, avec vue sur le canal ou le jardin. Le petit déjeuner est servi dans la chambre. **www.sevenbridgeshotel.nl**

NH Schiller
Rembrandtplein 26-36, 1017 CV **Tél.** *554 0700* **Fax** *624 0098* **Chambres** *92*   **Plan** *7 C5*

Donnant sur le Rembrandtplein *(p. 118)*, l'hôtel propose des chambres plus tranquilles à l'arrière. La décoration est élégante. La brasserie Schiller est très agréable et le bar Arts déco du même nom attire les professionnels des médias de la ville. **www.nh-hotels.com**

Banks Mansion
Herengracht 519-525, 1017 BV **Tél.** *420 0055* **Fax** *420 0993* **Chambres** *51*   **Plan** *7 B5*

Dans cet hôtel qui occupe une ancienne banque, tout est inclus dans le prix : le mini-bar, le cinéma, la connexion Internet. Les chambres sont très jolies : le décor est inspiré de l'œuvre de Frank Lloyd Wright. Vous pouvez même choisir votre oreiller sur un menu. **http://banksmansion.carlton.nl**

Hôtel 717
Prinsengracht 717, 1017 JW **Tél.** *427 0717* **Fax** *423 0717* **Chambres** *8*   **Plan** *5 A3*

Petit et cher, c'est un des meilleurs hôtels de luxe d'Amsterdam. Il a beaucoup de succès auprès des amateurs d'antiquités du Spiegelkwartier. Chacune de ses 8 chambres est décorée avec goût. Le cadre est somptueux. Il y a des fleurs fraîchement coupées dans tous les coins. **www.717hotel.nl**

Légende des prix *voir p. 216* **Légende des symboles** *voir le rabat arrière de couverture*

LE QUARTIER DES MUSÉES

Bellington
€

PC Hoofstraat 78-80, 1071 CB **Tél.** *671 6478* **Fax** *671 8637* **Chambres** *11* **Plan** *4 D3*

Bien que situé dans l'une des rues commerçantes les plus animées, le Bellington est un hôtel tout simple, qui assure une prestation minimum pour un prix raisonnable. Bien qu'un peu fatiguées, les chambres sont propres et équipées d'un mini-bar et d'une TV. **www.hotel-bellington.com**

Hôtel Aalborg
€

Sarphatipark 106, 1073 EC **Tél.** *676 0310* **Fax** *676 6560* **Chambres** *36* **Plan** *5 A5*

Installé dans le quartier des artistes De Pijp, cet hôtel à petit budget est idéal pour qui ne réserve pas uniquement son argent à l'hébergement. On y trouve des chambres simples et propres, ornées de couleurs vives, et un jardin agréable. Il est à proximité du marché, de nombreux restaurants et de bars animés. **www.aalborg.nl**

Stayokay City Hostel Vondelpark
€

Zandpad 5, 1054 GA **Tél.** *589 8996* **Fax** *589 8955* **Chambres** *105* **Plan** *4 D2*

Le second établissement Stayokay d'Amsterdam est situé à côté du Vondelpark (p. 128). Idéal pour les amateurs d'espaces verts et les familles, cette auberge de jeunesse offre le choix entre des dortoirs et des chambres doubles. La brasserie Backpackers a une jolie terrasse qui donne sur le parc. Salle TV. **www.stayokay.com**

Atlas Hotel
€€

Van Eeghenstraat 64, 1071 GK **Tél.** *676 6336* **Fax** *671 7633* **Chambres** *23* **Plan** *3 C3*

Cet hôtel paisible qui occupe une jolie villa derrière le Vondelpark (p.118), dans le quartier des consulats, fait partie d'une petite chaîne. Son architecture Arts déco comporte de très beaux détails. Les chambres sont décorées sobrement, dans des couleurs chaleureuses, et les lits sont confortables. **www.hotelatlas.nl**

Best Western Apollo Museum Hotel
€€

PC Hooftstraat 2, 1071 BX **Tél.** *662 1402* **Fax** *673 3918* **Chambres** *117* **Plan** *4 E2*

Situé dans un immeuble élégant, cet hôtel se trouve à quelques pas des musées de la ville. Les chambres ne sont pas luxueuses, mais elles sont bien équipées et confortables. Certaines d'entre elles se trouvent dans une annexe, à l'écart du bâtiment principal. **www.apollohotelsresorts.com/museum**

Conscious Museum Square Hotel
€€

De Lairessestraat 7, 1071 NR **Tél.** *671 9596* **Fax** *671 1756* **Chambres** *36* **Plan** *4 D4*

Voici un hôtel écologique appartenant au groupe Conscious Hotel, qui a pour politique d'utiliser autant que possible des matériaux durables et respectueux de l'environnement. Les chambres sont spacieuses, le petit déjeuner est préparé avec des produits bios et l'hôtel dispose d'un joli jardin où se détendre. **www.museumsquarehotel.nl**

Hestia
€€

Roemer Visscherstraat 7, 1054 EV **Tél.** *618 0801* **Fax** *685 1382* **Chambres** *18* **Plan** *4 D2*

Situé sur une rue intéressante de par son architecture entre le Leidseplein (p. 110) et les musées, cet hôtel s'adresse aux familles et aux petits groupes. Les chambres, qui peuvent accueillir jusqu'à cinq personnes, sont impeccables et dotées de lits confortables. La chambre n° 15 possède un balcon donnant sur le jardin. **www.hotel-hestia.nl**

Hôtel Jupiter
€€

2e Helmerssraat 14, 1054 CJ **Tél.** *618 7132* **Fax** *616 8838* **Chambres** *20* **Plan** *4 D2*

Situé dans une rue résidentielle, cet hôtel privé deux-étoiles se trouve à quelques minutes à pied des musées et du parc, près des bars et des restaurants d'Overtoom. Les chambres sont petites et fonctionnelles, propres, bien rangées et confortables. **www.jupiterhotel.nl**

Hôtel Zandbergen
€€

Willemsparkweg 205, 1071 HB **Tél.** *676 9321* **Fax** *676 1860* **Chambres** *18* **Plan** *3 C4*

Près du musée Van-Gogh et de Vondelpark, l'hôtel Zandbergen abrite des chambres impeccables au 1er et au 2e étages, et un grand appartement avec cuisine au 3e. La chambre familiale est dotée d'un patio, et la suite du 1er étage d'un balcon. Le personnel est très serviable. **www.hotel-zandbergen.com**

Memphis
€€

De Lairessestraat 87, 1071 NX **Tél.** *673 3141* **Fax** *673 7312* **Chambres** *74* **Plan** *4 D4*

Situé au cœur d'un quartier résidentiel chic, cet hôtel non-fumeur remporte autant de succès auprès des routards que des musiciens classiques qui viennent se produire au Concertgebouw voisin (p. 128). Le décor des chambres laisse un peu à désirer. Le bar sert à manger tout au long de la journée. **www.embhotels.nl**

Owl
€€

Roemer Visscherstraat 1, 1054 EV **Tél.** *618 9484* **Fax** *618 9441* **Chambres** *34* **Plan** *4 D2*

Situé sur une rue paisible près du Leidseplein (p. 110), cet hôtel privé occupe une jolie villa. Il y a un bar et un jardin d'hiver. Les chambres ne sont pas spacieuses ni particulièrement bien décorées, mais elles sont correctement entretenues et l'accueil est chaleureux, ce qui explique la présence de nombreux habitués. **www.owl-hotel.nl**

Piet Hein   €€

Vossiusstraat 52-53, 1071 AK **Tél.** *662 7205* **Fax** *662 1526* **Chambres** *36*   **Plan** *4 D3*

Cet hôtel élégant a été rénové dans des tonalités de caramel et de crème. Les chambres sont très jolies et spacieuses, les prix raisonnables. Les plus belles d'entre elles ont vue sur le Vondelpark *(p. 128)*. Le bar est ouvert tard et il y a un salon pour se détendre. Le personnel est très serviable. **www.hotelpiethein.nl**

Sandton Hotel   €€

Anna van der Vondelstraat 6, 1054 GZ **Tél.** *683 3013* **Fax** *685 3750* **Chambres** *38*   **Plan** *3 C2*

Installé dans une rue donnant sur le Vondelpark *(p. 128)*, le Sandton est une adresse appréciée des intellectuels qui y viennent pour son jardin charmant, et bien sûr sa bibliothèque. Modernes et élégantes, les chambres ont chacune un décor personnalisé inspiré par un philosophe ou un traité historique. **www.sandton.eu/amsterdam**

Vondel   €€€

Vondelstraat 26, 1054 GE **Tél.** *515 0455* **Fax** *515 0451* **Chambres** *84*   **Plan** *3 C3*

Situé à deux pas des musées et des boutiques design de la ville, cet élégant hôtel non-fumeur attire une clientèle chic. Nommées par des titres de poèmes, les chambres sont spacieuses et décorées dans des tonalités crème. Situées sous les combles, les suites offrent une belle vue sur la ville. **www.vondelhotels.nl**

Amsterdam Marriott Hotel   €€€€

Stadhouderskade 12, 1054 ES **Tél.** *607 5555* **Fax** *607 5511* **Chambres** *392*   **Plan** *4 D2*

Avec ses onze étages, le Marriott ressemble à un colosse de briques rouges. Situé au bord du Vondelpark *(p. 128)*, il propose des chambres sobres et élégantes, décorées dans des tonalités vertes et brunes. On y trouve de nombreuses prestations pour hommes d'affaires, comme ses onze salles de conférences. **https://marriott.com**

The College Hotel   €€€€€

Roelof Hartstraat 1, 1071 VE **Tél.** *571 1511* **Fax** *571 1512* **Chambres** *40*   **Plan** *4 E5*

Cet hôtel de charme est entièrement géré par des étudiants de l'école d'hôtellerie d'Amsterdam. Inutile cependant d'espérer un rabais… Tout ici, du décor jusqu'au menu du restaurant, est un pur régal. La suite TCH est plus grande que la plupart des appartements de la ville. **www.collegehotelamsterdam.com**

Fusion Suites 40   €€€€€

Roemer Visscherstraat 40, 1054 EZ **Tél.** *618 46 42* **Fax** *618 46 42* **Chambres** *4*   **Plan** *4 D2*

À proximité des principaux musées, des boutiques de luxe et du Vondelpark, au cœur du quartier animé du Leidseplein, cet établissement est un bijou. Les chambres spacieuses arborent des lits à baldaquin, des papiers peints somptueux et du mobilier d'époque. Des fleurs fraîches et du champagne vous y attendent. **www.fusionsuites.com**

LE QUARTIER DE PLANTAGE

Hôtel Adolesce   €

Nieuwe Keizersgracht 26, 1018 DR **Tél.** *626 3959* **Fax** *627 4249* **Chambres** *10*   **Plan** *8 F5*

Difficile de trouver moins cher. Comme le Fantasia, qui se trouve à quelques pas, les chambres disposent toutes d'un lavabo et de toilettes privées et sont conçues pour les familles et les groupes. L'hôtel ne propose pas de petit déjeuner, mais sert des snacks et des boissons tout au long de la journée. Fermé nov.-mi-mars. **www.adolesce.nl**

Hermitage Hotel   €

Nieuwe Keizersgracht 16, 1018 DR **Tél.** *623 8259* **Fax** *622 3913* **Chambres** *22*   **Plan** *5 B3*

Voici un choix judicieux pour les amateurs de culture au budget serré. Situé au bout d'un paisible canal, à quelques pas de l'Ermitage et à quelques minutes du Waterlooplein *(p. 63)* et du quartier de Plantage, cet hôtel propose des chambres déclinant les tons gris et argentés. Toutes ont une salle de bains. **www.hotelhermitageamsterdam.nl**

Bridge Hotel   €€

Amstel 107-111, 1018 EM **Tél.** *623 7068* **Fax** *624 1565* **Chambres** *51*   **Plan** *5 B3*

Situé dans un ancien atelier de maçon, cet hôtel se dresse fièrement sur la rive de l'Amstel, tourné vers le Rembrandtplein *(p. 118)*. Les chambres sont fonctionnelles et claires. Celles qui ont vue sur l'eau coûtent un peu plus cher. Il y a aussi deux petits appartements avec kitchenette pour des séjours de trois jours minimum. **www.thebridgehotel.nl**

Hôtel Allure   €€

Sarphatistraat 117, 1018 GB **Tél.** *428 3707* **Fax** *427 9859* **Chambres** *18*   **Plan** *5 C3*

Voici un petit hôtel au cadre moderne. Toutes les chambres, dont certaines avec balcon, ont une télévision et un réfrigérateur. À proximité d'Oosterpark, Rembrandtplein, Waterlooplein et du zoo Artis, et à quelques minutes de tramway du centre-ville, cet hôtel dispose en outre d'un parking privé (payant). **www.hotelallure.com**

Ibis Stopera   €€

Valkenburgerstraat 68, 1011 LZ **Tél.** *531 9135* **Fax** *531 9145* **Chambres** *207*   **Plan** *8 E4*

Situé derrière l'opéra, sur une rue animée, cet établissement est l'un des plus centraux de cette chaîne d'hôtels. C'est l'endroit idéal pour partir à la découverte du vieux quartier juif et des docklands. Les chambres sont dotées de l'air conditionné et de connexions Internet sans fil (Wi-Fi). Les animaux sont autorisés. **www.ibishotel.com**

Légende des prix *voir p. 216* **Légende des symboles** *voir le rabat arrière de couverture*

Rembrandt

Plantage Middenlaan 17, 1018 DA **Tél.** *627 2714* **Fax** *638 0293* **Chambres** *17*   **Plan** *8 F5*

L'une des rares bonnes affaires du quartier, cet hôtel est idéal pour les familles. Le décor flamboyant et les meubles en bois foncé de la salle à manger évoquent l'œuvre du grand peintre qui a donné son nom à l'établissement. Les chambres sont plus claires et modernes et elles sont toutes dotées d'une salle de bains. **www.hotelrembrandt.nl**

Intercontinental Amstel Amsterdam

Professor Tulpplein 1, 1018 GX **Tél.** *622 6060* **Fax** *622 5808* **Chambres** *79*   **Plan** *5 B4*

Cet immeuble abrite, depuis 1867, le plus prestigieux hôtel de la ville. C'est le premier choix des familles royales et des rock stars. Les chambres sont immenses, parfaitement insonorisées et équipées du nécessaire comme du superflu. Le restaurant La Rive a obtenu une étoile au *Guide Michelin*. **www.ichotelsgroup.com**

EN DEHORS DU CENTRE

Arena

's Gravesandestraat 51, 1092 AA **Tél.** *850 2410* **Fax** *850 2415* **Chambres** *116*   **Plan** *6 D4*

Son restaurant, son bar et sa boîte de nuit sont les attractions principales de cet établissement situé dans un quartier résidentiel, un peu à l'écart du centre-ville. À moins de payer très cher une des suites décorées par les designers locaux d'IDing, préparez-vous à être déçus par la qualité des chambres. **www.hotelarena.nl**

Between Art and Kitsch

Ruysdaelkade 75-II, 1072 AL **Tél./Fax** *679 0485* **Chambres** *2*   **Plan** *4 E4*

Voici une adresse qui change des hôtels de chaîne sans caractère. Le nom de ce B&B en dit long : l'une de ses chambres est un pastiche baroque, une autre joue la carte Arts Déco, et l'endroit est truffé de bibelots amusants. Il est parfaitement situé pour visiter les musées et le quartier De Pijp. **www.between-art-and-kitsch.com**

Bicycle Hotel

Van Ostadestraat 123, 1072 SV **Tél.** *679 3452* **Fax** *671 5213* **Chambres** *16*   **Plan** *4 F5*

Cet établissement sympathique et bon marché s'adresse d'abord aux enthousiastes du vélo. On peut y louer des bicyclettes, il y a un parking pour les deux-roues et le personnel vous indiquera les meilleurs itinéraires. Les chambres sont fonctionnelles, confortables et propres. **www.bicyclehotel.com**

Cake Under my Pillow

Jacob Van Campenstraat 66, 1072 BH **Tél.** *751 0936* **Fax** *776 4604* **Chambres** *2*   **Plan** *4 F4*

Cet hôtel appartient au pâtissier le plus extravagant de la ville. Situé juste au-dessus de sa boutique, ce B&B très apprécié des gays est le point de départ idéal pour découvrir le Pijp. Les chambres possèdent des murs immaculés et des draps de lin, tandis que d'autres sont plus colorées. **www.cakeundermypillow.nl**

Citizen M Hotel Amsterdam City

Prinses Irenestraat 30, 1077 WX **Tél.** *811 7090* **Chambres** *215*

Luxe et gadgets high-tech s'allient à un tarif intéressant dans cet hôtel futuriste. Enregistrement sur écran tactile, murs de verre, éclairage à variateur de couleurs dans les chambres... de quoi séduire hommes d'affaires et visiteurs. La ligne 5 du tramway dessert le centre-ville. Réservation en ligne uniquement. **www.citizenamsterdamcity.com**

Hôtel Savoy Amsterdam

Ferdinand Bolstraat 194, 1072 LW **Tél.** *644 7445* **Fax** *644 8989* **Chambres** *42*   **Plan** *4 F5*

Apprécié des visiteurs du RAI comme des touristes qui souhaitent découvrir le Pijp, le Savoy est un des rares hôtels de cette partie d'Amsterdam. L'intérieur de cet énorme bâtiment en briques rouges est très lumineux. Les chambres et les salles de bains sont spacieuses. **www.savoyhotel.nl**

Lloyd Hotel

Oostelijke Handelskade 34, 1019 BN **Tél.** *561 3636* **Fax** *561 3600* **Chambres** *117*

Située dans les docklands de l'est, cette ancienne maison de correction pour enfants abrite aujourd'hui une galerie d'art, deux restaurants, un bar et un hôtel. Ce dernier propose aussi bien un hébergement de base que des suites luxueuses. Le personnel est très agréable. **www.lloydhotel.com**

Bilderberg Garden

Dijsselhofplantsoen 7, 1077 BJ **Tél.** *570 5600* **Fax** *570 5654* **Chambres** *124*   **Plan** *3 C5*

Situé sur un canal, dans un quartier résidentiel chic, cet hôtel et son excellent restaurant procurent une délicieuse sensation d'isolement. Ils ne se trouvent pourtant qu'à une courte distance du Museumplein (p. 126-127). Les chambres sont un peu tristes, mais spacieuses. **www.gardenhotel.nl**

Amsterdam Hilton

Apollolaan 138, 1077 BG **Tél.** *710 6000* **Fax** *710 6080* **Chambres** *271*   **Plan** *3 C5*

Bien après que John Lennon et Yoko Ono y eurent organisé leur *bed-in* de protestation, cet hôtel de luxe est toujours aussi célèbre, même s'il s'adresse aujourd'hui principalement aux hommes d'affaires. Situé à côté de l'aéroport de Schiphol (p. 115) et du quartier des affaires, il offre toutes les prestations habituelles. **www.hilton.com**

RESTAURANTS, CAFÉS ET BARS

À Amsterdam, il est possible de se nourrir pour un prix raisonnable. Les cafés et les bars vendent des en-cas variés et savoureux, tandis que les *eetcafés* (p. 236-237) proposent des plats plus consistants à des prix très bas. Les portions sont généreuses dans les restaurants de spécialités hollandaises. Les Pays-Bas ne jouissent pas d'une réputation gastronomique comparable à celle de la France, mais il est possible d'y déguster des cuisines du monde entier, notamment d'Indonésie. Les pages suivantes vous aideront à faire votre choix selon vos goûts et votre budget. Les détails concernant les restaurants que nous avons sélectionnés se trouvent aux pages 228-235. Cette introduction vous donnera quel-ques conseils pratiques pour vous régaler à Amsterdam.

Les restaurateurs savent créer une ambiance chaleureuse

OÙ MANGER ?

Amsterdam est une petite ville et la plupart des établissements cités dans ce guide occupent une position centrale aisément accessible. Les plus fortes concentrations de restaurants se trouvent dans le Jordaan, le long de la Van Baerlestraat dans le quartier des musées, dans le Quartier rouge, sur la Spuistraat dans le Nieuwe Zijd, et sur la Reguliersdwarsstraat pour la ceinture de canaux.

QUE MANGER ?

Jadis, les *eetcafés* proposaient des en-cas et des spécialités hollandaises, les restaurants les plus chics de la cuisine française, et les restaurants indonésiens les repas complets les plus accessibles. Le choix est aujourd'hui beaucoup plus vaste. De nombreux chefs associent notamment techniques culinaires françaises et produits du terroir néerlandais.

Pour les puristes, la cuisine indonésienne proposée à Amsterdam a tendance à se mâtiner d'influences chinoises. La ville compte néanmoins quelques chefs épris d'authenticité tandis que les restaurants japonais et thaïlandais y connaissent une popularité grandissante à l'instar des meilleures adresses italiennes. Il existe également des restaurants indiens, mexicains et africains, de qualité très variable.

Les végétariens trouveront de quoi se régaler sur les bords des canaux dans le quartier du Jordaan.

QUE BOIRE ?

La bière est la boisson favorite des Néerlandais, et cafés et bars proposent un large éventail de marques nationales et étrangères (p. 48-49). Presque tous les restaurants offrent un choix de vins, le plus souvent des crus français bien que les établissements italiens et espagnols mettent aussi à la carte leurs productions nationales. Un symbole indique les établissements

Le Sea Palace, célèbre restaurant chinois flottant d'Amsterdam *(p. 235)*

sélectionnés dans ce guide possédant une cave exceptionnelle.

Les amateurs de *jenevers (p. 48)* trouveront les meilleures sélections dans les restaurants hollandais.

COMBIEN PAYER ?

Presque tous les établissements affichent une carte en vitrine donnant les prix des plats, TVA (BTW) et service compris. Ces prix varient et un repas dans un restaurant de luxe peut revenir à plus de 80 € par personne. Vous trouverez cependant à Amsterdam un choix étendu d'endroits où manger pour moins de 45 €. Les boissons sont en supplément, et la marge appliquée par le restaurateur s'avère élevée, en particulier sur les vins bon marché.

Le client, à Amsterdam, a droit à un service attentif

HORAIRES D'OUVERTURE

Les Néerlandais déjeunent légèrement, d'un en-cas le plus souvent, et peu de restaurants ouvrent pendant la journée. De nombreux bars et cafés bruns *(p. 236-237)* servent toutefois des repas de midi à 14 h. Le soir, le dîner se prend tôt, à partir de 18 h, et il est rarement possible de commander après 22 h. Cette habitude change cependant et de plus de plus de restaurants, en particulier dans le centre, servent jusqu'à 23 h, et pour quelques-uns beaucoup plus

Terrasse de café près du Waag sur le Nieuwmarkt

tard. Le jour de fermeture traditionnel est le lundi.

Pour plus de détails sur les horaires d'ouverture des cafés et bars, voir *Repas légers et snacks* (p. 236-237).

RÉSERVER

Mieux vaut réserver si vous souhaitez dîner dans un des restaurants les plus réputés. Les cafés bruns et les bars peuvent aussi être bondés le soir, mais peu acceptent les réservations.

LIRE LA CARTE

Les cartes des restaurants touristiques sont souvent rédigées en néerlandais, en anglais et en français. Beaucoup de serveurs parlent en outre au moins une langue étrangère et commander pose rarement problème, surtout si l'on se débrouille en anglais.

COMMENT S'HABILLER ?

Il règne une atmosphère détendue dans la plupart des restaurants d'Amsterdam, et aucun n'exigera de vous une cravate, même si rien ne vous interdit de vous habiller spécialement pour sortir.

FUMEURS, NON-FUMEURS

En 2005, le gouvernement hollandais a lancé une campagne anti-tabac, dans la lignée de nombreux pays européens. Depuis juillet 2008, il est interdit de fumer

dans les cafés, les restaurants, les hôtels et autres espaces publics. Cette interdiction n'épargne pas les coffee-shops fumeurs *(p. 49)* qui doivent disposer d'une salle réservée aux fumeurs.

ACCÈS EN FAUTEUIL ROULANT

Si l'accès de la majorité des restaurants en rez-de-chaussée pose relativement peu de problèmes, il n'en va pas de même pour les toilettes auxquelles conduisent souvent des escaliers pentus.

POURBOIRES

Les tarifs incluent automatiquement 15 % de service. Depuis l'introduction de l'euro, les Amstellodamois ont pris l'habitude d'arrondir les petites notes à l'euro supérieur et les grosses à 5 € au-dessus. Il est alors préférable de laisser du liquide.

La terrasse pittoresque du très populaire café De Jaren *(p. 228)*.

Que manger à Amsterdam ?

De l'échoppe du marchand de poissons au temple de la haute cuisine en passant par les innombrables cafés de la ville, Amsterdam a beaucoup à offrir. Si la cuisine traditionnelle hollandaise est assez rustique, elle n'est qu'une possibilité parmi d'autres. De leurs voyages aux quatre coins du monde, les bateaux de cette ancienne puissance coloniale ont d'abord rapporté des épices. Peu après, des immigrants d'origine asiatique vinrent s'installer à Amsterdam, apportant avec eux leur savoir-faire culinaire. C'est ainsi que la gastronomie hollandaise s'enrichit très tôt de nouvelles saveurs, découvrant la cuisine « fusion » quelques siècles avant le reste du monde.

Fromage d'Edam

Dégustation de hareng

PRODUITS DU TERROIR

Le plat hollandais typique est simple et nourrissant : viandes et poissons sans sauce accompagnés de légumes bouillis. Le porc, les jambons et les saucisses ont aussi beaucoup de succès, ainsi que les poissons frais de la mer du Nord, plus particulièrement la morue, le hareng, le maquereau et les célèbres crevettes grises.

Les légumes verts à feuilles comme les choux blanc et vert et les endives sont très appréciés, surtout mélangés à de la purée de pommes de terre. Importée d'Allemagne à une époque lointaine, la choucroute est depuis longtemps considérée comme une spécialité locale, ainsi que les frites trempées dans de la mayonnaise, empruntées au voisin belge. Les célèbres fromages de

Gouda et d'Edam sont vendus à divers stades d'affinage et souvent parfumés aux clous de girofle, au cumin et aux herbes.

INFLUENCES DIVERSES

La ville d'Amsterdam a longtemps été réputée pour sa tolérance politique et religieuse. Ceux qui vinrent y trouver refuge apportèrent

Tofu frit avec un *sambal oelek* (sauce pimentée)

Bami goreng (nouilles sautées aux crevettes et au poulet)

Riz à la vapeur

Chips aux crevettes

Plats de *rijsttafel* typiques

Satay ayam (*satay* de poulet)

Gado gado (salade de légumes avec une sauce au cacahuètes)

PLATS LOCAUX ET SPÉCIALITÉS

Jambons, fromages et pains sont généralement consommés dès le petit déjeuner, à côté des traditionnels *ontbijtkoek* (pain d'épice) et *hagelslag* (pépites de chocolat). On retrouvera du jambon et du fromage pour le déjeuner, souvent servis avec un petit pain et un verre de lait, bien que les sandwichs et

Crevettes grises

les salades soient en train de faire leur apparition. De nombreuses crêperies proposent des crêpes sucrées et salées tout au long de la journée. Dans le domaine culinaire, c'est le soir qu'Amsterdam a le plus à offrir. Les soupes et les purées de légumes des fermes hollandaises coexistent avec les délices de la cuisine indonésienne et les dernières inventions des chefs d'Amsterdam.

L'*erwtensoep* *est une soupe épaisse aux pois et à la saucisse fumée servie avec du pain de seigle et du jambon.*

Champignons sauvages sur un étalage de marché

avec eux leur cuisine.

Au XVIᵉ siècle, les juifs en provenance du Portugal et d'Anvers furent parmi les premiers étrangers à s'établir dans la ville, ce qui explique que certaines spécialités juives soient considérées comme faisant aujourd'hui partie de la cuisine locale : *pekelvlees* (bœuf salé), légumes salés (souvent servis en salade) et diverses pâtisseries que l'on trouve principalement dans les salons de thé traditionnels.

Le XXᵉ siècle a connu une forte immigration en provenance de la Turquie et du Maghreb, et l'on trouve désormais à Amsterdam de nombreux restaurants qui servent des spécialités moyen-orientales comme des légumes farcis et des couscous. Vendu dans des petites échoppes, à chaque coin de rue, le *falafel* (à base de pois chiches) est devenu l'un des snacks favoris des noctambules. Les Éthiopiens, les Grecs, les Thaïlandais, les Italiens et les Japonais ont eux aussi laissé leur marque.

Une tranche de gouda dans une fromagerie de la ville

HÉRITAGE INDONÉSIEN

La colonisation hollandaise de l'Indonésie ayant commencé au XVIIᵉ siècle et n'ayant pris fin qu'en 1949, la cuisine indonésienne a eu une profonde influence sur les habitudes alimentaires de la Hollande. Au fil du temps, des ingrédients autrefois considérés comme exotiques se sont glissés dans les recettes hollandaises, et il n'est pas rare aujourd'hui par exemple de parfumer les biscuits, les tartes aux pommes et les légumes avec de la cannelle. Votre séjour ne saurait se terminer sans vous être attablé une fois autour d'une *rijsttafel*.

LA *RIJSTTAFEL*

Les colons hollandais se sont longtemps plaints que les portions servies en Indonésie étaient trop petites pour leur appétit européen. Pour remédier à cette carence, ils inventèrent la *rijsttafel* (la « table de riz »), qui consiste en 20 petites préparations épicées servies avec un plat de riz ou de nouilles. Le *satay* de porc ou de poulet (petites brochettes servies avec une sauce aux cacahuètes) et les *kroepoek* (chips aux crevettes) arrivent généralement en premier, suivis d'une sélection de currys de viandes et de légumes, de *tofu* grillé et de salades, servis en même temps. Le repas se conclut avec des bananes frites.

Les croquettes de crevettes *sont nappées de crème et frites à l'huile.*

Le *stamppot* *est un plat à base de chou vert, d'endives et de bacon mélangés à de la purée de pommes de terre.*

Le *nasi goreng* *est un plat indonésien à base de riz aux œufs agrémenté de porc et de champignons.*

Choisir un restaurant

Les restaurants figurant dans les pages qui suivent ont été sélectionnés en fonction de leur rapport qualité/prix, de leur cuisine et de leur cadre. Ils sont classés quartier par quartier, puis par ordre alphabétique dans chaque catégorie de prix. Les cafés et les bars sont répertoriés aux pages 236-237.

CATÉGORIES DE PRIX

Pour un repas avec entrée, plat et dessert, une demi-bouteille de vin, couverts, taxes et service compris.

€ moins de 30 €
€€ entre 30 et 45 €
€€€ entre 45 et 55 €
€€€€ entre 55 et 65 €
€€€€€ plus de 65 €

OUDE ZIJDE

A-Fusion   €

*Zeedijk 130, 1012 BC **Tél.** 330 4068*   **Plan** 8 D2

Au cœur du quartier chinois, A-Fusion a redonné ses lettres de noblesse à la cuisine fusion. Inspirés des saveurs de l'Asie, les plats sont servis en petites portions que l'on a plaisir à partager. Le décor est assez spartiate mais le personnel est chaleureux et compétent. Goûtez les huîtres à la vapeur et le soja frais. Ouvert pendant la période de Noël.

Bird   €

*Zeedijk 72-74, 1011 HB **Tél.** 620 1442*   **Plan** 8 D2

C'est le meilleur restaurant thaï de la ville. Le personnel, d'origine thaïlandaise, assure un service impeccable. L'établissement est spacieux et authentique. Ses currys rouges et verts sont réputés : poisson, tofu, poulet, porc… Excellent rapport qualité/prix. Fermé à midi. Il y a également un petit snack-bar thaïlandais de l'autre côté de la rue.

Café Bern   €

*Nieuwmarkt 9, 1011 JR **Tél.** 622 0034*   **Plan** 8 D3

Situé à quelques pas du Quartier rouge, ce café brun est spécialisé dans les fondues savoyardes, servies avec une salade et un dessert. Très bon marché, il a beaucoup de succès auprès des riverains, qui aiment prendre leur repas au bar. Atmosphère agréable. Bonne carte des vins et des alcools. Réservation recommandée. Fermé à midi.

De Jaren   €€

*Nieuwe Doelenstraat 20-22, 1012 CP **Tél.** 625 5771*   **Plan** 7 C4

Ce vaste café à hauts plafonds sert des soupes et des sandwichs au rez-de-chaussée et des plats cuisinés dans le restaurant du 1er étage. Ce dernier propose également un buffet de salades et des plats végétariens. Deux terrasses très agréables. Seul bémol : le service est parfois assez lent, surtout lorsqu'il y a du monde.

Éenvistwéévis   €€

*Schippersgracht 6, 1011 TR **Tél.** 623 2894*   **Plan** 5 C1

Situé à deux pas du Kilimanjaro (*voir ci-dessous*), ce petit restaurant plein de charme attire les amateurs de poisson. La pêche du jour (plie, bar, huîtres, thon) est servie *al fresco*. On pourra y prendre ses repas en terrasse en été. Fermé à midi et le lundi.

Hemelse Modder   €€

*Oude Waal 11, 1011 BZ **Tél.** 624 3203*   **Plan** 8 E2

Ce restaurant moderne et spacieux situé sur l'un des plus anciens canaux de la ville propose un menu franco-italien et une bonne carte des vins. Charmante terrasse à l'arrière. La clientèle est gay. Réservation recommandée, surtout si l'on souhaite dîner à l'extérieur. Fermé à midi et le lundi.

Kilimanjaro   €€

*Rapenburgerplein 6, 1011 VB **Tél.** 622 3485*   **Plan** 5 C1

Ce restaurant panafricain est une véritable trouvaille. Ne pas manquer l'alligator cocktail, la bière Mongozo (servie dans un bol) et le café éthiopien, accompagné de pop-corn. Aux beaux jours, on s'installera en terrasse. Fermé à midi et le lundi.

Me Naam Naan   €€

*Koningsstraat 29, 1011 ET **Tél.** 423 33 44*   **Plan** 8 D3

Voici un authentique restaurant thaïlandais tranquille installé au bout d'une rue donnant sur la place animée du Nieuwmarkt. Le personnel est courtois et le décor exotique sans être kitsch. On y sert des classiques tels que les nouilles et les currys, qui ne sont pas si épicés même quand ils sont qualifiés de *hot* à la carte.

In De Waag   €€€

*Nieuwmarkt 4, 1012 CR **Tél.** 422 7772*   **Plan** 8 D3

Construit en 1488, cet immeuble à l'aspect de château fort (*p. 60*) abrite la salle où Rembrandt réalisa les croquis pour son premier portrait de groupe : *La Leçon d'anatomie du Docteur Tulp*. Installé sous ladite salle, le restaurant est entièrement éclairé à la bougie. Menu éclectique. Délicieux desserts. Relativement cher. Réservation recommandée.

Légende des symboles *voir le rabat arrière de couverture*

Blaauw aan de Wal   🖼 €€€€

Oudezijds Achterburgwal 99, 1012 DD **Tél.** *330 2257*   **Plan** *8 D3*

C'est l'un des secrets les mieux gardés du Quartier rouge : un élégant petit restaurant, caché au fond d'une étroite ruelle. Les gourmets apprécieront sa cuisine méditerranéenne et sa carte des vins. Son succès rend les réservations obligatoires, surtout si l'on souhaite y dîner en terrasse en été. Fermé à midi et le dimanche.

Vermeer (NH Barbizon Palace Hotel)   ♿ €€€€€

Prins Hendrikkade 59-72, 1012 AD **Tél.** *556 4885*   **Plan** *8 D1*

Ce restaurant français qui occupe quatre maisons du XVIIᵉ siècle est excellent. Au menu : foies de canard braisés, bœuf aux huîtres, aux truffes et aux algues. La carte des vins est excellente. On peut également boire un cocktail au salon. Fermé le samedi à midi et le dimanche.

NIEUWE ZIJDE

Brasserie Harkema   ♿ 🚹 €

Nes 67, 1012 KD **Tél.** *428 2222*   **Plan** *7 B4*

Cette brasserie parisienne classique à l'influence new-yorkaise propose de la haute cuisine à des prix abordables. Étant donné son énorme succès, particulièrement le soir, il est recommandé de réserver. Régalez-vous d'un sauté de chevreuil aux chanterelles sur toast, suivi d'une tarte au chocolat au biscuit Bastogne.

Català   🗐 🖼 €

Spuistraat 299, 1012 VS **Tél.** *623 1141*   **Plan** *7 A4*

Vous trouverez ici toutes les spécialités espagnoles d'un bar à tapas. On apprécie autant son cadre rustique authentique que les tables dressées sur le trottoir, idéales en été pour observer les passants. Il est tout proche du Harry's Bar, l'un des meilleurs bars à cocktails de la ville.

Keuken van 1870   🗐 ♿ 🚹 🖼 €

Spuistraat 4, 1012 TS **Tél.** *620 4018*   **Plan** *7 C1*

Bâtie en 1870, cette ancienne soupe populaire est devenue une institution à Amsterdam. Elle continue de proposer des repas bon marché, même si la clientèle est aujourd'hui principalement composée d'employés de bureaux, d'étudiants et de retraités. Le menu du jour propose des spécialités hollandaises pour 7,50 €. Fermé à midi et le dimanche.

Tibet   🚹 🖼 €

Lange Niezel 24, 1012 GT **Tél.** *624 1137*   **Plan** *8 D2*

Situé au cœur du Quartier rouge, cet endroit agréable est ouvert jusqu'à 1 h du matin. Le menu offre un choix de plats séchouanais et de spécialités tibétaines. Les *momo* (des bouchées tibétaines) sont délicieux. Décor éclectique. Service décontracté, attentif, extrêmement sympathique. Fermé le mardi.

Kapitein Zeppos   ♿ 🚹 🖼 €€

Gebed Zonder End 5, 1012 HS **Tél.** *624 2057*   **Plan** *7 B4*

Perdu au fond d'une petite allée ornée de guirlandes lumineuses, ce bar-restaurant occupe une ancienne écurie, qui abrita également une fabrique de cigares. Sa cuisine méditerranéenne associe des influences italienne, marocaine et espagnole. Tables en faïence belge. Idéal pour un dîner romantique. Certains soirs, musique *live*. Fermé le lundi.

Van Kerkwijk   🗐 €€

Nes 41, 1012 KC **Tél.** *620 3316*   **Plan** *Map 7 B3*

Niché au sud de la place du Dam, le Van Kerkwijk est un *eetcafé* pas comme les autres, malgré son cadre résolument traditionnel. Les habitués et les visiteurs y viennent pour sa cuisine cosmopolite inspirée de d'Indonésie, de France, d'Italie et du Maroc. Van Kerkwijk ne prend pas les réservations. N'arrivez pas trop tard.

1e Klas   🚹 €€

Stationsplein 15, 1012 AB **Tél.** *625 0131*   **Plan** *8 D1*

L'ancienne salle d'attente des premières classes de Centraal Station (plate-forme 2B) a été transformée en un élégant café-restaurant Art nouveau. Au menu : grand choix de soupes, de salades et de plats français. Le petit déjeuner est servi à partir de 8 h 30.

De Compagnon   🖼 €€€€

Guldehandsteeg 17, 1012 RA **Tél.** *620 4225*   **Plan** *8 D1*

Caché au fond d'une ruelle obscure, ce petit restaurant peut être difficile à trouver, mais il mérite que l'on fasse un effort. C'est l'endroit rêvé pour un dîner intime. Réservez une table près de la fenêtre. La carte des vins est exceptionnelle. Fermé le samedi à midi et le dimanche.

Supperclub   🚹 €€€€€

Jonge Roelensteeg 21, 1012 PL **Tél.** *344 6400*   **Plan** *7 B3*

Une fois déchaussé, prenez vos aises sur les coussins moelleux de ce spacieux restaurant-club. Cuisines ouvertes, menu, art vidéo, massages, DJ et performances impromptues. Il y a un salon-bar à l'étage du dessous. Fermé à midi.

LES CANAUX PÉRIPHÉRIQUES — SECTEUR OUEST

De Bolhoed   €
Prinsengracht 60-62, 1015 DX **Tél.** *626 1803*   **Plan 1 B3**

Ce charmant restaurant végétarien possède une jolie terrasse au bord du canal, parfaite pour les après-midi ensoleillés et les soirées d'été. Cuisine internationale. Recettes originales. Le plat du jour est souvent excellent. Bien que les portions soient généreuses, gardez une place pour le dessert. Le service peut être lent. Réservations recommandées.

Foodism   €
Oude Leliestraat 8, 1015 AW **Tél.** *627 6424*   **Plan 7 A2**

Caché dans une petite ruelle du Jordaan, à 5 min à pied du Dam, ce restaurant lumineux et accueillant sert des petits déjeuners new-yorkais le matin, des soupes et des sandwichs à midi et des pâtes au basilic sauvage au dîner. On y sert également des gâteaux et du café tout l'après-midi. Pas d'alcool. Ouvert dès 11 h 30 (12 h 30 le dimanche).

Semhar   €
Marnixstraat 259-261, 1015 WH **Tél.** *638 1634*   **Plan 1 A4**

Les sympathiques propriétaires éthiopiens de ce spacieux restaurant proposent de délicieux plats de leur pays et de l'Érythrée voisine. Les préparations à base d'*injera* (crêpes) sont un must, surtout pour les végétariens. Dommage qu'il se trouve sur une rue si peu attrayante (bien qu'en bordure du Jordaan). Ouvert dès 16 h.

Chez Georges   €€
Herenstraat 3, 1015 BX **Tél.** *626 3332*   **Plan 7 A1**

Ce petit restaurant bourguignon plein de charme attire tous les gourmets de la ville. Georges, qui est à la fois chef et propriétaire, y propose des menus de cinq ou sept plats. Bon rapport qualité/prix, même si les vins sont parfois assez chers. Réservation recommandée. Fermé à midi, le mercredi et le dimanche.

De Gouden Reael   €€
Zandhoek 14, 1013 KT **Tél.** *623 3883*   **Plan 1 C1**

Ce bâtiment construit en 1648 a abrité un entrepôt de harengs et un bar à gin. Situé dans un des quartiers les plus pittoresques de la ville, ce bar-restaurant a beaucoup de succès avec les amateurs de cuisine française et alsacienne. Jolie vue, de la terrasse, sur les canaux. Bonne carte des vins.

Spanjer & Van Twist   €€
Leliegracht 60, 1015 DJ **Tél.** *639 0109*   **Plan 7 A2**

À deux pas de la maison d'Anne Frank *(p. 90)*, ce café-restaurant sur plusieurs niveaux ouvre à 10 h pour le petit déjeuner et propose des soupes, des sandwichs, des pâtes et des currys tout au long de la journée. Il y a un « coin-lecture » et une jolie terrasse qui donne sur le canal.

Stout !   €€
Haarlemmerstraat 73, 1013 EL **Tél.** *616 3664*   **Plan 2 D3**

Ce restaurant branché sans prétention propose une cuisine fusion inspirée. La spécialité est le plateau Stout : dix petites portions exquises (pour deux personnes minimum). Excellente carte des vins. Dégustations de vin organisées tous les troisièmes dimanches du mois.

Assaggi   €€€
Tweede Egelantiersdwarsstraat 4-6, 1015 SC **Tél.** *420 5589*   **Plan 1 B4**

Assaggi est un restaurant italien à l'élégance moderne. Ici, le personnel sait de quoi il parle. On y sert de succulents antipasti, des spécialités de pâtes et autres risottos, aux côtés de classiques comme l'osso-buco. Il n'est pas facile à trouver dans le dédale de petites rues de « Little Italy », mais il vaut le détour. Fermé à midi.

Bordewijk   €€€
Noordermarkt 7, 1015 MV **Tél.** *624 3899*   **Plan 1 C3**

Réputé pour la qualité de sa cuisine française et pour l'excellence de son service, c'est un des meilleurs restaurants de la ville. Le chef viendra vous décrire en personne le menu du jour. Parfois un peu bruyant. Réservez bien à l'avance. Fermé à midi et le lundi.

La Oliva   €€€
Egelantiersstraat 122, 1015 PR **Tél.** *320 4316*   **Plan 1 B4**

Situé au croisement de deux rues, dans le quartier labyrinthique du Jordaan, La Oliva a installé ses petites tables en bois sur le trottoir. Il affiche une belle carte des vins et a pour spécialité les *pintxos*, ces petites tartines apéritives du Nord de l'Espagne que l'on a plaisir à partager. Fermé le lundi.

Lof   €€€
Haarlemmerstraat 62, 1013 ES **Tél.** *620 2997*   **Plan 2 D3**

Ce restaurant qui ne paye pas de mine est un des établissements favoris des gourmets de la ville. Pas de menu fixe. Pêche du jour et plats de viande et de gibier. Possibilité de réserver la petite salle du fond pour un dîner entre amis. Fermé à midi et le lundi.

Légende des prix *voir p. 228* **Légende des symboles** *voir le rabat arrière de couverture*

Toscanini 🏃 🔲 €€€
Lindengracht 75, 1015 KD **Tél.** *623 2813* **Plan** *1 C3*

En dépit de ses dimensions imposantes, ce restaurant italien affiche rapidement complet. Le bâtiment abrita autrefois une remise à diligences, puis une forge, et il a conservé ses toitures vitrées du XIXe siècle. Les chefs y produisent une cuisine régionale authentique. Fermé à midi et le dimanche.

Christophe 🔲 €€€€€
Leliegracht 46, 1015 DH **Tél.** *625 0807* **Plan** *7 A2*

Ce restaurant installé au bord d'un canal appartient à l'un des meilleurs chefs du pays. L'originalité et la qualité de sa cuisine lui ont valu une étoile au *Guide Michelin*, dix années d'affilée. Une expérience inoubliable. Fermé à midi, le dimanche et le lundi.

LES CANAUX PÉRIPHÉRIQUES — SECTEUR SUD

Stoop en Stoop 🏃 🔲 €
Lange Leidsedwarsstraat 82, 1017 NM **Tél.** *620 0982* **Plan** *4 E2*

Stoop en Stoop permet de s'éloigner de l'affluence touristique du Leidseplein. On y goûte aux plats nourrissants d'un *eetcafé* classique. Les amateurs de viande apprécieront les travers de porc marinés, les brochettes de poulet *satay* et les escalopes de porc. On y sert aussi des spécialités de plats de pâtes.

Balthazar's Keuken 🏃 🔲 €€
Elandsgracht 108, 1016 VA **Tél.** *420 2114* **Plan** *1 B5*

En apercevant les casseroles qui pendent aux murs de la cuisine, on a l'impression d'être invité à dîner chez Karin et Alain, les propriétaires. Il n'y a pas de carte, mais seulement un menu fixe qui change toutes les semaines. Fermé à midi. Cuisine internationale. Ouvert uniquement pour les groupes les lundis, mardis, samedis et dimanches.

Brix 🔲 €€
Wolvenstraat 16, 1016 EP **Tél.** *639 0351* **Plan** *1 C5*

Brix offre un intérieur chaleureux et confortable avec une pointe d'originalité dans le décor. Les plats, aux influences internationales, sont servis en petites portions : c'est l'idéal pour varier la commande et goûter à tout lors d'un dîner entre amis. Des concerts de jazz se tiennent le dimanche soir. Fermé à midi.

Café George ♿ 🔲 €€
Leidsegracht 84, 1016 CR **Tél.** *626 0802* **Plan** *4 E1*

Retrouvez ici tout le gratin de la ville. Cette brasserie new-yorkaise propose des plats simples tels le steak-frites et les œufs Bénédicte, ou plus raffinés comme les huîtres ou le homard. Situé près des rues commerçantes et des bars et boîtes de nuit du Leidseplein, c'est l'adresse idéale pour déjeuner tard ou dîner avant d'aller danser.

Los Pilones 🔲 €€
Kerkstraat 63, 1017 GC **Tél.** *320 4651* **Plan** *7 A5*

Une petite *cantina* chaleureuse gérée par deux frères mexicains. Cuisine authentique de leur pays d'origine. C'est sans doute le meilleur restaurant mexicain d'Amsterdam. Laissez-vous surprendre par des combinaisons inattendues, comme ces *enchiladas* nappées de chocolat. Vaste choix de tequilas : 35 marques. Fermé à midi et le lundi.

Mayur ♿ 🏃 🔲 €€
Korte Leidsedwarsstraat 203, 1017 RB **Tél.** *623 2142* **Plan** *4 E2*

Plats *tandoori* authentiques, cuits au feu de bois, dans un four en terre cuite : c'est la spécialité de ce restaurant situé à côté du Leidseplein (*p. 110*). Les viandes sont marinées pendant 24 h dans du yaourt et des épices. Au résultat, les plats sont délicieusement relevés, sans être trop forts. Fermé à midi.

Struisvogel €€
Keizersgracht 312, 1016 EX **Tél.** *423 3817* **Plan** *1 B5*

Installé dans la cave d'une maison de canal traditionnel, ce restaurant confortable propose un menu fixe avec entrée, plat et dessert pour 23,50 €. *Struisvogel* signifiant « autruche », ne manquez pas leur spécialité, surtout si vous aimez la viande. C'est une bonne adresse en hiver pour savourer une cuisine simple et roborative. Fermé le lundi.

Nomads €€€
Rozengracht 133, 1016 LV **Tél.** *344 6401* **Plan** *1 A5*

C'est le dernier passe-temps décadent à la mode : dîner dans un cadre qui évoque les nomades du désert. Enlevez vos chaussures et allongez-vous sur un lit, Les plats sont servis sur de grands plateaux en bronze. DJ le week-end. La cuisine ferme à 11 h 30 et le bar à 1 h en semaine et à 3 h le week-end. Fermé à midi et le lundi.

Proeverij 274 🏃 🔲 €€€
Prinsengracht 274, 1016 HH **Tél.** *421 1848* **Plan** *1 B5*

Proeverij 274 emporte autant de succès auprès des habitants de la ville que des touristes. Accueil chaleureux, cuisine internationale, cadre romantique. Réservez la table ronde près de la porte pour avoir une jolie vue sur le canal. Les groupes de 25 personnes et plus sont accueillis dans le sous-sol. Fermé à midi.

Blue Pepper   🔲   €€€€

Nassaukade 366, 1054 AB **Tél.** *489 7039*   **Plan** *4 D1*

Inspiré par la nouvelle cuisine indonésienne (qui brasse des influences chinoises et philippines), ce restaurant impeccable est un des grands favoris des gourmets de la ville, en dépit de son adresse peu attirante. La *rijsttafel* (*p. 226*) du chef javanais est tout à fait exceptionnelle. Excellente carte des vins. Fermé à midi.

Restaurant Vinkeles   🔲   €€€€€

Keizersgracht 384, 1016 GB **Tél.** *530 2010*   **Plan** *4 E1*

Le Vinkeles est un restaurant gastronomique au cadre intime installé dans le superbe hôtel Dylan. On y sert une cuisine internationale aux côtés de spécialités traditionnelles et de plats plus contemporains. Le personnel est attentif, la carte des vins variée et un joli patio est ouvert par beau temps. Fermé le midi et le dimanche.

CANAUX PÉRIPHÉRIQUES — SECTEUR EST

Bazar   🏃   €

Albert Cuypstraat 182, 1073 BL **Tél.** *675 0544*   **Plan** *5 A5*

Situé au milieu de la rue Albert-Cuyp et de son marché (*p. 122*), ce restaurant oriental occupe une ancienne église. Vaste choix de plats nord-africains, iraniens et turcs. Ouvert pour le petit déjeuner, le déjeuner et le dîner, dès 8 h en semaine, à partir de 9 h le week-end. Nombreux plats végétariens.

Zushi   🏃   €

Amstel 20, 1017 AA **Tél.** *330 6882*   **Plan** *7 C5*

Dans un cadre moderne, spacieux et lumineux, choisissez vos sushis sur un tapis roulant. Les chefs s'affairent sous vos yeux pendant que vous vous régalez. Les prix sont fonction de la couleur des assiettes. Grand choix de bières japonaises : Sapporo, Kirin et Asahi.

Bouchon du centre   📋 🏃 🔲   €€

Falckstraat 3, 1017 VV **Tél.** *330 1128*   **Plan** *5 A4*

On se sent ici comme chez des amis grâce au chef Hanneke Van den Bergh qui accueille ses clients et achète ses produits frais sur le marché. La cuisine française est à l'honneur sur l'ardoise qui affiche de quoi composer un menu à prix fixe avec entrée, plat et dessert, arrosé d'un vin bio choisi pour un accord parfait. Fermé du dimanche au mardi.

De Waaghals   📋 ♿ 🏃 🔲   €€

Frans Halsstraat 29, 1072 BK **Tél.** *679 9609*   **Plan** *4 F3*

Ce superbe restaurant végétarien ravira même les carnivores les plus endurcis. Chaque mois, le menu va chercher son inspiration dans un nouveau pays. En été, on peut dîner dans le jardin qui se trouve derrière la maison. Les bières sont brassées localement. Vins et produits bios. Réservation recommandée. Fermé à midi et le lundi.

Rose's Cantina   🏃 🔲   €€

Reguliersdwarsstraat 38-40, 1017 BM **Tél.** *625 9797*   **Plan** *7 B5*

Établi depuis de nombreuses années, ce grand restaurant mexicain possède une atmosphère chaleureuse très appréciable. Au menu, tous les classiques : *tacos, enchiladas* et *quesadillas*, avec les garnitures de votre choix. Quelques plats végétariens. Excellents cocktails. Petit patio à l'arrière très agréable en été. Fermé à midi.

Take Thai   €€

Utrechtsestraat 87, 1017 VK **Tél.** *622 0577*   **Plan** *5 A3*

Take Thai allie l'élégance d'un cadre minimaliste à des prix raisonnables pour une cuisine thaïe soignée. On y sert des classiques comme les currys rouges et verts ou le *massamam* d'agneau (un curry du Sud de la Thaïlande), aux côtés de plats plus épicés à l'instar du poulet grillé à l'ail et aux grains de poivre. Le personnel est attentif. Fermé à midi.

Vamos a Ver   📋 🏃   €€

Govert Flinckstraat 308, 1073 CJ **Tél.** *673 6992*   **Plan** *5 A5*

Situé dans le quartier du Pijp, c'est le meilleur restaurant espagnol de la ville. Bien que le décor soit un peu kitsch (c'est tout l'inverse d'un bar à tapas branché), la cuisine est authentique et d'une qualité exceptionnelle. Le service est très agréable. Fermé à midi et le mardi.

Coffee and Jazz   📋   €€€

Utrechtsestraat 113, 1017 VL **Tél.** *624 5851*   **Plan** *5 A3*

Malgré son nom, Coffee and Jazz est un restaurant indonésien à l'ambiance décontractée tenu par un propriétaire plutôt excentrique. Goûtez le poulet au *satay* ou le bœuf *rendang* (ragoût très épicé), ou laissez le chef donner libre cours à son imagination pour votre plus grande surprise. Fermé du samedi au lundi.

Le Zinc... et les Autres   🏃 🔲   €€€

Prinsengracht 999, 1017 KM **Tél.** *622 9044*   **Plan** *5 A3*

Cuisine française et internationale. Le décor de cet ancien entrepôt joliment restauré est très classique : meubles rustiques, poutres apparentes au plafond. Excellente carte des vins. Terrasse au bord du canal. Portables interdits. Fermé à midi et le dimanche.

Légende des prix *voir p. 228* **Légende des symboles** *voir le rabat arrière de couverture*

Van de Kaart

🚶 🏠 €€€

Prinsengracht 512, 1017 KH **Tél.** *625 9232* **Plan** 4 E2

Ce restaurant propose une cuisine méditerranéenne et française de très grande qualité et inventive. Au menu, on vous proposera une crème brûlée de foie de canard et une brioche aux figues marinées. Le cadre manque peut-être un peu de personnalité. Fermé à midi et le dimanche.

Beddington's

€€€€

Utrechtsedwarsstraat 141, 1017 WE **Tél.** *620 7393* **Plan** 5 B3

Un restaurant pour ceux qui aiment prendre leur temps. Dans un cadre élégant, le chef et propriétaire anglais Jean Beddington opère une fusion de recettes françaises et asiatiques, avec une sensibilité toute britannique. Desserts délicieux. Service sympathique. Nombreux plats végétariens. Fermé à midi, le dimanche et le lundi.

De Utrechtsedwarstafel

€€€€

Utrechtsedwarsstraat 107, 1017 WD **Tél.** *625 4189* **Plan** 5 A3

Dans ce restaurant français, on choisit le nombre de plats (entre trois et cinq) et le type de menu (simple ou gastronomique) : le chef s'occupera du reste. Carte des vins internationale. Fermé le dimanche, le lundi, le mardi et tout le mois de janvier.

Gorgeous

🏠 €€€€

Tweede Van der Helststraat 16, 1072 PD **Tél.** *379 1400* **Plan** 5 A5

Ce petit restaurant français plein de style propose un grand choix de tapas gastronomiques ainsi qu'une petite carte de plats traditionnels. La terrasse donne sur une rue animée, qui offre un spectacle permanent pendant le repas. Fermé à midi, le dimanche et le lundi.

In de Keuken

♿ 🚶 🅿 €€€€

Utrechtsestraat 114, 1017 VT **Tél.** *616 7414* **Plan** 5 A3

Considéré comme l'un des meilleurs restaurants de la ville, In de Keuken n'usurpe pas sa réputation. Outre sa cuisine raffinée, on apprécie son décor élégant, la vue sur la cuisine ouverte et le service à la fois professionnel et décontracté. Le chef varie la carte et les menus toutes les deux semaines. Fermé le dimanche et le lundi.

Segugio

€€€€€

Utrechtsestraat 96, 1017 VS **Tél.** *330 1503* **Plan** 5 A3

Installé sur plusieurs niveaux, ce restaurant à la décoration simple et élégante, propose une délicieuse cuisine italienne. Au menu : gnocchis au sanglier, filet de sole au crabe et au vin Vernaccia et de délicieux risottos. Bonne carte des vins. Fermé à midi, le dimanche et pendant la période de Noël et du Nouvel An.

LE QUARTIER DES MUSÉES

Arabic Lounge

🚶 €€

Spiegelgracht 27, 1017 JP **Tél.** *627 9657* **Plan** 4 F2

Installé au 1er étage d'une vieille maison de canal, Arabic Lounge arbore un décor traditionnel conjugué à l'exotisme nord-africain. Tagines du Maroc, *pastilla* (tourte au poulet) et autres classiques sont servis sur de petites tables basses. Selon l'heure de votre réservation, vous profiterez aussi d'un spectacle de danse du ventre. Fermé à midi.

Café Toussaint

📋 🚶 🏠 €€

Bosboom Toussaintstraat 26, 1054 AS **Tél.** *685 0737* **Plan** 4 D1

Ce petit bijou, perdu dans une rue tranquille, vaut bien que l'on marche 5 min depuis le Leidseplein (p. 110). Dans ce café plein de charme, on sert des sandwichs, des tapas et des soupes. Options végétariennes. Intime et romantique le soir, il possède une petite terrasse très paisible. Téléphones portables interdits.

Pompa

🚶 🏠 €€

Willemsparkweg 6, 1017 HD **Tél.** *662 6206* **Plan** 4 D3

Dans un quartier qui compte relativement peu de restaurants, ce bar à tapas est vraiment une aubaine, surtout après une soirée passée au Concertgebouw (p. 128), lorsque les autres restaurants sont tous pleins. Ambiance chaleureuse et sympathique, excellent rapport qualité/prix, plats méditerranéens et salades délicieuses.

Pulpo

🚶 🏠 €€

Willemsparkweg 87, 1071 GT **Tél.** *676 0700* **Plan** 4 D3

Situé à l'est du Vondelpark (p. 128), près du Museumplein, ce restaurant détendu et sans prétention propose une cuisine méditerranéenne avec quelques touches africaines et moyen-orientales. Haddock au four accompagné de pommes de terre écrasées au citron, potiron et *chermoula*. Fermé le dimanche.

Vertigo

🚶 🏠 €€

Vondelpark 3, 1071 AA **Tél.** *612 3021* **Plan** 4 D2

Le Vertigo ressemble à une cave à vins. Spacieux, confortable, situé à l'intérieur du musée du Cinéma d'Amsterdam (p. 129), en haut du Vondelpark (p. 128), ce restaurant chaleureux est éclairé aux bougies en hiver. En été, il possède la terrasse la plus convoitée de la ville. On peut même y acheter de quoi faire un pique-nique dans le parc.

Brasserie Van Baerle   🖼   €€€

Van Baerlestraat 158, 1071 BG **Tél.** *679 1532*   **Plan** *4 E4*

Cette brasserie française attire tout ce qu'Amsterdam compte de *people*, spécialement à l'heure du déjeuner et pour le brunch du dimanche. Le turbot grillé avec salade au fenouil et risotto aux fruits de mer est l'une des spécialités. Exceptionnelle carte des vins. Très beau jardin en terrasse. Réservation recommandée. Fermé le samedi à midi.

The College Hotel   ♿ 🖼   €€€

Roelof Hartstraat 1, 1071 VE **Tél.** *571 1511*   **Plan** *4 E5*

Cet hôtel est un centre de formation pour les élèves de l'école hôtelière. Ouvert dès le petit déjeuner, il est situé à côté du quartier du shopping de la Hooftstraat, dans un gymnase rénové, qui faisait autrefois partie d'une école. Aujourd'hui, ce restaurant élégant sert des plats hollandais modernes. Fermé le dimanche.

Le Garage   🖼   €€€€

Ruysdaelstraat 54-56, 1071 XE **Tél.** *679 71 76*   **Plan** *4 E4*

Ce bistro élégant entièrement décoré de miroirs remporte un énorme succès auprès des *people* d'Amsterdam. Cuisine française internationale. On privilégie les produits issus de l'agriculture biologique. Superbe carte des vins. Fermé le samedi et le dimanche à midi.

LE QUARTIER DE PLANTAGE

Meneer Nilsson   📋 🚶 🖼 🍴   €€

Plantage Kerklaan 41, 1018 CV **Tél.** *624 4846*   **Plan** *6 D2*

Voici un bar à tapas qui propose essentiellement des spécialités méditerranéennes mais ne s'arrête à l'Espagne. Rillettes de canard et mozzarella fumée trouvent leur place à la carte autant que le fromage *manchego* et les *patatas bravas* (pommes de terre à la tomate épicées). Les vins bios sélectionnés s'accordent merveilleusement aux tapas.

Plancius   🚶 🖼   €€

Plantage Kerklaan 61, 1018 CX **Tél.** *330 9469*   **Plan** *6 D2*

Ce restaurant design, très apprécié des gays, est installé dans une ancienne station de pompiers, en face du zoo Artis *(p. 142)*. En dépit de l'austérité de son décor, le lieu est agréable et sympathique. Le menu français privilégie les plats de viande et de poisson, avec quelques options végétariennes. Petit déjeuner le samedi et le dimanche.

La Rive (Amstel Hotel)   ♿   €€€€€

Professor Tulpplein 1, 1018 GX **Tél.** *520 3264*   **Plan** *5 B4*

Situé à l'intérieur de l'Amstel Hotel, ce restaurant a obtenu une étoile au *Guide Michelin*. Cuisine franco-méditerranéenne. Excellente carte des vins. Pour une expérience inoubliable, réservez la table du chef, qui se trouve dans la cuisine et peut accueillir jusqu'à huit personnes. Tenue élégante de rigueur. Fermé le samedi à midi et le dimanche.

EN DEHORS DU CENTRE

Azmarino   📋 🚶 🖼   €

Tweede Zweelinckstraat 6, 1073 EH **Tél.** *671 7587*   **Plan** *5 A5*

La cuisine d'Afrique de l'Est est encore rare à Amsterdam mais vous ne regretterez pas de sortir des sentiers battus en choisissant Azmarino, au sud de Sarphatipark. Les plats de légumes épicés avec ou sans viande sont servis dans de grandes assiettes, accompagnés du pain légèrement amer et un peu spongieux de cette région. Fermé à midi.

Amsterdam   ♿ 🚶 🖼   €€

Watertorenplein 6, 1051 PA **Tél.** *682 2666*

Cet immense restaurant sert des plats simples à des prix raisonnables dans un décor industriel. Au menu, steak-frites et côtelettes de sanglier grillées. Il y a une agréable terrasse derrière le bâtiment, parfaite pour les familles. La cuisine est ouverte jusqu'à 11 h 30 le vendredi et le samedi.

De Odessa   🚶 🖼   €€

Veemkade 259, 1019 CZ **Tél.** *419 3010*

Prenez un cocktail sur le pont de ce bateau de pêche ukrainien en dégustant des huîtres devant un beau coucher de soleil. Menu international. Prix raisonnables. DJ sur les ponts inférieurs. Expérience inoubliable. Fermé à midi et du dimanche au mardi.

Gare de l'Est   🚶 🖼   €€

Cruquiusweg 9, 1019 AT **Tél.** *463 0620*

Cet ancien café, qui date de 1901 et ressemble à une ancienne gare, est devenu un restaurant très original. Il remporte autant de succès auprès des habitants du quartier que des touristes qui se sont aventurés dans les docklands de l'est. Si vous voulez goûter au grand menu du jour (quatre plats), réservez. Fermé le lundi.

Légende des prix *voir p. 228* **Légende des symboles** *voir le rabat arrière de couverture*

Sea Palace   ♿ 🏃   €€

Oosterdokskade 3, 1011 AD **Tél.** *626 4777*   **Plan** *8 F2*

Située à 5 min de Centraal Station *(p. 79)*, sur le chemin du Muziekgebouw aan't IJ, cette impressionnante pagode flottante abrite un restaurant chinois. Son menu cantonais propose des grands classiques comme la soupe *won ton* ainsi que quelques plats pékinois et séchouanais.

Star Ferry   ♿ 🏃 🖼   €€

Piet Heinkade 1, 1019 BR **Tél.** *788 2090*

Nommé ainsi en l'honneur des ferrys de Hong Kong, situé dans le merveilleux Muziekgebouw aan't IJ, ce café-restaurant tout en verre propose une cuisine aux fortes influences extrême-orientales. Jolie vue sur le plan d'eau derrière Centraal Sation *(p. 79)*. Évitez cependant de déjeuner au soleil les jours de canicule.

Wilhelmina-Dok   🏃 🖼   €€

Noordwal 1, 1021 PX **Tél.** *632 3701*   **Plan** *2 F2*

Pour vous rendre dans ce spacieux restaurant dont le style évoque les années 1950, il vous faudra prendre le ferry derrière Centraal Sation et traverser l'IJ. Sa terrasse au bord de l'eau offre de superbes vues sur Amsterdam. Bon rapport qualité/prix. Cuisine méditerranéenne. Carte des vins intéressante. Idéal pour les groupes.

Blauw   🏃   €€€

Amstelveenseweg 158, 1075 XN **Tél.** *675 5000*   **Plan** *3 A5*

Si Amsterdam est célèbre pour ses restaurants indonésiens, celui-ci vaut sans conteste le détour pour l'une de ses gargantuesques *rijsttafels* (sélection de petits plats indonésiens). Le décor élégant et intime est heureusement dépourvu du kitsch et du semblant d'exotisme affichés par nombre de ses confrères. Fermé le midi.

Fifteen   ♿ 🏃 🖼   €€€

Jollemanhof 9, 1019 GW **Tél.** *0900 343 8336*

Le restaurant du célèbre chef britannique Jamie Oliver est installé dans un ancien entrepôt, au bord de l'eau. Pour le menu-dégustation italien de quatre plats, il faut réserver à l'avance. Alternatives végétariennes. La trattoria voisine propose des plats de pâtes et des risottos. Service impeccable. Sommelier compétent. Fermé le dimanche à midi.

De Kas   ♿ 🏃 🖼   €€€€

Kamerlingh Onneslaan 3, 1097 DE **Tél.** *462 4562*

Ce restaurant chic méditerranéen est installé dans une serre datant de 1926. Les ingrédients utilisés en cuisine proviennent directement des serres voisines et des exploitations agricoles du propriétaire. Pour une expérience inoubliable, réservez la table du chef, qui est installée dans la cuisine. Fermé le samedi à midi et le dimanche.

Mangerie de Kersentuin (Garden Hotel)   ♿ 🏃 🖼   €€€€

Dijsselhofplantsoen 7, 1077 BJ **Tél.** *570 5600*   **Plan** *4 D5*

Cuisine franco-méditerranéenne sans prétention dans ce restaurant établi depuis de nombreuses années. Le menu change régulièrement, la carte des vins est intéressante ; il y a une terrasse pour dîner dehors. Portables interdits. Fermé le samedi à midi et le dimanche.

Marius   🍽 🍷   €€€€

Barentszstraat 243, 1013 NM **Tél.** *422 7880*   **Plan** *1 C1*

Mieux vaut réserver à l'avance car le Marius ne compte que quatre tables dressées dans un décor chaleureux. Le chef change sa *« carte du marché »* chaque jour, selon les produits frais de saison, avec un penchant pour les plats de poisson méditerranéens. Il propose aussi les vins en accord avec chaque plat. Fermé dimanche et lundi, et à midi.

Visaandeschelde   🖼   €€€€

Scheldeplein 4, 1078 GR **Tél.** *675 1583*

Ce spacieux restaurant de fruits de mer est situé en face du RAI *(p. 151)*. On y sert une cuisine méditerranéenne originale, avec une touche d'influence japonaise. Le poisson est d'une fraîcheur irréprochable. La bouillabaisse et le plateau de fruits de mer sont des spécialités. Portables interdits. Fermé le samedi et le dimanche à midi.

Ciel bleu (Okura Hotel)   ♿   €€€€€

Ferdinand Bolstraat 333, 1072 LH **Tél.** *678 7450*   **Plan** *4 F5*

Ce restaurant français a obtenu une étoile au *Guide Michelin*. Situé au 23e étage de l'Okura Hotel, il est réputé pour l'originalité de ses plats et pour ses vues sur Amsterdam. Parfait pour un repas d'affaires important. Le bar à cocktails voisin ouvre à 18 h, une demi-heure avant le restaurant. Fermé à midi.

Supperclub Cruise   €€€€€

Pier 14 (derrière Centraal Station), 1012 AB **Tél.** *344 6403*   **Plan** *2 E3*

C'est l'occasion ou jamais de dîner sur un beau bateau des années 1960. Les vendredis et samedis, les *people* d'Amsterdam prennent le soleil sur le pont et boivent du champagne et des cocktails au bar avant de passer à table, pendant que le bateau remonte la rivière IJ. Réservation obligatoire. Embarquement à 19 h 30.

Yamazato (Okura Hotel)   ♿   €€€€€

Ferdinand Bolstraat 333, 1072 LH **Tél.** *678 8351*   **Plan** *4 F5*

Ce restaurant japonais a reçu une étoile au *Guide Michelin*. Le bar à sushis propose 20 variétés de sushis et de sashimis, fraîchement préparés. Tout est authentique : les salles à manger privées, les tatamis, les serveuses en kimono. Ouvert aussi entre 7 h 30 et 9 h 30 pour le petit déjeuner.

Repas légers et snacks

Les Hollandais mangent légèrement à midi et, de la *haringkar* (« charrette à harengs ») aux cafés, « bruns » ou « grands » *(p. 48-49)*, en passant par les crêperies et les inévitables fast-foods et marchands de pizzas, le visiteur trouvera partout en ville où caler un petit creux. Certains cafés, connus sous le nom d'*eetcafés*, proposent non seulement snacks et sandwichs, mais aussi quelques plats simples et même parfois des repas complets. Qualité de la nourriture et prix raisonnables en font des lieux très populaires, même si peu d'entre eux servent après 21 h. Vous trouverez en pages 46-47 une sélection de quelques-uns des meilleurs cafés d'Amsterdam.

BARS ET ÉCHOPPES

La plupart des bars servent en-cas et snacks. Parmi les plus typiques figurent les *brootjes* (savoureux sandwichs), les *vlammetjes* (beignets), les *bitterballen* (boulettes de viande frites) et l'*osseworst* (saucisse de bœuf).

Le hareng *(haring)* est une véritable institution aux Pays-Bas et, dans les rues, de nombreux kiosques et charrettes en proposent, accompagné d'oignons et de cornichons. Si nous avons le beaujolais nouveau, les Néerlandais ont le *nieuwe haring*, en mai-juin, le moment où le hareng est délicieux cru.

Pizzas, sandwichs et hamburgers à emporter sont également partout disponibles, mais le snack le plus répandu reste la portion de *patat frites* vendue avec de la mayonnaise.

CRÊPERIES

Selon la tradition, les Néerlandais adoptèrent la crêpe pendant l'occupation napoléonienne *(p. 30-31)* comme support pour accommoder les restes. Elle demeure aujourd'hui un moyen économique de prendre un repas léger.

Les crêperies d'Amsterdam ne l'utilisent cependant plus pour accommoder leurs restes, et il n'est pas rare de pouvoir choisir entre 70 *pannenkoeken* différentes.

La plupart des établissements offrent à leurs clients la possibilité de choisir les accompagnements pour créer la crêpe de leurs rêves. **De Carrousel**, **Boerderij Meerzicht**, **The Pancake Bakery** et **Upstairs** comptent parmi les meilleures adresses.

CAFÉS BRUNS ET EETCAFÉS

Le terme *eetcafé* s'applique généralement aux cafés bruns *(p. 48)* servant, à côté des en-cas et coupe-faims, des plats simples ou même de véritables menus. Ils offrent généralement un meilleur rapport qualité/prix et une ambiance plus chaleureuse que la majorité des petits restaurants.

Avec leur carte étendue, **De Prins**, **Het Molenpad**, le **café du Lac**, **Stof**, **De Reiger** et **Blincker** font partie des meilleurs cafés bruns d'Amsterdam, et il est parfois difficile d'y trouver une table, en particulier le week-end.

Pour la plupart, les *eetcafés* proposent des mets consistants et rustiques tels que des soupes, des tartines, des salades et des omelettes. Parmi les plus typiques figurent l'*uitsmijter* (tartine de jambon ou de rôti de bœuf accompagnée d'un œuf au plat) et l'*erwtensoep* (épaisse soupe de pois cassés au lard).

Très appréciés des étudiants, **De Doffer**, qui comprend une salle de billard, et **BIHP** (cuisine du monde entier) sont les adresses les moins chères de la ville. Toutes deux restent ancrées dans cette tradition de cuisine peu variée mais nourrissante et bon marché.

Van Puffelen propose des plats français plus classiques.

Tous les repas sont servis dans l'arrière-salle et le bâtiment adjacent de ce petit café brun intime au superbe décor du XIXe siècle. Pour les meilleures frites de la ville, rendez-vous au **Vleminckx Vlaamse Friteshuis**.

GRANDS CAFÉS

Les grands cafés ouverts à partir du XIXe siècle et les cafés design aux décors très modernes *(p. 49)* offrent également la possibilité de se restaurer. Les tarifs de ce type d'établissement sont cependant toujours plus élevés que ceux des autres cafés, et dans la plupart des cas la qualité de la nourriture ne justifie pas cette différence de prix.

Sur le Rembrandtplein, le **café Schiller**, au superbe cadre Arts déco, constitue néanmoins une exception. Vous pourrez y déguster un choix de plats d'un bon rapport qualité/prix, sous le regard des vedettes de cabaret peintes par Frits Schiller dans les années 1930.

Het Land van Walem et **De Balie** servent également une cuisine de qualité dans un décor élégant. Voisin du Het Land van Walem, **Morlang** est moins chic et moins onéreux.

Caffè Esprit présente l'avantage de se trouver à la fois proche du Béguinage et de la Kalverstraat animée.

CAFÉS SPÉCIALISÉS

Attaché au Centre culturel flamand (Vlaams Cultureel Centrum), **De Brakke Grond** propose une savoureuse cuisine belge.

De Zotte sert également une cuisine flamande typique. Vous y trouverez aussi un vaste choix de bières. Les mets ne sont pas exceptionnels, mais ils sont servis en portions généreuses. L'ambiance est sympathique.

Stanislavski occupe presque tout le rez-de-chaussée du Stadsschouwburg *(p. 111)*. Son atmosphère évoque Paris ; on mange parmi les amateurs de théâtre. Le petit déjeuner est servi jusqu'à l'aube.

ADRESSES

CRÊPERIES

Boerderij Meerzicht
Koenenkade 56.
Amsterdamse Bos.
Tél. 679 2744.

De Carrousel
Tweede
Weteringplantsoen 1.
Plan 4 F3.
Tél. 625 8002.

The Pancake Bakery
Prinsengracht 191.
Plan 1 B4.
Tél. 625 1333.

Upstairs
Grimburgwal 2.
Plan 7 B4.
Tél. 626 5603.

CAFÉS BRUNS ET EETCAFÉS

BIHP
Keizersgracht 335.
Plan 1 B5.
Tél. 622 4511.

Blincker
St Barberenstraat 7.
Plan 7 B4.
Tél. 627 1938.

Café du Lac
Haarlemmerstraat 118.
Plan 1 C3.
Tél. 624 4265.

De Doffer
Runstraat 12-14.
Plan 4 E1.
Tél. 622 6686.

't Doktertje
Rozenboomsteeg 4.
Plan 7 B4.
Tél. 626 4427.

Het Molenpad
Prinsengracht 653.
Plan 4 E1.
Tél. 625 9680.

Pieper
Prinsengracht 424.
Plan 4 E1.
Tél. 626 4775.

De Prins
Prinsengracht 124.
Plan 1 B4.
Tél. 624 9382.

Van Puffelen
Prinsengracht 375-377.
Plan 1 B4.
Tél. 624 6270.

De Reiger
Nieuwe Leliestraat 34.
Plan 1 B4.
Tél. 624 7426.

De Tuin
2e Tuindwarsstraat 13
(près de Westerstraat).
Plan 1 B3.
Tél. 624 4559.

Stof
Van der Helstplein 9.
Tél. 364 0354.

Vleminckx Vlaamse Friteshuis
Voetboogstraat 33.
Plan 7 B4.
Tél. 624 6075.

PROEFLOKALEN ET BARS DE DÉGUSTATION MODERNES

De Drie Fleschjes
Gravenstraat 18.
Plan 7 B2.
Tél. 624 8443.

In De Wildeman
Kolksteeg 3.
Plan 7 C1.
Tél. 638 2348.

Mulliner's Wijnlokaal
Lijnbaansgracht 266-267.
Plan 4 E2.
Tél. 627 9782.

Whisky Café L&B Limited
Korte Leidsedwarsstraat
82-84. **Plan** 4 E2.
Tél. 625 2387.

GRANDS CAFÉS ET CAFÉS DESIGN

De Balie
Kleine Gartmanplantsoen
10. **Plan** 4 E2.
Tél. 553 5151.

Café americain
American Hotel,
Leidsekade 97. **Plan** 4 E2.
Tél. 556 3000.

Caffè Esprit
Spui 10.
Plan 7 B4.
Tél. 622 1967.

Café Luxembourg
Spui 22-24.
Plan 7 B4.
Tél. 620 6264.

Café Schiller
Rembrandtplein 26.
Plan 7 C5.
Tél. 624 9846.

De Jaren
Nieuwe Doelenstraat
20-22. **Plan** 7 C4.
Tél. 625 5771.

De Kroon
Rembrandtplein 17.
Plan 7 C5.
Tél. 625 2011.

Het Land van Walem
Keizersgracht 449.
Plan 7 A5.
Tél. 625 3544.

Morlang
Keizersgracht 451.
Plan 7 A5.
Tél. 625 2681.

Vertigo
Nederlands
Filmmuseum,
Vondelpark 3.
Plan 4 D2.
Tél. 612 3021.

CAFÉS-FUMOIRS

Abraxas
Jonge Roelensteeg 12.
Plan 7 B3.
Tél. 625 5763.

The Bulldog
Leidseplein 15.
Plan 4 E2.
Tél. 627 1908.

Global Chillage
Kerkstraat 51.
Plan 4 E1.
Tél. 777 9777.

The Grasshopper
Nieuwezijds
Voorburgwal 59.
Plan 7 A4.
Tél. 624 6753.

Rusland
Rusland 16.
Plan 7 C4.
Tél. 627 9468.

Siberië
Brouwersgracht 11.
Plan 1 C3.
Tél. 623 5909.

COFFEE-SHOPS ET SALONS DE THÉ

Arnold Cornelis
Elandsgracht 78.
Plan 1 B5.
Tél. 625 8585.

Backstage
Utrechtsedwarsstraat 67.
Plan 5 A3.
Tél. 622 3638.

Bagels & Beans
Ferdinand Bolstraat 70.
Plan 4 F4.
Tél. 672 1610.

Coffee Company
Haarlemmerdijk 62.
Plan 1 C2.
Tél. 624 4278.

Metz & Co
Leidsestraat 34-36.
Plan 4 F1.
Tél. 520 7020.

Pompadour
Huidenstraat 12.
Plan 7 A4.
Tél. 623 9554.

Tazzina
Brouwersgracht 139.
Plan 1 B2.
Tél. 330 4649.

CAFÉS SPÉCIALISÉS

De Brakke Grond
Nes 43. **Plan** 7 B3.
Tél. 626 0044.

De Zotte
Raamstraat 29.
Plan 4 E1.
Tél. 626 8694.

Stanislavski
Leidseplein 25.
Plan 4 E2.
Tél. 495 9995.

BOUTIQUES ET MARCHÉS

Amsterdam est réputée pour ses diamants et ses antiquités, mais vous y trouverez aussi, quels que soient vos moyens, un vaste choix de cadeaux et souvenirs originaux. Le Nieuwe Zijde renferme la plupart des grands magasins et la plus connue des artères commerçantes, la Kalverstraat *(p. 72)*, tandis que le Jordaan et les rues de la ceinture de canaux, telles l'Herenstraat et l'Hartenstraat, abondent en

boutiques spécialisées. La PC Hooftstraat et la Van Baelerstraat occupent le cœur du quartier de la mode et du luxe. Nombreux, animés et souvent spécialisés, les marchés jouent un rôle important dans la vie sociale de la ville. Même si vous n'arrivez pas à dénicher la bonne affaire dans leurs étals de fripes, de brocante et de produits orientaux, vous apprécierez la promenade.

Atrium de la Magna Plaza dans l'ancienne Postkantoor

HORAIRES D'OUVERTURE

Les magasins sont ouverts de 9 h à 18 h du mardi au dimanche, et de 13 h à 18 h le lundi *(p. 257)*. Certains restent ouverts jusqu'à 21 h le jeudi. La législation autorise les points de vente du centre-ville à rester ouverts de 7 h à 22 h sept jours sur sept s'ils le souhaitent, une possibilité surtout exploitée pendant la période de Noël et celle précédant Sinterklaas *(p. 53)*.

COMMENT PAYER ?

Le liquide reste le moyen de paiement le plus répandu et, si vous comptez utiliser une carte bancaire, mieux vaut vérifier qu'elle sera acceptée. Beaucoup de petites boutiques les refusent, notamment pour les articles en solde ou ceux coûtant moins de 45 €. Dans les grands magasins, il vous faudra le plus souvent vous rendre à une caisse spéciale pour les cartes bancaires.

La plupart des établissements acceptent Eurochèques et chèques de voyage. Dans les quartiers touristiques, certains magasins acceptent les monnaies étrangères mais à un taux de change désavantageux.

EXEMPTION DE TAXE

Pour les citoyens de l'Union européenne, il n'y a plus de formalités de douane si vous possédez une facture de la marchandise dédouanée aux Pays-Bas. Pour les personnes ne résidant pas dans l'Union européenne, il est possible pour les gros achats de se faire rembourser la TVA, en obtenant du vendeur un formulaire *(certificaat van uitvoer OB19)* que vous devrez remplir à la frontière.

SOLDES

Les soldes ont lieu en janvier et en juillet, mais certaines boutiques en proposent à tout moment de l'année. Le terme *Korting* désigne des soldes classiques en fin de saison, tandis qu'*uitverkoop* correspond aux liquidations de stocks ou de fermeture.

En fin de période de soldes, de nouvelles remises viennent se déduire du prix marqué. Attention toutefois aux étiquettes indiquant dans un rayon, par exemple, *VA 40* ou *Vanaf 40*, car elles signifient « À partir de 40 € » et non que tous les articles valent ce prix !

GRANDS MAGASINS ET GALERIES MARCHANDES

Dominant la place du Dam, **De Bijenkorf** offre un immense choix de parfums, de vêtements, de jouets et d'articles domestiques. En décembre, il consacre un étage entier aux décorations de Noël. **Metz & Co** et **Maison de bonneterie** sont plus chics, tandis qu'**Hema** pratique les prix les plus bas, en particulier sur les articles domestiques, la mode enfantine et les sous-vêtements. Populaire également, **Vroom & Dreesmann** s'efforce de maintenir au goût du jour ses lignes de prêt-à-porter. Le centre d'Amsterdam compte deux galeries marchandes : Kalvertoren, près du Singel, et Magna Plaza, aménagée dans la Postkantoor construite par Cornelis Peters en 1895 *(p. 78)*. L'ancienne poste abrite, sur quatre niveaux, de très nombreux magasins.

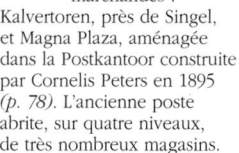

Stoeltie Diamonds

MARCHÉS

C'est le 30 avril, le Jour de la reine *(p. 50)*, que se manifeste avec le plus d'exubérance le goût des Amstellodamois pour les échanges en plein air. La ville devient alors le plus grand marché aux puces du monde, chacun déballant les objets dont il veut se débarrasser. Une telle foule se presse alors dans les rues, sur les places et au bord des canaux, que

tout le centre est fermé
à la circulation.

Même si vous manquez
cette fête, vous pourrez jouir
toute l'année du plaisir de
faire vos courses au marché,
et comme la capitale
néerlandaise ressemble
encore à une juxtaposition
de villages, chaque quartier
possède le sien. Le plus
connu, et le plus vaste, est
l'Albert Cuypmarkt *(p. 122)*,
qui se tient dans le quartier
De Pijp. Ses 325 éventaires
proposent vêtements, fleurs
et aliments néerlandais
ou exotiques.

À côté des marchés
locaux, Amsterdam compte
de nombreux marchés
spécialisés, comme le
pittoresque Bloemenmarkt
(p. 123) et ses barges
couvertes de fleurs, ou
le marché aux puces du
Waterlooplein *(p. 63)* où,
malgré l'affluence, il reste
possible de dénicher la perle
rare. Pour les amateurs, un
marché aux livres anciens se
tient les vendredis au Spui.
Les chineurs visiteront aussi
le Looier Kunst Antiekcentrum
(p. 113), tandis que les
collectionneurs de pièces
de monnaie se rendront les
mercredis et samedis de 13 h
à 16 h sur le Nieuwezijds
Voorburgwal. Pour les
gourmets, rendez-vous les
samedis sur le Noordermarkt
(p. 92) pour y trouver des
produits diététiques.

Les meilleures affaires se
concluent cependant à 25 km
au nord-ouest de la ville.
Dans la ville portuaire de
Beverwijk, le **Beverwijkse**

MEXX, une des boutiques chics de la PC Hooftstraat *(p. 126)*

Bazaar, organisé le samedi,
est l'un des plus grands
marchés aux puces couverts
d'Europe. À côté, le marché
s'orientalise : on trouve des
marchandises telles que tapis,
poteries, objets artisanaux
et aliments.

Poissons fumés à l'Albert Cuypmarkt

BOUTIQUES SPÉCIALISÉES

Parmi les très nombreuses
boutiques spécialisées que
compte Amsterdam, l'une
des plus originales est sans
conteste **Condomerie Het
Gulden Vlies**. Installée dans
un ancien squat, elle propose
des préservatifs du monde
entier. **Christmas Palace** vend

toute l'année des décorations
de Noël, et **Party House**
des guirlandes en papier.
Capsicum Natuurstoffen offre
un vaste choix de soieries
et de tissus exotiques, et
Coppenhagen 1001 Kralen,
avec son millier de perles
différentes, mérite également
une visite. Visitez **Joe's
Vliegerwinkel** pour ses cerfs-
volants et **Simon Levelt** pour
son assortiment de thés et
de cafés. Ne manquez pas
Jacob Hooy & Co pour les
senteurs de ses plantes
aromatiques.

LIVRES, JOURNAUX
ET MAGAZINES

Les points de vente diffusent
des journaux étrangers,
mais ce sont les librairies
The American Book Center
et **The English Bookshop**
qui proposent, derrière une
belle façade Art Nouveau,
la plus vaste sélection
de littérature et de
magazines internationaux.
Vous trouverez
également des livres
en français chez **Allert
de Lange** ou dans les
rayons de magasins de
livres d'occasion comme
De Slegte. L'*Het Financieel
Daghlad* publie
une édition
hebdomadaire
et une rubrique
financière
quotidienne en anglais.
Les magazines *Day
by Day* et *Time Out*
répertorient les
programmes en anglais
et en néerlandais.

Étal de fleurs à l'Albert Cuypmarkt

Qu'acheter à Amsterdam ?

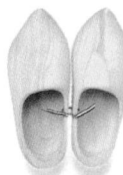

Il existe des centaines de boutiques de souvenirs à Amsterdam, mais le visiteur trouvera en général des articles plus authentiques dans un magasin spécialisé ou même un simple supermarché. Chocolats, fromages ou *jenevers* vous permettront d'emporter avec vous un parfum de la ville, tandis que quelques bulbes recréeront sur votre balcon les couleurs de la campagne hollandaise. La véritable faïence de Delft est rare, presque davantage que les diamants vendus sous toutes les formes, de la pierre brute au bijou ancien.

Sabots traditionnels

Céramique
Ces délicates maisons de canal s'achètent à la pièce ou par rang.

Pastilles de chocolat Droste

Pastilles de réglisse sucrées et salées

Confiseries
Belge ou néerlandais, le chocolat est délicieux, mais la réglisse salée surprend au premier abord.

Chocolats artisanaux belges

Fleurs
Bulbes et fleurs sont disponibles toute l'année grâce à la production en serre.

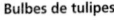

Bulbes de tulipes

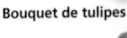

Bouquet de tulipes

Fromage de Gouda
Le gouda se vend à divers stades de maturité (p. 242). Un bon fromager vous laissera le goûter avant d'acheter.

Deux marques populaires

Bières
Vous trouverez à Amsterdam un immense choix de bières en bouteille, brassées sur place ou importées (p. 242).

En bouteille de grès, jonge et oude jenevers (p. 48-49) sont aussi disponibles aromatisés.

Estampes de moulins

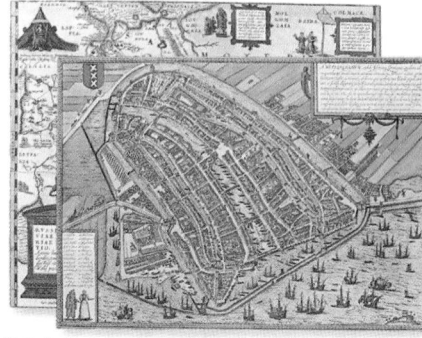

Cartes et gravures anciennes

La cartographie est une tradition séculaire à Amsterdam, et bouquinistes et boutiques spécialisées proposent un large choix d'originaux ou de reproductions.

Reproductions d'anciennes cartes d'Amsterdam et de Russie

Broche

Bracelet incrusté de diamants

Diamants

La taille de diamants se pratique à Amsterdam depuis le XVIe siècle, et la ville reste l'un des centres mondiaux de la joaillerie.

Diamants de couleurs différentes

FAÏENCE DE DELFT

Plus de 30 faïenceries virent le jour à Delft au XVIIe siècle, produisant une céramique aux motifs bleus sur fond blanc inspirée de la céramique de Chine (p. 195). Seule De Porceleyne Fles fabrique encore de la véritable faïence de Delft vendue avec un certificat d'authenticité.

Carafe polychrome aux couleurs de la majolique du XVIIe siècle

Pot à tabac influencé par la céramique japonaise Imari

Plat peint dans les tons traditionnels de Delft

Initiales du peintre

Année - DB signifie 1982

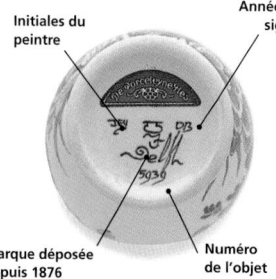

Marque déposée depuis 1876

Numéro de l'objet

Faïence de De Porceleyne Fles

Vase de Delft

Assiette d'une famille bourgeoise du XVIIe siècle

Carreau décoratif du XVIIe siècle

Faïence ancienne

Très recherchées, les pièces historiques sont hors de prix. Les carreaux sont toutefois un peu moins onéreux.

Où acheter à Amsterdam ?

Chaque quartier d'Amsterdam possède des boutiques qui reflètent son caractère. Résidentiel et élégant, le quartier des musées abrite les magasins de luxe, tandis que le Nieuwe Zijde s'adresse à une clientèle plus populaire. L'esprit bohème du Jordaan apparaît dans ses boutiques d'artisanat, et c'est autour du Spiegelgracht conduisant au Rijksmuseum que se trouve la plus forte concentration d'antiquaires.

VÊTEMENTS ET ACCESSOIRES

C'est sur la Van Baerlerstraat et la PC Hooftstraat que se trouvent les boutiques de mode les plus chics comme **MEXX**, qui propose de grandes griffes italiennes et françaises. Dans la ceinture des canaux, **The People of the Labyrinths** et les magasins **Pauw** proposent des classiques indémodables.

Dans le Nieuwe Zijde, **Agnès B** a ouvert une succursale sur le Rokin. Les inconditionnels du cuir se rendront chez **Robin & Rik**, sur la Rumstraat, où vêtements et accessoires sont faits main. Sur la Kalverstraat, **Sissy Boy** se spécialise dans des ensembles plus sophistiqués.

Les amateurs de vêtements d'occasion trouveront une belle sélection à prix raisonnables dans des boutiques comme **Zipper**. La qualité et la solidité des chaussures et des bottes vendues par **Dr Adams** en ont quasiment fait une institution nationale.

ANTIQUITÉS ET AMEUBLEMENT

À moins d'espérer dénicher la perle rare aux marchés aux puces du Waterlooplein *(p. 63)* ou du Noordermarkt *(p. 92)*, le meilleur quartier où chercher de belles antiquités est celui entourant le Spiegelgracht. Nombre d'antiquaires proposent des objets du XVIIᵉ siècle, icônes, etc. **EH Arïens Kappers** dispose d'un choix conséquent de gravures et peintures anciennes. Pensez aussi aux ventes aux enchères : **Sotheby's** et **Christie's** ont tous deux des succursales à Amsterdam. Vous trouverez de tout au **Looier Kunst en Antiekcentrum** *(p. 113)*, et **Fanous Ramadan** est spécialisé dans les meubles, poteries et lampes orientaux.

FLEURS ET BULBES

Il ne viendrait pas à l'esprit d'un Néerlandais de rendre visite à des amis sans un bouquet à offrir, et Amsterdam abonde en fleuristes. Parmi les plus intéressants, et pour son vaste assortiment de fleurs locales et tropicales, citons **Gerda's Bloemen en Planten**.

Si c'est à l'Albert Cuypmarkt *(p. 122)* que les prix sont les plus bas, le Bloemenmarkt *(p. 123)* offre un plus large choix. On y vend aussi de superbes plantes en pot.

DIAMANTS

On taille des diamants à Amsterdam depuis le XVIᵉ siècle et, outre dans les nombreuses bijouteries de la ville, il vous sera possible d'acheter des pierres nues ou serties dans des fabriques organisant des visites guidées comme **Gassan Diamonds** ou Coster Diamonds *(p. 128)*.

Pour des bijoux anciens, le mieux est d'explorer les boutiques d'antiquités du quartier entourant le Spiegelgracht.

FROMAGES

Vous trouverez une bonne sélection de fromages sur les marchés et dans les magasins d'alimentation spécialisés **Wout Arxhoek** et **De Kaaskamer**.

Le gouda se consomme non seulement vieilli *(overjarige kaas)*, riche, sec et âpre, mais aussi jeune, plus doux et moelleux. Il est aussi parfois parfumé au cumin *(leidsekaas)* ou aux clous de girofle *(nagelkaas)*.

CHOCOLATS

Verkade et Droste sont les deux marques les plus connues des Pays-Bas, mais n'hésitez pas non plus à goûter aux chocolats faits maison de **Pompadour** ou du réputé chocolatier **Puccini Bomboni**.

BIÈRES ET SPIRITUEUX

Vous trouverez de nombreuses marques de bières dans des boutiques spécialisées offrant à la fois choix et conseils comme **De Bierkoning**.

Parmi les spécialités locales figurent la Zatte, une bière fermentée en bouteille, et Wieckse Witte, une bière blanche.

Jeune, vieillie ou aromatisée, l'eau-de-vie de genièvre, ou *jenever*, fera un excellent souvenir non seulement pour son goût, mais aussi pour sa bouteille traditionnelle en grès *(p. 240)*.

CÉRAMIQUE ET VERRERIE

De nombreuses boutiques pour touristes vendent de la faïence dite « de Delft », mais elle ne saurait être authentique sans un certificat l'attestant. **Rinascimento** commercialise la production de De Porceleyne Fles et céramiques de Delft. Le choix de belles céramiques d'**Het Kleikollektief** change en permanence, mais rien ne vaut le Jordaan pour la poterie moderne.

La **Glasgalerie Kuhler** propose de la verrerie contemporaine.

AFFICHES ET GRAVURES

Art Unlimited et les boutiques des musées vendent des reproductions de tableaux. Les amateurs d'estampes anciennes chercheront leur bonheur à **Hoogkamp Old Prints** et sur les étals de l'Oudemanshuispoort *(p. 61)*.

ADRESSES

GRANDS MAGASINS

De Bijenkorf
Dam 1.
Plan 7 B2.
Tél. 0900 0919.

Hema
Kalvertoren, Kalverstraat.
Plan 7 B4.
Tél. 422 8988.
Nieuwendijk 174-176.
Plan 7 B2.
Tél. 623 4176.

Maison de Bonneterie
Rokin 140-142.
Plan 7 B4.
Tél. 531 3400.

Metz & Co
Leidsestraat 34-36.
Plan 7 A5.
Tél. 520 7020.

Vroom & Dreesmann
Kalverstraat 203.
Plan 7 B5.
Tél. 0900 235 8363.

MARCHÉ HORS DE LA VILLE

De Beverwijkse Bazaar
Montageweg 35
Beverwijk.
Tél. 0251 262666.

BOUTIQUES SPÉCIALISÉES

Capsicum Natuurstoffen
Oude Hoogstraat 1.
Plan 7 C3.
Tél. 623 1016.

Christmas Palace
Singel 508.
Plan 7 B5.
Tél. 421 0155.

Condomerie Het Gulden Vlies
Warmoesstraat 141.
Plan 7 C2.
Tél. 627 4174.

Coppenhagen 1001 Kralen
Rozengracht 54.
Plan 1 B4.
Tél. 624 3681.

Jacob Hooy & Co
Kloveniersburgwal 12.
Plan 8 D3. *Tél.* 624 3041.

Joe's Vliegerwinkel
Nieuwe Hoogstraat 19.
Plan 8 D3.
Tél. 625 0139.

Party House
Rozengracht 92b.
Plan 1 B4.
Tél. 624 7851.

Simon Levelt
Prinsengracht 180.
Plan 1 B4.
Tél. 624 0823.

LIVRES, JOURNAUX ET MAGAZINES

Allert de Lange
Oosteinde 19. **Plan** 5 B4.
Tél. 679 0822.

The American Book Center
Spui 12. **Plan** 7 A4.
Tél. 625 5537.

The English Bookshop
Lauriergracht 71.
Plan 1 B5.
Tél. 626 4230.

Lambiek
Kerkstraat 132.
Plan 4 F2.
Tél. 626 7543.

De Slegte
Kalverstraat 48-52.
Plan 7 B3.
Tél. 622 5933.

Waterstone's Bookseller
Kalverstraat 152.
Plan 7 B4.
Tél. 638 3821.

VÊTEMENTS ET ACCESSOIRES

Agnès B
Rokin 126. **Plan** 7 B4.
Tél. 627 1465.

Dr Adams
Oude Doelenstraat 5-7.
Plan 7 C3. *Tél.* 622 3734.

MEXX
PC Hooftstraat 118-120.
Plan 4 D3.
Tél. 675 0171.

Pauw
Van Baerlestraat 48.

Plan 4 D3.
Tél. 673 1665.

The People of the Labyrinths
Van Baerlestraat 44.
Plan 4 D3.
Tél. 664 0779.

Robin & Rik
Runstraat 30. **Plan** 7 B4.
Tél. 627 8924.

Sissy Boy
Kalverstraat 210.
Plan 7 B4.
Tél. 626 0088.

Zipper
Huidenstraat 7.
Plan 7 A4.
Tél. 623 7302.

ANTIQUITÉS ET AMEUBLEMENT

Christie's
Cornelis Schuytstraat 57.
Plan 3 C4.
Tél. 575 5255.

EH Ariëns Kappers
Nieuwe Spiegelstraat 32.
Plan 4 F2.
Tél. 623 5356.

Fanous Ramadan
Runstraat 33.
Plan 4 E1.
Tél. 423 2350.

Kitsch Kitchen
Rozengracht 8-12.
Plan 1 B4.
Tél. 622 8261.

De Looier
Elandsgracht 109.
Plan 1 A5.
Tél. 624 9038.

Sotheby's
De Boelelaan 30.
Plan 7 B4.
Tél. 550 2200.

FLEURS ET BULBES

Gerda's Bloemen en Planten
Runstraat 16.
Plan 4 E1.
Tél. 624 2912.

Madelief
Haarlemmerdijk 93.
Plan 1 C2.
Tél. 625 3239.

DIAMANTS

Gassan Diamonds
Nieuwe Uilenburgerstraat
173-175. **Plan** 8 E4.
Tél. 622 5333.

FROMAGES

De Kaaskamer
Runstraat 7. **Plan** 4 E1.
Tél. 623 3483.

Wout Arxhoek
Damstraat 19. **Plan** 7 C3.
Tél. 622 9118.

CHOCOLATS

Pompadour
Huidenstraat 12.
Plan 7 A4.
Tél. 623 9554.

Puccini Bomboni
Staalstraat 17. **Plan** 8 D4.
Tél. 626 5474.

BIÈRES ET SPIRITUEUX

De Bierkoning
Paleisstraat 125.
Plan 7 B3.
Tél. 625 2336.

CÉRAMIQUE ET VERRERIE

Fleur de Lys
Beethovenstraat 41.
Plan 4 D5. *Tél.* 662 1737.

Galleria d'Arte Rinascimento
Prinsengracht 170.
Plan 1 B4.
Tél. 622 7509.

Glasgalerie Kuhler
Prinsengracht 134.
Plan 1 B4. *Tél.* 638 0230.

Het Kleikollektief
Hartenstraat 19.
Plan 7 A3.
Tél. 622 5727.

AFFICHES ET GRAVURES

Art Unlimited
Keizersgracht 510.
Plan 7 A5. *Tél.* 624 8419.

Hoogkamp Old Prints
Spiegelgracht 27.
Plan 4 F2. *Tél.* 625 8852.

SE DIVERTIR À AMSTERDAM

Des milliers de manifestations et de concerts ont lieu à Amsterdam chaque année, dans des salles aussi variées que le majestueux Concertgebouw *(p. 128)* et l'Ijsbreker, café du XVII siècle au bord de l'Amstel *(p. 248)*. Les plus grands musiciens et chanteurs de jazz viennent se produire dans des festivals comme le Blues Festival et le Drum Rhythm Festival *(p. 50)*, tandis que le Festival d'Amsterdam *(p. 51)*, qui se tient en juin, a acquis une réputation internationale. L'été voit se multiplier les spectacles en plein air et, tout au long de l'année, les cinémas projettent des films étrangers, notamment français, en version originale. Pour quelques euros et parfois gratuitement, vous pourrez en outre apprécier les prestations d'innombrables artistes de rue et celles des orchestres de rock ou de jazz jouant dans les bars et cafés.

RENSEIGNEMENTS PRATIQUES

Mensuel gratuit disponible dans les librairies, les théâtres, les cafés et les offices de tourisme, *Uitkrant (p. 265)* est le magazine offrant l'aperçu le plus complet des manifestations organisées à Amsterdam. Bien qu'écrit en néerlandais, son programme jour par jour est facile à déchiffrer.

L'office de tourisme d'Amsterdam *(p. 259)* publie aussi deux fois par mois un magazine de programmes en anglais, *Day by Day*, vendu dans ses bureaux et chez certains marchands de journaux. Il est distribué gratuitement dans certains hôtels et restaurants.

Enseigne d'un bar du Quartier rouge

Consultez également *Time Out*. Les programmes de concerts sont annoncés dans *Pop & Jazz Uitlijst,* publié par l'**AUB** (Amsterdam Uitburo).

Les quotidiens tels que *De Volkskrant, Het Parool, NRC Handelsblad* et *De Telegraaf* proposent, le jeudi, une rubrique spectacle élaborée à partir du *Uitkrant.*

RÉSERVER SA PLACE

Les concerts de musique classique, les opéras et les ballets les plus prestigieux affichent souvent complet des semaines avant la date de leur programmation, et si vous voulez être bien placé et choisir votre jour, mieux vaut s'y prendre longtemps à l'avance. Pour la plupart des autres spectacles, il est souvent possible de prendre son billet jusqu'au début de la représentation.

L'**AUB** (Amsterdam Uitburo), principal bureau de réservation de la ville, est installé près du Stadsschouwburg *(p. 111)* sur le Leidseplein. Il offre la meilleure source de renseignements, y compris par téléphone. Vous pouvez également y retirer vos places (de midi à 19h30 t.l.j. pour des spectacles donnés le jour même). Les réservations s'effectuent aussi auprès des billetteries des salles, dans les bureaux de l'office de tourisme ou, pour les théâtres, au **Service d'information touristique néerlandais**.

Les billets pour les importants concerts de rock s'achètent auprès de l'office de tourisme, à l'AUB et dans les principaux magasins de

Le complexe du Stopera, siège de l'opéra et des ballets nationaux

Fronton néoclassique du Concertgebouw *(p. 128)*

disques. Il n'est pas nécessaire de réserver pour entrer dans des clubs comme le Paradiso ou le De Melkweg *(p. 110-111)*. Les bureaux et guichets de location sont ouverts du lundi au samedi et de 9h à 18h. Ils acceptent rarement les paiements par carte de crédit, et si vous n'avez pas retiré votre billet réservé une heure avant la représentation, il risque d'être remis en vente. Enfin, les Amstellodamois adorent le cinéma et, lors de la sortie d'un film à succès, mieux vaut acheter sa place l'après-midi pour le soir, surtout le week-end.

Théâtre de la rue Nes *(p. 74)*

RÉDUCTIONS

Toute personne de moins de 26 ans peut acquérir le Cultureel Jongeren Paspoort (CJP), qui coûte 15 €. Valable un an, il donne droit à des tarifs réduits pour certaines manifestations. Quelques hôtels proposent des séjours comprenant des réductions pour certains événements culturels. Renseignez-vous auprès des agences de voyages. Les billets **« last-minute »** disponibles à l'AUB vous feront économiser 50 % du prix.

Enfin, plusieurs salles comme le Concertgebouw *(p. 128)* ou la Westerkerk *(p. 90)* organisent des concerts gratuits.

SPECTATEURS HANDICAPÉS

Presque tous les principaux théâtres, cinémas et salles de concerts sont accessibles sans restriction en fauteuil roulant et offrent une assistance disponible en permanence.

Les grands cinémas disposent, en outre, d'équipements pour les malentendants et les malvoyants. En revanche, les petites salles de spectacle occupent souvent des bâtiments anciens inadaptés aux besoins des handicapés. Certains, comme De Kleine Komedie *(p. 246-247)*, prendront des dispositions s'ils sont prévenus à l'avance. Dans tous les cas, mieux vaut se renseigner par téléphone avant de se déplacer.

SPECTACLES EN PLEIN AIR

Le temps est rarement clément à Amsterdam et ses habitants s'efforcent de tirer le meilleur parti de la belle saison, notamment en assistant en extérieur à des manifestations culturelles. Au cœur de la ville, le théâtre de verdure du Vondelpark *(p. 128)* propose tout l'été des représentations théâtrales et des concerts gratuits.

Installé dans le pavillon du parc, le Nederlands Filmmuseum *(p. 129)* organise en été des projections en plein air gratuites, notamment de films muets. Des musiciens assurent parfois l'illustration sonore.

Sur le Prinsengracht, un grand concert symphonique se tient en août sur une structure flottante *(p. 51)*, tandis que le théâtre de verdure de l'Amsterdamse Bos *(p. 155)* sert de cadre à la représentation de pièces du répertoire classique.

De nombreux artistes de rue animent les lieux les plus fréquentés comme le Leidseplein *(p. 110)*.

ADRESSES UTILES

AUB / Bureau de billets « last-minute »
Leidseplein 26.
Plan 4 E2. **Tél.** 795 9950.
www.amsterdamsuitboro.nl

Office de tourisme d'Amsterdam
Centraal Station, quai n° 2.
Plan 2 E3. **Tél.** 0900 400 4040.
Stationsplein 10. **Plan** 8 D1.
Tél. 0900 400 4040. Leidseplein 26.
Plan 4 E2. **Tél.** 0900 400 4040.
www.visitamsterdam.nl
www.amsterdamtourist.nl
www.iamsterdam.nl

Une soirée animée sur le Thorbeckeplein

Théâtre, danse et cinéma

Le théâtre et la danse tiennent une grande place dans la vie culturelle d'Amsterdam, et, à côté d'institutions prestigieuses comme le Felix Meritis, le Meervaart, le Stadsschouwburg et le Muziektheater, de nombreuses salles plus petites proposent tout au long de l'année des créations de qualité sortant souvent des sentiers battus. La rue Nes *(p. 74)* est ainsi célèbre pour ses théâtres expérimentaux. Certaines pièces sont données en anglais, mais vous pouvez aussi surveiller la venue de compagnies francophones. Amsterdam compte peu de complexes multisalles, mais une cinquantaine de cinémas y offrent un large choix aux cinéphiles, d'autant que films d'art et d'essai ou superproductions récentes y sont projetés en version originale.

THÉÂTRES ET CABARETS

Siège de la compagnie Toneelgroep Amsterdam, la **Westergasfabriek** *(p. 111)* et le **Theater Bellevue** accueillent aussi les représentations de troupes en tournée, entre autres internationales, à l'instar du **Stadsschouwburg** et du **Felix Meritis** *(p. 113)*.

Pour les anglophones, De Stalhouderij propose les spectacles en anglais de sa troupe à demeure qui regroupe acteurs et metteurs en scène néerlandais, anglais, américains et australiens. C'est par ailleurs le plus petit théâtre d'Amsterdam (il n'y a que 40 places !).

De nombreux autres lieux présentent des créations expérimentales, comme la Westergasfabriek. La **Theathercompagnie** est une petite compagnie spécialisée dans l'adaptation d'auteurs classiques et dans la promotion de jeunes auteurs dramatiques.

Le théâtre musical Orkater se produit souvent au Stadsschouwburg et au Theater Bellevue.

En juin, le Festival annuel de Hollande propose une intéressante programmation de théâtre et de danse.

Près du luxueux Amstel Intercontinental *(p. 223)*, le **Koninklijk Theater Carré** accueille des spectacles musicaux aussi prestigieux que *Les Misérables* ou *Cyrano* et sert souvent de cadre à d'élégantes premières auxquelles assistent des membres de la famille royale. Plus près du Muziektheater mais bordant aussi l'Amstel, **De Kleine Komedie** occupe un édifice du XVIIe siècle. Fermée en été, sa salle de 500 places offre un cadre idéal à des représentations de cabaret, et sa réputation est telle qu'il faut réserver au moins trois mois à l'avance.

Le **Leidseplein Theater** propose également des comédies réussies et le **Panama** est l'une des dernières salles de cabaret ouvertes en ville.

Chaque année, le Festival de Hollande *(p. 51)* propose une remarquable sélection de spectacles d'opéra, de théâtre et de danse par les plus grands talents internationaux. À la fin juin, l'International Theatre School Festival permet de découvrir des productions novatrices dans plusieurs salles de la rue Nes *(p. 74)*, en particulier le **Frascati** et le **De Brakke Grond**.

Les amateurs de théâtre en plein air apprécieront le programme estival des théâtres de verdure du Vondelpark *(p. 128)* et de l'Amsterdamse Bos *(p. 155)*. Dans ce vaste parc, une allée bordée de répliques de statues grecques conduit à l'amphithéâtre de 1 800 places où sont jouées des pièces de Shakespeare ou Tchekhov. Dans l'Amstelpark *(p. 154)*, c'est une véritable cité de toile qui accueille fin juillet les prestations des danseurs, acteurs et artistes de cirque venus du monde entier pour la De Parade.

DANSE

Les Pays-Bas possèdent deux compagnies de danse de réputation mondiale : le Ballet national néerlandais et le Nederland Dans Theater (NDT), basé à La Haye. La première est installée au **Muziektheater** *(p. 63)*, en bordure de l'Amstel, et présente dans sa salle de 1 600 places inaugurée en 1988 un répertoire classique ou moderne.

Le NDT se produit régulièrement dans différentes salles d'Amsterdam, interprétant pour l'essentiel les chorégraphies de son directeur artistique tchèque, Jiri Kylian. Une compagnie, la NDT 2, complète le corps de ballet principal. Âgés de 18 à 21 ans, les jeunes danseurs de la NDT 2 mettent leur talent aussi bien au service d'œuvres de chorégraphes reconnus comme Hans van Manen qu'à celui de créateurs plus jeunes tels Lionel Hoche et Paul Lightfoot.

Parmi les théâtres accueillant des représentations de danse figurent le Stadsschouwburg, le théâtre Felix Meritis et la Westergasfabriek, une ancienne usine de production de gaz. Le petit Soeterijn Theater permet de découvrir et d'apprécier les formes qu'ont données à la danse des cultures très éloignées de la nôtre.

Ville ouverte au monde et à toutes les avant-gardes, Amsterdam sert de laboratoire à une danse expérimentale et métissée. Des magazines de programmes comme *Uitkrant* *(p. 265)* indiquent les lieux où se tiennent les représentations comme le **De Meervaart**. Parmi les compagnies les plus accessibles figurent Introdans, qui associe jazz, flamenco et apports de diverses cultures non occidentales, et Opus One, dont les chorégraphies marient jazz, ballet classique et claquettes.

En juin, le **National Dans Theater** *(p. 51)* et le Ballet national néerlandais présentent en avant-première leurs nouvelles productions au Festival de Hollande, tandis que l'International Theatre School Festival, organisé par les théâtres bordant l'une des plus vieilles rues de la cité, la Nes *(p. 74)*, accorde une place de plus en plus importante à la danse.

Pendant les deux premières semaines de Juillet, le Stadsschouwburg et les théâtres voisins accueillent The Julidans International Festival for Contemporary Dance. Les chorégraphes et leurs troupes de tout âge y donnent des représentations d'avant-garde très appréciées. Consultez le programme sur www.julidans.nl.

CINÉMAS

Sauf mention spéciale *(Nederlands gesproken)*, tous les films étrangers sont projetés à Amsterdam en version originale sous-titrée en néerlandais. Dans la plupart des cafés, des affiches donnent le programme de la semaine. Il change le jeudi, jour où les rubriques spectacles des quotidiens présentent les nouveautés à l'écran. Bien qu'écrit lui aussi en néerlandais, le mensuel gratuit *De Filmkrant* propose un programme complet aisé à comprendre (consultez aussi www.filmladder.nl).

Hormis pour certains films longs soumis à un léger supplément, le prix des billets varie entre 7 et 10 € selon le jour et l'heure de la projection. En soirée, les horaires des séances s'étendent de 18 h 30 à 21 h 30. En semaine, les complexes les plus importants proposent des projections l'après-midi, le plus souvent à 14 h. L'horaire est plus variable pendant le week-end. C'est à cette période ou pendant les vacances scolaires que des cinémas comme le **City** ou le **Kriterion** présentent des films plus spécifiquement destinés au jeune public. Le Kriterion propose aussi aux adultes des projections de films à la mode et, tard dans la nuit, de films cultes ou érotiques.

Premier cinéma d'Amsterdam, le Cinéma parisien ouvrit ses portes en 1910, et sa salle Arts Déco, reconstituée dans le pavillon du Vondelpark, sert aujourd'hui de cadre aux projections du Nederlands Filmmuseum *(p. 129)*, la cinémathèque néerlandaise. Datant de 1913, le **Filmtheater de Uitkijk** est le plus ancien cinéma d'Amsterdam encore en activité. Il diffuse dans une petite salle de 158 places des classiques, en épargnant aux spectateurs le rite presque

partout pratiqué de l'entracte de quinze minutes, coupant le film au milieu et de préférence au moment le plus palpitant. Le plus beau cinéma historique de la ville reste le Tuschinsky *(p. 123)*, bâti de 1918 à 1921. Avec son rang de baignoires et sa salle de 1 400 places, il a gardé tout son cachet. Des premières s'y déroulent souvent : les vedettes de cinéma foulent le tapis de son foyer au décor somptueux.

The Movies, près d'Haarlemmerpoort *(p. 93)*, est spécialisé dans les films psychologiques.

Si l'envie d'aller au cinéma vous prend sans que vous ayez une idée précise en tête, vous trouverez le plus grand choix dans le quartier du Leidseplein *(p. 110)*. Sur la place, le City comprend sept salles. Dans une rue adjacente, le **Cinecenter** en propose quatre, non loin du De Melkweg *(p. 110)*, et à deux minutes à pied se dressent côte à côte, sur la Marnixstraat, les complexes multisalles du Calypso et du Bellevue Cinerama.

Le quartier renferme aussi des cinémas d'art et d'essai, comme l'Alfa – prenez l'allée entre la banque et le café De Bailie *(p. 49)* –, un ancien dancing.

ADRESSES

THÉÂTRES ET CABARETS

De Brakke Grond
Vlaams Cultureel Centrum, Nes 45.
Plan 7 C3.
Tél. 626 6866.
www.brakkegrond.nl

De Kleine Komedie
Amstel 56-58. **Plan** 5 B3.
Tél. 624 0534.
www.dekleinekomedie.nl

Felix Meritis
Keizersgracht 324.
Plan 1 B5. **Tél.** 623 1311.
www.felix.meritis.nl

Frascati
Nes 63. **Plan** 7 B4.
Tél. 626 6866.
www.frascati.nl

Koninklijk Theater Carré
Amstel 115-125. **Plan** 5 B3. **Tél.** 0900 252 5255.
www.theatercarre.nl

Leidseplein Theater
Leidseplein 12. **Plan** 4 E2.
Tél. 423 0101.
www.boomchicago.nl

Panama
Oostelijke Handelskade 4.
Tél. 311 8689.
www.panama.nl

Stadsschouwburg
Leidseplein 26. **Plan** 4 E2.
Tél. 624 2311.
www.sssba.nl

Theater Bellevue
Leidsekade 90. **Plan** 4 D1.
Tél. 530 5301.
www.theaterbellevue.nl

Theatercompagnie
Kloveniersburgwal 50.
Plan 7 C3. **Tél.** 520 5320.
www.theatercompagnie.nl

Tropentheater
Linnaeusstraat 2. **Plan** 6 E3. **Tél.** 568 8500.
www.tropentheater.nl

Westergasfabriek
Haarlemmerweg 8-10.
Plan 1 A1. **Tél.** 586 0710.
www.westergasfabriek.com

DANSE

De Meervaart
Meer en Vaart 300. **Tél.** 410 7777. www.meervart.nl

Het Muziektheater
Amstel 3. **Plan** 7 C5.
Tél. 625 5455.
www.muziektheater.nl

Voir aussi théâtres et cabarets

CINÉMAS

Cinecenter
Lijnbaansgracht 236.
Plan 4 E2. **Tél.** 623 6615.

City Theater
Kleine Gartmanplantsoen 15-19. **Plan** 4 E2.
Tél. 0900 1458.

Filmtheater de Uitkijk
Prinsengracht 452.
Plan 4 E2. **Tél.** 623 7460.

Kriterion
Roetersstraat 170
Plan 5 C3. **Tél.** 623 1708.

The Movies
Haarlemmerdijk 161.
Plan 1 B2. **Tél.** 638 6016.

Musique classique et opéra

Du majestueux Concertgebouw inauguré en 1888 jusqu'à l'Ijsbreker, petit café spécialisé dans les créations contemporaines, Amsterdam offre aux mélomanes une grande variété de lieux où apprécier un répertoire éclectique. De nombreuses églises proposent aussi des concerts de carillon et des récitals d'orgue, tandis qu'en été les plus beaux parcs de la ville servent de cadre à des concerts en plein air.

CONCERTS CLASSIQUES ET MUSIQUE DE CHAMBRE

Renommé dans le monde entier pour la qualité de son acoustique, le **Concertgebouw** est le siège de l'Orchestre royal néerlandais, mais l'Orchestre de musique baroque d'Amsterdam et l'Orchestre de musique du XVIIIᵉ siècle, ainsi que les plus grands solistes et ensembles internationaux, s'y produisent aussi. Chaque année, les concerts d'été Robeco révèlent les jeunes talents.

Résidence de l'Orchestre national de musique de chambre, la **Beurs van Berlage** (p. 79) accueille également les représentations de nombreuses autres formations internationales. Malgré sa vocation commerciale, le **RAI** (p. 151) sert aussi de cadre à des concerts et opéras, tandis que le **Tropentheater** (p. 152-153) invite des musiciens traditionnels de culture non occidentale.

Près du Nieuwmarkt, le **Bethaniënklooster** propose un programme de concerts aussi varié qu'intéressant. Les plus grands orchestres de chambre et solistes internationaux se produisent dans le décor intime de cet ancien couvent où le plafond en bois de chêne sert merveilleusement l'acoustique.

Le **Muziekgebouw aan 't IJ**, tout près de la Centraal Station, est le nouveau grand lieu d'Amsterdam où l'on peut assister à des concerts de musique d'un genre innovant et moderne. Des festivals et des événements multiculturels y sont également organisés.

MUSIQUE DANS LES ÉGLISES

Les églises d'Amsterdam offrent des concerts toute l'année. Les orgues historiques de l'**Oude Kerk** (p. 68-69), de la **Nieuwe Kerk** (p. 76-77) et de la **Waalse Kerk** sont particulièrement belles. À l'Oude Kerk ont aussi lieu des concerts de carillon. D'autres sont donnés à la **Westerkerk** (p. 90) les mardis midi. Cette église propose aussi des concerts d'orgue le vendredi à 13 h d'avril à octobre. De même, l'**English Reformed Church** a une programmation allant du baroque au contemporain. En été, de jeunes interprètes s'y produisent gratuitement. Des concerts gratuits ont lieu à la même heure un mardi sur deux à la **Thomaskerk** (excepté en juillet et en août). Des concerts sont aussi donnés à la Waalse Kerk et à la Noorderkerk (p. 92).

OPÉRA

Inauguré en 1988, l'édifice Stopera (p. 63) regroupe l'hôtel de ville et le **Muziektheater** dont la salle compte 1 600 places. Il est le siège du Nederlands Opera, la compagnie nationale d'opéra des Pays-Bas dont le répertoire comprend grandes œuvres classiques et créations moins connues.

D'autres salles accueillent des représentations d'art lyrique : le Stadsschouwburg (p. 111) sur le Leidseplein, et la Westergasfabriek dont les productions sont plus expérimentales. Le programme du Festival de Hollande (p. 51) inclut aussi de l'opéra.

CONCERTS EN PLEIN AIR

Le concert du Prinsengracht (p. 51) a lieu fin août sur une structure flottante en face du Pulitzer Hotel (p. 220). Les théâtres de verdure du Vondelpark et de l'Amsterdamse Bos (p. 155) proposent la programmation la plus riche. Des concerts en plein air se tiennent aussi dans les autres parcs de la ville.

ADRESSES

CONCERTS CLASSIQUES ET MUSIQUE DE CHAMBRE

Bethaniënklooster
Barndesteeg 6. **Plan** 8 D3.
Tél. 625 0078. www.
bethanienklooster.nl

Beurs van Berlage
Damrak 243. **Plan** 7 C2.
Tél. 521 7575.
www.beursvanberlage.nl

Concertgebouw
Concertgebouwplein 2-6.
Plan 4 D4.

Tél. 0900 671 8345.
www.concertgebouw.nl

Muziekgebouw aan 't IJ
Piet Heinkade 1.
Tél. 788 2000.
www.muziekgebouw.nl

RAI
Europaplein 8.
Tél. 0900 267 8373.
www.rai.nl

Tropentheater
Linnaeusstraat 2.
Plan 6 E3. **Tél.** 568 8500.
www.tropentheater.nl

MUSIQUE DANS LES ÉGLISES

English Reformed Church
Begijnhof 48. **Plan** 7 B4.
Tél. 624 9665.

Nieuwe Kerk
Dam. **Plan** 7 B2.
Tél. 638 6909.

Oude Kerk
Oudekerksplein 23.
Plan 7 C2. **Tél.** 625 8284.

Thomaskerk
Prinses Irenestraat 36.
Tél. 622 5170.

Waalse Kerk
Oudezijds Achterburgwal
159. **Plan** 7 C3.
Tél. 623 2074.

Westerkerk
Prinsengracht 281.
Plan 1 B4. **Tél.** 624
7766. www.westerker.nl

OPÉRA

Muziektheater
Amstel 3. **Plan** 7 C5.
Tél. 625 5455.
www.muziektheater.nl

Pop, rock et boîtes de nuit

Des musiciens de rue partout présents en été jusqu'aux innombrables clubs et cafés où se produisent groupes débutants ou confirmés, les amateurs de rock, pop, jazz, reggae ou musiques folkloriques se distrairont aisément dans la capitale néerlandaise, et ce jusque dans les auberges de jeunesse. Le choix est riche et, hormis pour les concerts les plus importants, les billets d'entrée coûtent rarement plus de 7 €. Il est souvent possible d'écouter des orchestres pour le simple prix d'une consommation. En dehors de quelques valeurs sûres, les bonnes adresses changent plus vite que ne circulent les trams de la ville ! Disponible à l'AUB et aux bureaux du VVV *(p. 245)*, la publication gratuite *Pop & Jazz Uitlijst* vous tiendra informé des dernières évolutions. Surveillez également les affiches dans les rues, ou consultez *Uitkrant, What's On* et *Time Out in Amsterdam (p. 244)*.

POP ET ROCK

Si les stars de la scène mondiale ont tendance à oublier Amsterdam pour se produire au stade Ahoy de Rotterdam ou au Vredenburg d'Utrecht, de grands concerts ont cependant lieu de temps en temps au RAI *(p. 151)*, à l'Amsterdam Arena (le stade de l'Ajax) et au **Heineken Music Hall**. Les têtes d'affiche attirant un public intermédiaire jouent dans de grandes salles comme le Theater Carré *(p. 145)* et le Theater Bellevue *(p. 247)*. Les boîtes de nuit Marcanti Plaza et Escape *(p. 251)* privilégient la dance-music.

Pour de nombreux Amstellodamois et étrangers de tous âges, le **Paradiso**, installé dans une église désaffectée proche du Leidseplein, et le **De Melkweg**, proposant plusieurs salles dans une ancienne laiterie *(p. 110-111)*, sont les deux temples du rock. Tous deux ont une programmation variée de rock, pop, dance, rap ou world-music. Selon les soirs, ce sont des groupes prestigieux ou des espoirs locaux qui s'y produisent. Au 7e étage d'un ancien journal, le **Canvas** est un café-restaurant grunge mêlant les styles musicaux au gré de ses D.J.

Les adeptes du bon vieux rock'n' roll devront passer au **Cruise-Inn**. Le célèbre **Arena**, dans l'auberge de jeunesse du même nom *(p. 223)*, attire régulièrement des foules de touristes et d'habitués avec ses soirées animées par des D.J. D'autres lieux d'hébergement bon marché, tel **The Waterhole**, dans le Quartier rouge *(p. 60)*, en font autant avec une sélection cependant plus inégale.

Blues et rock alternent au **Maloe Melo**, un endroit bondé où la bière coule à flots. Les soirées y sont très conviviales.

De mai à septembre, des concerts gratuits ont lieu tous les dimanches après-midi au théâtre de verdure du Vondelpark *(p. 128-129)*. Ils sont souvent donnés par les vedettes pop du pays.

Le **Drum Rhythm Festival** *(p. 50)*, qui se tient chaque année fin mai, célèbre la diversité des musiques actuelles. Des musiciens du monde entier affluent à Amsterdam pour un week-end de musique fantaisiste et avant-gardiste, jungle, hip hop, R&B, soul, trip hop, world music et bien d'autres. Chaque samedi après-midi, un programme de radio pop, jazz et world music est diffusé en direct depuis le **Media Café de Plantage**.

JAZZ

Le jazz connaît une grande popularité aux Pays-Bas, sans doute parce qu'il se marie bien à l'atmosphère intime des cafés bruns *(p. 46-49)*. C'est une ambiance plutôt sérieuse qui règne au **Bimhuis**, le plus réputé des clubs de jazz de la ville et l'endroit où se produisent les plus grands artistes internationaux. Les *jam sessions* s'y déroulent plusieurs fois par semaine. Le Bimhuis a déménagé pour s'installer à côté du Muziekgebouw, Piet Heinkade 1. Le café-restaurant **Casablanca** propose également du free-jazz.

Partout à Amsterdam, de nombreux cafés où se produisent des formations de jazz n'exigent pas de droit d'entrée et ne majorent que faiblement le prix des consommations. C'est le cas du B & W Café situé non loin du zoo Artis. Son propriétaire, René Van Beeck, trompettiste et bassiste reconnu à Amsterdam, réunit le dimanche après-midi des amis pour des *jam sessions*, lors desquelles le groupe joue surtout du jazz américain des années 1940 et 1950.

À l'**Alto Jazz Café** se retrouvent tous les soirs des musiciens de qualité, mais l'ambiance est surtout animée le mercredi quand Hans Dulfer, vieille figure de la scène amstellodamoise, mène la danse. Sa fille Candy est régulièrement à l'affiche du **De Heeren van Aemstel**.

Situés comme l'Alto dans le quartier du Leidseplein, le **Bourbon Street** propose jazz et blues, et le Bamboo Bar une programmation plus variée. Le **De Engelbewaarder** organise tous les dimanches après-midi des *jam sessions*.

En été, des concerts de jazz gratuits ont lieu au théâtre en plein air du Vondelpark *(p. 128-129)*.

Des festivals dans tout le pays, notamment le **North Sea Jazz Festival** *(p. 51)* qui a lieu en juillet à Rotterdam, attirent les plus grands musiciens de jazz du monde. Pratiquement toutes les autres villes des Pays-Bas organisent un Festival de jazz en été.

WORLD MUSIC
ET FOLK

De nombreuses communautés immigrées cohabitent à Amsterdam, et les autorités municipales encouragent l'expression de traditions aussi variées que celles des Antilles, de l'Indonésie, du Maghreb, de l'Afrique de l'Ouest, du Surinam et de la Turquie. La programmation du Tropentheater *(p. 248)* permet ainsi de découvrir des musiciens classiques et populaires du monde entier. Elle met surtout l'accent sur les cultures orientales, tandis que le centre culturel **Akhnaton** s'attache plus particulièrement aux musiques arabes, africaines et des Caraïbes. Des groupes de salsa, de rap ou encore de reggae s'y produisent également.

Le De Melkweg et, dans une moindre mesure, le Paradiso et l'Arena proposent aussi de la world music. Le De Melkweg organise notamment en juin le World Roots Festival *(p. 51)*. Au club **De Badcuyp**, situé dans le quartier du Pijp, vous écouterez du tango, du jazz brésilien, de la salsa et de la musique africaine.

Pour les oreilles étrangères, la musique folklorique hollandaise semble associer flonflons germaniques et vieilles ballades de marins. Celle que vous entendrez dans de grands cafés du Rembrandtplein comme le **Jantjes Verjaardag** ou le **café Tante Roosje** s'adresse surtout à une clientèle touristique. Si vous êtes en quête de plus d'authenticité, essayez le Jordaan. Dans des cafés comme le **De Twee Zwaantjes** ou le **café Nol**, les habitués se mettent parfois eux aussi à chanter !

Les pubs irlandais comme le **Mulligan's** et **The Blarney Stone** accueillent des joueurs de musique celtique. Au très populaire **O'Donnell's**, des violonistes animent presque tous les week-ends en jouant de la musique traditionnelle.

BOÎTES DE NUIT
ET DISCOTHÈQUES

Si la plupart des clubs ouvrent à 23 h, ils ne commencent réellement à s'animer qu'après la fermeture des cafés, vers 1 h. Les nuits finissent en général à 4 h en semaine et à 5 h les vendredis et samedis soir. Le prix d'entrée est relativement modique et celui des consommations raisonnable.

Peu d'établissements exigent une tenue particulière, mais tous se réservent le droit de refuser l'accès. La coutume veut qu'on laisse en partant un pourboire d'environ 2 € au portier.

Amsterdam fut l'une des premières villes du continent à adopter la house music à la fin des années 1980, et ce genre reste dominant même si le choix offert tend à s'élargir. De plus en plus de boîtes de nuit proposent notamment des soirées différentes selon les jours de la semaine.

Club Rose est le digne successeur du Roxy, célèbre discothèque occupant un ancien cinéma, où la fine fleur d'Amsterdam vient se dépenser en espérant côtoyer les célébrités. Des files d'attente se forment le week-end, et il faut une carte de membre pour y entrer. Cette mesure s'applique surtout aux moments d'affluence. Il est encore plus difficile d'entrer au **Jimmy Woo**, le temple du style Hong Kong.

La Westergasfabriek, au nord du Jordaan, est une ancienne usine à gaz où ont été aménagés plusieurs espaces réservés à la danse ou à la musique.

Les étudiants ont leur adresse : le **Dansen Bij Jansen**. S'il faut théoriquement une carte d'étudiant pour entrer, paraître d'âge universitaire suffit.

Sugar Factory, l'un des clubs majeurs de la ville, propose une bonne musique variée alternant de la soul, du funk et du jazz-dance. À l'**Odeon**, on commencera la soirée agréablement dans la brasserie du dessous pour finir dans la boîte de nuit du 1er étage.

L'**Escape**, la plus grande boîte de nuit de la ville, accueille surtout les jeunes venus des quartiers périphériques, le week-end.

Les boîtes autour de Leidseplein sont en fait des bars pourvus de petites pistes de danse qui attirent les touristes et une clientèle de tout âges, et diffusent surtout les tubes du moment. **Bitterzoet** séduit une foule plus alternative et propose souvent des groupes en *live* aux styles éclectiques.

CLUBS GAYS
ET LESBIENS

Les discothèques sont au cœur de la scène homosexuelle d'Amsterdam. Vastes pistes de danse, foule masculine ou féminine et ambiance techno rythment la vie nocturne gay.

Sur la Reguliersdwarsstraat, la discothèque **Exit** est construite sur trois étages. Des balcons permettent d'observer le *dance-floor*. Situé à quelques pas de là, l'**ARC** est un café-bar le jour et une discothèque à la nuit tombée.

Le café **Reality**, également situé sur la Reguliersdwars-straat, propose du disco et de la salsa tandis que le **Prik**, près du Dam, est souvent bondé et attire lui aussi une clientèle gay.

Installé dans le sous-sol d'un ancien squat, le **De Trut** possède un décor miteux mais attire, le dimanche soir, sur sa vaste piste de danse, des jeunes gays et lesbiennes.

Une discothèque mixte, le **Club Roque**, propose de la musique des années 1940. Renseignez-vous en français auprès du **Gay and Lesbian Switchboard** sur les événements spécifiquement destinés à votre intention. Le **Gayforcing** organise des après-midi homosexuelles. Son décor est original et l'atmosphère agréable.

Le **Saarein II** est fréquenté par des lesbiennes et des gays, dans une ambiance détendue.

ADRESSES

POP ET ROCK

Arena
's-Gravesandestraat 51.
Plan 6 D4.
Tél. 850 2400.
www.hotelarena.nl

Canvas
Wibautstraat 150
(7e ét.).
Plan 5 C5.
Tél. 716 3817.
http://canvas.audive.nl

Cruise-Inn
Zuiderzeeweg 29
(Amsterdam-Noord).
Tél. 692 7188.
www.cruise-inn.com

Heineken
Music Hall
Arena Boulevard 590.
Tél. 0900 687 424255.
www.heineken-music-hall.nl

Maloe Melo
Lijnbaansgracht 163.
Plan 4 D1.
Tél. 420 4592.
www.maloemelo.nl

De Melkweg
Lijnbaansgracht 234a.
Plan 4 E2.
Tél. 531 8181.
www.melkweg.nl

Paradiso
Weteringschans 6-8.
Plan 4 E2.
Tél. 626 4521.
www.paradiso.nl

The Waterhole
Korte Leidsedwarsstraaat
49. **Plan** 4 E2.
Tél. 620 8904.
www.waterhole.nl

Winston
International
Warmoesstraat 123-129.
Plan 7 C2.
Tél. 623 1380.
www.winston.nl

JAZZ

Alto Jazz
Café
Korte Leidsedwarsstraat
115. **Plan** 4 E2.
Tél. 626 3249.
www.jazz-cafe-alto.nl

Bimhuis
Piet Heinkade 3.
Tél. 788 2188.
www.bimhuis.nl

Bourbon Street
Leidsekruisstraat 6-8.
Plan 4 E2.
Tél. 623 3440.
www.bourbonstreet.nl

Brix
Wolvenstraat 16.
Plan 7 A3.
Tél. 639 0351.
www.cafebrix.nl

Casablanca
Zeedijk 26E.
Plan 8 D2.
Tél. 06 122 0519.
www.casablanca-amsterdam.nl

De Engelbewaarder
Kloveniersburgwal 59.
Plan 8 D3.
Tél. 625 3772.

De Heeren
van Aemstel
Thorbeckeplein 5.
Plan 7 C5.
Tél. 620 2173.
www.deheeren vanaemstel.nl

Media Café
de Plantage
Plantage Kerklaan 36.
Plan 5 C2. *Tél. 638 3646.* www.mediacafe plantage.nl

WORLD MUSIC ET FOLK

Akhnaton
Nieuwezijds Kolk 25.
Plan 7 C1.
Tél. 624 3396.
www.akhnaton.nl

De Badcuyp
Sweelinckstraat 10.
Plan 5 A5.
Tél. 675 9669.
www.badcuyp.nl

The Blarney
Stone
Nieuwendijk 29.
Plan 7 C1.
Tél. 623 3830.

Café Nol
Westerstraat 109.
Plan 1 B3.
Tél. 624 5380.

Café Tante
Roosje
Rembrandtplein 5.
Plan 7 C5.
Tél. 820 8257.
www.tanteroosje.nl

Jantjes
Verjaardag
Reguliersdwarsstraat
108-114. **Plan** 6 F4.
Tél. 627 2710.
www.jantjesverjaardag.nl

Mulligan's
Amstel 100. **Plan** 7 C5.
Tél. 622 1330.
www.mulligans.nl

O' Donnell's
Ferdinand Bolstraat 5.
Plan 4 F5.
Tél. 676 7786.
www.odonnellsirish pub.com

De Twee
Zwaantjes
Prinsengracht 114.
Plan 1 C3.
Tél. 625 2729.
www.detweezwaantjes.nl

BOÎTES DE NUIT ET DISCOTHÈQUES

Bitterzoet
Spuistraat 2. **Plan** 7 C1.
Tél. 521 3001.
www.bitterzoet.com

Club Home
Wagenstraat 3-7.
Plan 8 D5.
Tél. 620 1375.
www.clubhome.nl

Club Rose
Rozengracht 133.
Plan 1 A5.
Tél. 624 2330.

Dansen
Bij Jansen
Handboogstraat 11.
Plan 7 B4.
Tél. 620 1779.
www.dansenbijjansen.nl

Escape
Rembrandtplein 11-15.
Plan 7 C5. *Tél. 622 1111.* www.escape.nl

Jimmy Woo
Korte Leidsedwarsstraat
18. **Plan** 4 E2.
Tél. 626 3150.
www.jimmywoo.com

Odeon
Singel 460.
Plan 7 C5.
Tél. 521 8555.
www.odeontheater.nl

Sugar
Factory
Lijnbaansgracht 238.
Plan 4 E2.
Tél. 627 0008.
www.sugarfactory.nl

TWSTD
Weteringschans 157.
Plan 4 F3.
www.twstd.nl

CLUBS GAYS ET LESBIENS

ARC
Reguliersdwarsstraat 44.
Plan 7 B5. *Tél. 689 7070.* www.bararc.eu

Club Roque
Amstel 178. **Plan** 7 C5.
www.clubroque.nl

Exit
Reguliersdwarsstraat 42.
Plan 7 B5.
Tél. 625 8788.
www.clubexit.eu

Gayforcing
Club de bridge.
Tél. 625 7809.
www.gayforcing.nl

Gay and Lesbian
Switchboard
Tél. 623 6565.
www.switchboard.nl

Prik
Spuistraat 109.
Plan 7 B2.
Tél. 320 0002.
www.prikamsterdam.nl

Reality
Reguliersdwarsstraat
129.
Plan 7 C5.
Tél. 639 3012.

Saarein II
Elandsstraat 119.
Plan 1 B5.
Tél. 623 4901.

De Trut
Bilderdijkstraat 165.
Plan 3 C1.
www.trutfonds.nl

AMSTERDAM AVEC DES ENFANTS

Avec ses canaux, ses maisons flottantes colorées et le spectacle offert par les artistes de rue en été, Amsterdam est un monde magique à explorer avec des enfants, en particulier en tramway, en pédalo ou en bateau. Partout dans la ville, les pâtisseries permettent d'assouvir sa gourmandise, et la plupart des cafés et des restaurants bon marché proposent des menus pour enfants. Les parcs de la ville se prêtent à de nombreuses activités de plein air et, si le temps se gâte, plusieurs musées et théâtres présentent des expositions ou spectacles adaptés à un jeune public.

CONSEILS PRATIQUES

Amsterdam se découvre pour l'essentiel à pied, et si vous voyagez avec un très jeune enfant, vous aurez besoin d'un sac kangourou ou d'un sac à dos pour le transporter. Les poussettes s'avèrent en effet peu pratiques dans les rues pavées, et il est quasiment impossible de les hisser le long des escaliers notoirement raides de la ville ou de les glisser dans un tram ou un Canalbus bondé. Certains musées les interdisent même.

Les enfants circulent gratuitement dans les transports publics jusqu'à 4 ans et à moitié prix jusqu'à 12 ans. La plupart des sociétés proposant des promenades en bateau (p. 276-277) pratiquent les mêmes réductions. Les tramways (p. 272) offrent également un moyen distrayant de se déplacer, mais ils sont souvent bondés aux heures de pointe.

La majorité des hôtels (p. 212) accueillent avec plaisir les familles, et les plus grands disposent d'un service de baby-sitting. Sinon, **Babysit Centrale Kriterion** est efficace et bon marché. Si on peut garder vos enfants à toute heure, il vaut mieux réserver (accueil téléphonique de 16 h 30 à 20 h).

SERVICE DE BABY-SITTING

Babysit Centrale Kriterion
Roetersstraat 170.
Tél. 624 5848.
www.kriterionoppas.org

THÉÂTRES ET MUSÉES

Plusieurs théâtres, tels le **Circus Elleboog** et le **De Krakeling**, proposent des représentations pour enfants le mercredi ou le dimanche. En été, des spectacles en plein air pour jeune public ont lieu chaque semaine au Vondelpark (p. 128). Pensez également au Marionetten Theater. Parmi les manifestations saisonnières

Rangda, sorcière balinaise, au Kindermuseum

figure le cirque de Noël au Koninklijk Theater Carré (p. 145).

Publié par l'office de tourisme d'Amsterdam, le mensuel gratuit *Uitkrant*, aisé à comprendre bien qu'écrit en néerlandais, vous donnera le détail des programmes destinés aux enfants (p. 265).

Avec ses expositions interactives, le New Metropolis (p. 150) offrira une sortie distrayante et instructive pour les plus âgés, tandis que le Nationaal Luchtvaartmuseum Aviodome ravira tous ceux que font rêver avions et voyages dans l'espace. Les explorateurs de 6 à 12 ans se confronteront à des cultures exotiques au Kindermuseum du Tropenmuseum Junior (p. 152-153). Une visite de l'**Ajax Museum** et du World of Ajax Tour ravira les fans de football.

Les enfants ont droit à de substantielles réductions dans la plupart des musées.

THÉÂTRES POUR ENFANTS

Ajax Museum
Arena Boulevard 1.
Tél. 311 1336
www.amsterdamarena.nl

Circus Elleboog
Passeerdersgracht 32. **Plan** 4 E1.
Tél. 626 9370. www.elleboog.nl

De Krakeling
Nieuwe Passeerderstraat 1. **Plan** 4 D1.
Tél. 624 5123. www.krakeling.nl

Crocodiles au parc zoologique Artis

L'*Amsterdam* du Scheepvaart museum *(p. 146-147)*

ZOOS ET FERMES

Comprenant des sections couvertes, dont un superbe aquarium, un planétarium et plusieurs musées, le parc zoologique **Artis** *(p. 154-155)* sera un excellent but de visite. Vous pouvez également emmener vos enfants voir les bisons de l'enclos de l'**Amsterdamse Bos** *(p. 155)*, les ânes et lamas du **Vondelpark** *(p. 128)*, et le bétail en liberté de l'**Amstelpark** *(p. 154)*.

SPORTS ET ACTIVITÉS DE PLEIN AIR

Le Vondelpark *(p. 128)* renferme des terrains de jeux et propose en été des séances de maquillage au Milk Bar ainsi que des spectacles de marionnettes gratuits. L'Amstelpark *(p. 154)* offre la possibilité de faire des promenades à poney, tandis que l'on peut rejoindre à bord d'un tram historique l'Amsterdamse Bos *(p. 155)*, qui abrite un camping *(p. 213)*. Les jours de pluie, direction **TunFun**, un terrain de jeux couvert pour les enfants de moins de 12 ans.

La périphérie de la ville compte plusieurs piscines couvertes dont le **Miranda Bad**, paradis tropical avec chutes d'eau, plage et piscine à vagues. Elles ferment souvent en été au profit des piscines découvertes comme une piscine municipale de Twiske au nord de l'IJ. Des kilomètres de dunes et de plages de sable s'étendent en bord de mer à 20 minutes en train du centre-ville.

Une promenade en pédalo *(p. 277)* constitue le moyen le plus amusant d'explorer le réseau de canaux et, si votre séjour a lieu pendant un hiver rigoureux, vos enfants n'oublieront jamais le plaisir de patiner à travers la ville sur ses voies d'eau gelées.

CENTRES D'ACTIVITÉS

Miranda Bad
De Mirandalaan 9. **Tél.** 546 4444.
www.mirandabad.nl

TunFun
Mr Visserplein 7. **Plan** 8 E4. **Tél.** 689 4300. www.tunfun.nl

AU RESTAURANT

Certains des établissements les plus chics n'accueillent pas les enfants, mais la plupart des cafés et des établissements bon marché proposent des menus à leur intention. Ne manquez pas le goûter organisé le week-end au **Kinderkookkafé**. Des enfants y font la cuisine et le service, et les adultes n'y sont admis qu'accompagnés. Pour dîner, il vaut mieux réserver, que ce soit pour s'y restaurer ou pour y cuisiner. Amsterdam compte aussi de nombreuses crêperies *(p. 236)* offrant un large choix de gourmandises.

CAFÉ POUR ENFANTS

Kinderkookkafé
Kattenlaantje, Vondelpark 6 (Overtoom 333).
Plan 3B3. **Tél.** 625 3257.
⏱ t.l.j. 10h-17h.
www.kinderkookkafe.nl

BOUTIQUES

À côté de magasins de jouets classiques, il existe de petites boutiques vendant des jouets artisanaux. Les meubles de maisons de poupée de **De Kleine Eland** feront rêver toutes les petites filles. Pour trouver des vêtements originaux, essayez **'t Schooltje**.

BOUTIQUES POUR ENFANTS

De Kleine Eland
Elandsgracht 58. **Plan** 1 B5.
Tél. 620 9001.

't Schooltje
Overtoom 87. **Plan** 4 D2.
Tél. 683 0444.

Une pause sur la terrasse du café Kort

RENSEIGNEMENTS PRATIQUES

AMSTERDAM MODE D'EMPLOI

Amsterdam est une capitale cosmopolite. Chaleureux et serviables envers les visiteurs, ses habitants maîtrisent souvent une ou plusieurs langues étrangères, et les organismes d'information touristique sont efficaces. Les téléphones publics, les parcmètres ou les distributeurs de billets sont sans réelle surprise pour les touristes européens, mais les visiteurs d'autres pays se montreront plus attentifs. L'un des plaisirs de la ville est l'absence relative de voitures qui laisse la place à d'autres modes de transports. Dans le centre, les tramways, les bateaux-bus, les bicyclettes et les piétons ont la part belle, l'idéal étant sans conteste de découvrir la ville à pied *(p. 270)* ou à bicyclette *(p. 274-275)*.

Le logo de l'office de tourisme d'Amsterdam

Sigle « I Amsterdam » sur l'esplanade du Museumplein

QUAND PARTIR

La saison touristique bat son plein d'avril à septembre et pendant les fêtes de fin d'année. La période des vacances d'été, de juin à août, s'avère parfois chaude et humide. Les prix des hôtels et des billets de transport sont aussi plus élevés et les sites touristiques bondés. Si vous visitez la ville à l'occasion de Koninginnedag, la Fête nationale du 30 avril, réservez votre hôtel à l'avance. En hiver, la neige est monnaie courante, mais vous aurez peut-être la chance de patiner sur les canaux gelés. Le début du printemps et la fin de l'automne sont plus calmes mais souvent frais.

VISAS ET PASSEPORTS

Pour un séjour inférieur à trois mois, les accords de Schengen permettent aux Belges et aux Français de circuler librement aux Pays-Bas sur simple présentation d'une carte d'identité. Les autres ressortissants européens et les canadiens présenteront un passeport en cours de validité. Au Pays-Bas, tous les mineurs de plus de 14 ans doivent détenir une pièce d'identité, sous peine d'amende : les jeunes touristes devront donc présenter un passeport avec le tampon d'entrée. Procédures d'immigration obligent, il vous faudra peut-être justifier de fonds suffisants pour votre séjour et de votre billet de retour.

DOUANE

Il n'y a pas de limites d'importation de biens à usage personnel pour les ressortissants de l'Union européenne âgés de plus de 17 ans, à l'exception de l'alcool et du tabac dont le prix inclut déjà la taxe douanière. Leur importation est limitée à 800 cigarettes, 400 cigares, 1 kg de tabac, 10 l de spiritueux, 20 l de vin fortifié, 90 l de vin et 110 l de bière. Bien que le tabac et l'alcool ne soient plus vendus aux ressortissants de l'Union européennes dans les boutiques *duty-free*, certains produits sont encore en vente à l'aéroport de Schiphol.

Pour les résidents non européens, les importations sont limitées à 200 cigarettes ou 50 cigares ou 250 g de tabac, 1 l de spiritueux ou 2 l de vin non pétillant ou 2 l de vin fortifié, la valeur d'achat des autres marchandises ne devant pas dépasser 430 € par adulte. Les voyageurs quittant l'Union européenne en possession de plus de 10 000 € devront déclarer cette somme à la douane.

INFORMATION TOURISTIQUE

Amsterdam est fière de son réseau de bureaux d'information touristique. La ville a lancé **I Amsterdam**, un groupement coopératif réunissant l'ATCB (Amsterdam Toerisme & Congres Bureau), le **VVV** (l'office de tourisme d'Amsterdam) et divers organismes de tourisme et de commerce. Le VVV (prononcer « fai-fai-fai ») possède trois bureaux et propose des informations

La façade néogothique du Rijksmuseum *(p. 130-133)*

◁ **Pont illuminé et façades de maisons à pignon au bord de l'Herengracht** dans plusieurs langues sur les sites touristiques, spectacles, manifestations culturelles, transports et visites guidées. On peut aussi y réserver un hôtel, des places de théâtre, de spectacle, d'excursion et de concert moyennant une petite commission. Leurs cartes et brochures sont disponibles dans les musées.

On pourra également se renseigner auprès de l'**Amsterdams Uitburo (AUB)**, un réseau d'informations culturelles indépendant, et y acheter des billets pour les événements culturels.

Avant de partir, le **NBTC** (l'office de tourisme néerlandais) vous fournira cartes et brochures. Méfiez-vous des agences non affiliées à l'office de tourisme ou à I Amsterdam qui proposent parfois des tarifs hôteliers particulièrement coûteux ou d'un confort douteux.

SAVOIR-VIVRE

Les Néerlandais apprennent le plus souvent l'anglais et parfois l'allemand et le français. Ils apprécieront cependant que vous utilisiez quelques mots comme *dag* (« bonjour ») avant de leur demander s'ils parlent le français. Malgré une certaine libéralité, quelques conventions demeurent. Attendez-vous à serrer souvent la main, et si vous sortez en groupe, la politesse est de vous présenter. Au restaurant, la coutume est de partager l'addition à moins d'être clairement invité.

Il est désormais interdit de fumer du tabac dans tous les lieux publics, y compris les bars, les cafés, les restaurants et les hôtels. Toutefois, dans certains établissements comme des bars, des boîtes de nuit ou dans les coffee-shops, on fermera les yeux sur le cannabis s'il n'est pas mêlé au tabac. Il est interdit de fumer dans les zones réservées aux employés. Il est préférable de consommer les boissons alcoolisées dans un bar ou un café.

TARIFS D'ADMISSION

Les visiteurs de moins de 18 ans bénéficient de la gratuité dans la plupart des musées d'art qui ne proposent toutefois pas de réduction aux étudiants étrangers ou aux seniors *(p. 258)*. Parmi les plus fréquentés en famille, le Nemo pratique le même tarif pour tous les visiteurs de plus de 3 ans.

Les trois principales cartes de réduction sont l'I Amsterdam Card, la Museumkaart et le CJP *(p. 258)*. Outre l'utilisation gratuite de tous les transports publics de la ville, la carte « I Amsterdam » donne droit à des excursions en bateau, à l'accès gratuit à 30 musées, à une réduction de 50 % sur les tarifs des parkings P & R Amsterdam, ainsi qu'à la gratuité pour 40 sites et à une réduction de 50 % sur diverses attractions. En vente en ligne et dans les offices de tourisme, elle est valable 24, 48 ou 72 heures.

Au prix de 35 € pour les adultes et de 17,50 € pour les moins de 25 ans, la Museumkaart permet l'accès à plus de 400 musées des Pays-Bas, dont 29 à Amsterdam, y compris les expositions temporaires. En vente en ligne sur Internet, ainsi que dans les offices de tourisme et les musées, elle est valable un an et sera amortie dès la troisième visite.

HORAIRES D'OUVERTURE

Les horaires d'ouverture des magasins varient énormément, mais chacun affiche les siens sur sa porte. Dans le centre, ils sont ouverts de 9 h à 18 h du lundi au mercredi, de 9 h à 21 h le jeudi, de 9 h à 17 h le samedi, et de 12 h à 17 h le dimanche. La plupart des

Pause-détente sur la terrasse du café 't Smalle

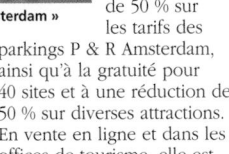

Carte « I Amsterdam »

musées nationaux sont fermés le lundi mais ouverts de 10 h à 17 h du mardi au samedi et de 13 h à 17 h le dimanche. Nombre d'entre eux propose une nocturne le vendredi jusqu'à 22 h et adoptent l'horaire du dimanche les jours fériés. Les banques et bureaux de poste sont ouverts du lundi au vendredi de 9 h à 16 h ou 17 h et parfois le samedi matin dans les grandes villes. La poste principale sur Singel est ouverte le samedi de 10 h à 13 h 30.

TOILETTES PUBLIQUES

Amsterdam manque de toilettes publiques et les visiteurs devront utiliser celles des grands magasins, des hôtels, des musées et des cafés. Il vous en coûtera 0,50 € dans les boîtes de nuit, les cafés ou les salles de spectacle, et 0,30 € ou plus dans les grands magasins, y compris pour les installations destinées aux bébés.

TAXES ET POURBOIRES

La TVA, qui s'élève à 19 % aux Pays-Bas, est généralement incluse dans le prix, à l'exception du matériel électronique et informatique. Les personnes résidant hors de l'Union européenne peuvent récupérer la TVA, soit en passant par les magasins affiliés à la charte **Global Blue**, soit en achetant dans les autres boutiques – auquel cas le vendeur leur remettra un reçu à présenter à la douane *(p. 256)*.

Si le service est inclus au bar et au restaurant, il est d'usage de laisser un pourboire de 2 à 10 % aux serveurs et aux taxis.

Le Pink Point, près de l'Homomonument

VISITEURS HANDICAPÉS

Les voyageurs handicapés disposent désormais de l'assistance nécessaire à Amsterdam. Le site le mieux documenté est celui de la fondation **SGOA** (Stichting Gehandicapen Overleg Amsterdam). On y trouve des renseignements sur les équipements adaptés dans les restaurants, hôtels, cafés, bâtiments et toilettes publics. À l'aéroport de Schiphol, l'**IHD** (International Help for Disabled) fournit un service gratuit à réserver en même temps que le vol. Les grandes gares ont également amélioré leurs installations avec une signalisation tactile pour malvoyants, des rampes d'accès mobiles permettant la montée et la descente du train en fauteuil roulant. Les voyageurs souffrant de déficience fonctionnelle peuvent aussi bénéficier de la gratuité pour l'accompagnateur de leur choix. La plupart des trains ont des portes adaptées et des toilettes accessibles aux fauteuils roulants.

Tous les passages piétons sont dotés d'avertisseurs sonores pour non-voyants. Presque toutes les cartes de stationnement pour handicapés délivrées par des organismes officiels sont valables en ville sauf sur les emplacements réservés signalés par un numéro d'immatriculation.

PERSONNES ÂGÉES

Les seniors apprécieront le rythme relativement calme de la ville. Pour éviter les amateurs de soirées bien arrosées, mieux vaut choisir un hôtel dans le quartier des canaux ou celui des musées, et s'éloigner des secteurs où abondent les bars et les boîtes de nuit comme Leidseplein ou Rembrandtplein. La Saint-Sylvestre peut s'avérer difficile pour les personnes se déplaçant lentement, car il est de coutume de faire exploser des pétards dans les rues ce soir-là, notamment dans le quartier de Nieuwmarkt.

Les seniors bénéficieront de billets à prix réduit dans les transports publics (tramways, bus et métro) sur présentation de leur passeport dans l'un des bureaux de la GVB *(p. 273)*. Aucune réduction n'est accordée pour la Museeumkaart ou le passe « I Amsterdam » *(p. 257)*.

VOYAGEURS GAYS ET LESBIENS

Rares sont les villes à ce point sensibles aux touristes gays et lesbiens. La plupart des magazines touristiques ont une rubrique réservée aux spectacles et manifestations gays et lesbiens *(p. 265)*. On trouvera aussi une mine de renseignements au Pink Point, près de l'Homomonument à Westerkerk. À deux pas, le **COC** (l'association des gays et lesbiennes) fournit des informations sur les activités culturelles ciblant le public gay et lesbien.

GAYtic est un autre centre d'information touristique intéressant. Il propose un kit composé de cartes, magazines, bons de réduction et dépliants sur les soirées et événements que l'on pourra réserver par avance et récupérer au centre à l'arrivée. On y vend aussi des billets de spectacles et la carte « I Amsterdam ».

VOYAGER À MOINDRE COÛT

Amsterdam n'est pas hors de prix mais sortir en ville est parfois plus coûteux que dans d'autres villes d'Europe.

Le site Internet d'**I Amsterdam** et certains magazines dressent la liste des festivals et événements gratuits. En été, Vondelpark est idéal pour le pique-nique. On pourra aussi apprécier un vieux classique en plein air sur le mur du Filmmuseum.

La carte « I Amsterdam » et la Museumkaart ne prévoient pas de réductions pour les enfants, qui ne bénéficient pas non plus de réductions dans les transports publics. Seuls les moins de 4 ans voyagent gratuitement. La carte de l'ISIC (International Student Card) propose des réductions dans les auberges de jeunesse, les théâtres, les restaurants et les magasins, ainsi que dans certains musées et agences de voyages, mais pas sur les transports publics. Le CJP (Passeport culturel pour les jeunes) est une bonne solution pour les non-étudiants de moins de 30 ans. Il propose le même type de réductions dans 38 pays d'Europe.

VOYAGE RESPONSABLE

Les Néerlandais ne plaisantent pas en matière d'environnement et s'efforcent d'améliorer le développement durable à tous les niveaux. Amsterdam est de plus en plus ouverte à l'éco-tourisme. Certaines agences proposent un tourisme vert à l'instar de

Le restaurant De Kas

Wetlands Safari qui organise des excursions en canoë dans la région des polders au nord de la ville *(p. 270-271)*.

Les voyageurs sensibles à l'écologie ont de plus en plus de choix. Le groupe Conscious Hotel possède deux hôtels respectueux de l'environnement dans le centre-ville *(p. 221)*. Le samedi, Noordermarkt, dans le Joordan, accueille un beau marché bio : produits bios de la ferme, gâteaux et pains, viandes, poissons, fromages et autres produits laitiers sont en vedettes. Très apprécié des Amstellodamois, l'endroit est souvent bondé. Ne manquez pas les étals de fromages fermiers pour y goûter les spécialités du pays. Bien plus petit mais aussi agréable, un autre marché bio se tient sur Haarlemmerplein le mercredi après-midi.

De Kas, le célèbre restaurant bio d'Amsterdam, occupe une magnifique serre. On y sert des fruits de son verger, des herbes et des légumes cultivés sur place, ainsi que des poissons et de la viande bio du cru. Logé dans un moulin, **Brouwerij't IJ** est une micro-brasserie fabriquant de la bière bio. Fabriqués à partir de produits bios, les savons de **La Savonnerie** feront un cadeau original.

HEURE

Les Pays-Bas étant à l'heure de l'Europe centrale, Amsterdam a une heure d'avance sur l'heure GMT. De fin mars à fin octobre, la période de l'heure d'été, cette avance passe à deux heures.

ÉLECTRICITÉ

Comme en France, le courant aux Pays-Bas est de 220 V. Compte tenu de la disparité des prises et du diamètre des broches des appareils électriques, prenez la précaution d'emporter un adaptateur qui pourrait bien se révéler utile.

ADRESSES

AMBASSADES DES PAYS-BAS

En France
7, rue Éblé, 75007 Paris.
Tél. *01 40 62 33 00.*
www.amb-pays-bas.fr

En Belgique
Av. Hermann-Debroux 48,
1160 Bruxelles.
Tél. *(02) 679 17 11.*
http://labelgique.
nlambassade.org

Au Canada
350 Albert Street,
bureau 2020, Ottawa
(Ontario) K1R 1A4.
Tél. *(613) 237 50 30.*
www.netherlands
embassy.ca

Consulat : La Tour Scotia,
bureau 2201,
1002 rue Sherbrooke
Ouest, Montréal
(Québec) H3A 3L6.
Tél. *(514) 849 42 47.*

En Suisse
Steftigenstrasse 7,
3007 Berne.
Tél. *(031) 350 8700.*
www.nlembassy.ch

OFFICES DE TOURISME DES PAYS-BAS

En France
26, rue du 4-septembre,
75002 Paris.
Tél. *01 43 12 34 20.*
www.holland.com/fr

En Belgique
BP 136, 1050 Bruxelles 5.
Tél. *(02) 543 08 01.*
www.holland.com/fr

INFORMATION TOURISTIQUE

NBTC (office de tourisme néerlandais)
PO Boîte 458,
Leidschendam, 2260 MG.
Tél. *070 3705 705.*
www.nbtc.nl
www.holland.com

VVV (office de tourisme d'Amsterdam)
Plusieurs antennes,
notamment : Leidseplein
26 (**Plan** 4 E2) ; Aéroport
de Schiphol, arrivées
Hall 2 ; Centraal Station,
quai n° 2 ; Stationsplein
10 (en face de la gare,
Plan 8 D1).
Tél. *0900 400 4040.*
www.holland.com

I AMSTERDAM
Tél. *020-201 8800.*
www.iamsterdam.com/
fr/visiting
*(pour toute info en
français sur la ville).*

AUB Uitburo
Leisdeplein 26. **Plan** 4 E2.
Tél. *020 795 9950.*
www.amsterdams
uitburo.nl

DOUANE

Aux Pays-Bas
Tél. *0800 0143*
(appel gratuit)
www.douane.nl

VISITEURS HANDICAPÉS

Amsterdam Thuiszorg
Tél. *020 886 0000.*
www.amsterdam
thuisorg.nl

De Zeeland
Tél. *0900 235 3337.*
www.zeilenalacarte.nl

Fauteuils roulants de plage à Zandvoort
Tél. *023 571 6119.*

IHD
Aéroport Schiphol,
hall des départs 114.
Tél. *020 316 1417.*
Fax *020 316 1418*
(pour les mal-entendants).

NS (assistance aux handicapés)
Tél. *030 235 7822.*
Fax *030 2353935*
(pour les mal-entendants).
www.ns.nl

SGOA
www.toegankelijk
amsterdam.nl

Staatsbosbeheer
Tél. *030 692 6111.*
www.staatsbosbeheer.nl

VOYAGEURS GAYS ET LESBIENS

GAYtic
Spuistraat 44.
Plan 7 B1.
Tél. *020 330 1461.*
www.gaytic.nl

COC (association des gays et lesbiennes
Rozenstraat 4. **Plan** 1B4.
Tél. *020 626 3087*
www.cocamsterdam.nl

VOYAGE RESPONSABLE

Brouwerij't IJ
Funenkade 7.
Plan 6 F2.
Tél. *020 622 8325.*
www.brouwerijhetij.nl

De Kas
Kamerlingh
Onneslaan 3.
Tél. *0202 462 4562.*
www.restaurantdekas.nl

La Savonnerie
Prinsengracht 294.
Tél. *020 428 1139.*
www.savonnerie.nl

Santé et sécurité

Amsterdam est l'une des villes les plus sûres d'Europe. Les quartiers « chauds » et la violence criminelle sont rares. Les petits larcins le sont moins et les pickpockets écument les secteurs touristiques et les transports publics. En matière de tolérance, hélas, la donne a changé, ce qui s'est traduit par des agressions dans les boîtes de nuit gays. Cette évolution ne devrait cependant pas toucher les touristes, mais, en cas de problèmes, la ville dispose de services d'urgences efficaces et d'une antenne d'assistance touristique.

Policier à vélo

Membres armés des forces de police néerlandaises

POLICE

Si vous êtes la victime d'un délit grave, appelez le **112**. Pour les petits larcins et les délits mineurs, contactez le numéro indiqué dans le carnet d'adresses ou rendez vous au poste de police le plus proche. Dans le cas d'un vol ou d'une agression demandant des soins médicaux, vous devrez remplir un formulaire destiné aux assurances. Veillez à rassembler tous les détails concernant l'agression avant d'aller voir la police. Si vous avez besoin d'une aide quelconque, demandez aux policiers de contacter pour vous l'**ATAS**, le service d'assistance touristique d'Amsterdam.

Camion de pompiers

Voiture de police

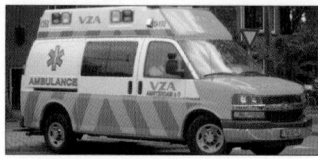

Ambulance

CE QU'IL FAUT SAVOIR

Le vol est le principal problème des touristes à Amsterdam (voir *Objets perdus ou volés*).

Il faut savoir que le secteur des bars et boîtes de nuit (Leidseplein, et Rembrandtplein), le Quartier rouge et les parkings sont à éviter seul à l'aube. Toutefois, la plus grande partie de la ville n'est pas dangereuse le soir, et les femmes peuvent se promener seules.

Le Quartier rouge était autrefois un quartier très animé où régnait un vrai sens de la communauté. Le flot permanent de visiteurs en faisait un secteur sûr. Suite aux mesures de « nettoyage » du secteur, il est désormais moins fréquenté et certaines rues sont assez malfamées. Sachez qu'il est interdit de photographier les prostituées sans leur autorisation et qu'elles font parfois payer ce service.

Où que vous soyez, vous devez toujours être en mesure de présenter une pièce d'identité, sous peine d'amende. Le port d'arme est illégal, de même que la consommation d'alcool dans les lieux publics, l'achat, la vente ou l'usage de drogues dures, ou encore uriner dans la rue et rouler à vélo dans les zones piétonnes. Les policiers en uniforme ont le droit de procéder à une fouille corporelle sur place ou de réclamer une pièce d'identité. Les canaux attirent les moustiques qui sont parfois une nuisance l'été : bombes anti-moustiques, pommades antihistaminiques, moustiquaires ou autres prises anti-moustiques sont en vente dans toutes les grandes pharmacies.

EN CAS D'URGENCE

Pour les vraies urgences, composez le 112. L'opérateur vous demandera d'où vous appelez et vous mettra en relation avec la police, le SAMU ou les pompiers. Si ce dernier décide que votre cas ne requiert pas une intervention immédiate, il vous demandera de contacter le **Service médical central**, de vous rendre au service de premiers secours de l'hôpital ou, dans le cas d'un délit grave, de déposer plainte au poste de police le plus proche. Si cette aide ne vous suffit pas, appelez l'ATAS ou **GAYtic** *(p. 258-259)*, qui proposent des services similaires à l'ATAS pour les touristes gays et lesbiens.

OBJETS PERDUS OU VOLÉS

Si Amsterdam est plus sûre que bien des villes européennes, le vol y est toujours d'actualité. Les pickpockets opèrent surtout en été. Prenez les précautions usuelles et ouvrez l'œil. Les vols de vélos et de voitures, notamment étrangères, sont eux aussi un problème. Signalez le vol ou la perte au poste de police pour obtenir l'attestation nécessaire à votre assureur. La police conserve les objets trouvés pendant un jour ou deux avant de les envoyer au **Bureau des objets trouvés**.

En cas de perte dans le train, adressez-vous à **Centraal Station** qui renverra l'objet en question à votre hôtel ou votre domicile.

Les chauffeurs de bus et de tramways inspectent leur véhicule après chaque trajet et remettent les objets perdus au Bureau des objets trouvés (il faut attendre 48 h). En cas de perte de votre passeport, informez votre ambassade *(p. 259)*. Pour les cartes de crédit, rapprochez-vous de l'organisme émetteur *(p. 262)*.

HÔPITAUX ET PHARMACIES

Il y a deux catégories de pharmacies aux Pays-Bas, dénommées *drogist* et *apotheek*. Adressez-vous à la première pour les problèmes sans gravité et à la seconde pour les médicaments sur ordonnance. Les pharmacies sont ouvertes de 8 h 30 à 17 h 30 du lundi au vendredi. La liste des officines de garde est affichée en vitrine et publiée dans le quotidien du soir *Het Parool*. Le Service médical central vous dirigera vers la pharmacie la plus proche, le dentiste ou le généraliste de garde. Les petits accidents sont traités au service de consultation des hôpitaux, ouvert 24 h/24. Les bureaux du VVV ou d'I Amsterdam *(p. 256-257)* renseignent sur ce point. En cas d'urgence, allez directement au service d'urgences de l'hôpital ou appelez une ambulance (112).

Symbole des pharmacies

ASSURANCE-SANTÉ ET ASSURANCE-VOYAGE

La plupart des agences de voyages et des compagnies d'assurances proposent des polices d'assurance-voyage multirisques. Il est vivement conseillé d'y souscrire pour couvrir la perte, le vol ou la prise en charge d'un éventuel rapatriement. Les citoyens de l'Union européenne ont droit à une assistance médicale gratuite sur présentation de la carte européenne d'assurance-maladie. En pratique, vous devez souvent régler vous-même les soins et vous les faire rembourser au retour.

DROGUES

Bien qu'il ne soit pas légalisé, l'usage des drogues douces comme le haschisch et le cannabis est réglementé aux Pays-Bas, ce qui donne à l'État un droit de regard sur les coffee-shops (où l'on peut acheter du cannabis), tout en gagnant de l'argent sur ce commerce. Chacun a le droit de posséder jusqu'à 5 g de drogue douce. Il est mal vu de fumer dans la rue mais, depuis la loi anti-tabac appliquée aux lieux publics, certains coffee-shops disposent d'espaces fumeurs à l'extérieur *(p. 257)*. La tolérance ne s'applique pas aux drogues dures. Quiconque pris en possession de ces drogues par la police encourt des poursuites judiciaires. Les champignons hallucinogènes ont été interdits en 2009. Les peines encourues pour qui tente de sortir de la drogue hors du pays sont très sévères.

ADRESSES

POLICE

Ambulance, pompiers et police
Tél. 112 (urgences seul.).

Assistance touristique d'Amsterdam (ATAS)
Nieuwezijds Voorburgwal 104-108.
Tél. 020 6253246.
www.stichtingatas.nl

Police
Tél. 0900 8844.

Principaux postes de police
Lijnbaansgracht 219.
Plan 4 E2.
Beurstraat 33.
Plan 7 C2.
Nieuwezijds Voorburgwal.
104. **Plan** 7 A4.

EN CAS D'URGENCE

Service médical central
Tél. 08800 30600.

GAYtic
Spuistraat 44.
Tél. 020 330 1461.

HÔPITAUX

Academisch Medisch Centrum (AMC)
Miebergdreef 9.
Tél. 020 566 9111.

Onze Lieve Vrouwe Gasthuis
1e Oosterparkstraat 279.
Plan 6 D4.
Tél. 020 599 9111.

Sint Lucas Andreas Ziekenhuis
Jan Tooropstraat 164.
Tél. 020 510 89 11.

VU Medisch Centrum
De Boelelaan 1117.
Tél. 444 4444.
Aide médicale 24h/24h :
Tél. 444 3636.

OBJETS TROUVÉS

Bureau des objets trouvés
Stationsplein 15.
Plan 8 D1.
Tél. 0900 321 2100.

Centraal Station
Stationsplein.
Plan 2E3.

PHARMACIES

Dam
Damstraat 2.

Plan 7 C3.
Tél. 020 624 4331.

Jordaan
Westerstraat 180.
Plan 1 B3.
Tél. 020 624 9252.

Koek, Schaeffer & Van Tijen
Vijzelgracht 19.
Plan 4 F3.
Tél. 020 623 5949.

Medicijnman
Utrechtsestraat 86.
Plan 5 A3.
Tél. 020 624 4333.

Het Witte Kruis
Rozengracht 57.
Plan 1 A5.
Tél. 020 623 1051.

Banques et monnaie

Le système bancaire néerlandais encourage les paiements par carte de crédit, y compris pour de faibles montants. Les Amstellodamois ont cependant toujours un faible pour le liquide, et les cartes de crédit sont loin d'être aussi répandues aux Pays-Bas que dans la majeure partie de l'Europe. Bien qu'elles soient généralement acceptées dans les grands hôtels, les magasins et la plupart des restaurants, il est préférable de poser la question ou de vérifier les logos sur la porte de l'établissement. Grâce à un excellent réseau de bureaux de change, il est facile de changer des devises. Leur importation n'est soumise à aucune limite.

Bureau de change GWK à l'aéroport de Schiphol

BANQUES ET BUREAUX DE CHANGE

Implantés à l'aéroport ainsi que dans les principales gares et certains quartiers touristiques, ce sont les bureaux de change du **GWK** (Grenswisselkantoren) qui pratiquent les meilleurs taux. On pourra aussi changer ses devises auprès de la banque **ING**, la seule banque néerlandaise offrant ce service, et de l'American Express. Tous ces établissements prélèvent une commission. Dans les bureaux de change indépendants, cette commission est exorbitante et le taux de change inintéressant, mais ils restent parfois la meilleure option pour les petites sommes car, dans les bureaux nationaux du GWK, plus le montant est élevé, plus la commission diminue. Si vous arrivez par le ferry, ne changez pas vos devises sur le bateau mais au bureau GWK situé dans la zone de débarquement et ouvert pour les arrivées de nuit. Attention ! Les hôtels pratiquent des taux élevés.

Guichet automatique ING

GUICHETS AUTOMATIQUES

La plupart de ces guichets acceptent les principales cartes de crédit. La limite de retrait peut être inférieure à celle de votre pays, et ce dernier est parfois assorti d'une petite commission. Vérifiez au préalable que le distributeur accepte votre réseau (**Visa**, **American Express**, **MasterCard**, **Diner's Club**, Cirrus ou Maestro).

Les instructions étant données en plusieurs langues, le retrait d'argent dans les distributeurs est désormais un jeu d'enfant et représente la meilleure solution avec une carte de crédit.

Extrêmement nombreux, les guichets automatiques sont situés devant les bureaux de poste, les banques, les bureaux de change du GWK, et dans les grandes gares ferroviaires. Facilement reconnaissables, ils portent le logo de la banque dont ils dépendent.

TRAVELLER'S CHEQUES ET CARTES DE CRÉDIT

Dans les bureaux du GWK, vous pourrez également acheter des chèques de voyage et retirer de l'argent avec votre carte bancaire (Visa, Access, MasterCard, Eurocard, American Express, Diner's Club) à un taux légèrement meilleur que si vous changiez du liquide.

La plupart des banques et bureaux de poste proposent en outre des distributeurs automatiques de billets. Ceux-ci ne fonctionnent pas avec toutes les cartes. La carte Visa, que n'acceptent pas les distributeurs de la poste, est beaucoup moins répandue qu'en France.

ADRESSES

BANQUES ET BUREAUX DE CHANGE

American Express
Postbus 7319, 1007JH.
Tél. 020 204 8504.

GWK
Tél. 0900 0566.
Centraal Station. **Plan** 8 D1.
Dam 23-25. **Plan** 7 B3.
Damrak 1-5. **Plan** 7 C1.
Leidsestraat 103. **Plan** 4 E2.
Schiphol Airport Station.
Amstel Station.

ING
Singel 250-256.
Plan 7 A2.

EN CAS DE PERTE OU DE VOL

Visa
Tél. 0800 022 31 10.
www.carte-bleue.com

American Express
Tél. 504 86 66.
www.americanexpress.com

Diner's Club
Tél. (00 33) 170 75 51 16
(France). www.dinersclub.com

MasterCard
Tél. 030 283 55 55.
www.mastercard.com

Consultez également le site Internet de votre banque pour obtenir le numéro d'urgence en cas de perte ou de vol de votre carte.

EURO

Entrée en circulation le 1er janvier 2002, la monnaie unique européenne a été adoptée par dix-sept nations dont les Pays-Bas. Les membres de l'Union européenne qui ont opté pour l'euro appartiennent à la zone euro. Certains membres de l'Union Européenne n'ont pas encore rejoint cette zone.

Illustrés de structures architecturales et de monuments fictifs, les billets en euros sont les mêmes dans tous les pays de la zone.

Les pièces sont identiques sur la face indiquant leur valeur unitaire mais différentes sur l'autre face gravée d'un symbole propre à chaque pays. Toutes les pièces et les billets de la monnaie unique sont utilisables partout dans les pays de la zone euro.

Les billets

Les billets en euros se déclinent en sept coupures : le billet de 5 €, de couleur grise, est le plus petit, le billet de 10 € est rouge, le billet de 20 € est bleu, le billet de 50 € est orange, le billet de 100 € est vert, le billet de 200 € est brun-jaune et le billet de 500 € est violet.

5 euros

10 euros

20 euros

50 euros

100 euros

200 euros

500 euros

2 euros    1 euro    50 cents    20 cents    10 cents

Les pièces

Il existe huit pièces en euros : 1 euro et 2 euros, 50 cents, 20 cents, 10 cents, 5 cents, 2 cents et 1 cent. Les pièces de 1 et 2 euros sont de couleur doré et argenté, celles de 50, 20 et 10 cents sont dorées. Les pièces de 5, 1 et 2 cents sont de couleur bronze.

5 cents   2 cents   1 cent

Communications et médias

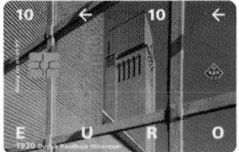

**Logo de la
compagnie KPN**

Amsterdam et ses habitants sont à la page en matière d'Internet. Les touristes n'ont donc aucune difficulté à se connecter pour consulter leur courrier électronique ou surfer sur la Toile. KPN Telecom et TNT Poste gèrent respectivement les moyens de communication classiques que sont le téléphone et les services postaux. À l'exception des émissions pour enfants, la plupart des chaînes de télévision nationales proposent les films étrangers en version originale. Les magazines d'information sont en anglais.

APPELS TÉLÉPHONIQUES LOCAUX ET INTERNATIONAUX

L'apparition de Skype et de VoIP a eu d'énormes répercussions. De plus en plus de foyers économisent en délaissant les lignes fixes, surtout pour les appels à l'étranger. Les établissements conjuguant cabines téléphoniques et accès Internet proposent des tarifs tellement bas que cela revient parfois moins cher qu'un appel de l'hôtel ou d'un téléphone portable.

Pour trouver un numéro dans les pages Blanches *(Telefoogids)* ou les pages Jaunes *(Gouden Gids)*, rendez-vous sur les pages de www.detelefoongids.nl et www.goudengids.nl. Les noms sont répertoriés par ordre alphabétique, à l'exception de ceux précédés par *de, van, van der,* etc., classés à la lettre de la particule. *IJ,* l'équivalent de *y,* vient en fin d'alphabet. Les numéros verts (0 800) sont gratuits, mais pas ceux qui commencent par 0 900.

TÉLÉPHONES PORTABLES

Les téléphones quadri-bandes couvrent les quatre fréquences GSM ; ils fonctionnent donc partout dans le monde. Si vous possédez un téléphone tri-bandes, renseignez-vous auprès de votre opérateur.

Pour utiliser son portable à l'étranger, il faut parfois valider la fonction « Itinérance ». Sachez aussi qu'il est souvent plus cher d'émettre et de recevoir des appels à l'étranger, malgré les efforts des opérateurs.

La solution la plus économique consiste à remplacer la carte SIM par une carte SIM locale, à condition que le combiné soit débloqué ou qu'il s'agisse d'un appareil nomade. Les Pays-Bas sont couverts par les réseaux **Orange**, **Hi (KPN)**, **T-Mobile**, **Vodafone**, **Telfort**, et **Ben**. Les propriétaires de smartphones profiteront aussi des bornes d'accès Wi-Fi KPN : envoyez un SMS à HOSPOTS au 4222, pour bénéficier de 15 minutes de connexion, moyennant un faible coût.

Carte téléphonique illustrée

TÉLÉPHONES PUBLICS

Situés en dehors du centre, dans les gares et les bureaux de poste, les téléphones publics disparaissent progressivement des bars et des cafés. La plupart fonctionnent avec des cartes de téléphone ou des cartes de crédit, mais dans ce dernier cas, la communication est souvent plus chère. Les cartes de téléphone sont en vente dans les postes, les supermarchés, chez les marchands de journaux et dans les gares. Les instructions sont rédigées en néerlandais et en anglais.

OBTENIR LE BON NUMÉRO

- Appeler Amsterdam depuis la France : 00 31 20 + numéro d'abonné (7 chiffres)
- Renseignements
  - Pays-Bas : 0900 8008
  - Internationaux : 0900 8418
- Opérateur : 0800 0410
- Appeler en France : 0033
- Appeler en Belgique : 0032
- Appeler en Suisse : 0041
- Appeler au Canada : 001
- France Direct (aux Pays-Bas) : 00800 3033 3033
- Renseignements carte France Telecom (numéro vert en France) : 0800 10 20 40

Lors d'un appel vers un numéro public comme un aéroport, vous aurez le choix de la langue et un répondeur vous préviendra du nombre d'interlocuteurs en attente. Bien que les hôtels soient équipés pour téléphoner à l'étranger, l'appel risque de revenir plus cher que depuis un téléphone public.

INTERNET

Amsterdam est la première grande ville d'Europe entièrement couverte par les réseaux Wi-Fi. Si l'accès via les bornes Wi-Fi KPN Hotspots est payant, le réseau public est gratuit, sur demande, à l'extérieur. On peut aussi se connecter gratuitement dans nombre de cafés, hôtels, bibliothèques et parcs publics.

Les cafés Internet ne manquent pas à Amsterdam. Moyennant une faible somme, vous pourrez consulter votre courrier électronique et vous connecter sur la Toile. Certains restent ouverts tard le soir. La plupart de ces cafés et certains coffee-shops ont aussi un accès Wi-Fi gratuit à l'instar des établissements de la chaîne **Coffee Company**, situés dans le centre. Selon

Accès Internet à la bibliothèque publique d'Amsterdam (OBA)

les hôtels, vous disposerez d'un accès Wi-Fi gratuit ou d'une connexion Internet classique payante.

Située près de Centraal Station, l'**OBA**, la bibliothèque publique d'Amsterdam, est la plus grande bibliothèque du pays. L'accès Internet est gratuit sur les 600 ordinateurs disponibles au public.

SERVICES POSTAUX

Les bureaux de poste d'Amsterdam sont reconnaissables au logo TNT. Dans certains quartiers, des services postaux sont proposés chez les marchands de journaux, les tabacs et dans d'autres magasins. Les timbres sont en vente dans ces établissements ainsi que dans les supermarchés et les boutiques de souvenirs. Le tarif d'affranchissement est le même pour les lettres de moins de 20 g à destination d'un pays d'Europe, y compris hors UE, et plus élevé pour le reste du monde. Le courrier à l'étranger peut être envoyé en formule Prioritaire ou Standard. Pour les documents importants, mieux vaut opter pour l'option recommandée ou suivie.

Autres destinations

Courrier local

Boîte aux lettres TNT

L'heure et la date de la prochaine collecte sont indiquées sur les boîtes aux lettres disséminées un peu partout dans la ville.

JOURNAUX ET MAGAZINES

La plupart des quotidiens étrangers sont disponibles dès l'heure du déjeuner, à la date de parution. Si le quotidien d'Amsterdam *Het Parool* est lu dans tous le pays, *De Volskrant* et *NRC Handelsblad* sont parmi les quotidiens nationaux les plus respectés.

Tous ces journaux publient des pages « Spectacles » et « Événements », mais les affiches et pages d'information placardées dans les bars et les cafés offrent aux touristes un moyen rapide et simple pour connaître les concerts, spectacles et autres manifestations culturelles. *NL 20* et *Uitkrant* (publié par l'AUB Uitburo, *p. 259*) sont deux mines de renseignements gratuites en néerlandais. L'office de tourisme diffuse des dépliants en anglais sur les festivals et les événements culturels (*p. 244*).

Les magazines gays et lesbiens *Gay & Night* et *Gay News* (anglais/néerlandais) ainsi que *Time Out Amsterdam* sont en vente chez la plupart des marchands de journaux.

TÉLÉVISION

Les grandes chaînes de télévision amstellodamoises diffusent des émissions européennes, et les hôtels raccordés au câble disposent d'une trentaine de chaînes françaises, belges, allemandes, italiennes, anglaises, etc.

TV5 Monde est reçue dans le pays par câble, satellite et sur Internet. France 24, chaîne d'information en continu, diffuse l'actualité internationale. Elle est aussi disponible sur Internet.

ADRESSES

TÉLÉPHONES PORTABLES

Orange
www.o orange.com

Ben
www.ben.nl

Hi (KPN)
www.hi.nl

Telfort
Rokin 32. **Plan** 7 B3.
www.telfort.nl

T-Mobile
Rokin 64a. **Plan** 7 B3.
www.t-mobile.nl

Vodafone
Rokin 32. **Plan** 7 B3.
www.vodafone.nl

INTERNET

A Internet
2e Van der Helststraat 17.

Amsterdam Internet City
Nieuwendijk 76.
Tél. 020 6201292.

Coffee Company
Leidsestraat 60.
Tél. 020 4218275.

Internet Café Freeworld
Nieuwendijk 30.
Plan 7 C2.
Tél. 020 620 0902.

OBA
Oosterdokskade 143.
Plan 8 F2.
Tél. 0900 242 5468.

SERVICES POSTAUX

Bureau de poste principal
Hoofdpostkantoor TNT Post,
Singel 250-256, 1016 AB.
Plan 7 A2.
Tél. 0582 333 333.

Informations
Tél. 058 2333 333.
www.tntpost.nl

ALLER À AMSTERDAM

Amsterdam compte parmi les destinations les plus populaires d'Europe. De nouveaux opérateurs et agences se développent en permanence sur la destination. Comme toutes les grandes villes, on y accède facilement en avion, en autocar, en voiture, en ferry ou en train. Elle est également accessible en croisière de luxe. La ville est desservie depuis Paris par le TGV en trois heures environ.

Chacun des différents moyens de transport ayant ses avantages et ses inconvénients, le choix du voyageur est avant tout fonction du temps et de l'argent dont il dispose ainsi que du niveau de confort requis. Quelle que soit l'option choisie, prenez le temps de vous renseigner sur les tarifs proposés et les formules de séjour parfois orientées sur un thème, car les prix peuvent varier selon la saison.

Hall de l'aéroport de Schiphol

AÉROPORT

Au quatrième rang des aéroports, l'aéroport de **Schiphol**, non loin d'Amsterdam, est l'une des principales plaques tournantes aériennes internationales et dispose d'une infrastructure parmi les plus modernes, les plus pratiques et les plus propres.

Son terminal se compose de trois halls de départs et de quatre halls d'arrivées qui convergent tous vers Schiphol Plaza où se trouvent un bureau d'information touristique, deux bureaux de change, une banque, le bureau de la société de chemins de fer néerlandaise NS ainsi qu'une consigne. Tous les panneaux sont en néerlandais et en anglais.

Schiphol Plaza abrite en outre des dizaines de boutiques, plusieurs marchands de journaux, des restaurants fast-foods, des bars et des cafés, ainsi qu'une épicerie parfaitement achalandée.

Après le contrôle, les passagers en partance bénéficient de l'une des galeries *duty-free* les plus grandes d'Europe, mais aussi d'un musée, d'un casino, d'un salon de massage et de dizaines de restaurants et bars, sans oublier un bureau de mariage (www.schipholweddings.nl). Téléphones, fax, services postaux, salles de conférences et salles de travail sont à la disposition des hommes d'affaires et voyageurs en transit. L'accès Internet sans fil est assuré dans tout l'aéroport.

BILLETS ET TARIFS

Air France, en collaboration avec KLM, assure de nombreux vols entre Paris, Charles-de-Gaulle et Amsterdam. Des départs sont également possibles depuis Lyon, Nice, Marseille, Toulouse, Bordeaux, Nantes, Strasbourg et Clermont-Ferrand. Les tarifs sont attractifs et accessibles à tous

en fonction des disponibilités.

Les compagnies aériennes *low-cost* comme **Transavia** et **Easyjet** sont souvent moins chères que les compagnies nationales. Si vous voyagez depuis la Suisse, Easyjet dessert Amsterdam depuis Bâle, Mulhouse, Fribourg et Genève.

Les formules *all inclusive* réservées auprès d'une agence fiable s'avèrent parfois bien moins chères qu'un vol sec auquel viendra s'ajouter le séjour. Parmi les organismes de voyages, citons **Expedia**, **Nouvelles Frontières** (France, Belgique et Suisse) et **Voyageurs du monde**, spécialiste du voyage individuel sur mesure (France et Belgique). Depuis la Belgique, **Airstop** offre une large gamme de prestations. **Voyages-sncf**, première agence de voyages sur Internet avec plus de 600 destinations dans le monde, vous propose ses meilleurs prix sur les billets de train, billets d'avion, chambres d'hôtel, locations de voiture, séjours clés en main ou Alacarte®. Avec voyages-sncf.com, accessible

Enregistrement en libre service à l'aéroport de Schiphol

24h/24h et 7j/7, vous avez également accès à des services exclusifs qui facilitent la vie pour toutes vos réservations : l'envoi gratuit des billets à domicile, Alerte Résa pour être informé de l'ouverture des réservations et profiter du plus grand choix, le calendrier des meilleurs prix, l'affichage des prix 100 % TTC en toute transparence mais aussi des offres de dernière minute, de nombreuses promotions et ventes flashs toute l'année (www.voyages-sncf.com).

Si vous voyagez depuis le Canada, adressez-vous aux voyagistes **Intair Vacances** ou **Vacances Tours Mont Royal**.

Les tarifs aériens varient selon la saison. On pourra aussi bénéficier de réductions très intéressantes de dernière minute sur la Toile, les transporteurs bradant les places invendues.

À L'ARRIVÉE

Des panneaux dirigent les citoyens des pays signataires des accords de Schengen vers la zone de récupération des bagages et la douane. Tous les autres passagers doivent traverser le centre commercial et suivre les panneaux d'arrivée et de contrôle des passeports jusqu'au rez-de-chaussée avant de rejoindre le hall de récupération des bagages et la douane, situés après le contrôle. Si vous n'avez rien à déclarer, empruntez les portes de sortie qui donnent dans Schiphol Plaza. Le service des douanes procède parfois à des contrôles aléatoires. Il est interdit d'entrer aux Pays-Bas avec des aliments tels que la viande crue, le fromage et autres produits laitiers. Vous devrez aussi déclarer les marchandises importées ainsi que les espèces protégées d'animaux et de plantes, les œuvres d'art et les antiquités, les narcotiques, les armes et les munitions sous peine d'une lourde amende et, dans certains cas, d'une arrestation.

Départ d'un vol KLM à l'aéroport de Schiphol

REJOINDRE LE CENTRE

Plusieurs options s'offrent aux voyageurs pour rejoindre Amsterdam, située à 18 km au nord-est de l'aéroport : la location de voiture (bien qu'il soit déconseillé de conduire dans Amsterdam), les taxis, les bus et les trains. Les loueurs de voitures sont installés près des sorties de Schiphol Plaza. Après la transaction, des navettes gratuites vous conduiront jusqu'aux parkings. Il existe deux formules de taxis : le service TCA *(p. 271)* et les taxis privés. La station est située devant Schiphol Plaza. Selon votre destination, un taxi pour le centre-ville coûte entre 40 et 60 €. On peut aussi réserver en ligne et à l'avance une voiture de Schiphol Travel Taxi et préciser si l'on souhaite une formule individuelle ou collective pour un moindre coût. Dans ce dernier cas, comptez environ 20 € pour un aller simple, 35 € pour l'aller-retour et pensez à intégrer le temps nécessaire à la collecte des autres passagers. En formule individuelle, prévoyez 40 € pour l'aller simple et 75 € pour l'aller-retour.

Deux bus rejoignent le centre-ville à partir de Schiphol Plaza : les bus Interliner 370 et 197. En 30 minutes en moyenne, tous deux vous déposeront à Leidseplein d'où vous pourrez prendre un tramway. Vendu dans le bus, le billet coûte 3,80 €. Ces bus acceptent aussi l'*OV-chipkaart*

Panneau d'une porte d'embarquement

(p. 272-273). Pour le même prix, le mode de transport le plus apprécié reste le train. La gare NS de Schiphol est située juste en dessous de l'aéroport. Les billets pour la navette de l'aéroport et d'autres lignes domestiques sont en vente aux distributeurs jaunes de Schiphol Plaza. Certains acceptent les pièces, d'autres les pièces et les cartes de crédit (avec une petite commission en sus).

On peut transporter ses bagages par l'ascenseur jusqu'au quai en empruntant les chariots. Les départs s'effectuent 24 h/24 environ toutes les 10 minutes de 6 h à minuit, et toutes les heures de 1 h à 5 h. Le trajet dure une vingtaine de minutes et le billet coûte 3,80 € comme le bus ou 5,80 € pour le train FYRA à grande vitesse. La gare de Schiphol assure également une liaison avec la plupart des grandes villes du pays. Les services ferroviaires sont très bien indiqués. On peut aussi acheter un billet international aux guichets situés au bout de la Plaza, moyennant un modique supplément de 50 ct.

Quai de la gare de l'aéroport de Schiphol, destination Amsterdam

Le TGV Thalys

ARRIVER EN TRAIN

Tous les trains à destination d'Amsterdam arrivent à Centraal Station, y compris ceux provenant de l'aéroport de Schiphol.

Le TGV **Thalys** assure la liaison Paris/Bruxelles/ Amsterdam dix fois par jour. Les prix varient selon les offres spéciales, les formules « train + hôtel » et les réductions de dernière minute.

Actuellement à l'essai entre Rotterdam et Amsterdam, le nouveau train à grande vitesse FYRA devrait bientôt relier Bruxelles et Amsterdam (www.nshispeed.nl).

Les étudiants et les moins de 26 ans ont droit à des réductions sur les trains à destination des Pays-Bas et les lignes domestiques. Le passe InterRail Global Pass donne droit à des trajets illimités aux Pays-Bas et entre 30 pays d'Europe pendant un mois.

L'InterRail Benelux Country Pass est disponible pour 3, 4, 6 ou 8 jours de voyage flexibles sur une période d'un mois en Belgique, aux Pays-Bas et au Luxembourg. Renseignez-vous auprès de **Rail Europe** ou **Interrailnet**. Il n'est pas nécessaire d'être étudiant pour profiter de certaines réductions.

Centraal Station dispose de toutes les installations dignes d'une gare de cette taille, bien qu'elle soit parfois envahie par les travailleurs des banlieues aux heures de pointe, ce qui en fait un aimant à pickpockets. La plupart des lignes de tramways et d'autobus partent de la gare *(p. 272-273)*. Sortez par l'entrée principale, vers Stationsplein, en suivant les panneaux « VVV » de l'office de tourisme : l'arrêt du tram n'est qu'à quelques mètres et les arrêts de bus de l'autre côté du pont.

Les bureaux de l'office de tourisme et de la compagnie de transports municipaux GVB se situent devant la gare, dans la maison blanche, au bord de l'eau.

Le chantier de rénovation de la gare centrale étant prévu jusqu'en 2017, il est possible que certains secteurs soient fermés et des arrêts de bus déplacés.

ARRIVER EN BATEAU

On peut arriver à Amsterdam ou Rotterdam par voie fluviale, en suivant la vallée du Rhin. Le trajet se fait en bateau de croisière de luxe, mais se révèle plutôt onéreux.

Les départs se font depuis Strasbourg ou Bâle, d'avril à octobre. Comptez 6 jours et 5 nuits, avec quelques escales. Les réservations se font auprès de **Croisieurope**. Les romantiques apprécieront l'expérience.

ARRIVER EN VOITURE

Grâce à un réseau autoroutier toujours plus étendu, les Européens n'ont aucun mal à se rendre aux Pays-Bas. Depuis Paris, l'itinéraire le plus court passe par Lille, Gand et Anvers. Comptez 504 km, soit environ 6 h de route. Le trajet se fait entièrement sur autoroute.

Bien qu'un permis de conduire en cours de validité suffise, certaines agences de location de voitures et l'**ANWB (Automobile-Club néerlandais)** préfèrent le permis international.

Si vous voyagez avec votre véhicule, munissez-vous du certificat d'immatriculation (ou de la carte grise), de votre attestation d'assurance à jour, d'un certificat de contrôle technique établi dans le pays d'origine et apposez un macaron indiquant votre nationalité sur votre voiture.

Les routes principales marquées « N » sont bien entretenues mais les autoroutes marquées « A » n'ont pas toujours de bandes d'arrêt d'urgence ; elles ont des voies étroites, et le trafic est parfois ralenti par des feux de croisement. Les routes européennes sont marquées « E ». Quatre limitations de vitesse s'appliquent aux Pays-Bas : 100 ou 120 km/h sur autoroute, 80 km/h sur route

Le ferry Stena Line, qui relie Londres à Amsterdam

et 50 km/h en zone urbaine. Sur l'A10 qui ceinture Amsterdam, les panneaux bleus indiquent les routes marquées « S » qui mènent en centre-ville.

L'ANWB propose un service de dépannage gratuit à tout membre d'un Automobile Club étranger. On peut aussi y adhérer le temps du séjour ou régler directement la prestation si l'on n'est pas membre du club.

En cas de panne sur route ou autoroute, utilisez le téléphone jaune le plus proche.

Sachez que se déplacer en voiture dans le centre d'Amsterdam se révèle très compliqué. Quelques conseils si vous décidez de prendre le volant en ville : faites attention aux cyclistes qui ont besoin d'espace et aux tramways *(p. 272)* qui ont la priorité, soyez prudent en tournant à droite et donnez la priorité aux vélos. Presque tout le centre-ville est à sens unique ; n'oubliez pas que, dans le quartier des canaux, l'eau doit être sur votre gauche. Les trottoirs étant étroits, restez vigilant. Les axes principaux marqués d'un losange blanc et jaune ont la priorité ; pour les autres, partez du principe qu'il y a priorité à droite.

Logo de l'ANWB

ARRIVER EN AUTOCAR

L'autocar est un moyen économique, mais plutôt long, de se rendre à Amsterdam. **Eurolines** propose des départs pour Amsterdam à partir de 35 villes françaises ainsi que des formules « transport et hébergement », à des prix très intéressants, sans parler des réductions pour les étudiants, les enfants et les plus de soixante ans.

Voyages 4A propose des voyages en autocar sur lignes régulières à destination des grandes cités européennes, des séjours et des circuits Europe.

Si vous voyagez depuis la Belgique, contactez **Europabus**.

En règle générale, les autocars circulant en Europe sont équipés de sièges inclinables, de la climatisation, de toilettes et parfois même d'un écran vidéo. Certaines catégories « de luxe » offrent plus de place pour les jambes.

Autocar Eurolines

ADRESSES

AÉROPORT DE SCHIPHOL

Informations
Tel *0900 0141*.
www.schiphol.com

BILLETS ET TARIFS

Air France
49, av. de l'Opéra,
75002 Paris.
Tél. *36 54*.
www.airfrance.fr

Airstop
Tél. *070 233 188*
(Belgique).
www.airstop.be

Easyjet
Tél. *0825 08 25 08*
(France).
www.easyjet.com

Expedia
Tél. *0892 30 13 00*
(France). www.expedia.fr

Intair Vacances
Tél. *418 962 9411*
(Canada).

Nouvelles Frontières
9, rue Saint-Antoine,
75011 Paris.
Tél. *0825 00 08 25*.
Bd Lemonnier 2, 1000
Bruxelles.
Tél. *(02) 547 44 44*.
Rue Chantepoulet 10,
1201 Genève.
Tél. *(022) 906 80 80*.
www.nouvelles-frontieres.fr

Voyages SNCF
Tél. *36 35*.
www.voyages-sncf.com
Agences dans les gares,
les boutiques SNCF et
certaines agences de
voyages.

Transavia
Tél. *0892 05 88 88*
(France).
www.transavia.com

Vacances Tours Mont Royal
Tél. *514 871 3000*
(Canada).
www.vacancestmr.com

Voyageurs du monde
La Cité des voyageurs,
55, rue Sainte-Anne
75002 Paris.
Tél. *0892 23 61 61*.
Chaussée de Charleroi 23,
1060 Bruxelles.
Tél. *0900 44 500*.
www.vdm.com

ARRIVER EN TRAIN

Interrailnet
www.interrailnet.com

Rail Europe
www.raileurope.fr.

Thalys
Tél. *36 35*.
www.thalys.com

ARRIVER EN BATEAU

Croisieurope
Tél. *0825 33 37 77*
(France).
www.croisieurope.com

ARRIVER EN VOITURE

ANWB (Automobile-Club néerlandais)
Urgences :
Tél. *08826 9288*
(24h/24).

ARRIVER EN AUTOCAR

Eurolines
55, rue Saint-Jacques,
75005 Paris.
Tél. *0892 89 90 91*.
Rue du Progrès 80,
1030 Bruxelles.
Tél. *(02) 201 03 09*.
www.eurolines.fr

Europabus
Tél. *(02) 274 13 50*
(Belgique).
www.eurolines.be

Voyages 4A
306, rue de l'Industrie,
40220 Tarnos.
Tél. *05 59 23 90 37*.
www.voyages4a.com

CIRCULER À AMSTERDAM

Rien de tel que la marche à pied ou le vélo pour découvrir Amsterdam. Tous les sites intéressants se situent à pied à une distance raisonnable du centre ou à quelques coups de pédales. Bien que le plan de la ville paraisse simple sur le papier avec ses canaux concentriques *(grachten)* et les rues qui les relient, elle se révèle plus déconcertante sur place.

Panneau indiquant le quartier

Souvenez-vous qu'à partir du Singel, les principaux canaux, Herengracht, Keizergracht, et Prinsengracht se succèdent par ordre alphabétique. Amsterdam dispose aussi d'un excellent réseau de transports publics, de bateaux-taxis, et de bateaux-promenades. Si l'on y circule facilement en scooter, mieux vaut éviter la voiture car il est très difficile de stationner.

VOYAGE « VERT »

Les Néerlandais privilégient les transports écologiques : les tramways sont électriques, les familles prennent leur vélo ou louent une voiture à la demande, et les bus sont équipés de pots catalytiques. L'infrastructure de la ville est adaptée aux vélos et les transports publics passent fréquemment.

Amsterbike loue des scooters électriques silencieux et propres. **Wielertaxis** propose des vélos-taxis assistés à l'électricité pouvant transporter deux personnes, moins chers qu'un taxi classique. **Amsterdamboatguide** et **Canal Motorboats** louent des bateaux respectueux de l'environnement. **Wetlands Safari** organise des excursions en canoë.

AMSTERDAM À PIED

Avant toute chose, choisissez de bonnes chaussures. Le pavage des rues est aussi traître que fatigant. La circulation reste cependant un danger pour les touristes :

les tramways ont leurs couloirs réservés au milieu de la rue entre lesquels peuvent surgir bus et taxis, et les vélos débouchent de toute part. Regardez bien à droite et à gauche avant de traverser (certains trams sont presque silencieux) et n'empruntez pas les pistes cyclables à pied. Attention ! Les voitures ne s'arrêtent qu'aux feux.

VISITES GUIDÉES

Pour ceux qui ne maîtrisent pas l'anglais, deux Amstellodamoises proposent des visites guidées en français de leurs quartiers préférés à des prix attractifs (**Amsterdam autrement**).

Amsterdam City Walks organise des visites en anglais axées sur l'archéologie et l'histoire d'Amsterdam, doublées d'une promenade dans le Quartier rouge.

Parmi les plus cultivés et les plus divertissants de la ville, les guides de **Mee in Mokum** vous feront découvrir les quartiers historiques. Pour explorer le Quartier rouge, de jour ou de nuit, adressez-vous à **Zoom Tours**. La visite part du célèbre VOC Café *(p. 67)* et se termine par un verre dans un bar à vins du quartier.

Amsterdam City Tours propose diverses formules, dont un bus touristique qui permet de visiter la ville au gré de ses envies et un

passe Canal bus à la journée. **Bink Original Sightseeing** propose des visites originales, sans parler de la tournée des pubs et des soirées d'enterrement de vie de garçon (ou de jeune fille !).

Voitures de location Green Wheels

LOCATION DE VOITURES

Les rues étroites du centre-ville, les canaux, les véhicules de toutes sortes, le coût et la difficulté de stationnement : bref, tout concourt à bannir la circulation automobile à Amsterdam *(p. 268-269)*.

En cas de panne, les membres d'un Automobile-Club étranger peuvent se faire dépanner par l'**ANWB**. *(p. 268-269)*.

Avec plusieurs points de stationnement en ville, la société **Green Wheels** a mis en place un service de location de voitures payable à l'heure, plus économique que de posséder son propre véhicule. Il faut néanmoins être muni d'un permis international. Pour louer une voiture, vous pouvez aussi contacter les compagnies **Hertz**, **Budget**, **Avis** ou **Europcar**.

Passage piéton, place du Dam

STATIONNEMENT

Bien qu'il soit déconseillé de conduire à Amsterdam, la ville possède l'infrastructure *ad hoc*. Mieux vaut toutefois réserver un hôtel disposant d'un parking et y laisser sa voiture le temps du séjour. Si vous résidez hors les murs, vous pourrez vous garer aux portes de la ville sur l'une des aires P & R desservies par les transports publics. Dans le centre, préférez un parking. Dans les lieux publics, ne laissez rien de valeur dans votre véhicule, y compris l'autoradio.

Les places de stationnement sont chères dans le centre comme dans certains quartiers excentrés. En outre, les parcmètres limitent le stationnement à deux heures et sont de rigueur jusqu'à minuit, mais des cartes de stationnement à la journée sont valables en dehors du centre.

Les parcmètres acceptent les pièces et/ou les cartes de stationnement presque partout sauf dans les quartiers résidentiels où il faut une carte de crédit néerlandaise. Dans le cas d'un horodateur, n'oubliez pas de placer votre ticket derrière le pare-brise.

Si l'horodateur ou le parcmètre est hors service, garez-vous ailleurs sous peine d'amende. Celle-ci est réglable en espèces au **Stadstoezicht** ou dans l'un des **Service Centres**. Votre voiture sera immobilisée par un sabot au bout de cinq contraventions non réglées. Il y a désormais plusieurs parkings couverts à Amsterdam dont le Byzantium et le **Q-Park** indiqués par un « P » blanc sur un panneau bleu.

Panneau indiquant l'horodateur

TAXIS

Suite aux problèmes générés par de petites sociétés de taxis non réglementées et des chauffeurs agressifs ou malhonnêtes, notamment près de Centraal Station, la ville a mis en place des bornes réglementées (*kwaliteitstaxisstandplatsen*) réservées aux taxis présentant le label de qualité *kwaliteitstaxi's* et le numéro d'immatriculation du véhicule. Le règlement est affiché à Centraal Station et dans les principales stations de taxis. L'idéal est de prendre un taxi en station ou de téléphoner à **TCA Taxicentrale**, en service 24 h/24, pour lequel l'attente est courte, sauf les vendredis et samedis soir. Les tarifs sont élevés mais il est d'usage de laisser un pourboire au chauffeur, proportionnel à la qualité du service. On peut aussi faire appel à **Amsterdam Online Taxi**.

ADRESSES

VOYAGE « VERT »

Amsterbike
Piet Heinkade 11A.
Tél. 020 419 9063.
www.amsterbike.nl

Amsterdamboat-guide
Tél. 020 423 3006.
www.amsterdamboat guide.com

Canal Motorboats
Zandhoek 10a.
Tél. 020 422 70 07.
www.canalmotorboats. com

Wetlands Safari
Tél. 020 6863445.
www.wetlandssafari.nl

Wielertaxis (vélos-taxis)
Tél. 06 282 47550.
www.wielertaxi.nl

VISITES GUIDÉES

Amsterdam City Tours
Tél. 0299 770799.
www.amst

Amsterdam autrement
Tél. 06 33 88 30 31.
www. amsterdamautrement.nl

Amsterdam City Walks
Tél. 06 1825 7014.
www.amsterdamcity walks.com

Bink Original Sightseeing
B. Floriszstraat 39.
Tél. 020 6795415.

Mee in Mokum
Tél.: 020 625 1390.

Zoom Tours
Tél. 020 623 6302.
www.zoomamsterdam. com

LOCATION DE VOITURES

Avis
Nassaukade 380.
Plan 4 D1.
Tél. 020 683 6061.

Budget
Aéroport Schiphol.
Tél. 604 13 49.
www.budget.nl

Europcar
Overtoom 197a.
Tél. 683 21 23.
www.europcar.nl

Green Wheels
Tél. 088 210 0100.
www.greenwheels.nl

Hertz
Overtoom 333.
Plan 3 A3.
Tél. 020 612 2441.

Numéros d'urgences

ANWB Contact Center
Tél. (088) 269 22 22.

ANWB Alarm Center
Tél. (088) 269 28 88.

STATIONNEMENT

Parking Amsterdam Centraal
Prins Hendrikkade 20a.
Plan 2 D3.

Q-Park
Tesselschadestraat 1g.
Plan 4 D2.
Marnixstraat 250. **Plan** 4 D1, Waterlooplein 28.

Plan 8 D5, Raamplein.
Plan 4 D1.
Tél. 0900 446 6880.

Service Centres
Karel du Jardinstraat 61.
De Clercqstraat 44.
Plan 6 D5.
Daniël Goedkoopstraat 7, Overamstel (metro 50, 53, 54 jusqu'à Spaklerweg).
Ouv. 24h/24.

Stadstoezicht
Tél. 251 2222 (24h/24).
www.stadstoezicht. amsterdam.nl

TAXIS

Amsterdam Online Taxi
Tél. 06 19632963.
www.amsterdamtaxi-online.com

Schiphol Taxicentrale
Tél. 0900 770 0000.
www.nstc.nl

TCA Taxicentrale
Tél. 020 777 7777.
www.tcataxi.nl

Amsterdam en transports publics

La Régie municipale des transports (GVB) a mis en place un réseau très efficace qui a pour plaque tournante Centraal Station. Elle a introduit l'*OV-chipkaart*, une carte à puce rechargeable. Cette carte est la seule qui permette de combiner métro, tramways et autobus. L'OV9292, le centre national d'information sur les transports à Amsterdam et aux Pays-Bas, fournit des renseignements par téléphone ou sur son site Internet *(voir encadré)*, mais ne prend pas de réservations.

Tramway bleu et blanc d'Amsterdam

CIRCULER EN TRAMWAY

Le tramway est le premier mode de transport à Amsterdam. La **GVB** met à votre disposition un plan gratuit des lignes en service. Les plus pratiques desservent le sud ; elles partent de Centraal Station et longent Damrak ou NZ Voorburgwaal (lignes 1, 2, 4, 5, 7, 9 et 16) avant de diverger après le canal Singel. Les lignes 13, 14 et 17 rejoignent le Jordaan à l'ouest. Les tramways commencent à circuler à 6 h en semaine et à 7 h le week-end. Ils s'arrêtent juste avant minuit, heure où les bus de nuit prennent le relais. À chaque arrêt de tramway ou d'autobus, des panneaux bleus indiquent le nom de l'arrêt et le numéro des lignes desservies. Les autres arrêts et les horaires de passage sont affichés dans les abris. La plupart des tramways sont accessibles en fauteuil roulant.

Lors de la montée qui s'effectue par la porte avant (au niveau du conducteur) ou celle du milieu, présentez votre *OV-chipkaart* devant le lecteur gris qui enregistre la montée ou achetez une *OV-chipkaart* jetable *(p. 273)* valable une à deux heures. Si vous voyagez avec un enfant en bas âge ou des bagages encombrants, gardez un pied sur la marche la plus basse pour empêcher la fermeture des portes.

En principe, les arrêts sont annoncés mais ne craignez pas de demander de l'aide en cas de doute. L'ouverture des portes se fait en appuyant sur un bouton. Pour la descente, vous ne devez pas utiliser la porte avant, et rappelez-vous que de nombreux arrêts se trouvent au milieu de la rue. Avant de sortir, vous devez présenter à nouveau votre carte devant le lecteur qui débitera votre trajet et vous permettra, dans le cas d'une carte jetable, d'effectuer une correspondance et d'utiliser votre titre de transport jusqu'à la fin de sa période de validité.

CIRCULER EN AUTOBUS

La majorité des lignes d'autobus partent de Centraal Station et s'éloignent du centre, prenant la relève du réseau de tramways. Elles partagent les mêmes arrêts que ces derniers et le principe de l'*OV-chipkaart*, mais la montée s'effectue par l'avant. Un nouveau service de minibus baptisé Stop/Go part toutes les 12 minutes environ d'Oosterdoksade, près de Centraal Station, et assure la navette entre la gare et Waterlooplein via Prinsengracht. Son itinéraire couvre de nombreux sites touristiques, musées et quartiers commerçants et croise d'autres lignes de bus et de tramways. Sans arrêts fixes, cette nouvelle formule est très souple. Il suffit de faire un signe au chauffeur pour qu'il s'arrête et de lui indiquer ensuite où vous souhaitez descendre. Vendus 1 € à bord du bus, les tickets sont valables une heure. On peut aussi utiliser les cartes GVB à la journée et l'*OV-chipkaart*.

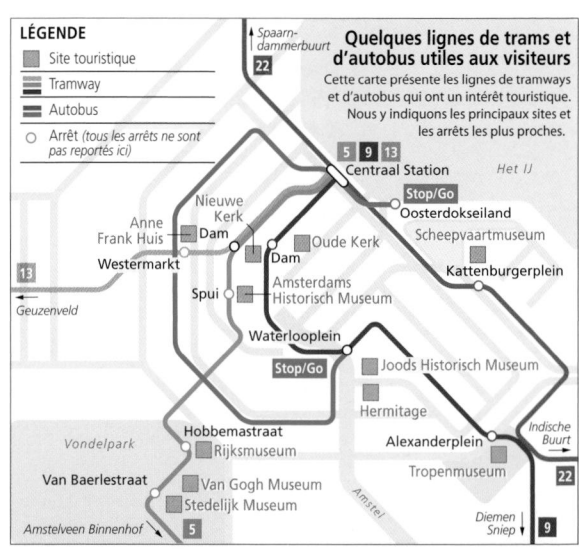

LÉGENDE

- ■ Site touristique
- ▬ Tramway
- ▬ Autobus
- ○ Arrêt *(tous les arrêts ne sont pas reportés ici)*

Quelques lignes de trams et d'autobus utiles aux visiteurs

Cette carte présente les lignes de tramways et d'autobus qui ont un intérêt touristique. Nous y indiquons les principaux sites et les arrêts les plus proches.

Spaarn-dammerbuurt **22**

5 9 13 Centraal Station — Het IJ

Stop/Go
Oosterdokseiland
Scheepvaartmuseum

Nieuwe Kerk
Anne Frank Huis — Dam
Westermarkt — Oude Kerk — Dam
Kattenburgerplein

13
Geuzenveld

Spui — Amsterdams Historisch Museum

Waterlooplein

Stop/Go — Joods Historisch Museum

Hermitage

Vondelpark
Hobbemastraat
Rijksmuseum
Alexanderplein
Indische Buurt

Van Baerlestraat
Van Gogh Museum
Stedelijk Museum
Tropenmuseum

22

Amstelveen Binnenhof **5**
Amstel
Diemen Sniep ▼ **9**

Bus desservant le nord de la ville au départ de Centraal Station

Les arrêts des bus de nuit sont signalés par un carré noir portant un numéro entre 348 et 392. Ils sont en service toute la nuit mais ne passent que toutes les heures (ou demi-heures le week-end). Soyez patient, ou prenez un taxi. Attention ! Ils sont aussi plus chers que les autres, à raison de 3,50 € par trajet.

CIRCULER EN MÉTRO

Amsterdam possède quatre lignes de métro ayant toutes pour terminus Centraal Station. Ne comptant que quatre stations dans le centre (dans la moitié est) – Centraal Station, Nieuwmarkt, Waterlooplein et Weesperplein –, elles sont peu utilisées par les touristes.

Le métro, pour lequel on peut utiliser la même carte *OV-chipkaart* que les bus et les tramways, circule cependant une demi-heure plus tard que ces derniers. Méfiez-vous toutefois des dealers qui fréquentent certaines stations intra-muros si vous l'empruntez tard le soir.

La ligne nord-sud est actuellement en cours de prolongement pour relier dans un premier temps la partie d'Amsterdam située au nord de l'IJ au centre-ville, sur la rive sud, et dans un second temps à l'aéroport de Schiphol. Le percement des tunnels sous le centre historique a provoqué l'affaissement de maisons atteignant jusqu'à 23 cm. Ce tronçon qui devrait être opérationnel en 2017 coûtera 1,4 milliard d'euros.

Enseigne d'une station de métro

CIRCULER EN TRAIN

Les chemins de fer néerlandais **Nederlandse Spoorwegen (NS)** assurent un service fiable, propre et à prix raisonnable, considéré comme l'un des meilleurs au monde. L'**OV9292** et les bureaux d'accueil de la NS situés dans le hall ouest de Centraal Station vous renseigneront sur les horaires, les tarifs et les différentes formules proposées, à l'instar des billets ouverts Family Rovers qui permettent de faire étape en chemin ou de Railrunners qui offre des réductions aux enfants âgés de 4 à 11 ans. Contrairement aux guichets de la NS, l'OV9292 ne vend pas de billets. On peut aussi acheter directement son billet aux guichets automatiques jaunes de la gare. La plupart acceptent les cartes de crédit et, dans certains cas, les espèces. Les guichets d'accueil de la NS assurent aussi la réservation des billets internationaux.

TICKETS DE TRANSPORT

La carte *OV-chipkaart* ainsi que les cartes jetables pour les tramways, les bus ou le métro sont en vente aux guichets de la GVB, à l'office de tourisme et chez les marchands de journaux. De la taille d'une carte de crédit, l'*OV-chipkaart* est une carte à puce rechargeable sur laquelle chaque trajet est déduit jusqu'à épuisement du crédit. Elle se décline sous une forme jetable, à utiliser le jour même, valable pour 1 heure (2,60 €) ou 2 heures (5 €), de 1 à 7 jours (de 7 à 29 €), ou sous une forme rechargeable (7,50 €), utilisable pendant cinq ans, que l'on peut recharger à concurrence de 30 € dans les distributeurs automatiques de billets et les machines prévues à cet effet (dans toutes les stations de métro, à Centraal Station et dans certains supermarchés). On valide son trajet en présentant la carte devant le lecteur à l'entrée et de nouveau à la sortie de la gare ou de la station de métro, ainsi qu'à la montée et à la descente du bus. Le prix du trajet étant fonction de la distance parcourue, aucun titre n'est plus avantageux qu'un autre. Les enfants de moins de 4 ans voyagent gratuitement, les seniors et les enfants de 4 à 11 ans ont droit à des cartes à tarif réduit vendues à la GVB.

Également en vente à la GVB ou au comptoir d'information de l'aéroport, le passe Amsterdam All in One est valable dans le métro, le tramway, l'autobus (y compris de nuit) pour une durée de 24, 46, 72 ou 96 heures, et se double d'un aller et retour pour l'aéroport de Schiphol. Valable une journée dans tous les transports (sauf le train) et le Canalbus, l'Amsterdam Transport Pass comprend également des réductions pour les principaux sites et musées.

Validez votre trajet en passant votre *OV-chipkaart* devant le lecteur

ADRESSES

GVB (Gemeente Vervoer Bedrijf)
Stationsplein 14.
Plan 2 E3. **Tél.** 0900 8011 *(informations GVB)*.
Tél. 0900 9292 *(informations nationales)*. **www**.gvb.nl/english

NS (Nederlandse Spoorwegen)
Centraal Station.
Plan 2 E3.
Tél. 0900 9292 *(national)*.
Tél. 0900 9296 *(international)*.
www.ns.nl *(national)*
www.nshispeed.nl *(international)*

OV9292 (Openbaar Vervoer Reisinformatie)
Tél. 0900 9292.
www.9292ov.nl

Amsterdam à vélo

Casque pour cycliste

Le vélo est sans conteste le mode de transport idéal à Amsterdam. Plus d'un demi-million d'Amstellodamois l'utilisent pour se rendre au bureau ou à l'école, faire leurs courses ou sortir le soir. Le système de circulation favorise la petite reine grâce à un excellent réseau de pistes cyclables intégrées *(fietspaden)*, de panneaux de signalisation et de feux de croisement adaptés. De plus en plus de touristes adoptent ce moyen de locomotion pour découvrir Amsterdam et ses environs.

Vélos à louer

Amsterdam est la ville idéale pour le tourisme à vélo

CODE DE LA ROUTE

La circulation à Amsterdam se complique par la multitude de véhicules (tramways, bus, taxis, automobiles et vélos) et les voies qui leur sont réservées. Pensez à garder votre droite et rappelez-vous que les autres usagers partiront du principe que vous savez les éviter car rien n'indique que vous êtes un touriste. Au besoin, allez faire quelques tours de roues sur un parking avant de vous lancer. Les conducteurs de deux-roues à moteur et les cyclistes ont priorité à droite, sauf indication contraire. En revanche, tenez-vous à l'écart des tramways qui ont toujours la priorité. Si, comme beaucoup de cyclistes, vous traversez les carrefours à pied, veillez à quitter la piste et à emprunter le passage protégé. Méfiez-vous également des piétons qui se promènent sur les pistes cyclables. Enfin, n'imitez pas les cyclistes néerlandais qui ont tendance à slalomer entre les feux et les voitures.

Ne roulez jamais sur les voies des tramways et, si vous êtes contraints de les traverser, placez-vous à la perpendiculaire des rails pour ne pas coincer votre roue avant dedans. Soyez aussi attentifs aux taxis, aux véhicules sortant des parkings et aux chauffeurs de cars étrangers qui ne sont pas toujours bienveillants à l'égard des cyclistes. Sachez, en outre, qu'il est interdit de prendre un passager ou de rouler sur les trottoirs et dans les allées, et qu'un feu blanc à l'avant et rouge réfléchissant à l'arrière sont obligatoires sous peine d'amende. Comme partout, il est plus sage de porter un casque.

LOCATION DE VÉLOS

Amsterdam regorge de loueurs de vélos. Le tarif de base qui est d'environ 7,50 € la journée pour un vélo équipé du freinage à rétropédalage décroît selon la durée de la location. Il est plus élevé pour un vélo doté de vitesses et/ou de poignées de freins. Plus chers à la location, les tandems sont aussi difficiles à manœuvrer dans les petites rues.

Le loueur vous demandera une caution de 30 à 100 € réglable soit en espèces (dans ce cas, vous devrez laisser en dépôt votre passeport ou votre permis de conduire le temps de la location), soit avec une carte de crédit dont il prendra l'empreinte.

MacBike et **Orange Bike** louent également des sièges pour enfants, des sacoches, et des tenues de pluie souvent utiles sous le climat néerlandais.

Ceux qui n'ont pas envie de pédaler pourront louer un scooter (souvent aux mêmes adresses) sur présentation d'un permis de conduire. Et pour les plus écologiques, il existe aussi des vélos-taxis et des scooters électriques à la location (p. 270-271).

Feux de croisement pour vélos

Piste cyclable

uitgezonderd

Sens interdit sauf aux vélos et vélomoteurs

APPORTER SON VÉLO

Le meilleur moyen d'apporter son vélo aux Pays-Bas est de le fixer sur un porte-vélo derrière votre véhicule. Sur le ferry, le transport du vélo est gratuit pour les passagers sans voiture ; il suffit de l'indiquer au moment de la réservation. Dans le cas d'une liaison ferry et train, le transport est payant sur ce dernier.

Si vous prenez l'avion avec votre vélo, sachez que vous devrez réserver sa place auprès de la compagnie aérienne au moins une semaine à l'avance et que son poids fait partie des 20 k autorisés ; le supplément de bagages et la prise en charge sont à votre charge.

ACHETER UN VÉLO

En cas d'achat, montrez-vous circonspect. Si l'on vous propose une bonne affaire dans la rue, il s'agira certainement d'un vélo volé. Si, au contraire, vous achetez un modèle tout neuf chez un spécialiste, vous avez toutes les chances qu'on vous le vole. L'achat d'un vélo d'occasion semble donc l'option la plus rentable pour un séjour de plusieurs semaines. Nombre de vendeurs d'occasions le rachèteront à votre départ. Certains loueurs rachètent et vendent les vieux vélos.

VOLS DE VÉLOS

Les vols de vélos étant fréquents, nous vous conseillons de protéger le vôtre, y compris pour de courtes haltes, en attachant la roue avant et le cadre à un poteau ou une rambarde avec une chaîne ou un antivol à anse. Les Amstellodamois recommandent de bloquer aussi la roue arrière. Toujours de bon conseil, les loueurs incluent généralement l'antivol dans la location.

VISITES GUIDÉES

De plus en plus appréciées pour découvrir Amsterdam et ses environs sans se presser, les visites guidées proposées de mars à novembre intègrent généralement la location de vélo. La formule « Campagne » de **Mike's Bike Tours** inclut la visite d'un moulin et d'une fromagerie ou d'une fabrique de sabots. La formule « Ville » comprend la découverte des canaux et des maisons flottantes, le Quartier rouge, Vondelpark et le Jordaan. **Yellow Bike** propose une visite similaire à laquelle s'ajoutent le quartier des musées et le port. Elle organise aussi une promenade

de 35 km dans le parc naturel de Waterland, au nord d'Amsterdam. Au fil des sentiers qui bordent ruisseaux et canaux, c'est aussi l'occasion de découvrir d'anciens villages. Orange Bike propose le plus bel éventail de visites guidées d'Amsterdam tandis que **Cycletours Holland** n'organise que des promenades dans les environs.

Si vous préférez partir seul, l'office de tourisme et le bureau d'information de la NS *(p. 259)* fournissent des cartes indiquant les itinéraires, les pistes cyclables et les arrêts où se restaurer.

L'hôtel Arena *(p. 223)* fournit également des cartes et des renseignements sur les promenades à vélo dans la ville et ses environs. Il faut compter 3 heures en ville et 7 heures en campagne. On peut aussi prendre le tramway jusqu'à Amsterdamse Bos (la forêt) et louer un vélo ou un scooter à l'arrivée.

Visite guidée à vélo

ADRESSES

LOCATION DE VÉLOS

Amsterdamse Bos Fietsverhuur
Amstelveenseweg 88.
Tél. 020 644 5473.

Bike City
Bloemgracht 70.
Plan 1 A4.
Tél. 020 626 3721.
www.bikecity.nl

Damstraat Rent-a-Bike
Damstraat 20-22.
Plan 7 C3.
Tél. 020 625 5029.
www.bikes.nl

Holland Rent-a-Bike
Damrak 247.
Plan 7 C2.
Tél. 020 622 3207.

MacBike
Centraal Station Oost,
Stationsplein 12.
Plan 8 D1.
Tél. 020 428 5778.
Nieuwe Uilenburgerstr
116. **Plan** 8 E4.
Weteringschans 2.
Plan 4 E2.
www.macbike.nl

Orange Bike
Singel 233.
Plan 7 A3.
Tél. 020 528 9990.

Rent a Bike
Fredericbrouwersgracht
78. **Plan** 1 B2.
Tél. 020 624 5509.

Star Bike Rental
De Ruyterkade 127.
Plan 8 F1.
Tél. 020 620 3215.

VISITES GUIDÉES

Cycletours Holland
Buiksloterweg 7A. **Plan** 2
F2. **Tél.** 020 521 8490.
www.cycletours.com

Mike's Bike Tours
Kerkstraat 134.
Plan 4 F2.
Tél. 020 622 7970.

Yellow Bike
Nieuwezijds Kolk 29.
Plan 7 C1.
Tél. 020 620 6940.
www.yellowbike.nl

VÉLOS D'OCCASION

Groeno
2e H de Grootstraat 12.
Plan 1 A4.
Tél. 020 684 4270.
www.groeno.nl

MacBike
Marnixstraat 220.
Plan 4 D1.
Tél. 020 428 5778.
www.macbike.nl

Amsterdam au fil des canaux

Amsterdam doit son nom au barrage (*dam* en néerlandais) construit sur l'Amstel au XIIIe siècle, un ouvrage qui lui permit de se développer et donna lieu à la création de 165 canaux et 1 300 ponts (d'où son surnom de Venise du Nord). De nos jours, ces canaux servent plus à la navigation de plaisance et aux maisons flottantes qu'au transport et au commerce. De nombreuses formules s'offrent aux visiteurs, d'autant plus séduits par les promenades en bateau qu'elles sont le moyen le plus rapide pour découvrir la ville quand le temps manque et le plus reposant pour les enfants.

Embarcadère de P. Kooij

EXCURSIONS ET PROMENADES

Les sociétés proposant des croisières sur les canaux ont pour la plupart leurs embarcadères en face de Centraal Station sur la Prins Hendrikkade, le long du Damrak et du Rokin. Les vedettes ont généralement un toit vitré ouvert par beau temps et un commentaire en plusieurs langues, dont le français, accompagne la promenade. Pendant la saison touristique, il est préférable de réserver pour les déjeuners ou dîners-croisières. Les croisières nocturnes peuvent inclure une dégustation de fromages et de vins, un arrêt dans un café ou un romantique dîner aux chandelles.

Outre des promenades dans la journée, **Lovers** propose de nombreuses formules de nuit et **Artis Express** assure une liaison au départ de Centraal Station desservant Artis (*p. 142-143*), le Scheepvaart-museum (*p. 146-147*),

le Tropenmuseum (*p. 152-153*), et le jardin botanique Hortus Botanicus (*p. 142*). **P. Kooij** possède plus de vedettes découvertes que ses concurrents, idéales par beau temps. Plutôt qu'un enterrement de vie de garçon ou de jeune fille, pourquoi ne pas vous marier en bateau ? **Blue Boat Company** organise la croisière, la réception et la cérémonie de mariage. Bink Original Sightseeing organise des promenades en voilier en dehors de la ville (*p. 270-271*).

CANALBUS

Premier bateau en Europe à fonctionner au gaz, le **Canalbus** dessert quatre itinéraires avec 19 arrêts situés près des principaux musées, quartiers commerçants et autres lieux d'intérêt. Vous pouvez monter ou descendre à votre guise à n'importe lequel de ses arrêts.

Les billets sont valables pour un, deux ou trois jours. D'avril à novembre, le Canalbus propose le samedi soir une croisière « pizza » qui part devant le Rijksmuseum à 19 h. Très appréciées, surtout

l'été, ces croisières sont rapidement complètes ; il est donc préférable de réserver à l'avance dans l'un des kiosques Canalbus où vous pourrez aussi vous renseigner sur les autres formules.

En vente dans ces kiosques, le passe All Amsterdam Transport Pass est un forfait journalier comprenant l'usage illimité de tous les transports publics, y compris le Canalbus, ainsi que d'autres réductions. Ce passe coûte 28 €, 35,50 € avec une entrée au Rijksmuseum valable le même jour, 35 € avec une entrée au musée Van-Gogh et 36 € avec une entrée au nouveau musée de l'Ermitage au bord de l'Amstel. Canalbus gère aussi Canal Hopper (location de sloops) et **Canal Bike** (*voir encadré ci-contre*).

MUSEUMBOOT

La formule accès libre « Hop On, Hop Off » du Museumboot est plus une façon de se rendre avec classe sur les principaux sites et dans les quartiers commerçants qu'une excursion à proprement parler. Le « bateau-musée » part toutes les 20 minutes de 10 h à 18 h 45 (17 h de novembre à mars) devant Centraal Station. Valable une journée, le billet comprend l'accès illimité et une réduction de 50 ct sur les entrées de certains musées. En vente à l'embarcadère de la gare et à chaque arrêt, le billet coûte 17 € pour les adultes et 13 € pour les enfants. Les arrêts sont indiqués sur la carte en couverture, à la fin de ce guide.

Promenade en bateau sur l'Oude Schans, avec vue sur la Montelbaanstoren

Charmant café au bord d'un canal

WATER TAXI

Encore plus pratiques pour le tourisme que les bateaux-promenades, les bateaux-taxis vous déposeront à l'endroit exact que vous souhaitez, un service facturé à la minute. Pour un bateau de huit places, il en coûtera 7,50 € de prise en charge et 1,75 € la minute par personne, dans le cas d'une course en ville.

La **Water Taxi** organise aussi différentes formules de croisières VIP avec repas et guide, à réserver à l'avance, portant sur l'architecture ou les trésors cachés de la ville, ou encore une croisière apéritive aux chandelles et une croisière « Après-dîner » personnalisée. Selon la formule choisie, les prix varient de 26,50 à 107,50 € par personne (avec un minimum de huit personnes pour un dîner). Plus romantique, la croisière privée Honeymoon est facturée 119,50 € pour une demi-heure.

LOCATION DE BATEAU ET CODE DES USAGES

Si vous rêvez d'être maître à bord, Amsterdam Boat Guide et Canal Motorboats proposent la location de bateaux électriques sans permis, respectueux de l'environnement *(p. 270-271)*. Vous pouvez aussi louer un pédalo *(voir ci-contre)* ou un sloop. Dans tous les cas, vous devrez respecter certaines règles de base. À quelques exceptions près, vous avez le droit de naviguer sur les canaux et dans le port avec un bateau électrique. Les autorités portuaires et la police maritime n'hésiteront pas à vous donner une amende si vous êtes dans une zone interdite aux bateaux de plaisance et aux pédalos. Naviguez à tribord (à droite) à une vitesse maximum de 18 km/h et sachez que les embarcations de plus de 20 m ont la priorité. Les pédalos sont interdits dans le port principal et le port ouest.

Tourisme en bateau à pédales

EMBARCATIONS À PÉDALES

Ces embarcations demandent de l'énergie, mais rien n'empêche de s'arrêter boire un verre. On peut les rendre à n'importe lequel des embarcadères de la ville. Ces derniers sont situés près de la Leidsestraat sur le Keizersgracht, entre l'American Hotel et le Marriot sur le Leidseplein, devant le Rijksmuseum sur le Singelgracht et en face de la Westerkerk sur le Prinsengracht. De novembre à mars, seuls les trois derniers sont ouverts. Le coût de la location qui s'élève à 8 € par personne est assorti d'une caution de 50 €.

ADRESSES

EXCURSIONS ET PROMENADES

Amsterdam Canal Cruises
Nicolaas Witsenkade 1a.
Plan 4 F2. **Tél.** 020 626 5636.
www.amsterdamcanalcruises.nl

Artis Express
Face à Centraal Station.
Plan 8 D1. **Tél.** 020 530 1090.
www.lovers.nl

Blue Boat Company
Stadhouderskade 30.
Tél. 020 679 1370.
www.blueboat.nl

Canalbus et Canal Bike
Weteringschans 24. **Plan** 4 E2.
Tél. 020 623 9886 (Canalbus).
Tél. 020 626 5574 (Canal Bike).
www.canal.nl

Holland International
Prins Hendrikkade 33a,
en face de Centraal Station.
Plan 8 D1.
Tél. 020 625 3035.
www.hir.nl

Hop On, Hop Off Museum Line
Stationsplein 8.
Plan 8 D1.
Tél. 020 530 1090.
www.lovers.nl

Lindbergh
Damrak 26.
Plan 8 D1.
Tél. 020 622 2766.
www.lindbergh.nl

Lovers
Face à Prins Hendrikkade 25-27.
Plan 8 D1.
Tél. 020 530 1090.
www.lovers.nl

Meyers
Jetty 4-5, Damrak.
Plan 8 D1.
Tél. 020 623 4208.
www.meyersrondvaarten.nl

P. Kooij
Face à Rokin 125.
Plan 7 B4.
Tél. 020 623 3810.
www.rederijkooij.nl

Tours and Tickets
Tél. 020 420 4000.
www.tours-tickets.com

Water Taxi
Stationsplein 8.
Plan 8 D1.
Tél. 020 535 6363.
www.water-taxi.nl

ATLAS DES RUES

Un quadrillage superposé sur la carte des quartiers d'Amsterdam délimite les zones couvertes par chaque plan de l'*Atlas des rues*. Les références cartographiques données pour chaque site, monument, hôtel, restaurant, magasin ou salle de spectacle décrits dans ce guide se rapportent à ces plans. Vous trouverez en pages 288-291 un répertoire complet des noms de rues et des lieux indiqués sur les plans qui, comme le signale la légende ci-dessous, situent également les arrêts de transports publics, services d'urgence ou lieux de culte. Les plans 7 et 8 offrent une vision agrandie du cœur d'Amsterdam.

LÉGENDE DES PLANS

	Site exceptionnel
	Site intéressant
	Édifice intéressant
M	Station de métro
	Gare ferroviaire
	Gare routière
	Ligne de tramway
	Ligne d'autobus
	Embarcadère des bateaux
	Embarcadère du Canalbus
	Embarcadère du Museumboot
	Station de taxi
P	Parc de stationnement
i	Centre d'information touristique
	Hôpital de garde
	Poste de police
	Église
	Synagogue
C	Mosquée
	Bureau de poste
=	Voie ferrée
	Rue piétonne

ÉCHELLE DES PLANS 1 À 6

0   200 m

1:12 000

ÉCHELLE DES PLANS 7 ET 8

0   150 m

1:7 000

0 m   500 m

Le Jordaan

NASSAUKADE

ROZENGRACHT

Du Bijbels Museum à Leidseplein

PRINSENGRA

OVERTOOM

Le quartier des musées

CORNELIS KRUSEMANSTRAAT

Fruits frais au
Noordermarkt
(p. 92)

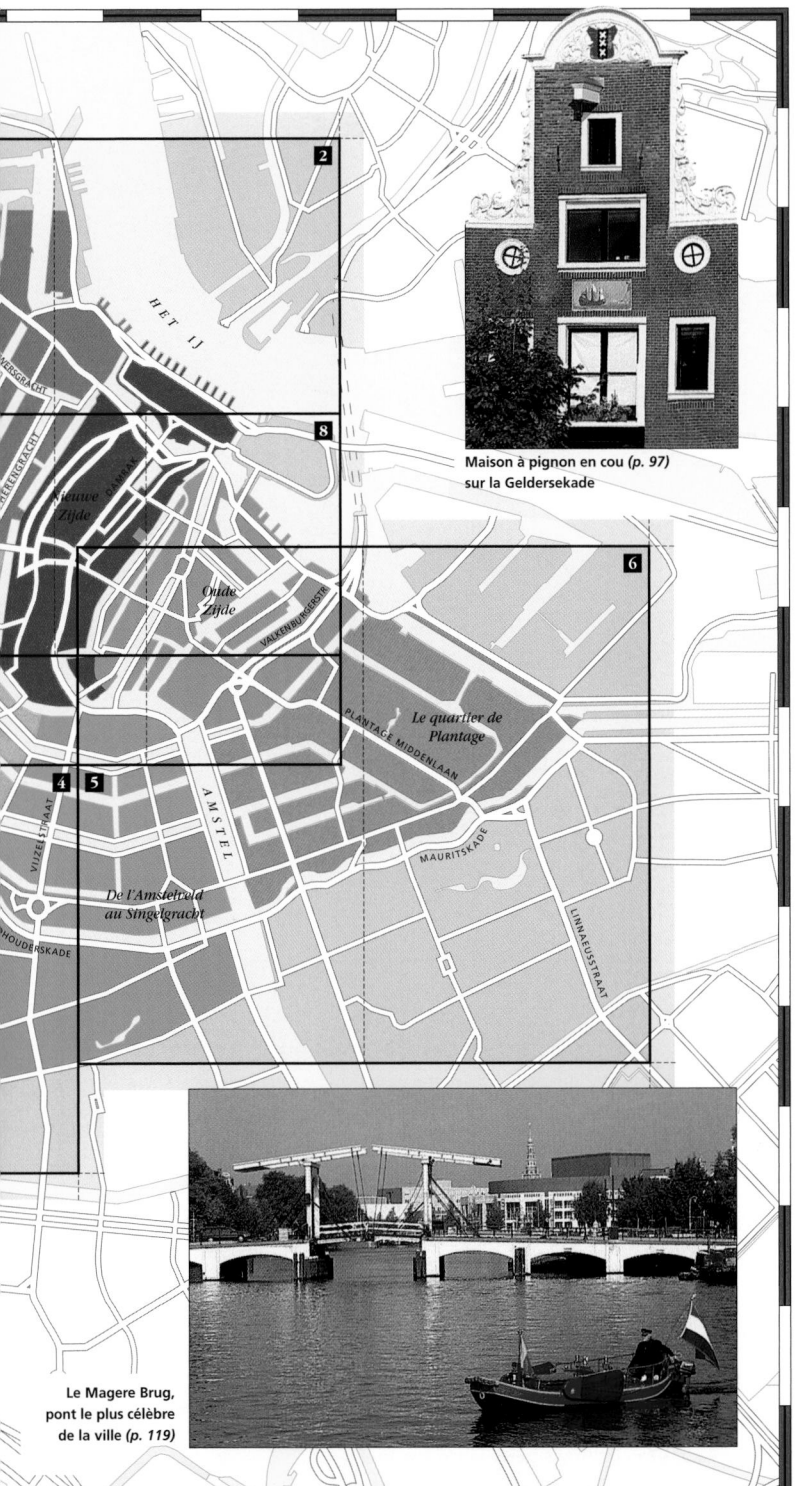

HET IJ

VEERGRACHT

JERKERGRACHT

Nieuwe Zijde

Oude Zijde

VALKENBURGERSTR.

PLANTAGE MIDDENLAAN

Le quartier de Plantage

AMSTEL

VIJZELSTRAAT

MAURITSKADE

LINNAEUSSTRAAT

De l'Amstelveld au Singelgracht

NHOUDERSKADE

2

8

6

4

5

Maison à pignon en cou *(p. 97)* sur la Geldersekade

Le Magere Brug, pont le plus célèbre de la ville *(p. 119)*

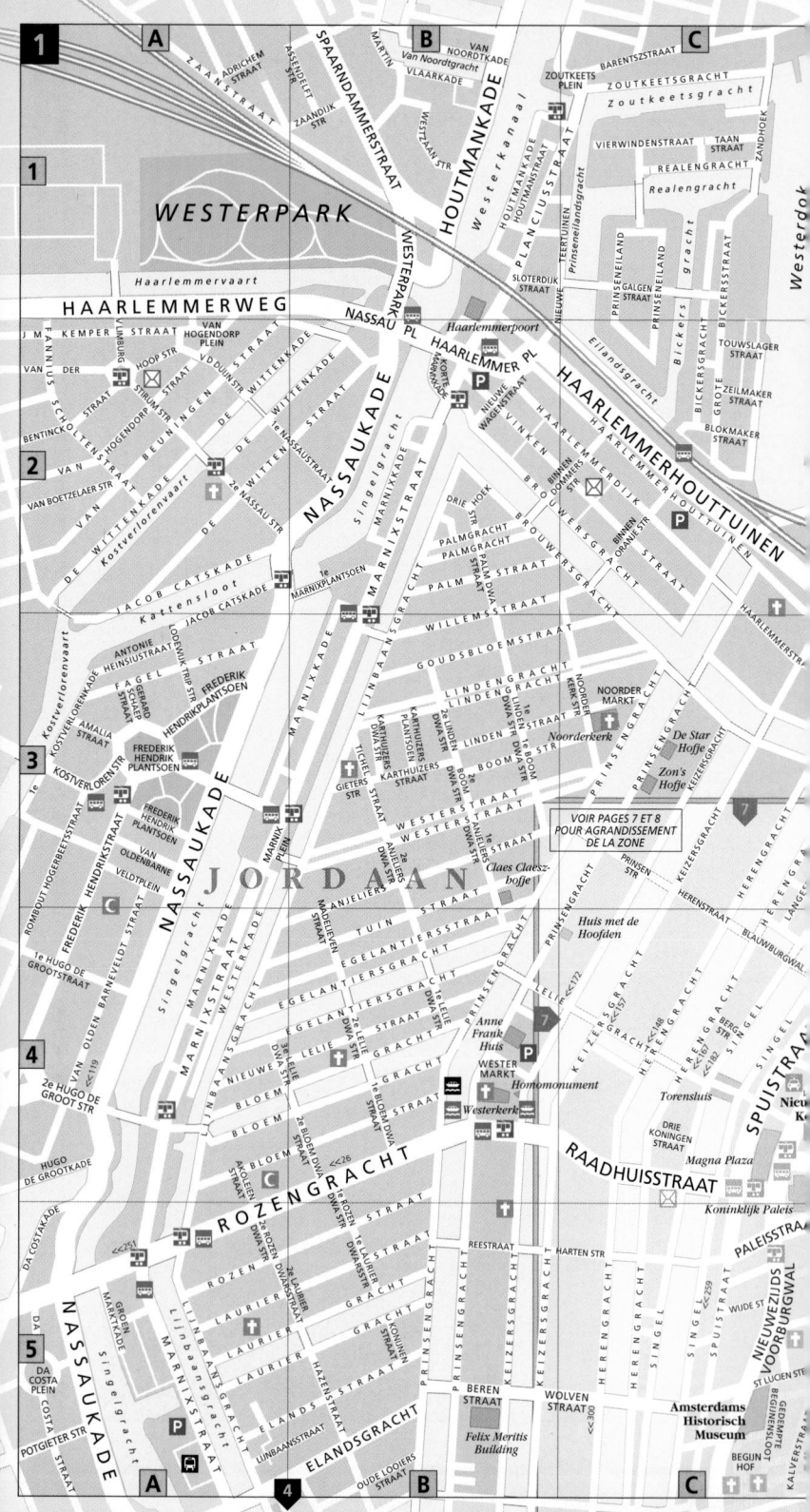

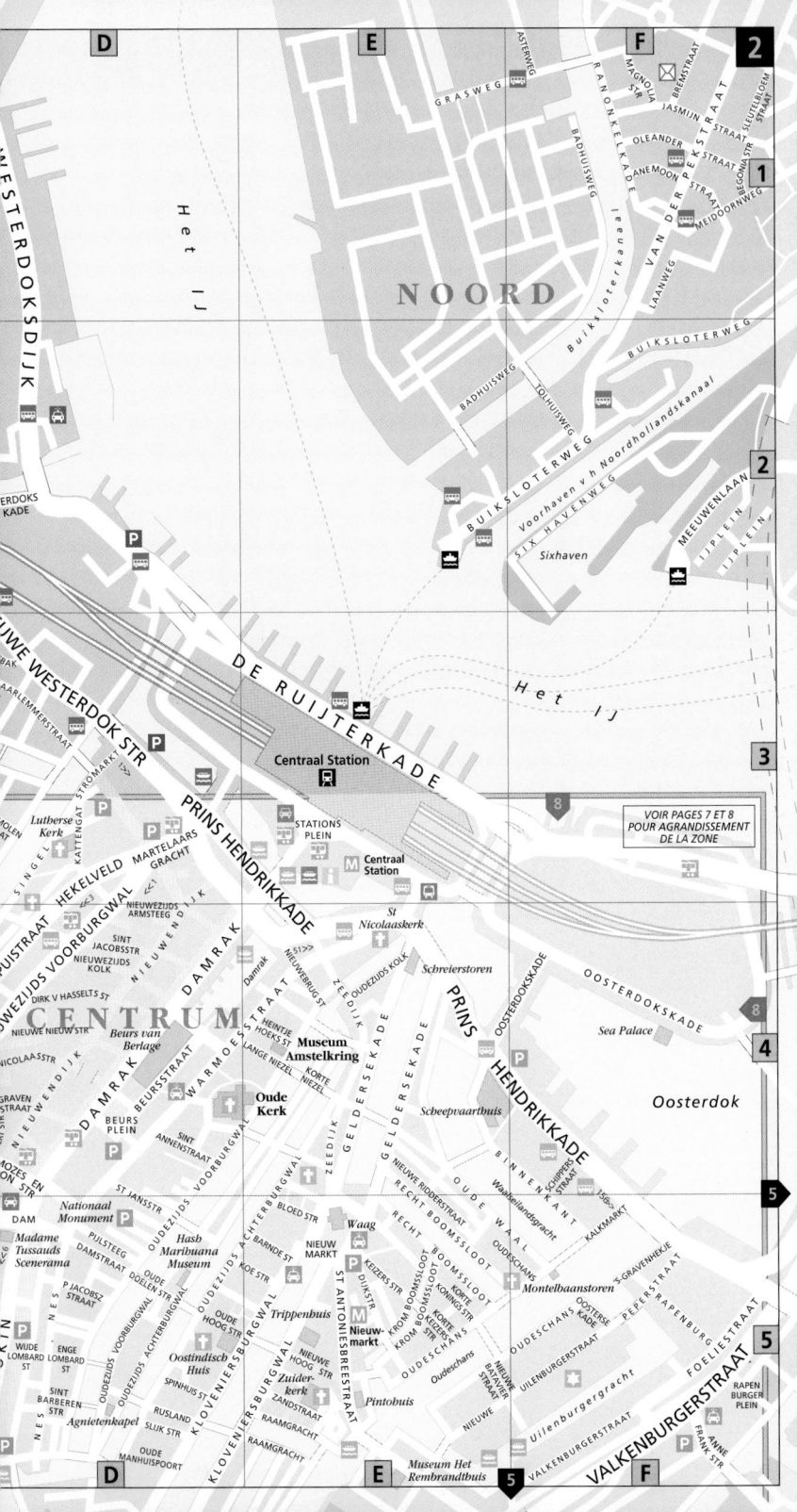

NOORD

WESTERDOKSDIJK

Het IJ

GRASWEG

ASTERWEG

RANONKELKADE

MAGNOLIA STR

BREMSTRAAT

VAN DER PEKSTRAAT

SLEUTELBLOEM STRAAT

BEGONIA STR

JASMIJN STRAAT

OLEANDER STRAAT

ANEMOON STRAAT

MEIDOORNWEG

LAANWEG

BADHUISWEG

Buiksloterkanaal

BUIKSLOTERWEG

BADHUISWEG

TOLHUISWEG

Voorhaven v h Noordhollandskanaal

SIX HAVENWEG

BUIKSLOTERWEG

MEEUWENLAAN

IJPLEIN

IJPLEIN

Sixhaven

ERDOKS KADE

IJWE WESTERDOK STR

DE RUIJTERKADE

Het IJ

AARLEMMERSTRAAT

BAK

SINGEL

MOLEN

Lutherse Kerk

KATTENGAT

STROMARKT

PRINS HENDRIKKADE

Centraal Station

STATIONS PLEIN

M Centraal Station

St Nicolaaskerk

HEKELVELD

MARTELAARS GRACHT

NIEUWEZIJDS VOORBURGWAL

SINT JACOBSSTR

NIEUWEZIJDS ARMSTEEG

NIEUWEZIJDS KOLK

DIRK V HASSELTS ST

NIEUWENDIJK

NIEUWE NIEUWSTR

UISTRAAT

WEZIJDS VOORBURGWAL

DAMRAK

Damrak

NIEUWEBRUG ST

ZEEDIJK

OUDEZIJDS KOLK

Schreierstoren

PRINS HENDRIKKADE

OOSTERDOKSKADE

OOSTERDOKSKADE

C E N T R U M

Beurs van Berlage

WARMOESSTRAAT

HEINTJE HOEKS ST

LANGE NIEZEL

KORTE NIEZEL

Museum Amstelkring

Sea Palace

NICOLAASSTR

BEURSSTRAAT

Oude Kerk

Scheepvaarthuis

BINNENKANT

SCHIPPERS STRAAT

KADIJK

Oosterdok

GRAVEN STRAAT

DAMRAK

BEURS PLEIN

SINT ANNENSTRAAT

GELDERSEKADE

GELDERSEKADE

NIEUWENDIJK

OUDE WAAL

KALKMARKT

MOZES EN ON STR

ST JANSSTR

OUDEZIJDS VOORBURGWAL

ACHTERBURGWAL

ZEEDIJK

NIEUWE RIDDERSTRAAT

RECHT BOOMSSLOOT

S-GRAVENHEKJE

DAM

Nationaal Monument

Madame Tussauds Scenerama

PULSTEEG

DAMSTRAAT

OUDEZIJDS VOORBURGWAL

OUDE DOELEN STR

Hash Marihuana Museum

KOE STR

BARNDE ST

NIEUW MARKT

Waag

BLOED STR

ST ANTONIESBREESTRAAT

DIJKSTR

KEIZERS STR

KROM BOOMSSLOOT

RECHT BOOMSSLOOT

KORTE KONINGS STR

Montelbaanstoren

OUDESCHANS

OOSTERSE KADE

PEPERSTRAAT

RAPENBURG STR

NYG

WIJDE LOMBARD ST

P JACOBSZ STRAAT

ENGE LOMBARD ST

OUDEZIJDS VOORBURGWAL

OUDEZIJDS ACHTERBURGWAL

Trippenhuis

NIEUWE HOOG STR

Nieuwmarkt

OUDESCHANS

KROM BOOMSSLOOT

KORTE KONINGS S

BAKKER STRAAT

UILENBURGERSTRAAT

OUDESCHANS

S-GRAVENHEKJE

OOSTERSE KADE

RAPENBURG

SINT BARBEREN STR

Oostindisch Huis

SPINHUIS ST

Zuider- kerk

HOOG STR

ZANDSTRAAT

Pintohuis

NIEUWE

UILENBURGERSTRAAT

VALKENBURGERSTRAAT

FOELIESTRAAT

ANNE FRANK STR

Agnietenkapel

SLIJK STR

RUSLAND

KLOVENIERSBURGWAL

RAAMGRACHT

RAAMGRACHT

NIEUWE

RAPEN BURGER PLEIN

OUDE MANHUISPOORT

Museum Het Rembrandthuis

VALKENBURGERSTRAAT

VOIR PAGES 7 ET 8 POUR AGRANDISSEMENT DE LA ZONE

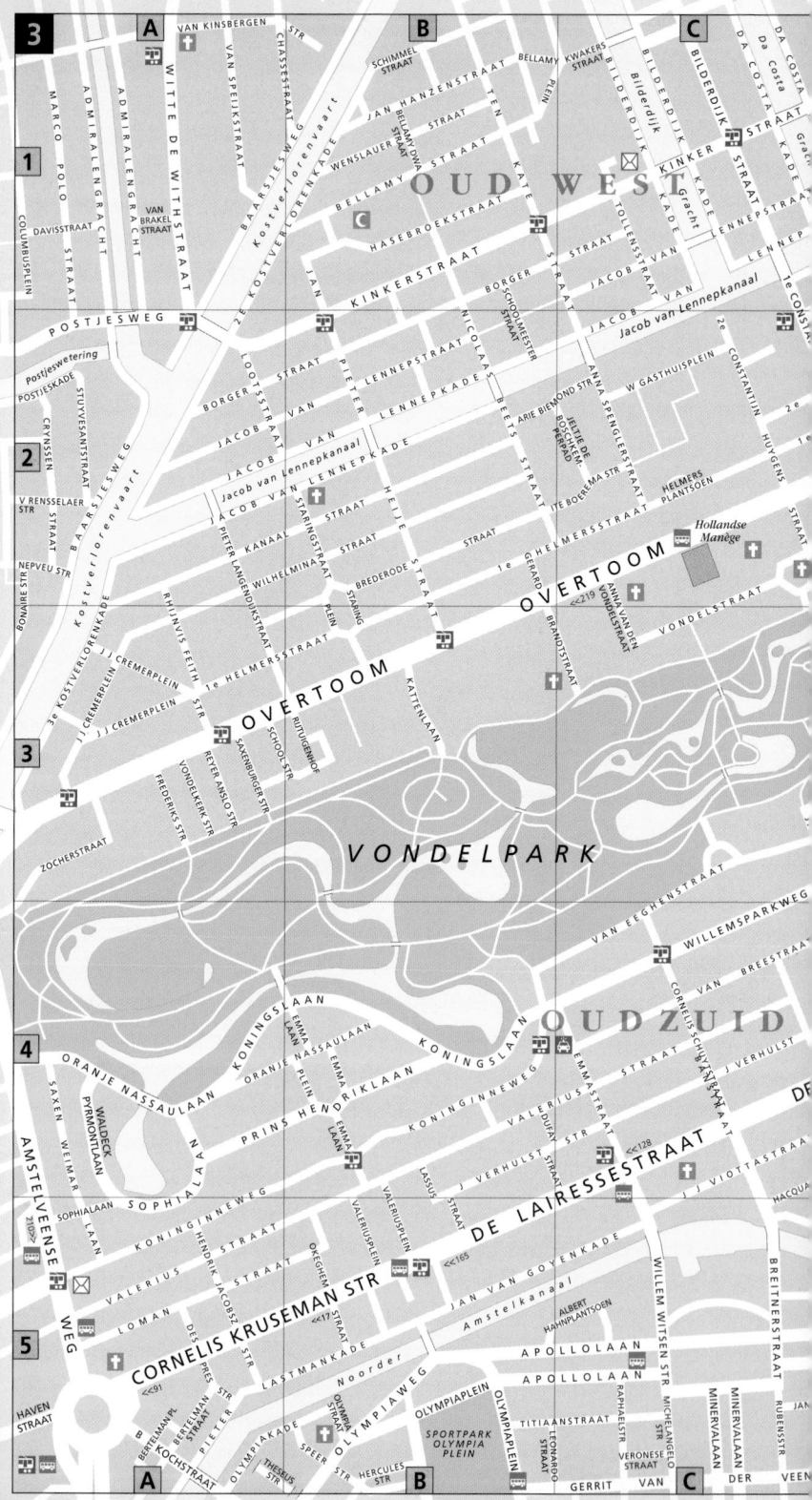

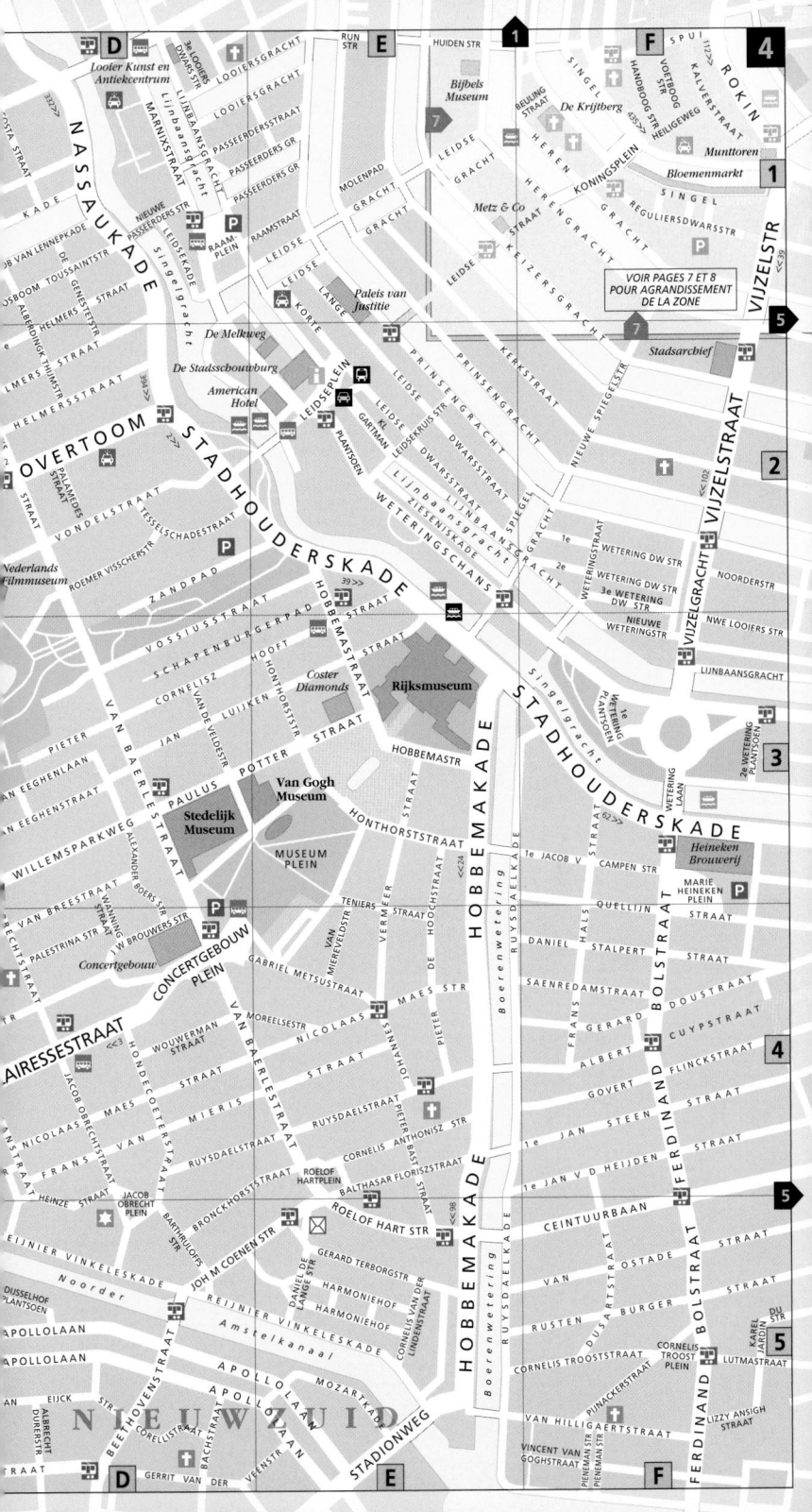

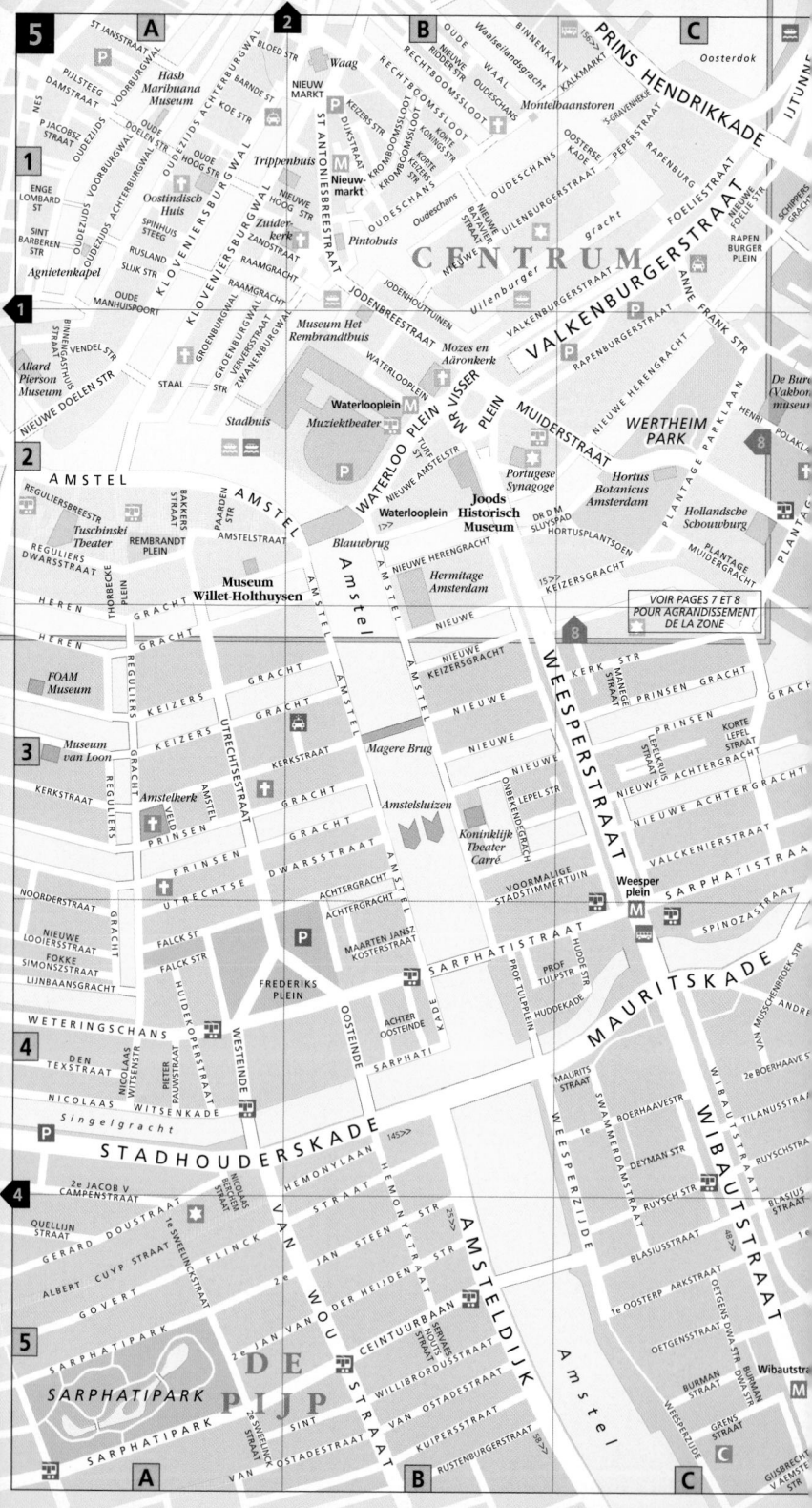

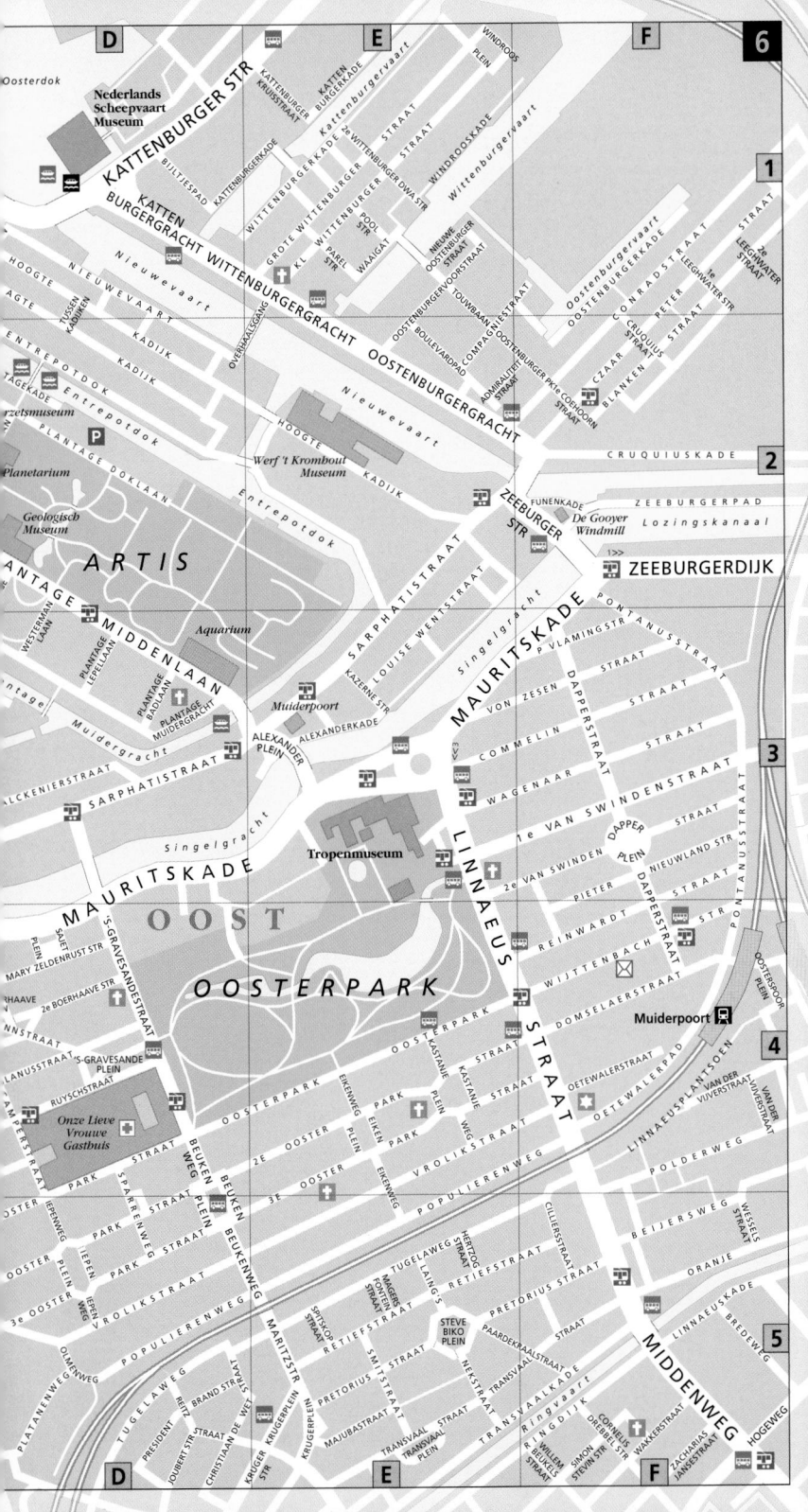

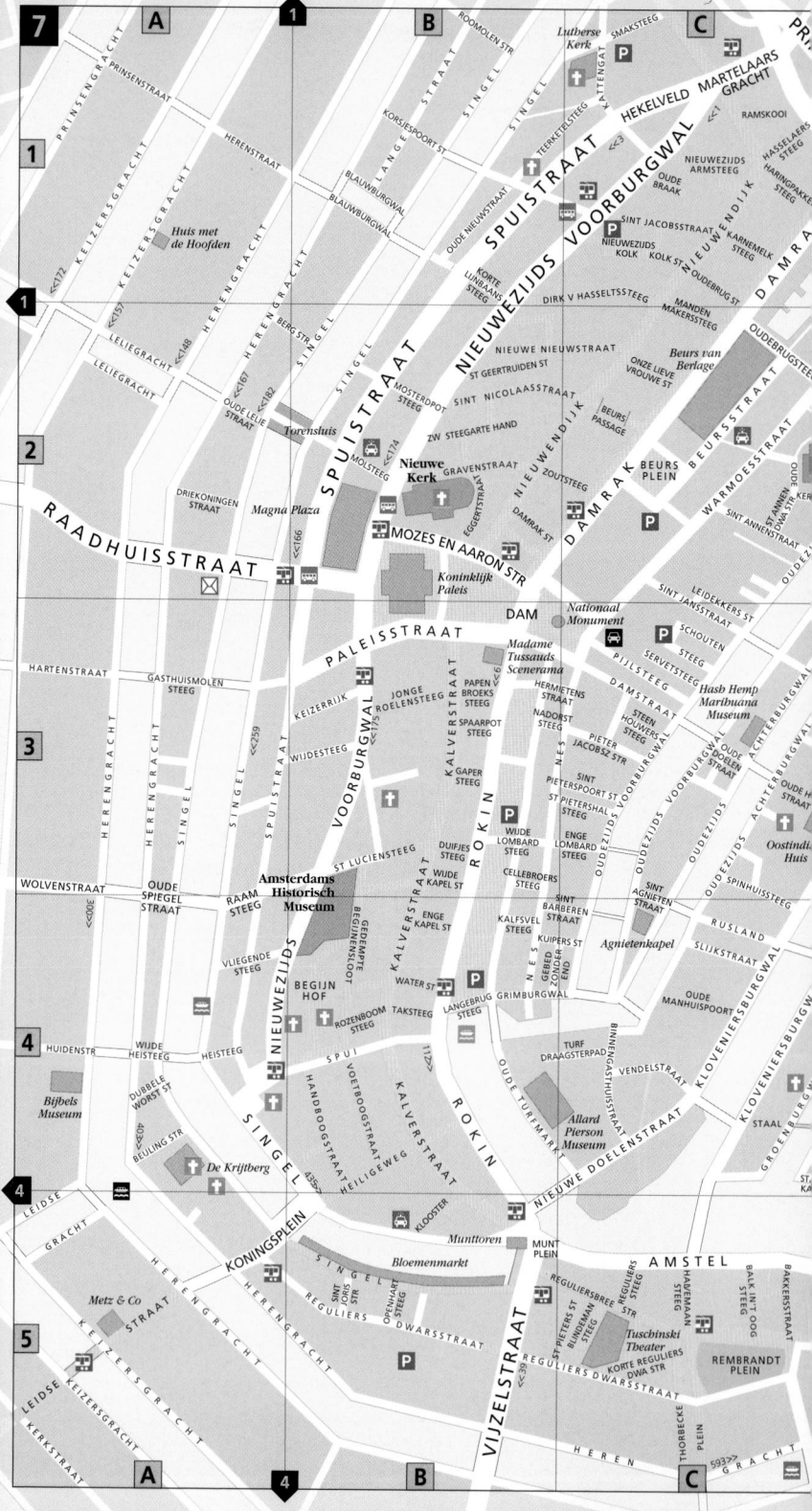

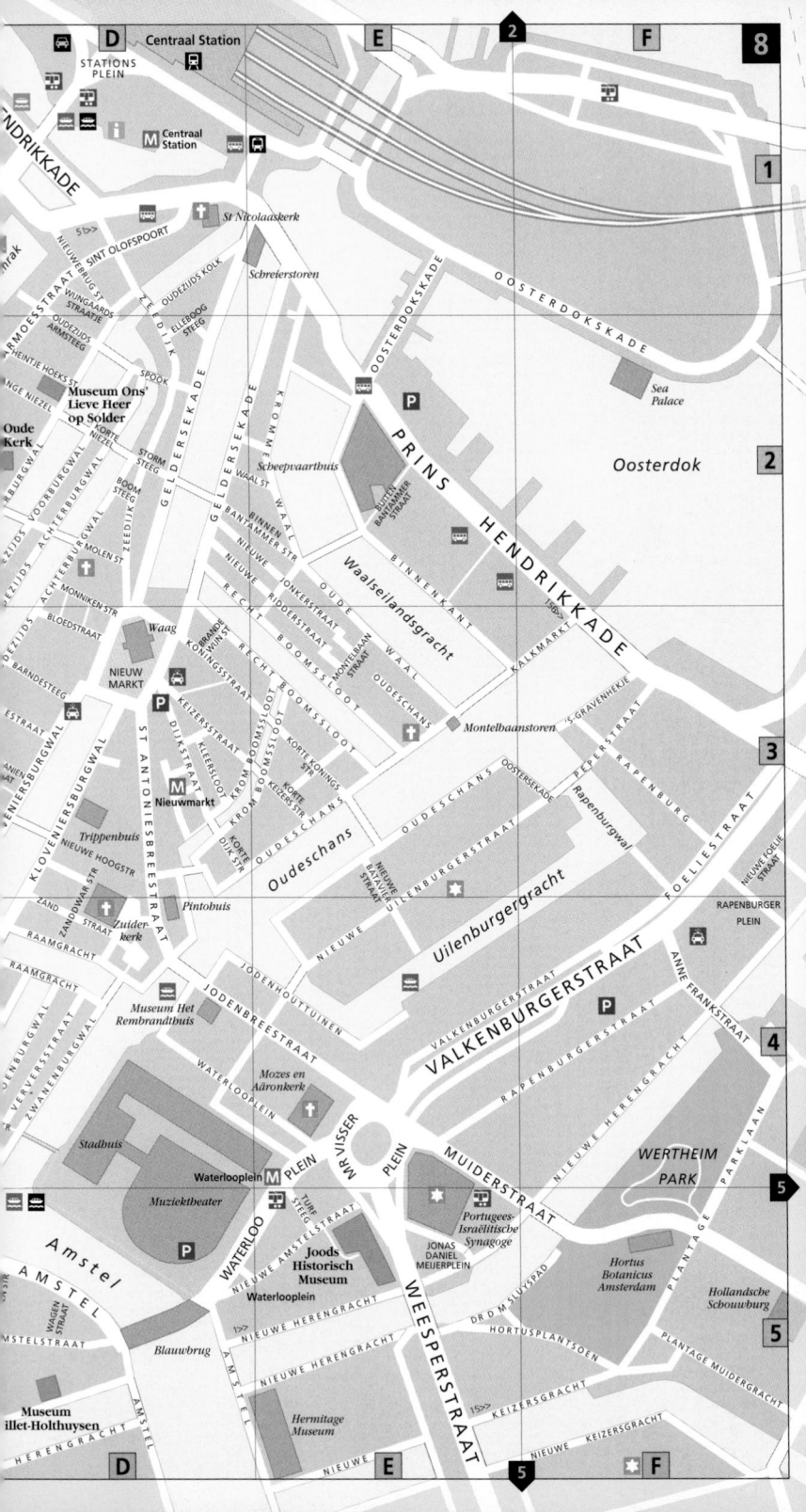

Répertoire des noms de rues

Index général

Remerciements

L'éditeur remercie les organismes, les institutions et les particuliers suivants dont la contribution a permis la préparation de cet ouvrage :

Auteurs principaux

Robin Pascoe vit depuis les années 1980 à Amsterdam, où elle écrit dans différents journaux néerlandais. Elle travaille aussi pour la BBC, l'ANP, agence de presse des Pays-Bas, et l'IPS, agence de presse internationale.

Christopher Catling se rend régulièrement aux Pays-Bas depuis qu'il a écrit son premier guide de voyages d'affaires en 1984. Il a aussi rédigé quatre autres guides sur Amsterdam et les Pays-Bas. Il a contribué aux guides *Voir* sur Florence et la Toscane, Venise et la Vénétie, la Grande-Bretagne et l'Italie.

Photographies d'appoint

Steve Gorton, Ian O'Leary, Neil Lukas, Rough Guides/Neil Setchfield, Tony Souter, Clive Streeter, Gerard van Vuuren.

Illustrations d'appoint

Arcana (Graham Bell), Richard Bonson, Stephen Conlin, Roy Flooks, Mick Gillah, Kevin Goold, Stephen Gyapay, Chris Orr, Ian Henderson, Philip Winton, John Woodcock.

Collaboration éditoriale

Responsables éditoriales Vivien Crump, Helen Partington
Responsable artistique Steve Knowlden
Éditeur Peter Casterton
Directeur éditorial Douglas Amrine
Directeur artistique Gaye Allen
Fabrication David Proffit
Iconographie Lorna Ainger
PAO Siri Lowe
Emma Anacootee, Claire Baranowski, Hilary Bird, Willem de Blaauw, Johan Blom, Susan Churchill, Lucinda Cooke, Seán O'Connell, Martin Cropper, Karlien van Dam, Russell Davies, Simon Davis, Gadi Farfour, Emer Fitzgerald, Anthea Forlee, Fay Franklin, Anna Freiberger, Robin Gauldie, Vicky Hampton, Annette Jacobs, Gail Jones, Nancy Jones, Maite Lantoran, David Lindsey, Carly Madden, Iris Maher, Sam Merrell, Rebecca Milner, Sonal Modha, Marianne Petrou, Caroline Radula-Scott, Mindy Ran, Sands Publishing Solutions, Simon Ryder, Debbie Scholes, Sadie Smith, Gerard van Vuuren. Liste des hôtels : Kim Renfrew. Liste des restaurants : Pip Farquharson.

Cartographie

Jane Hanson, Phil Rose, Jennifer Skelley (Lovell Johns Limited). COORDINATEURS Michael Ellis, David Pugh.

Secrétariat

Greet Tuinman, Charlotte van Beurden, Poppy.

Autorisation de photographier

L'éditeur remercie les entreprises, les institutions et les organismes suivants d'avoir accordé leur autorisation de photographier : Airborne Museum, Arnhem ; Allard Pierson Museum ; Amstelkring Museum ; Amsterdams Historisch Museum/Willet-Holthuysen Museum ; Artis Zoo ; Aviodrome ; Beurs van Berlage ; Boerhaave Museum, Leiden ; Carré Theater ; Concertgebouw ; Coster Diamonds ; Domkerk, Utrecht ; Electrische Museumtramlijn ; Europoort, Rotterdam ; Filmmuseum ; Frankendael ; Anne Frankhuis ; Grote Kerk, Alkmaar ; Grote Kerk, Edam ; Hash Marihuana Museum ; Heineken Museum ; Hollandse Schouwburg ; Hortus Botanicus, Leiden ; Joods Historisch Museum ; Justitie Hall ; Koninklijk Paleis ; Krijtberg ; Kröller-Müller Museum and National Park, Otterlo ; Nederlands Scheepvaart Museum ; Madurodam, Den Haag ; Maritime Museum, Rotterdam ; Monnickendam ; Nieuwe Kerk ; Nieuwe Kerk and Oude Kerk, Delft ; Oude Kerk ; Paleis Het Loo, Apeldoorn ; Peace Palace, Den Haag ; Portugese Synagoge ; Prince William V Gallery, Den Haag ; Prinsenhof, Leiden ; Prison Gate Museum, Den Haag ; RAI International Exhibition Centre ; Rijksmuseum ; Rijksmuseum, Utrecht ; Rijksmuseum van Oudheden, Leiden ; Rijksmuseum van SpeelklokTot Pierement, Utrecht ; St Bavo, Haarlem ; St Nicolaaskerk ; SAS Hotel ; Scheveningen Sea Life Centre ; Sint Janskerk, Gouda ; Stadhuis-Muziektheater ; Stedelijk Museum ; Stedelijk Molenmuseum, Leiden ; Technologie Museum ; Teylers Museum, Haarlem ; Theater Museum ; Tropenmuseum ; Vakbonds Museum ; Van Gogh Museum ; Van Loon Museum ; Verzetsmuseum ; Werf 't Kromhout Museum ; Westerkerk ; Westfries Museum, Hoorn ; Zuiderzee Museum.

Crédits photographiques

h = en haut ; hg = en haut à gauche ; hc = en haut au centre ; hd = en haut à droite ; chd = au centre en haut à droite ; chg = au centre en haut à gauche ; ch = au centre en haut ; cdh = au centre à droite en haut ; cg = au centre à gauche ; c = au centre ; cd = au centre à droite ; cgb = au centre à gauche en bas ; cdb = au centre à droite en bas ; cb = au centre en bas ; bg = en bas à gauche ; b = en bas ; bc = en bas au centre ; bd = en bas à droite ; (d) = détail.

Malgré tout le soin que nous avons apporté à dresser la liste des auteurs des photographies publiées dans ce guide, nous demandons à ceux qui auraient été involontairement oubliés ou omis de bien vouloir nous en excuser. La correction appropriée serait effectuée à la prochaine édition de cet ouvrage.

Les œuvres d'art ont été reproduites avec l'autorisation des organismes suivants : © ABC/MONDRIAN ESTATE/HOLTZMAN TRUST, LICENSED BY ILP 1995 : 136bd ; © ADAGP, PARIS AND DACS, LONDON 1995 : 136cg, 200bd, 204cb ; © DACS, LONDON 1995 : 40bl, 136bg ; © JASPER JOHNS/DACS LONDON/VAGA NEW YORK : 137cb.

L'éditeur remercie les musées, photographes et agences de photos suivants qui l'ont autorisé à reproduire leurs clichés :

AKG, LONDON : 22cgb, 24cg, 25c, 26cg, 28bd, 29h, 101hd, 130hc, 185hd, 209c ; Niklaus Strauss 137bd ; ALAMY IMAGES : Bertrand Collet 227hg ; David R. Frazier Photolibrary, Inc 270bg ; Warren Kovach 10bd ; Frans Lemmens 260hd ; Sergio Pitamitz 16hg ; Richard Wareham Fotografie 208-209 ; Stuwdamdorp 270cd, 271cg ; MAX ALEXANDER 127bg ; AMSTELKRING MUSEUM :

84bg, 85cd, 85bd ; Image courtesy of WWW.AMSTERDAM. INFO : 225bd ; AMSTERDAMS HISTORISCH MUSEUM : 18, 23bc, 24-25c, 25hc, 25cdb, 25bg, 26-27c, 27cgb, 30cg, 31h, 31cb, 32cg, 33cd, 40cg, 81h, 81hd, 81cd, 81bd, 82b, 83h, 83b, 90b, 94, 120cg, 120c, 120bg, 121cd ; AMSTERDAM TOERISME & CONGRES BUREAU : 51b, 51cd, 89 bd, 256cgh, 256hc, 257cg, 273cd, 275cdb ; ANP PHOTO : 37hc, 37cdb, 37bg ; ANWB (ROYAL DUTCH TOURING CLUB) : 269cg. B&U INTERNATIONAL PICTURE SERVICE : 37hg, 53b, 101bg, 105bd, 180cg, 203h ; BGB - The travel and PR representation specialists : 268bd ; BRANDWEER NL : 260cg ; BRIDGEMAN ART LIBRARY : Christie's London *Le Groote Market Haarlem et l'église de Saint-Bavo* Gerrit Berckheyde c.1668 176h ; Giraudon/ Musée Crozatier Le Puy-en-Velay France *Le Roi Louis XIV* 27bd ; Kremlin Museums Moscow 30bg ; Collection privée *Autoportrait Kazimir Malevich* 137cd ; Stapleton Collection Delft tile XIXᵉ siècle 192hg ; BUREAU MOMUMENTEN & ARCHEOLOGIE (BMA) : 117cd. CAMERA PRESS : Karsh of Ottawa 137hd ; JEAN-LOUP CHARMET : Musée de l'Armée 28bd ; COLORSPORT : 36cgh ; CORBIS : Dave Bartruff 226cg ; Owen Franken 227c. DE KAS RESTAURANT : 258bd ; JAN DERWIG : 99hd, 151b, 224b ; DRENTS MUSEUM, ASSEN : 20bg. MARY EVANS PICTURE LIBRARY : 9c, 21cdh, 21bc, 23bg, 25bd, 26bg, 27bd, 29bg, 31bd, 32cb, 32bc, 33bg, 35cdb 55c, 163c ; Louis Raemaehois 34bc ; Jean Veber 33bd ; EYE UBIQUITOUS : T RAFFERTY 263bd. THE FLIGHT COLLECTION : Ian Loasby 155bd ; FOTO NATURA : Fred Hazelhoff 205cb. GAUGUIN RESTAURANT : 224cg ; GEMEENTEARCHIEF, AMSTERDAM : 21hg, 23ca, 23cb, 24hg, 24bc, 31cd, 99hg, 99cg, 100cgb, 101bd, 102bg, 103hd, 103cd, 104hd, 105hd, 105cz ; GEMEENTEARCHIEF, KAMPEN : 23hg ; GETTY IMAGES : Hulton Archive/Anne Frank Fonds - Basel/Anne Frank House 90hd ; GVB AMSTERDAM : 272cg ; 273hg ; GWK TRAVELEX : 266bd. FRANS HALS MUSEUM, HAARLEM : 27hg, 30-31c, 178h, 178bg, 178bd,179hg, 179hd, 179bg, 179bd ; VANESSA HAMILTON : 97hg, 101cd, 104cg ; ROBERT HARDING PICTURE LIBRARY : 58hd ; Peter Scholey 116h ; Adam Woolfitt 11bd ; HERMITAGE AMSTERDAM : Luuk Kramer 145bd ; HOLLANDSE HOOGTE : Adrie Mouthaan 150hd ; Co de Kruijf 11bd ; Emile Luider 10cg ; Peter Hilz 11hd ; HULTON-DEUTSCH COLLECTION : 40t. ICONOGRAFISCH BUREAU : 103hg ; THE IMAGE BANK : Bernard van Berg 52cd ; Fotoworld 50b ; ING GROUP : 37cdh ; INTERNATIONAL FLOWER BULB CENTRE : 26bc, 180bc, 181hg, 181cgh, 181cg, 181cgb, 181bg ; INTERNATIONAL INSTITUTE OF SOCIAL HISTORY : 34hg ; ISTOCKPHOTO.COM : Rob Bouwman 267bd. JAMES DAVIS TRAVEL PHOTOGRAPHY : 225hd ; COLLECTION JEWISH HISTORICAL MUSEUM, AMSTERDAM : *Mahzor,* Illuminated Manuscript on Parchment, Cologne area, c. 1250 64cdb ; Liselore Kamping 64cg ; *Lampe Hanukah* Peter Robol II, silver, Amsterdam (1753) on loan from NIHS, Amsterdam 65hg. KLM ROYAL DUTCH AIRLINES : 267hd ; KONINKLIJKE TPG POST BV : 262bg, 262ca, 262cb ; KPN : 264hg ; KRÖLLER-MÜLLER MUSEUM : 204hg ; MAURITSHUIS, DEN HAAG : 188h, 188c, 188bg, 189h, 189cd, 189bd, 189bg, 193hg ; MGM CINEMAS BV : 35cd ; MUNICIPAL MUSEUM DE LAKENHAL, LEIDEN : 184b ; MUSEUM BOIJMANS VAN BEUNINGEN, ROTTERDAM : 200-201 tout ; Designer J.J.P Oud / Production Metz & Co 200bd ; MUSEUM HET SCHIP : 151hd ; MUSEUM HUIS LAMBERT VAN MEERTEN, COLLECTION RBK : 195t. NATIONAL EXPRESS LTD : 269cdh ; NATIONAL FIETSMUSEUM

VELORAMA, NIJMEGEN : 33hg ; NETHERLANDS ARCHITECTURE INSTITUTE ARCHIVE : 98cg ; Isaac Gosschalk 105cg ; De Klerk 35h, 97cdh ; NEMO SCIENCE AND TECHNOLOGY CENTER : 150b. ORANGE BIKE : 274hd ; OPENBARE BIBLIOTHEEK AMSTERDAM : Annetje van Praag Sigaar 263hg. PICTURE BOX : Lee Auteur 156 ; © PHOTO RMN, PARIS : 8-9 ; PINK POINT : 258hg ; POLITIE AMSTERDAM-AMSTELLAND : Nick Hoegeveen 260 cgb ; PRENTENKABINET DER RIJKSUNIVERSITEIT, LEIDEN : 32bd. RANGE PICTURES : 28hd ; MUSEUM HET REMBRANDTHUIS : 59b ; RETROGRAPH ARCHIVE LTD : Martin Breese 32hg ; RIJKSMUSEUM-FOUNDATION, AMSTERDAM : 26hg, 28hg, 30cgh, 40c, 42b, 130cg, 130b, 131h, 131c, 131bd, 132h, 132b, 133h, 133b ; RIJKSMUSEUM PALEIS HET LOO, APELDOORN : E Boeijinga 206hd, 207hg, R Mulder 206cg ; AAW Meine Jansen 206bg ; R Mulder 206cgb ; ROYAL PALACE, AMSTERDAM : Erik Hemsmerg 27hd, 39cd, 70, 74t. SCHEEPVART MUSEUM : 19b, 28cd, 29c, 146hg, 146ca, 146cb, 147c ; SCHIPHOL AIRPORT : 266cgh, 267cg ; SCIENCE PHOTO LIBRARY/Earth Satellite Corporation : 12cg ; HARRY SMITH HORTICULTURAL COLLECTION : 36b ; SPAARNESTAD FOTOARCHIEF : 35c, 97hd, 99cb ; STEDELIJK MUSEUM, ALKMAAR : 34c ; STEDELIJK MUSEUM, AMSTERDAM : 136hd, 137hg, 137hc ; © ABC/Mondrian Estate/Holtzmann Trust, licenced by ILP 1995 *Composition rouge, noire, bleue, jaune et grise* Piet Mondrian 1920 136bd ; © ADAGP Paris and DACS London 1995 *Portrait de l'artiste aux sept doigts* Marc Chagall 1912-1913 136cg ; © DACS London 1995 *Chaise bleue et rouge* Gerrit Rietveld 1918 136bg ; © DACS London 1995 *Chaise Steltman* Gerrit Rietveld 1963 40bg ; © Jasper Johns/ DACS London/VAGA New York 1995 *Untitled* Jasper Johns 1965 137cb ; STEDELIJK MUSEUM DE LAKENHAL, LEIDEN : 104bd ; THALYS INTERNATIONAL SCRL/CVBA : 268hg ; TONY STONE IMAGES : 173cg ; Kim Blaxland 181hd ; John Lamb 2-3 ; Manfred Mehlig 162-163 ; Rohan 100t. TNT POST : 263bg, 265bg ; TROPENMUSEUM : 152hd, 152ca, 152cg, 153hc, 153cg, 153bd ; HANS TULLENERS : 99cd, 100cd, 102c. UNIVERSITEITSBIBLIOTHEEK VAN AMSTERDAM : 96hd ; VINCENT VAN GOGH (FOUNDATION), VAN GOGH MUSEUM, AMSTERDAM : 40bd, 134h, 134c, 134bg, 134bd, 135h, 135cd, 135cdb ; VZA AMBULANCE SERVICE AMSTERDAM : 260bg. WESTERN AUSTRALIAN MARITIME MUSEUM : 28ca ; WORLD PICTURES : 95cd. YELLOW BIKE : 274hd. ZEFA : CPA 52b ; Steenmans 53c. ZUIDERZEEMUSEUM : 171bc ; *The Blue Fishvendor* 2008 (stencils and spraypaint) © Hugo Kaagman *voir* www.kaagman.nl, photo Petra Stavast 171hg. Pages de garde : toutes les photos excepté ROYAL PALACE AMSTERDAM Erik Hemsmerg hdc.

COUVERTURE : Première de couverture : © FAN/AGE Fotostock (visuel principal et dos) ; © John Van Hasselt/Corbis (détourage). Quatrième de couverture : © Ripani/Simeone/ Photononstop (hg) ; © Jon Arnold/hemis.fr (cg) ; © Luider Emile/hemis.fr (bg).

Toutes les autres images © Dorling Kindersley. Pour plus d'informations : www.dkimages.com.

Lexique

En cas d'urgence

Au secours !	Help !	help
Arrêtez !	Stop !	stop
Appelez un médecin !	Haal een dokter !	hâl én **doc**-teur
Appelez une ambulance !	Bel een ambulance !	bel én ahm-bu-**lans**-e
Appelez la police !	Roep de politie !	roup de po-**lit**-si
Appelez les pompiers !	Roep de brandweer !	roup de **braht**-vér
Où est le téléphone le plus proche ?	Waar is de dichtsbizijnde telefoon ?	vâr iss de **dikhst**-beil-zeiln-de te-le-**fôn**
Où est l'hôpital le plus proche ?	Waar is het dichtsbijzijnde zickenhuis ?	vâr iss het **dikhst**-beil-zeiln-de **zi**-keun-hoeiss

L'essentiel

Oui	Ja	iâ
Non	Nee	né
S'il vous plaît	Alstublieft	alst-tu-**blift**
Merci	Dank u	dahnk u
Excusez-moi	Pardon	par-**don**
Bonjour	Hallo	hallo
Au revoir	Dag	dag
Bonsoir	Slaap lekker	slâp **lek**-ker
matin	Morgen	**mor**-g'heun
après-midi	Middag	mid-dag
soir	Avond	**A**-vohnd
hier	Gisteren	**G'his**-tern
aujourd'hui	Vandaag	vahn-**dâg**
demain	Morgen	**mor**-g'heun
ici	Hier	hîr
là	Daar	dâr
Quoi ?	Wat ?	vat
Quand ?	Wanneer ?	van-**ér**
Pourquoi ?	Waarom ?	vâr-**om**
Où ?	Waar ?	vâr
Comment ?	Hoe ?	hou

Quelques phrases utiles

Comment allez-vous ?	Hoe gaat het ermee ?	hou g'hât het er-**mé**
Très bien, merci	Heel goed, dank u	hél g'houd, dahnk u
À bientôt	Tot ziens	tot zíns
C'est parfait	Prima	pri-**ma**
Où est... ?	Waar is... ?	vâr iss...
Où est... ?	Waar zijn... ?	vâr zeiln...
À quelle distance est-ce... ?	Hoe ver is het naar... ?	hou veur iss het nâr...
Comment aller à... ?	Hoe kom ik naar... ?	hou kom ik nâr...
Parlez-vous français ?	Spreekt u Frans ?	spékt u frahns
Je ne comprends pas	Ik snap het niet	ik snap het nît
Pourriez-vous parler plus lentement, SVP ?	Kunt u langzamer praten ?	kunt u lahng-zameur pra-teun
Pardon	Sorry	sori

Quelques mots utiles

grand	groot	grôt
petit	klein	klein
chaud	warm	vharm
froid	koud	kaod
bon	goed	g'houd
mauvais	slecht	slerh't
assez	genoeg	g'he-**noug**
bien	goed	g'houd
ouvert	open	opeun
fermé	gesloten	g'he-**slo**-teun
à gauche	links	lïnks
à droite	rechts	rerh'ts
tout droit	rechtdoor	rerh'ts-dôr
près	dichtbij	dirh't-beil
loin	ver weg	veur veug
en haut	omhoog	om-**hôg**
en bas	naar beneden	nâr be-**né**-deun
tôt	vroeg	vroug
tard	laat	lât
entrée	ingang	**ïn**-g'hahng
sortie	uitgang	**oeit**-g'hahng
les toilettes	wc	vé cé
occupé	bezet	be-**zett**
libre	vrij	vreil
gratuit	gratis	**grâ**-tis

Au téléphone

Je voudrais l'interurbain	Ik wil graag interlokaal telefoneren	ik vil g'hrâg **ïnter**-lo-kâl tèlefe-**ne**-reun
Je voudrais téléphoner en PCV	Ik wil « collect call » bellen	ik vil collect col **bel**-eun
Je rappellerai plus tard	Ik probeer het later nog wel eens	ik pro-**bér** het lateur nog vel éns
Puis-je laisser un message ?	Kunt u een boodschap doorgeven	kunt u én **bôd**-srhap **dôr**-gue-veun
Pourriez-vous parler plus fort SVP ?	Wilt u wat harder praten ?	vhilt u vhat **hard**-eur pra-teun
Appel local	Lokaal gesprek	lo-**kâl** g'he-**sprek**

Les achats

Combien cela coûte-t-il ?	Hoeveel kost dit ?	hou-**vél** kost ditt
Je voudrais...	Ik wil graag...	ik vhil g'hrâg
Avez-vous... ?	Heeft u... ?	héft u
Je ne fais que regarder	Ik kijk alleen even	ik keilk allén **è**-veun
Acceptez-vous les cartes bancaires ?	Neemt u credit cards aan ?	némt u creditt cards ân
Acceptez-vous les chèques de voyage ?	Neemt u reischeques aan ?	némt u **reiss**-cheks ân
À quelle heure ouvrez-vous ?	Hoe laat gaat u open ?	hou lât g'hât u opeun
À quelle heure fermez-vous ?	Hoe laat gaat u dicht ?	hou lât g'hât u dirh't
celui-ci	deze	**dè**-ze
celui-là	die	di
cher	duur	dûr
bon marché	goedkoop	goud-**kôp**
taille	maat	mâtt
blanc	wit	vhit
noir	zwart	zvhart
rouge	rood	rôd
jaune	geel	guél
vert	groen	groun
bleu	blauw	bla-ou

Les magasins

antiquaire	antiekwinkel	ahn-**tik**-vhïn-keul
boulangerie	bakker	**ba**-keur
banque	bank	bahnk
librairie	boekwinkel	**bouk**-vhïn-keul
boucher	slager	slag'heur
pâtisserie	banketbakkerij	bahnk-**èt**-bak-eur-eil
fromagerie	kaaswinkel	**kâs**-vhïn-keul
kiosque à frites	patatzaak	pa-**tat**-zâk
pharmacie	apotheek	a-po-**ték**
charcuterie fine	delicatessen	déli-ka-**tés**-seun
grand magasin	warenhuis	**vhar**-eun-hoeiss
poissonnerie	viswinkel	**vis**-vhïn-keul
maraîcher	groenteboer	**groun**-te-bour
coiffeur	kapper	**ka**-peur
marché	markt	markt
vendeur de journaux	krantenwinkel	**krahn**-teun-vhïn-keul
bureau de poste	postkantoor	**post**-kahn-tour
marchand de chaussures	schoenenwinkel	**chou**-neun-vhïn-keul
supermarché	supermarkt	**su**-per-markt
bureau de tabac	sigarenwinkel	si-**g'hâ**-reun-vhïn-keul
agence de voyages	reisburo	**reiss**-buro

Le tourisme

galerie d'art	gallerie	galeri
arrêt de bus	busstation	**bus**-sta-sion
cathédrale	kathedraal	ka-te-**drâl**
église	kerk	keurk
fermé les jours fériés	op feestdagen gesloten	op **fést**-da-gueun gue-**slo**-teun
aller-retour valable un jour	dagretour	**dag**-retour
jardin	tuin	toein
bibliothèque	bibliotheek	bi-bli-o-**ték**
musée	museum	mu-**zé**-eum
gare	station	sta-**sion**
billet de retour	retourtje	re-**tour**-tieu
aller simple	enkeltje	**enk**-eul-tieu
office de tourisme	VVV	fè fè fè
hôtel de ville	stadhuis	stat-**hoeiss**
train	trein	treiln
Passe	Ov-chipkaart	oh-vay-chip-kaahrt

À l'hôtel

Français	Néerlandais	Prononciation
Avez-vous une chambre libre ?	Zijn er nog kamers vrij ?	zeiln eur nog kameurssvreil
une chambre à lit double	een twees persoonskamer	én tvhépeur-sônnss-ka-meur
	met een twee persoonsbed	mett én tvhé peur-sônnss béd
une chambre pour deux personnes à deux lits	een kamer met een lits-jumeaux	én ka-meur mett én li-ju-mo
chambre individuelle	eenpersoons-kamer	én peur-sônnss-ka-meur
chambre avec bains	kamer met bad	ka-meur mett bad
douche	douche	douche
portier	kruier	kru-yeur
J'ai réservé	Ik heb gereserveerd	ik heub g'heu-ré-ser-vérd

Au restaurant

Français	Néerlandais	Prononciation
Avez-vous une table ?	Is es een tafel vrij ?	iss eur én ta-feul vreil
J'aimerais réserver une table	Ik wil ee tafel reserveren	ik vhil én ta-feul ré-ser-vér-eun
L'addition s'il vous plaît	Mag ik afrekenen	mag ik af-ré-ke-neun
Je suis végétarien	Ik ben vegetariër	ik bén fé-g'heu-tar-i-eur
serveuse/garçon	serveester/ober	seur-vér-steur/o-beur
carte	de kaart	de kârt
supplément couvert	het couvert	hett cou-vér
carte des vins	de wijnkaart	de vheiln-kârt
verre	het glas	hett glass
bouteille	de fles	de fless
couteau	het mes	hett mess
fourchette	de vork	de fork
cuillère	de lepel	de lé-peul
petit déjeuner	het ontbijt	het ont-beilt
déjeuner	de lunch	de leunch
dîner	het diner	hett di-né
plat principal	het hoofdgerecht	hett hôfd-g'he-rérh't
entrée	het voorgerecht	hett vôr-g'he-rérh't
dessert	het nagerecht	hett na-g'he-rérh't
plat du jour	het dagmenu	hett dag-menu
bar	het cafe	hett ka-fé
café	het eetcafe	hett ét-ka-fé
saignant	rare	rére
à point	medium	médieum
bien cuit	doorbakken	dôr-ba-keun

Lire le menu

Français	Néerlandais	Prononciation
aardappels	ârd-appeuls	pommes de terre
azijn	a-zeiln	vinaigre
biefstuk	bif-stuk	steak
bier, pils	bir, pils	bière
boter	boteur	beurre
brood/broodje	brôtt/brôtt-yeu	pain/petit pain
cake, taart, gebak	kék, târtt, g'he-bak	gâteau, pâtisserie
carbonade	kar-bo-na-de	côte de porc
chocola	cho-ko-la	chocolat
citroen	si-troun	citron
cocktail	kok-tel	cocktail
droog	drôg	sec
eend	énd	canard
ei	eil	œuf
garnalen	g'har-na-leun	crevettes
gebakken	g'he-ba-keun	frit
gegrild	g'he-g'hrild	grillé
gekookt	g'he-kôkt	bouilli
gepocheerd	g'he-poch-érd	poché
gerookt	g'he-rôkt	fumé
geroosterd brood	g'he-rôs-teurd brôt	pain grillé
groenten	groun-teun	légumes
ham	ham	jambon
haring	ha-ring	hareng
hutspot	hut-spot	pot-au-feu
ijs	eilss	glace, crème glacée
jenever	ieu-né-veur	liqueur de genièvre
kaas	kâs	fromage
kabeljauw	ka-beul-iao	morue
kip	kip	poulet
knoflook	knof-lôk	ail
koffie	kofi	café
kool, rode of witte	kôl, ro-de of vhit-e	chou, rouge ou blanc
kreeft	kréft	homard
kroket	kro-kètt	croquette

Français	Néerlandais	Prononciation
lamsvlees	lams-fléss	agneau
lekkerbekje	lék-keur-bec-ieu	filet de haddock frit
mineraalwater	mineur-âl-vhateur	eau minérale
mosterd	moss-teurd	moutarde
niet scherp	nitt skerp	doux
olie	o-li	huile
paling	pa-lïng	anguille
pannekoek	pa-ne-kouk	crêpe
patat frites	pa-tatt frite	frites
peper	pé-peur	poivre
poffertjes	poffeur-tieuss	petites crêpes au blé noir
rijst	reilst	riz
rijsttafel	reilst-ta-feul	table de riz
rode wijn	ro-de vheiln	vin rouge
rookworst	rôk-vhorst	saucisse fumée
rundvlees	rund-fléss	bœuf
saus	sauss	sauce
schaaldieren	skâl-dî-reun	coquillage
scherp	skerp	pimenté
schol	sghol	sole
soep	soup	soupe
stamppot	stam-pott	ragoût
suiker	soei-keur	sucre
thee	té	thé
tosti	toss-ti	toast au fromage
uien	oei-eun	oignons
uitsmijter	oeit-smeil-teur	œuf au plat sur une tartine de jambon
varkensvlees	var-keuns-fléss	porc
vers fruit	fers-froeitt	fruit frais
verse jus	fers-se-zjhew	jus de fruit frais
vis	fiss	poisson/fruits de mer
vlees	fléss	viande
water	vha-teur	eau
witte wijn	vhi-te vheiln	vin blanc
worst	vhorst	saucisse
zout	zaott	sel

Les nombres

	Néerlandais	Prononciation
1	een	én
2	twee	tvhé
3	drie	dri
4	vier	fïr
5	vijf	feilf
6	zes	zéss
7	zeven	zé-veun
8	acht	arh't
9	negen	né-g'heun
10	tien	tïnn
11	elf	elf
12	twaalf	tvhâlf
13	dertien	deur-tïnn
14	veertien	fér-tïnn
15	vijftien	feilf-tïnn
16	zestien	zess-tïnn
17	zeventien	zéveun-tïnn
18	achtien	arh'-tïnn
19	negentien	né-g'heun-tïnn
20	twintig	tvhin-teug
21	eenentwintig	éneun-tvhin-tig
30	dertig	deur-tig
40	veertig	fïr-tig
50	vijftig	feilf-tig
60	zestig	zess-tig
70	zeventig	zé-veun-tig
80	tachttig	tarh'-tig
90	negentig	nég'heun-tig
100	honderd	hohn-deurd
1 000	duizend	doei-zeund
1 000 000	miljoen	mil-ioun

Le jour et l'heure

Français	Néerlandais	Prononciation
une minute	een minuut	én mïn-ûtt
une heure	een uur	én ûr
une demi-heure	een half uur	én half ûr
une heure et demie	half twee	half tvhé
un jour	een dag	én dag
une semaine	een week	én vhék
un mois	een maand	én mânnd
une année	een jaar	én iâr
lundi	maandag	mân-dag
mardi	dinsdag	dïns-dag
mercredi	woensdag	vhouns-dag
jeudi	donderdag	dondeur-dag
vendredi	vrijdag	vreil-dag
samedi	zaterdag	zateur-dag
dimanche	zondag	zon-dag

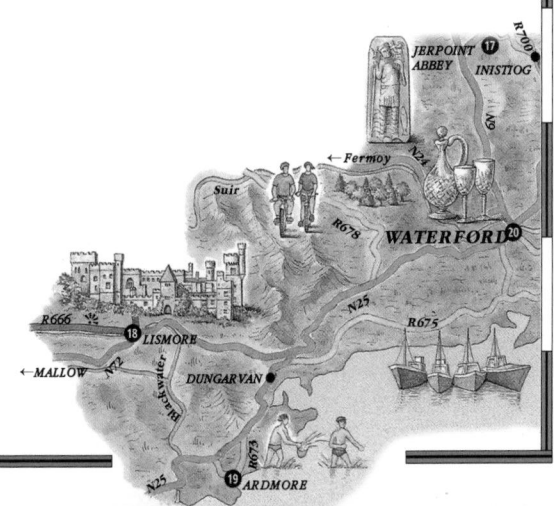

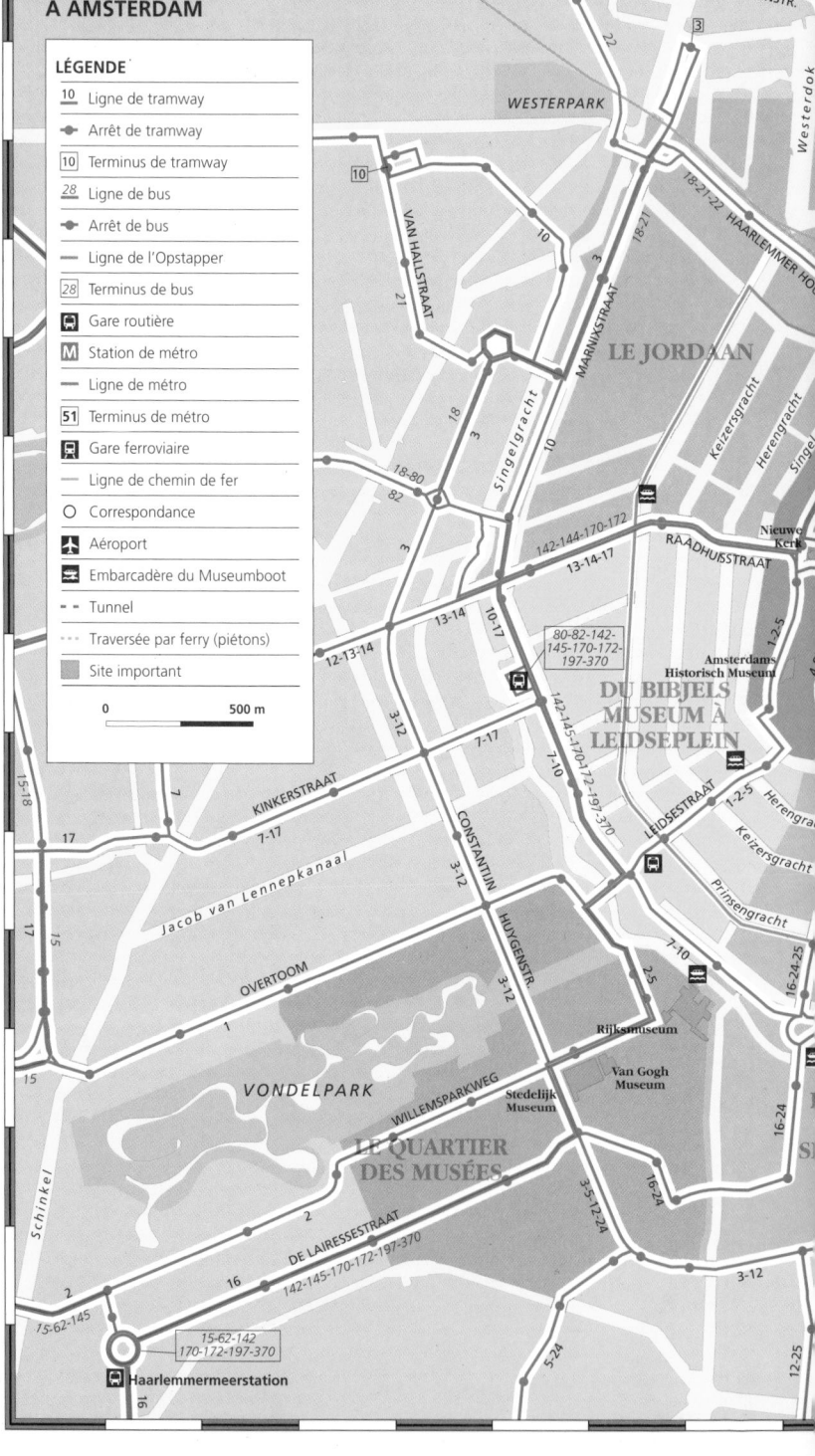